思考の臨界

Über die Grenze des Denkens

Die radikalisierte transzendentale Phänomenologie

超越論的現象学の徹底

斎藤慶典
saitô yoshimichi

keiso shobo

「この本は思考に限界を引こうとしている、あるいはむしろ――思考にではなく、
思想の表現に限界を引こうとしている。というのも、思考に限界を引くためには、
私たちはこの限界の両側を思考できるのでなければならなくなってしまうからである
（その場合には、思考しえないことを思考しうるのでなければならなくなってしまおう）」。

ルートヴィッヒ・ヴィトゲンシュタイン

はじめに

本書が目指すのは、E・フッサールの超越論的現象学の企てを、彼自身の基本構想にしたがって徹底的に、かつ厳密に展開することを通して、そこにどのような問題領野が開かれるかを見届けることである。ここでいう「徹底的に、かつ厳密に」ということが何を意味するかは、序章冒頭であらためて述べる。私にとって、フッサール現象学のもっとも魅力的な発見とは、「超越論的なるもの」の発見にほかならない。フッサールは私に、それが一個の問うに値する問題であること、問うてみてもよい問題であることを教えてくれた。だがこのことは、「超越論的なるもの」が一個の「問題」概念、「問題」領域であることにほかならない。つまり、そこで発見された（かに見える）「超越論的なるもの」がいったい何であるのかは、必ずしも明らかではないのである。

本書は、この「超越論的なるもの」へのアプローチがフッサールならびに広い意味での現象学派の哲学の中では、「時間」「存在」「他者」という仕方で具体化されたと考えている。「超越論的なるもの」というあまり耳慣れない問題領域への接近が、「時間」「存在」「他者」という、より具体的な問題の解明を通路として遂行されたのである。こうした見通しのもとで、それぞれの問題次元の解明がこの接近へと結実するにいたる途筋を可能なかぎり克明に跡付けること、「超越論的なるもの」の具体化が「時間」「存在」「他者」というかたちでなされることとの必然性と、それぞれの問題領域相互の密接な関係を明らかにすること、そして最後に、「超越論的なるもの」

へのアプローチはこれら三つの問題系における具体化とは別の仕方での具体化をも要求していることを示すこと、これらを私は本書で試みようと思う。

「時間」「存在」「他者」という三つの問題系には、それぞれフッサールとデリダ、メルロ゠ポンティとハイデガー、そしてレヴィナスといった人たちが問い・かつ思考しようとした（している）事柄が、ごく大まかに言って対応している。本書は、フッサールにおける「超越論的なるもの」の発見がいかなる事態であったかについての導入的考察である**序章**に続いて、右にあげた三つの問題系を順次、**第Ⅰ部**から**第Ⅲ部**へと配列した。これは、「超越論的なるもの」の具体的な問い深めが、現象学の事実上の発展の中では、順次、フッサール、ハイデガー、そしてレヴィナスへと受け継がれていったことに基づくもので、それ以上の意味はない。つまり、「超越論的なるもの」の具体化と問い深めが、事柄の性質からしてこの順序でなされねばならないということでは必ずしもない。したがって、読まれる方の問題意識にしたがって、接近しやすい問題領域から読み始めていただいてかまわない。どの問題系からはじめても、それがやがてほかの問題系へと接続してゆく必然性と、それら相互の密接な関係を明らかにすることに意を用いたつもりである——それがどの程度成功しているかは、読者の皆さんのご批判を待つべき事柄ではあるが——。

以上の作業を踏まえて**終章**では、現象学派の展開の中で思考された事象そのものを、あらためて私自身の思考の言葉で語りなおし、「超越論的なるもの」をめぐる思考がさらに展開の余地をもつものであるとすればそれはいかなる仕方においてであるのか、そのひとつの可能性を私なりに示すことを試みる。先にも触れたように、「超越論的なるもの」というこの「問題」領域は、「時間」「存在」「他者」というそれぞれの問題系でのより一層の問い深めと同時に、いまや新たな、別の仕方での思考をも要求しているように思われるからである。

思考の臨界

超越論的現象学の徹底

目次

目　次

凡例

フッサール、メルロ＝ポンティ、ハイデガー、レヴィナスらのいわゆる第一次文献からの引用にあたっては、以下の略号を用いた。邦訳のあるものは参照させていただき多くの示唆を得たが、文体の統一などの理由で、ほとんどの場合私訳を用いた。訳者の方々のご寛恕を乞う。略号、原書のページ付け／邦訳書のページ付け、の順に記載されている。なお、数種の邦訳があり、かつ原書のページ付けからの検索が容易なもの（たとえばハイデガー『存在と時間』など）では、邦訳書のページ付けの表示は省略した。また、引用文中の傍点による強調は、特に断わりのないかぎり引用者によるものであり、〔　〕内の文章も引用者による補足である。

Edmund Husserl

Hua　*Husserliana*. Martinus Nijhoff/Kluwer Academic Publishers, 1950-.

Hua I　*Cartesianische Meditationen und Pariser Vorträge.*
船橋弘 訳『デカルト的省察』、中公・世界の名著51『ブレンターノ・フッサール』所収、中央公論社、一九七〇年。

Hua IV　*Ideen zu einer reinen Phänomenologie und phänomenologischen Philosophie. Zweites Buch. Phänomenologische Untersuchungen zu Konstitution.*

Hua VI　*Die Krisis der europäischen Wissenschaften und die transzendentale Phänomenologie.*
細谷恒夫・木田元 訳『ヨーロッパ諸学の危機と超越論的現象学』、中央公論社、一九七四年。

Hua VII　*Erste Philosophie* (*1923/4*). *Erster Teil. Kritische Ideengeschichte.*

HuaVIII　*Erste Philosophie* (*1923/4*). *Zweiter Teil. Theorie der phänomenologischen Reduktion.*

Hua IX　*Phänomenologische Psychologie. Vorlesungen Sommersemester 1925.*

Hua X　*Zur Phänomenologie des inneren Zeitbewusstseins* (*1893-1917*).
立松弘孝 訳『内的時間意識の現象学』、みすず書房、一九六七年。

Hua XI　*Analysen zur passiven Synthesis. Aus Vorlesungs- und Forschungsmanuskripten 1918-*

1926.
山口一郎・田村京子 訳（抄訳）『受動的綜合の分析』、国文社、一九九七年。

Hua XII　*Philosophie der Arithmetik. Mit ergänzenden Texten* (*1890-1901*).

HuaXIII　*Zur Phänomenologie der Intersubjektivität. Texte aus dem Nachlass. Erster Teil. 1905-1920.*

HuaXIV　*Zur Phänomenologie der Intersubjektivität. Texte aus dem Nachlass. Zweiter Teil. 1921-1928.*

Hua XV　*Zur Phänomenologie der Intersubjektivität. Texte aus dem Nachlass. Dritter Teil. 1929-1935.*

Hua XVI　*Ding und Raum. Vorlesungen 1907.*

LU I　*Logische Untersuchungen. Erster Band. Prolegomena zur reinen Logik.* 2. umgearbeitete Aufl., Max Niemeyer, 1913.
立松弘孝 訳『論理学研究 1』、みすず書房、一九六八年。

LU II/1　*Logische Untersuchungen. Zweiter Band. Untersuchungen zur Phänomenologie und Theorie der Erkenntnis. Erster Teil.* 2. umgearbeitete Aufl., Max Niemeyer, 1913.
立松弘孝ほか 訳『論理学研究 2、3』、みすず書房、一九七〇年、一九七四年。

LU II/2　*Logische Untersuchungen. Zweiter Band. Zweiter Teil.* 2. teilweise umgearbeitete Aufl., Max Niemeyer, 1921.
立松弘孝 訳『論理学研究 4』、みすず書房、一九七六年。

Ideen I　*Ideen zu einer reinen Phänomenologie und phänomenologischen Philosophie. Erstes Buch. Allgemeine Einführung in die reine Phänomenologie.* 2. Aufl., Max Niemeyer, 1922.
渡邊二郎 訳『イデーン 純粋現象学と現象学的哲学のための諸構想 第一巻 純粋現象学への全般的序論 I-I、I-II』、みすず書房、一九七九年、一九八四年。

EU　*Erfahrung und Urteil. Untersuchungen zur Genealogie der Logik.* Redigiert und herausgegeben von L.Landgrebe, mit Nachwort und Register von L.Eley, Felix

Meiner (PhB 280), 1985.
長谷川宏 訳『経験と判断』、河出書房新社、一九七五年。

Dok II　*Husserliana Dokumente. Eigen Fink: VI. Cartesianische Meditation. Teil 1. Die Idee einer transzendentalen Methodenlehre. Teil 2. Ergänzungsband.* Kluwer Academic Publishers, 1988.
新田義弘・千田義光 訳（同書第一部の邦訳）『超越論的方法論の理念』、岩波書店、一九九五年。

Maurice Merleau-Ponty

PP　*Phénoménologie de la Perception.* Gallimard, 1945.
竹内芳郎ほか訳『知覚の現象学1、2』、みすず書房、一九六七年、一九七四年。

VI　*Le Visible et l'Invisible. suivi de notes de travail.* Gallimard, 1964.
滝浦静雄・木田元 訳『見えるものと見えないもの——付・研究ノート』、みすず書房、一九八九年。

OE　*L'Oeil et l'Esprit.* Gallimard, 1964.
滝浦静雄・木田元 訳『眼と精神』、みすず書房、一九六六年。

IN　"Un Inédit de Merleau-Ponty". in: *Revue de Métaphysique et de Morale.* 1962. n° 4.
木田元 訳「メルロ＝ポンティの一未公開文書」（『言語と自然——コレージュ・ドゥ・フランス講義要録』所収）、みすず書房、一九七九年。

Martin Heidegger

GA　*Martin Heidegger. Gasamtausgabe.* Vittorio Klostermann, 1975-.

GA 3　*Kant und das Problem der Metaphysik.*
木場深定 訳『カントと形而上学の問題』、理想社、一九八一年。

GA 4　*Erläuterung zu Hölderlins Dichtung.*
濱田恂子・ブフハイム 訳『ヘルダーリンの詩作の解明』、創文社、一九九七年。

GA 5　*Holzwege.*
茅野良男・ブロッカルト 訳『杣径』、創文社、一九八八年。
GA6/1, 2　*Nietzsche (1936-46). Erster Band. Zweiter Band.*
GA 9　*Wegmarken.*
辻村公一・ブフナー 訳『道標』、創文社、一九八五年。
GA 10　*Der Satz vom Grund.*
GA 12　*Unterwegs zur Sprache.*
亀山健吉・グロス 訳『言葉への途上』、創文社、一九九六年。
GA 13　*Aus der Erfahrung des Denkens.*
東・芝田・ブフナー 訳『思惟の経験から』、創文社、一九九四年。
GA 15　*Seminare.*
GA 20　*Prolegomena zur Geschichte des Zeitbegriffs. Sommersemester 1925.*
常俊宗三郎・嶺秀樹・デュムペルマン 訳『時間概念の歴史への序説』、創文社、一九八八年。
GA 26　*Metaphysische Anfangsgründe der Logik im Ausgang von Leibniz. Sommersemester 1928.*
GA29/30　*Die Grundbegriffe der Metaphysik. Welt-Endlichkeit-Einsamkeit. Wintersemester 1929-30.*
川原栄峰・ミュラー 訳『形而上学の根本諸概念――世界・有限性・孤独』、創文社、一九九八年。
GA 32　*Hegels Phänomenologie des Geistes. Wintersemester 1930-31.*
GA 40　*Einführung in die Metaphysik. Sommersemester 1935.*
GA 42　*Schelling: Vom Wesen der menschlichen Freiheit (1809). Sommersemester 1936.*
GA 44　*Nietzsches metaphysische Grundstellung im abendländischen Denken. Die ewige Wiederkehr des Gleichen. Sommersemester 1937.*
GA 45　*Grundfragen der Philosophie. Ausgewählte "Probleme" der "Logik". Wintersemester*

1937-38.
山本・柴嵜・クルンカー 訳『哲学の根本的問い――「論理学」精選「諸問題」』、創文社、一九九〇年。

GA 52 *Hölderlins Hymne "Andenken". Wintersemester 1941-42.*
三木正之・トレチアック 訳『ヘルダーリンの讃歌「回想」』、創文社、一九八九年。

GA 53 *Hölderlins Hymne "Der Ister". Sommersemester 1942.*
三木正之・ヴァインマイヤー 訳『ヘルダーリンの讃歌「イスター」』、創文社、一九九七年。

GA 54 *Parmenides. Wintersemester 1942-43.*

GA 55 *Heraklit. 1. Der Anfang des abendländischen Denkens. Sommersemester 1943.*
2. Logik. Heraklits Lehre vom Logos. Sommersemester 1944.
辻村・岡田・グッツオーニ 訳『ヘラクレイトス』、創文社、一九九〇年。

GA 65 *Beiträge zur Philosophie (Vom Ereignis).*

GL *Gelassenheit.* Neske, 1959.
辻村公一 訳『放下』、理想社、一九六三年。

N/I, II *Nietzsche. Vorlesungen und Aufsätze aus den Jahren 1936-1946. Erster Band. Zweiter Band.* Neske, 1961.
薗田宗人 訳『ニーチェ』全三巻、白水社、一九七六－七七年。

SD *Zur Sache des Denkens.* Niemeyer, 1969.

SG *Der Satz vom Grund.* 3. unveränderte Aufl., Neske, 1965.

SZ *Sein und Zeit.* 7. unveränderte Aufl., Max Niemeyer, 1953.

US *Unterwegs zur Sprache.* Neske, 1959.

VA *Vorträge und Aufsätze.* Neske, 1954.

WD *Was heisst Denken?* Niemeyer, 1954.

Emmanuel Levinas

DE　*De l'Évasion.*（1.ed. 1935）Fata Morgana, 1982.
内田樹 訳「逃走について」（内田・合田編訳『超越・外傷・神曲』、国文社、所収）、一九八六年。

EE　*De l'Existence à l'Existant.*（1.éd. 1947）Vrin, 1986.
西谷修 訳『実存から実存者へ』、朝日出版社、一九八七年。

TA　*Le Temps et l'Autre.*（1.éd. 1948. 2.éd. 1979）P.U.F., 1985.
原田佳彦 訳『時間と他者』、法政大学出版局、一九八六年。

DEHH　*En découvrant l'Existence avec Husserl et Heidegger.*（1.éd. 1949. 2.éd. suivi d'Essais nouveaux）Vrin, 1988.
佐藤真理人ほか訳『実存の発見――フッサールとハイデッガーと共に』、法政大学出版局、一九九六年。

TI　*Totalité et Infini* —— *Essai sur l'Extériorité.* M.Nijhoff, 1961.
合田正人 訳『全体性と無限』、国文社、一九八九年。

AA　*Autrement qu'être ou au-delà de l'Essence.* M.Nijhoff, 1974.
合田正人 訳『存在するとは別の仕方で あるいは存在することの彼方へ』、朝日出版社、一九九〇年。

DI　*De Dieu qui vient à l'Idée.*（1.éd.1982. 2.éd. revue et augmentée）Vrin, 1986.
内田樹 訳『観念に到来する神について』、国文社、一九九七年。

EI　*Éthique et Infini.* Fayard, 1982.
原田佳彦 訳『倫理と無限』、朝日出版社、一九八七年。

AS　*Autrement que Savoir.* Osiris, 1988.

序　章　超越論的現象学の構想

本書のねらいは、Ｅ・フッサールの超越論的現象学の企てを、(場合によっては彼以上に) 徹底的に、かつ厳密に展開することを通じて、そこにどのような問題領野が開けてくるかを見届けることにある。「彼以上に徹底的に、かつ厳密に」とは、次のような事情を言い換えたものにすぎない。すなわち、フッサールほどの人にとってなお、事象そのものは幾重にも覆い隠され、そこに本当のところいったい何が現われているのかを見通すことが困難となっていること、彼の死後に遺された膨大な草稿群の公刊が進み、彼の哲学の全貌がようやく俯瞰しうるものとなりつつあること、彼とほぼ百年の時間の隔たりを介して彼の思考と相対する私たちの眼には、彼の思考がその中を動いていたがためについに彼自身は見ることができなかった「思考の媒体」とでも言うべきものを見ることを可能にするだけの距離 (隔たり) が与えられつつあること、――こうした事態である。一人の思考者によって考え抜かれた事柄を、ふたたびみずからの思考の事柄として取り上げ直し、新たに思考し直そうとする者にとって、「より徹底的に、かつ厳密に」とは、この新たな思考が意味をもつための必要最低限の要件であろう。そしてまたおそらくは、「徹底的に、かつ厳密に思考すること」こそ、「哲学」という営みの根本をなすはずである。

もちろんこのことは、すべてがそのように思考されうるということを意味しない。むしろ、思考不可能なものに逢着するほどまでに「徹底的に、かつ厳密に」思考することにこそ、「哲学」という営みの真価があると言った方がよいかもしれない。そもそも何が、すべてを思考しうるかに見える思考をすら超えているのか、何が思考不可能なのか、——こうしたことがたとえわずかでも明らかになるとすれば、それもまた思考を介してのみなのであり、それも可能なかぎり明晰な思考を介してであるにちがいない。

フッサールに即して、もう少し具体的に言おう。本書がフッサール現象学のもっとも重要な思考の事柄とみなし、また本書が掲げる「時間」、「存在」、「他者」という三つの問題系の根本性を明示することを可能にしたものとは、「超越論的なもの」という事象領野の発見にほかならない。彼がその「超越論主義」、すなわち「超越論的現象学」ならびに「超越論的主観性(領野)」に依拠してみずからの哲学の基盤を獲得するにいたったのは、同時代の哲学のさまざまな思潮との長く・困難な対決を経た後のことであった。彼がこの発見を公にしたのは、一九〇七年夏学期の講義においてであり、一九一三年に公刊された『イデーン』第一巻においてであった。以後、彼の死によって終止符を打たれるまでほぼ三十年にわたって、この「超越論的なもの」は彼の思考を支え続けるとともに、それ自身が大きな哲学的謎となって彼の思考を苦しめることにもなる。

「超越論的なもの」とは、フッサールによれば、デカルトにまで遡って跡付けることのできる、近代哲学の隠れた地盤をなすものなのだが、近代哲学を「意識の哲学」とみなしてその乗り越えをはかろうとするいわゆる「現代哲学」の眼には、一種の「主観主義」ないし「観念論」の残滓と映るらしく、否定的な評価の対象となることが多い。現に、フッサールの存命中においてすら、『イデーンI』での超越論主義への転回は、『論理学研究』(一九〇〇／一九〇一年)のフッサールの下に集まったいわゆるミュンヘン＝ゲッティンゲン現象学派の俊秀たちの離反を招きもした。ハイデガーですら、彼の高く評価するフッサールは『論理学研究』のフッサールであって、『イデーンI』以後の（すなわち超越論的現象学の）フッサールではないのである。一九二七年に公刊された『存在と時間』は、ハイデガーのフッサールからの離反の公式の宣言だったといっても過言ではないのである。[1]

しかし、私の考えでは、この「超越論主義」ないしそれに導かれた超越論的哲学こそ、およそあらゆる哲学（現代の哲学をも含む）が、好むと好まざるとに拘らず事実上その上を動いている最終的な基盤を発見したのであり、総じて哲学が――およそあらゆる人間の思考が――この基盤を離れてはありえないところにこそ、真に考えるに値する問題が伏在しているのである。私は何も、すべての哲学が超越論哲学でなければならないと主張しているわけではない。そのような主張は、事実上すべての哲学が、すべての思考が、超越論哲学によって発見された最終的な地盤――それをフッサールは「超越論的主観性」ないし「超越論的領野」と呼んだのだが――の上を動いていると考える以上、無意味だからである。そうではなく、超越論的現象学をみずからの哲学として取り上げ直し、新たに思考し直そうとする者にとって、その思考の根本事柄となるのは、そこで発見された最終的地盤とはいかなるものであり、そこで何が・どのように生じているのかを可能な限り正確に呈示することである。私の考えでは、超越論的領野を「還元」の手法によって発見・獲得したとするフッサール自身にあってさえ、その領野がいかなるものであるのかは必ずしも明らかになっておらず、むしろそれは絶えずそれでないものへと変質してしまっている。したがって、ここで序章として、本書もまたその上を動くことになる地盤を明示するにあたって、フッサールが見出した「超越論的主観性」ないし「超越論的領野」とはいかなるものであるのかを、時にはフッサールに抗してすら、明らかにしておかなければならない。

1　超越論的還元

フッサールを現象学的還元へと導いたのは、あらゆる認識の最終的な根拠を明らかにしようとするデカルト的動機だった。あるいは、みずからの哲学の依って立つ最終的な拠り所を求めて苦闘していたフッサールが最終的にたどり着いたのが、このデカルト的な途だったと言ってもよい[2]。周知のようにデカルトは、近代の初頭にあって新たな「学」を建設するに際して、少しでも疑わしい認識が新たな学の土台に混入することがあれば、そうした脆弱な土台の上に立てられた学は、もはやその名に値しないと考えた。そこで、「いささかでも疑わしいものは、すべてこれを虚偽として斥ける」方法的懐疑を遂行するにいたる。フッサールもまた、数学者として出発しつつも、その数学の基礎をなすはずの「数」の概念の普遍性と確実さをめぐって、心理学へ、さらには論理学から哲学へと、「苦しい懐疑」の途を歩んでいた。そのような彼の歩みの中から、〈あらゆる認識を、その究極の・最終的な源泉にまで遡って、その妥当性の根拠を明らかにする〉「超越論的動機」が芽生え、育ってくる。

私たちは、すでにたくさんの認識と知見を携えて生きているが、それらの多様な認識がどれほど間違いのないものなのか、どれほど確実なものであるのかについてあえて問うことは、普通ない。日常を生きていく上ではそうした、言ってみれば「曖昧な」認識で十分こと足りるとしても、それは「学」ではない。あるいは、「学」とは、そうした曖昧さから距離をとって（この距離は、みずから取る場合もあれば、はからずも生じてしまう場合もある）、みずからの依って立つ基盤を冷静に吟味し、よりよく知ることを通じて、よりよく生きようとする態度に支えられたものだと言ってもよい。かつてソクラテスによって天上のことどもに関わる哲学が人間のことどもに関わるものへと、すなわちこの地上のものへと引き摺り下ろされて以来（ソクラテスをこう評したのはキケロである)、この態度と理念は一貫して哲学の底流に流れつづけている。私たちは多くのことどもを〈知っていると思っている〉が、本当のところいったい何を知っているのか、というわけである。実はこのことは、ソクラテス以前の、最初期の自然哲学者たち——すなわち「天上のことども」に関わった哲学者たち——にもまた、当てはまるのである。彼らもまた、神話の神々によってすべてを説明し・理解しようとすることから一歩を踏み出し、万物の原理《アルケー》を自然（世界）そのものにおいて理解しようとしたとき、本当のところ自然（世界）とは何であるのかをよりよく知ろうとしたに違いないのである。[3] こうした「哲学」の理念と態度に身を委ねる者は、かつてデカルトが述べていたように、「一生に一度は、すべてを真剣に疑ってみなければならない」のである。フッサールもまた、その思考の遍歴の中で、この懐疑の苦しさをいやというほど味わっていた。その中から、先の「超越論的動機」が芽生え、育ってくることになるのだが、こうして見てみると、この動機は——その名称はともあれ——、すでに哲学の端緒以来、一貫して哲学とともにあったと言ってもよいのである。

では、この動機に冠せられた「超越論的」とは、何を意味しているのか。フッサールのこの用語の直接の先駆者は、言うまでもなくカントである。カントにとって「超越論的」とは、まず何よりもその批判哲学の基本的スタンス（態度）を表わすものであった。すなわち、さまざまな〈対象についての認識〉が諸（科）学がこととする認識であるのに対して、批判哲学が取り組む認識は「対象についての認識ではなく、私たちが対象を認識する仕方（それがア・プリオリに可能であるかぎりでの）についての一切の認識」[4]である。そしてこの認識が「超越論的（transzendental）」と呼ばれるのは、それがいま述べたようなものであるかぎり、対象へとまっすぐに関わる認識を何ほどか超出（超越）しており、にもかかわらず決して経験を超えた対象——超越的対象、たとえば「神」——に関わるものではないがゆえに、後者すなわち「超越的（transzendent）」認識と明確に区別されねばならないからである。[5] 批判哲学がとるこのようなスタンス、すなわち私たちの認識の仕方についての批判・吟味は、フッサールから見れば、明らかに「認識の究極の源泉へと立ち戻り、その妥当根拠を明らかにする」という動機を共有している。さらにフッサールの場合、この態度においてはじめて、あらゆる「超越者」――それはフッサールにおいては、意識を超えて、しかし意識によってその外部に目指されるすべての対象（「志向的対象」と呼ばれる）のことである――が、そのようなものとして構成されるさまが明らかになるという意味でも、つまりあらゆる「超越」がこの態度においてはじめて構成されるという意味でも、それは「超越論的」と呼ばれるにふさわしいものなのである。

さてフッサールは、こうした超越論的動機に促されて、私たちのあらゆる認識をその究極の源泉へと立ち戻らせるために、ある方法論的操作を行なうことになる。それが、「現象学的‐超越論的還元」である。この「還元」の方途は、彼自身によって幾通りもの途筋が考えられており、そのいずれが決定的なものであるかについて、彼自身による明確な答えが与えられているわけではない。そこでここでは、「還元」の思想の中核をなすと私が考えるものに限定して考察してみよう。私たちの認識のほとんどすべては、その確実性や妥当性については曖昧なまま、ともかくもそのようなものと思われて（Es scheint, dass）、現われている（Erscheinen）。しかし、そうした認識の妥当根拠をあらためて問題にしようとする私たちは、それらをそのまま受け入れ、妥当＝通用させるわけにはいかない。とはいえ、だからといってそれらを、単に根拠が曖昧だからという理由で斥けてしまっては、それらの妥当根拠の吟味すら行ないえないことになってしまう。こうした吟味を行ないうる、それ自体は決して疑うことのできない確固とした地盤はないのか。ここで示唆を与えてくれるのが、かのデカルトの方法的懐疑である。

デカルトは、絶対に疑いえない・確実なものを求めて、いささかでも疑わしいものはすべて虚偽とみなして、斥けてゆく。もちろん、「疑わしい」からといって、それがただちに虚偽であるということにはならない。しかし、疑わしさの入り込む寸分の余地もない「絶対に確実にして疑いえないもの」を求める方法的懐疑の途上にあっては、それをあえて虚偽とみなして斥けるのである。この過程で、感覚的所与、現実経験の全体、数学的理念の世界、神（の誠実さ）、…と、およそ考えうるあらゆる物が斥けられてゆく。感覚は絶えず錯覚に付き纏われているがゆえに、現実は夢との区別が「醒める」ことによってしか与えられないがゆえに――いま現実と思われているものが「醒めて」みたら夢であったという可能性をあらかじめ排除することはできない――、数学という理念の世界においても誤りは起こりうるし、場合によっては神が私たちの理性を欺いて虚偽を真理と思い込ませている可能性をすら想定することができてしまうがゆえに。しかし、この懐疑の果てに見出されたのは、こうしたあらゆる懐疑にもかかわらず――デカルトはそれを「誇張された懐疑」とも呼んでいた――、すべてが少なくともいったんはそのように私には思われた（Es scheint mir dass, = Il me semble que, = cogito）ということ、このこと自体はもはやいかにしても疑うことができない、という事態であった。思われ・考えられていることとの内容・内実の方は、それが何であれ疑いをさしはさむ余地が生じてしまうのに対して、ともかくもそれがそのようなものとして現われていることそのことは、ひとたびそれがそのようなものとして現われるかぎり、もはや決して取り消すことができないのである。(6) この「思われ＝現われ」の領野、それがすなわちフッサールの言う「現象野（Erscheinungsfeld）」である。

この「現象野」への還帰を、フッサールは次のような手続きで進める。すなわち、あらゆる認識に関して、〈それがそのようなものとして存在すると認めること（存在妥当）＝それが真であると認めること（真理妥当）〉を停止《エポケー》し、括弧に入れ、それがそのようなものとして現われ＝思われているがままの状態――これはもはや決して疑いえないものであった――、すなわち「現象」へと「還元」するのである。ここでフッサールとデカルトの唯一の、だが決定的な違いは、方法的懐疑の途上のデカルトにとっては「思われたこと」＝「現象」のすべてが虚偽とみなされて斥けられたのに対して、還元を行なうフッサールにとっては「思われたこと」のすべてがその思われたままの状態で（思われた「内容」の真・偽とは無関係・独立に）保持されているという点である。この相違は、方法的懐疑ないし還元ののちに得られた成果のもつ存在論上の身分に決定的な違いをもたらすことになるのだが、いまはその点は措こう。

さて、フッサールにおける存在＝真理妥当の停止は、およそ考えうる＝現象しうるすべてに及ぶのであるから、世界のすべてが単なる＝純粋な現象として現われる広大な領野がここに開かれたことになる。世界には現象しないものもあるのではないか、と言ってはならない。何か現象しないものを想定することがすでに、それがそのようなものとして現象していることになってしまうからである。この領野は、単に〈いま・ここ〉に現象しているものばかりでなく、無限の過去から無限の未来にわたって、かつまた無限小のミクロな世界から無限大の大宇宙にいたるまで、それらがそのようなものとして考えられ、現象しうるかぎりで、そのすべてを含み込む広大無辺の領野である。これがフッサールの言う「超越論的領野」にほかならない。この超越論的領野において、およそ考えうるかぎりのすべてが現象にもたらされるのだが、これをフッサールは〈すべてがそのようなものとして「構成される（sich konstruieren）」〉と呼び、その「構成（Konstitution）」がいかにしてなされるかを解明すること（「構成分析」）こそ、現象学の第一の課題であるとするのである。

ここで、ひとつ注意しなければならないことがある。それは、この現象野は決して私の意識なるものの内部に開かれた、世界内の一領域ではないということである。なぜなら、〈私には世界がかくかくしかじかのものとして現象している〉というこの事態にあっては、「私には」といわれるその「私」もまた、そのようなものとして現象しているもの、すなわち「私」として構成されたもの、一個の被構成体にほかならないのであって、超越論的領野とは、そこにおいて「私」もまたそのようなものとして（世界の他のすべてのものとともに）構成されてくる場のごときものだからである。[7] 現象する世界の中の一存在者としての「私」なるものの内部の閉じた意識領域といったものがかりにあるとしても（現にそのように考えられる場合がある）、それもまたこの超越論的領野においてそのようなものとして現象し＝構成されたものであって、還元によって開かれた〈そのような構成の行なわれる場〉としての超越論的領野とは別物である。むしろ現象学にとっては、そのような閉じた意識内在としての「私」なるものがどのようにして構成されるにいたるのか、その妥当性の根拠はどれほどのものかを構成分析にかけることこそ、課題のひとつなのである。

したがって、フッサールがしばしばこの超越論的領野を「超越論的主観性」あるいは「超越論的自我」と呼ぶことに対しては、私たちは慎重であらねばならない。この領野を、なお「自我」と呼ばねばならない十分な理由が見出されないかぎり——そしてその場合には、二つの「自我」があることになる。領野は世界内の存在者であるかぎりでの「自我」ではないからである——、これらの呼称をこの領野に冠してはならないのである。ここで確認しておくべき重要なことは、「私」を含めて世界のすべてがそのようなものとして現象する「場」が、いまや私たちの前に開けているということ、しかもその場は、現象学的還元の手法によっていまや確固としたものとして保持されているとはいえ、世界が還元に先立っては現象していなかったわけではないのであるから（それが「純粋な現象」として保持されてはいなかったとしても）、そもそもそのような現象の場がいつもすでに開かれていたということ、そしてこの現象の場を措いてほかに私たちの思考が始まりうる場所はありえないということ、こうした点である。このような「場」としての超越論的領野がいかなるものであるのかについて、もう少し立ち入って考えてみるに先立って、以下次節で、フッサール現象学がみずからの依って立つ基盤として確保したこの超越論的領野が、デカルト、バークリー、ヒューム、カントといったフッサールがみずからの超越論的現象学の先駆者とみなした人たちの哲学とどのような関係にあるのかを見ておくことにしよう。

2　デカルト・バークリー・ヒューム・カント

まずデカルトである。フッサールの現象学的還元が、デカルトの方法的懐疑にきわめて親近性が高いことはすでに見た。デカルトが方法的懐疑の果てに到達した地点は、フッサールが還元を経て獲得した超越論的領野と基本的には同じ次元にあると言ってよい。すなわち、世界がかくかくしかじかのものと思われている＝現象している次元である。この次元においては、ひとたび世界がかくかくのものとして現象するかぎり、もはや決してその現象自体を疑うことも、消去し去ることもできない——かりにそれがのちに誤りないし錯覚であることが明らかとなり・斥けられたとしても、それがそのようなものと思われた＝現象したというそのことはもはや消し去りようがない。現象することとそのことと、現象の内実を妥当させること（存在定立＝妥当遂行）とは、別のことなのである。この意味でこの次元は、あらゆる思考のもはやそれ以上遡りえない基盤をなす次元であった。

ところが、デカルトはこの次元をただちに「思考する私」に結びつけ、思考実体としての「私」の存在の不可疑性へと議論を展開する。しかし、前節での考察からも明らかなように、この次元において「思考するもの」として現われている「私」もまた、実はそのように思われた「私」＝現象している「私」であって、それは、この次元において思考されている世界のすべてが疑いうるのと同じく、決して疑いえないものではない。むしろ、デカルトがそこで不可疑な「私」と呼んだものとは、そのような「思われた私」ではなく、そのように「思っている当のもの」、「思考作用そのもの」のことであったはずである。そして、この思考作用が開く「場」が、そこにおいて世界のすべてが現象し、かつその場が開かれていること自体はもはや決して疑うことのできない、最終の地盤なのである。だが、この思考作用そのものにおいては、「思考する私」なるものはいかなる意味においても思考されてはいないのではないか。決して現象してはいないのではないか。

世界がかくかくしかじかのものとして思考され・現象しているこの次元が、「思考する私」の世界であるとは、思考作用の担い手としての「私」が思考され、現象した後にはじめて、言いうることであろう。このときはじめて言われる思考作用の担い手としての「私」と、デカルトが懐疑の果てに到達した端的な思考作用の次元とは、別物のはずである。思考作用の担い手として現象した「私」については疑いの余地が残るのに対して、思考作用そのもの——端的な思考——はもはや疑いえないからである。あるいはデカルトは、後者の次元を指し示すのに、前者の「私」に仮託したのかもしれない——この次元を指し示すほかに適当な言葉が見当たらないからである。しかしここに、デカルトがみずから発見した次元を同じ自らの手で覆い隠す一歩がすでに歩み出されてしまっている。「私」はただちに「思考するもの一般＝思考する一般者」へと置き換えられ、「思考実体（res cogitans）」として立てられたこの「私」の存在が、確固不動の第一の真理としての地位を占めてしまうからである（実はフッサールにあっても、彼が「超越論的領野」と「超越論的自我」を同一視するとき、類似の事態が生じているのだが、この点については後に触れよう）。

「存在」という語にも、注意が必要である。デカルトは、「思考する私」、あるいは不可疑のこの次元の「存在」を絶対に疑いえない第一の真理と認めたが、この語も厳密に解すれば不適当である。というのも、懐疑の果てに獲得されたこの次元においては、すべてがそのように思われている＝現象しているというそのことだけが不可疑の事態として確保されたのであって、そのような次元が「存在」しているとか、ましてやそのように考える「私」が「存在」しているとは、決して言えないはずだからである。そのように「思われる＝見える」ということと、それが「存在する」ということとは、同じではない。たしかに、これは微妙な問題である。というのも、「見える」ものも、そのかぎりで「存在」していると、私たちは言いたくなるからである。それを「見る」働き・作用も、それが何かを見ているかぎりで「存在」していると、言いたくなるからである。「存在」が、古来あらゆるものに（すべてに）適用される「超越範疇（transcendentalia）」（のひとつ）と云われてきた所以である。

しかし、デカルトの懐疑とフッサールの還元の精神に忠実であろうとするかぎり、絶対に疑いえない最終的地盤として確保されたのは、世界がかくかくしかじかのものとして「思考されている＝現象している」[8]というそのことのみであって、そのように思考され・現象している世界が「存在」するかどうかは言うに及ばず、そのように思考し、世界のすべてがそこにおいて現象する「場」そのものについても、「存在」という語は適用されてはならないのである。換言すれば、懐疑と還元が獲得した厳密な意味で第一のものとは「思われ」＝「現象」のみなのであって、何ものかの「存在」は、その「思われ」において＝「現象野（超越論的領野）」において構成されるものなのである。このとき、その「思われ」＝「現象野」自身は、「存在」にすら「先立ち」、「存在」に対して中立的《ニュートラル》なのである。先ほどからしばしば使用している「場」という考え方は、超越論的領野のこうした際立った特性を、よく表現しうるように思われる。「場」とは、そこにおいてすべてが「存在」することになるそのそこのことであって、空間内の特定の「場所」ではない。もしその「場」をも「存在」するものとみなすとすると、ふたたびそこにおいてそうした「存在」の存在するそのそこを必要とすることになってしまい、以下同様にして無限後退の背理に陥る。「場」とは、いかなる意味でも「存在（するもの）」ではないのである。[9]

以上は、デカルトに対してのみならずフッサールに対しても、彼らの「発見」に忠実であろうとするかぎり、言っておかなければならない点である。ところでフッサールのデカルトに対する不満は、デカルトが、みずからの発見した「私は思考する」の領野を世界の内部の一領分であるかのようにみなして、世界の内部でいまや唯一絶対確実とされた部分から、数学的演繹の手法によって、一つひとつ世界のそれ以外の諸部分（たとえば延長実体としての「物体」の世界、あるいは無限実体としての「神」）の存在を証明してゆくという、その後のデカルトトの思考の歩みにあった。「私は思考する」は、そこにおいて世界のすべてが思考され、現象する領野なのであるから、それが当の世界の内部の一部分であることはありえないし、数学的演繹の手法による証明が絶対確実であることを無批判に前提してしまうこともできないからである（デカルトはそれを「神の誠実」に訴えて確保するのであるが）。現象学にとっては、何かを演繹したり、論証・証明することが目的なのではなく、世界がいかにあるかを徹底して洗い出す記述と呈示こそ重要なのである。デカルトとフッサールの思考は、「私は思考する」の次元の発見において一瞬交錯した後、まったく別の途をそれぞれに歩むことになるのである。

バークリーとヒュームに移ろう。彼らに代表されるイギリス経験論の哲学をフッサールが高く評価するのは、彼らが私たちの経験に与えられるものに忠実であろうとした、その姿勢である（この点は、たとえばフッサールのほぼ同時代人と言ってもよいエルンスト・マッハやウィリアム・ジェイムズに対する評価にも繋がるものである）。[10]彼らが私たちの経験のもっとも基本的な場面として「知覚」（「内的知覚」を含む）を取り上げ、さらにその知覚の基礎に「感覚（印象）」を見出す点もフッサールと共通している。「感覚」こそ、私たちの世界経験の源泉なのである。[11]現象野にまずもって与えられているのは感覚であり、そこからどのように「経験」が成立するかを分析するバークリーやヒュームの議論は、それが私たちの知覚場面に密着しているかぎりで、フッサールにとって分析の手引きの役割を果たしてくれるものとなる。たとえば、彼らによる「連合法則」の発見と解明は、フッサールの構成分析に大きな示唆を与えるものであった。

しかし、彼らの「感覚」概念とフッサールのそれとの間には、ひとつの決定的な違いがある。バークリーやヒュームにあっては感覚は、いわばそこから知覚対象の経験が成立してくることになる第一の「素材」であり、そのようなものとしてすでに最初から感覚として与えられている。形、大きさ、色、匂いなど、そこにロック以来の「第一性質」と「第二性質」の区別を認めるにせよ、拒否するにせよ、あるいは逆転させるにせよ、それはいずれも対象そのものとの関係における区別であって、感覚であるかぎりの感覚が現象野（主観）に与えられる（もはやそれ以上遡ることのできない）第一の所与であることに変わりはない。ところがフッサールからすれば、形、大きさ、色、匂いといった個々の感覚的所与も、最初からそうしたものとして（いわば出来上がった相《すがた》で）与えられるのではなく、そのような形、そのような色として構成されて与えられるものなのである。私たちの知覚は、出来上がった所与としての諸感覚（感覚与件＝センス・データ）のモザイク的組み合わせによって組み立てられているのではない。むしろ感覚それ自体が、すでにはじめから、対象そのものの一契機として、対象とともに、対象との密接な関わりの中で、構成されて現象するのである。したがって現象学にとっては、感覚として与えられたものを第一の所与として前提するのではなく、個々の感覚が（感覚のレヴェルで）それぞれそのような形として、そのような色として…構成されてくるのはいかにしてなのかを解明することが、知覚分析の重要な部門となる（フッサールはそれをカントの用語を換骨奪胎して「超越論的感性論」と呼んだ）。たとえば先の「連合法則」も、すでに感覚として与えられたもの同士の間に成り立つ法則としてではなく、感覚がそれぞれの感覚として現象するにいたる過程ではたらく構成法則として捉え直されるのである。

　また、そのような諸感覚が与えられる側（感覚が構成されて現象するにいたるそのどこ）の捉え方も、決定的に異なっている。現象学においてはそれは現象野であり、超越論的領野であって、すでに何度も述べたように、そこにおいてすべてが（「私」という経験的主観をも含む）そのようなものとして現象し、すなわち構成されてくる最終的な次元にほかならないが、イギリス経験論においてはそれは「私」（という経験的な主観）の「観念」の世界とみなされたがために、孤立した観念論的独我論の危機に陥って神の内なる観念の援けを求めざるをえなくなったり（バークリー）、「知覚の束」にすぎないものとしてその実体性が否定されたりするにいたる（ヒューム）。感覚が感覚として与えられる領野が「私」の「意識」の内部であるかどうかは最初に決定されるべき事柄ではなく、もしそれを問題とするのであれば、この領野がどのようにして「私」の「意識」の領分として限定され、構成されるのかを問うべきなのである。同様に、この領野が「知覚の束」にすぎないからその実体性が否定されねばならないのではなく、この領野に与えられている「知覚の束」がどのようにして「私」の「意識」の領分として、あるいは「思考実体としての私」として構成されるのかが問題なのである。あるいは、そのような「知覚の束」がそのようなものとして与えられるそのどこにこそ――それはいったい何ものなのか――、問いは向けられねばならないのである。(12)

したがって、現象学にとっては、何かの（たとえば「思考実体」）の真理性（ないし虚偽性）を主張することが眼目なのではない。重要なのは、何ものかがそのようなものとして構成されているのはいかにしてなのかを問うことなのであり、「真理」が「真理」として構成されてくるのはいかにしてか、その妥当根拠と妥当範囲はいかなるものかを明らかにすることなのである。なぜなら、「真理」もまた構成されたものにほかならないからである。つまり、通常私たちが「真理」と呼んでいるものとは、あるものの妥当性、正当性のことなのである。これは、決して「真理」をないがしろにする態度ではない。その「真理」の妥当根拠と妥当範囲が明示されえたならば、そのかぎりでそれは紛れもなく「真理」の名に値するのである。たとえば、ヒュームが単なる「知覚の束」と見た「私」の実体性も、これまたヒュームが正しく見て取っていたように「習慣」に由来するのであれば、その「習慣」の内実が明らかにされることを通して、しかじかの妥当性と根拠をもった「実体」として妥当するのであり、現に私たちはそのような仕方で「私」をある種の実体として妥当させてもいるのである。

ここで、現象学にはもうひとつの「真理」概念があることにも触れておかねばならない。それはデカルトが「もはや絶対に疑いえない」という仕方で呈示したものの系譜に連なるものであり、現象学の構成分析の出発点をなす〈現象の記述と呈示〉それ自体の「真理」性に関わるものである。先にも見たように、何ものかがそのようなものと「思われた」＝「現象した」とすれば、その「思われ」＝「現象」は、思われ・現象したものの内実の真理妥当性のいかんに関わりなく、「もはや絶対に疑いえず」、消去不可能であった。現象学は、みずからの営みのこの意味での「絶対不可疑性」を確保すべく、還元の操作をすべてに先立って遂行したのである。この「絶対不可疑性」が、現象学のもうひとつの「真理」、現象学全体がそれに身を委ねている「真理」である。しかしこの「真理」は、もはや通常の意味での「真理」ではありえないことにも注意しなければならない。なぜなら、それはひとたび姿を現わせば、すなわち現象すれば、いかなるものであれすべて「絶対に疑いえず」、しかして「真理」なのであって、もはやこの意味で「真理」でない現象はありえない以上、そのことをもってすでにそれを「真理」と呼ぶことの意味が失われてしまうからである。「偽」となる可能性のまったくないところで「真」について語ることは、もはや意味がないからである。ハイデガーが「真理」を「隠れなさ（Unverborgenheit＝覆いを取り除けられ、露わとなっていること）」としての「アレーテイア（aletheia）」とみなしたとき、彼もまたこの特異な「真理」の系譜の継承者となったのであるが、この点については後に詳しく見ることになるであろう。(13)

最後にカントである。フッサール現象学の根本動機である「超越論的動機」が、カントの批判哲学（超越論哲学）の態度と通じ合うものであることは、先に見た。またカントが、イギリス経験論哲学の展開を受けつつ、その懐疑論を克服するために遂行するいわゆる「コペルニクス的転回」も、それが経験の対象を構成する「場」としての超越論的領野への転回でありうるかぎりで、高く評価される。「対象はわれわれの認識に従って（すなわち超越論的領野において）規定されねばならない（すなわち「構成」されねばならない）(14)」というわけである。ところがカントは、経験の対象の構成を分析するに際して――カントに即して言い直せば、経験対象の可能性の条件の解明に際して――、一方で感性を「単なる受容性の能力」として、他方で悟性を「自発性の能力」として分離し、対象の「何であるか」を規定する概念の能力を認識主観にア・プリオリに備わるものとした。

だがフッサールにとっては、すでに感性のレヴェルで感覚は対象と密接に関わりつつ、このような色、このような形（全体の相貌）として、その意味を胚胎しているのであり、しかもここにはいまだ自発性の能力としての概念的思考は関与していない。この意味は、通常の意味での（あるいはカント的意味での）概念的・言語的意味ではなく、たとえば私の関心を誘い、積極的にそれに関わるべき熱を帯びた色であったり、あるいは避けるべき冷ややかな顔かたち（形相《ぎょうそう》）、顔色であったり、あるいはまた自転車のハンドルさばきの感触であったりする。感覚は、受動性の領域ですでにこうした相貌を帯びているのであり、この意味で感性はすでに単なる受容性の能力ではないのである。それは、イギリス経験論が想定したような個々バラバラのモザイク状の（その各々はすでに構成済みの）「感覚与件」でもなければ、まったく何の意味ももたない「のっぺらぼうな」（カントの言い方で言えば「盲目な」）ものでもない。感性はすでに固有な構成する働きを作動させており、しかしそこにいわゆる「認識主観」の能動的な関与はいまだ見られないようなレヴェルが存在するのである。フッサールは感性に固有なこのレヴェルを、一見形容矛盾に見える「受動的綜合（構成）」という言葉で際立たせ、その分析に取り組むのである。したがって、カントにあってはア・プリオリな感性形式とされる「時間」や「空間」もまた、フッサールにあっては構成分析に服することになる。世界の時間的・空間的現出それ自体が、分析の重要な対象なのである（その具体的成果のひとつが一九〇五年の『内的時間意識の現象学』講義（Hua X）であり、また一九〇七年の『物と空間』講義（Hua XVI）である）。

また、悟性のレヴェルにア・プリオリに備わっているとされる純粋悟性概念（カテゴリー）も、カントの場合、判断形式や数学の内にすでに成立しているものから析出されたものであるが、そうした論理的判断形式や数学も超越論的領野における一個の被構成体であることに変わりはない以上、フッサールとしてはそれらをそのまま妥当させることはできない。そうした理念的なものもまた、それらがいかにしてそのようなものとして構成されているのかが構成分析において明らかにされるべき事柄なのである。こうしてフッサールにおいては、ア・プリオリなものの構成分析という――これまた一見形容矛盾に見える――課題が成立する。これは、言うまでもなく、純粋悟性概念をはじめとするア・プリオリなものを経験的に構成しなければならないということではない。それこそ、「心」という世界内の経験的領域から、数学的対象をはじめとする理念的かつア・プリオリなものの領域の成立を解明できると考えた心理学主義の誤謬にほかならない。フッサールは、私たちの経験とは独立な、ア・プリオリなものの領域の存立をはっきり認めた上で――たとえば、1＋1＝2はそれを計算する者が誰もいなくても、あるいは人類が誕生する以前も・滅亡以後も、真であることに変わりはない――、そのようなア・プリオリなものに対しても、その構成のいかにを問わねばならないと考えたのである。この問いを問うことをフッサールに可能ならしめたのが、現象学的還元による「超越論的なもの」の領域の発見であった。経験からは独立な、経験に先立つもの（ア・プリオリなもの）は、それにもかかわらず固有の（経験的でない）超越論的起源を有するのである。この「起源」を問うためには、知覚の対象となる狭義の経験世界と、それを超越したア・プリオリな理念の世界の区別の手前へと、すなわち超越論的領野へと、遡らなければならない。カントもまた、みずからの批判哲学が切り開いた領野がいかなる領野であるかに無自覚であったと言わねばならないのである。

しかし、カントの言う「超越論的統覚（純粋統覚）」としての「私は思考する（Ich denke）」には、超越論的領野とはいかなるものであるかを考える上での重要な問題が伏在している。この「私は思考する」は、直観に与えられた多様なものを綜合する悟性の最高原則であり[15]、その意味で「私の一切の表象に伴いうるものでなければならない」[16]とされる。しかし、この場合の「私」は、思考しうる＝現象しうる一切のものに伴いうるものであるかぎりで、「純粋に知性的な表象」にすぎないのであり、経験的な「私」の実在性とは区別される[17]。つねに同一でありつづけるこの「私」は、「意識の単なる形式にすぎない」[18]というのである。とすれば（フッサールから見れば）、一方で、この空虚な形式である「私」という「知性的表象（概念）」がいかにして構成されたかが問われねばならないことは、先のア・プリオリな純粋悟性概念の場合と同様である。そしてまた他方で、そもそも直観に与えられた多様なものが、すなわち超越論的領野においてやがて何らかの仕方で現象してくることになる多様なものが、その多様さにもかかわらず決して個々バラバラなものではなく、現象世界の統一の中に組み込まれているのだとすれば、そのような現象世界の統一はいかに構成されるのかもまた、問われねばならないことになる。

そして、この二つの問題――「私」という「知性的表象」の構成の問題と、世界の統一の構成の問題――が、実は同じ一つの問題に帰着することもまた示されるはずである[19]。つまり、超越論的領野において構成され・現出する現象世界の統一（世界の同一性）の問題の背後に、世界をそのように同一なものとして構成している超越論的領野自体の同一性の問題が潜んでいるのである。先に見たように、カントはそれを空虚な、「形式としての同一性」として問題化したわけだが、この問題は、現象学の基本構想から言えば、超越論的領野自身の自己構成の問題として――超越論的領野こそすべての現象を構成する最終的地盤である以上、構成問題はこれより手前に遡ることはできない――、現象学がみずからの依って立つ地盤を吟味する最終的な問題領分を形作らねばならないはずのものなのである。さらに言えば、世界のすべてが現象する最終的な「場」である超越論的領野の「自己同一性」とは、いったいいかなる事態であるのか、はたしてそれは構成分析という現象学の基軸をなす方法によってよく解明しうるものであるのかどうか、構成分析が現象するものの分析の手段であるとすれば、超越論的領野という現象するものの「場」、そのかぎりでそれ自身は決して現象するものではないものの解明はいかにしてなされるのか、それを「超越論的領野（主観性）」の「自己構成」の問題として問うこと自体がはたして事態にふさわしいものであるかどうか、こうした一連の問題がここには伏在しているのである。

3　超越論的領野とは何か

かつてデカルトが方法的懐疑の果てに哲学の、あらゆる思考の、最終的地盤として発見し、フッサールがみずからの超越論的現象学をその徹底形態であると自負したゆえんの「超越論的領野」とはいかなる問題次元なのかを、ここでいったんまとめておかなければならない。それは、およそ現象しうるかぎりのすべてが、それが現象しうるかぎりで、現象として保持されている、ある開けた「場」であった。したがってそこには、いま・現に・ここで、私に対して現象しているものばかりでなく、過去・現在・未来のあらゆる時間にわたって、空間内のどこかに（小は素粒子のレヴェルから、大は銀河の彼方にいたるまで、あるいは理念や想像が開く空間の内のどこかに）、私あるいは無数の他人たちに対して、あるいは現象がそれに対して現象しうるあらゆる存在者に対して、現象しうるすべてが――現象がそれに対して現象する存在者をも含めて（それが存在者であるかぎり、何らかの仕方で現象しているのだから）――含まれる。およそ何ものかが何らかの仕方で現象するとすれば、それはこの「場」をおいてほかにはありえないのである。超越論的‐現象学的還元は、このように文字通りすべてが純粋に現象として保持されている領野を、いっきに開示する。このようにして開かれた領野が「超越論的領野」なのであり、その際立った特性を、さしあたり以下の三点に集約することができるように思われる。

まず第一に、超越論的領野とは、そこにおいて世界のすべてが現象する最終的な地盤である以上、唯一のものである。この唯一性は、「私」の唯一性の主張と混同されてはならない。すでに何度も触れたように、「私」もまたこの超越論的領野において構成される被構成体である以上、それは数的には一個の経験的主体であるとしても、決して「唯一のもの」ではない。なぜなら、この意味での「私」と同じように一個の人間的主体として意識や身体をそなえた他の「私」たちもまた――いかにその意識や身体の各々がほかでもないこのものだとしても――、この超越論的領野において構成されているからであり、「私」とはそうした人間たちの中の一人であるにすぎないからである。あるいは、「私」とはそもそもそうした人間たちの中の一人として構成されたもののことだ、と言ってもよい。この「私」が他の「私」と交換できないのは、「私」という概念のいわば「文法」に属する事柄であり、他の「私」がこの「私」になることができないのと同様である。この「私」に、他の「私」とは異なるかくかくしかじかの性質や体験内実が属することは、一個の経験的事実であるにすぎない。そして、こうした構造にもかかわらず、この「私」も他の「私」も、それぞれがその当人をさすという仕方で、同じもの（同類）なのである。互いに交換不可能であることをも含めて、同じものなのである。この「私」は、原理上、複数的なものとして構成されており、（超越論的領野に関して言われる意味で）「唯一のもの」ではない。

これに対して、こうした多様な「私」たちがそこにおいて構成されている超越論的領野は、言葉の厳密な意味で「唯一のもの」である。なぜなら、世界がかくかくしかじかのものとして多くの他の人間たちとともに構成されるのは、この場をおいてほかにないからである。この世界は、「私」にとってはこのように現象するものとして、他の「私」にとっては別様に現象するものとして、しかしそれらは同一の世界のさまざまな現われとして、この場において構成されている。他の「私」にはこの同一の世界が別様にも現象しうる、そして現に現象しているというそのこともまた、この場において現象している（構成されている）のである。そして、他人たちにおけるその別様の現われは、定義上（「現象」の文法上）私には直接与えられていないが、それにもかかわらずそれは（それが現われであるならば）同じこの世界に属している。すなわちそれは、この場において以外に構成される場をもたないのである。逆に言えば、およそいかなる意味でも現象しないものは――実はそうしたものは「想定」することすらできないのだが（「想定」できれば、それはすでにそのような仕方で現象しているのだから）

――、端的に「無」なのであり、すなわちそのようなものは存在しないのである。

世界の中には、この私がまだ一度も行ったこともなければ見たことも聴いたこともない場所が――そして一生見ることも知ることもないままに終わる場所が――たくさんあるということ、にもかかわらず（と言うか、「現象」の文法に従えば「だからこそ」）そうした場所が間違いなく存在していること、さらには、人間としての私たちの誰一人としていまだ足を踏み入れたこともなければその存在を確認したこともない宇宙の彼方が漆黒の闇の中に沈んでいること、宇宙創生の頃の世界がかくかくしかじかであったこと（現在の私たちの科学の水準でこうであったとされることがかりに誤っていたとしても――大いにありうることである――、それが何らかの仕方であったということ）、百億年後の宇宙がかくかくしかじかであろうこと、素粒子によって構成される超ミクロの世界がかくかくしかじかであること、――こうしたすべてはこの場において構成されている。すなわちこの場は、時間的にも空間的にも、およそ考えうるかぎりの無限の過去から無限の未来へ、無限小から無限大へと伸び拡がっているのであり、すべてはこの場においてしか現象しない。

念のため繰り返せば、他の人間（他の「私」）における別様の現象は、それが他人の／に対する現象であるかぎり、時間・空間上の（時間・空間内の）別の場所における、この同じ世界の別様の現象であって、他の現象の場を指示しているのではない。他人（他の私）もまた、この同じ世界の内でしか現象しないからであり、他人に対する世界の別様の現象も、それがそのような他人に属するものである以上、この同じ世界の内にしか存在の場をもたないからである。他人をも含めた時間・空間上のさまざまな地点（別の場所）は――その他人に対するさまざまな現象をも含めて――、同一の世界の中の別の（さまざまな）場所でしかありえず、そのかぎりでそれらはすべて超越論的領野というこの場以外に構成の場をもたないのである。別の言い方をすれば、どんなに互いに異なる世界であれ、それらが異なる世界として現われたかぎりで――古代人の世界と現代人の世界であれ、人類の世界と宇宙人の世界であれ――、すでに同一の世界（の中での異なる現われとして、その同一の世界）に属してしまうのである。こうした意味で、超越論的領野はほかにならぶものがない、すなわち比類がないという点で「唯一のもの」なのである。

この場は原理的に複数性（似たような他の「この場」＝他の超越論的領野の存立の可能性）を排除する。そして、複数性が「一」の「多数性」を意味する以上、それは数的な意味で「一」であるのですらないことになる。またこの場は、それがこうして原理的に複数性を排除するものであるかぎり、いつもすでに「同一のもの」でありつづけるが、この場合の「同一性」も、そもそもそれが「別様であること（別物であること）」がありえない以上（世界の無限に多様な別様の現出も、この場においてしか現出しないのであった）、通常の意味での「同一性」ではもはやありえない。すなわち、それは「同一」ということがほとんど意味をなさないような「同一性」であると言わねばならない。原理上いつも同一であるものについて、つまり同一でない可能性が考えられないものについて、ことさらその同一性を云々することは意味がないからである。通常の意味での同一性が、時間・空間内での同一性であるのに対して、そうした時間・空間がそこにおいて構成されてくる場が、超越論的領野としてのこの場なのである。この場において構成された時間・空間の内部にこの場自身が入り込むことは原理上不可能であり、そうした時間・空間の内部に入り込むのは、この「私」やあの「私」といったさまざまな「私」たちの方なのである。

第二に、超越論的領野は〈誰のものでもない〉という意味で、匿名的である。[21] この「私」ですらそこにおいて構成され・現象する「場」それ自体は、もはや「私」のものではありえないからである。むしろ「私」の方が、この「場」に帰属するものなのである。また、この「場」において現象する世界が他のさまざまな「私」たちの誰にとっても同一の世界[22]（「客観世界」）として構成されているからといって、世界がそのようなものとして現象することの「場」自体も「誰にとっても」のものかというと、事態は必ずしもそうではない。誰もがそれに近づくことが出来、そして誰もがその内部に生きている同一の世界、この意味での「誰にとっても」の世界とは、あくまでそのように構成された世界——いわゆる「客観世界」——のことであって、そこにおいて世界がそのような客観世界として現象するこの「場」とは区別されねばならないのである。超越論的領野としてのこの「場」の方は、「誰にとっても」という同一世界の意味がそこで構成される場として、厳密に「誰のものでもない」。つまり、ここで言う「匿名性」とは、〈誰かでありうるがそれが誰かは分からない〉あるいは〈誰であってもかまわない〉という意味でのそれではなく、〈決して誰のものでもありえない〉という意味なのである。

〈決して誰のものでもありえない〉このような現象の「場」が唯《ただ》一つ開かれているというこの事態が、いわゆる「独我論」ではありえないこともはや明らかであろう。ここには、いかなる意味でも「我」＝「私」と呼びうるものは存在していないからである。世界がかくかくしかじかのものとして現象するその「場」自体は、〈決して誰のものでもありえない〉のであり、その「場」においてかくかくしかじかのものとして現象したものがはじめて、〈誰かにとっての〉現象の相《すがた》としてその個別性を担い、あるいは〈誰にとってもの〉同一の世界として、その普遍性ないし客観性を担うのである。

第三に、超越論的領野は、〈この場において以外に世界は現象しない〉という意味で、世界のあらゆる事実性の最終的基盤としての絶対的事実性を有している。もちろん、世界が現にかくかくしかじかのものとして現象しているという事実は、世界が別様にも現象しうるという可能性を排除しない。通常の意味での事実とは、それが別様でもありえたにもかかわらず、現にこのようなものとして——別様にではなく——在る（現実化されている）という事態をさす。そして、この「私」が現に今かくかくしかじかである「私」であること、すなわち他のさまざまな「私」たちの中の一人として斎藤慶典という名前をもち、男性であり、大学の教員であり、一人の子供の親であり…等などといったさまざまな属性をもって世紀の境目の日本に存在しているということは、さまざまな偶然の集積の上に成り立つ（いくらでも別様でありえた）一個の事実である。この「私」の名前が慶典でなければならなかった必然性はないし、大学の教員ではなかった可能性はいくらでもあるのである。そしてこの事実は、世界のかくかくしかじかの現象の「場」である超越論的領野において、他の諸々の別様でありえた可能性とともに、それらの可能性と一緒になって、構成されている。事実が事実として有意味に機能するのは、それが可能性――別様でありえたにもかかわらず、現にそのようにはなっていないという事態――と対になってはじめて、だからである。この意味で、超越論的領野は、さまざまな事実が事実として――可能性とともに――成立する最終的な「場」であり、この「場」以外に事実が事実として成立する場がないという意味で――ということは、可能性が可能性として成立する場もないという意味で――、世界に生ずるさまざまな事実（と可能性）の根拠をなしているということができる。

では、このような世界の現出の「場」が〈いま〉〈ここ〉に唯ひとつ、開かれているというこの事態の方は、どうであろうか。[23] 明らかに、これもまたひとつの揺るがしがたい「事実」ではある。しかしこの「事実」は、もはや「別様である」ことができない。なぜなら、「別様でありうる」とは、別の仕方で現象しうるということにほかならないが――たとえばこの「私」は会社員としても現象しえたし、別の名前をもつこともできたし…、といったように――、このようなさまざまな可能性ともども現にかくかくしかじかである世界の現出を構成しているこの「場」（が開かれているという事態）は、先にも見たように、いつもすでに「唯一の」ものであって、ほかにならぶものがなかった。さらに言えば、世界がかくかくしかじかのものとして現象してくるこの「場」自体は、先に第二点として確認したように、もはや現象しているということすら厳密には不適切であったのだから（もしそれが何らかの仕方でであれ現象するのだとしたら、ふたたびそれが現象する「場」へと無限の遡行が繰り返されねばならなくなってしまうのであった)、原理的に現象しえないはずのものに「別の仕方で現象する可能性」を考えること自体がすでに背理なのである。つまり、この「場」それ自体は、原理上「別様でありうる」可能性をもたない。そして、別様でありうる可能性をもたないものに「事実」という語を使うことは、もはや不適切であると言わざるをえない。それにもかかわらず、この「場」が開かれていなければ世界は現象しない。そして、現象のないところにさまざまな事実が事実として姿を現わす(構成される)こともありえない。このような、あらゆる事実の事実性の最終的基盤であるこの「場」のもつ特異な「事実」性を、ここで「絶対的事実性」と呼んだのである。ここで「絶対的」とは、それが事実でない可能性をもはや考慮することができない、というほどの意味である。

「絶対的事実性」を有する超越論的領野それ自体は、別の仕方で現象する可能性を、厳密に言えばそもそも何かとして現象する可能性をすら、もたなかった。それは、世界が〈いま〉〈ここ〉でこの「場」において開かれており、それ以外に世界の現出の場はありえないという比類のない事態の謂いであった。このならぶもののない事態(「絶対的事実性」)に、「別様でありうる」わずかな可能性を考えることが許されるとすれば、それは、そもそも世界が端的に現象しないという事態であろう。もし、そもそも世界が現象しないのだとすれば、世界の現象するこの「場」(超越論的領野)もまた、開かれていないと言ってよいだろうからである。しかし、〈世界が現象しない〉とはいかなる事態であるかを考えることは、一見そう思われるほど容易なことではない。それは、すべてが真の暗闇の中に沈んでいるような事態であろうか。だが暗闇とは、すでに現象するものである。私たちは暗闇とは何であるかを知っているし、それを経験したこともある——これからも経験しうる——。では〈世界が現象しない〉とは、意識の片鱗すら見出せない深い深い眠りに陥るようなものであろうか——「昏睡」という言葉が示しているような——。あるいはそうなのかもしれない。しかし、現に目醒めている私たちは、それがいかかなるものであるかを――それが何であるかを――、言うことができない。〈世界が現象しない〉という事態は、それが現象ではありえないがゆえに、経験として成立することもありえず、実はそうした事態について何事かを考えることがほとんど不可能なのである。現に考えてみたつもりでも、そこでは何も考えられておらず――あれこれ想像をたくましくしているかぎりでそれはすでに現象しているのだから、あるいは何事かを考えたかぎりでその「何」が現象しているのだから、〈現象しない〉という事態を考えたことにはならない――、あえて言えば、それはまさに文字どおりの意味で「想像を絶している」（もちろん正確には「（想像をも含めた）思考を絶している」）のである。この例外的な事態に思考はわずかに――「想像を絶する」という仕方で――触れうるのみで、世界が現象しないことが何であるかをそれ以上の仕方で理解にもたらすことができないのである。別の言い方をすれば、〈世界が現象しない〉とは、世界が現に現象していることの全面的な否定としてのみわずかに理解可能であり、それ以上の一切の理解を拒む――この意味で、意味内実をまったくもたない――事態、私たちの思考が空を切る臨界的事態なのである。超越論的領野としてのこの「場」のもつ「絶対的事実性」とは、「想像を絶していること」「ほとんど理解不可能なこと」と裏腹の事態のことだと言ってもよいのである。

　フッサールの超越論的現象学が動くのは、このような次元の上でである。すでにある程度フッサール現象学に親しんでおられる読者には、ここで私が呈示したような超越論的領野の姿は、フッサール自身の自己理解からはかけ離れたものに映ったかもしれない。事実フッサールが、みずからの獲得した超越論的領野ないし主観性をこのようなものとは考えていなかった証拠を挙げることの方が、はるかに容易なのである。しかし、彼を導く超越論的動機が「あらゆる認識の究極の・最終的な源泉にまで立ち戻って、その妥当根拠を明らかにする」ものであったとすれば、そしてそうした作業を可能にするために彼が遂行した超越論的‐現象学的還元が、すべてを「それがそこにおいて現象する場」へと差し戻す方法論的手続きであったとすれば、しかもそうした手続きによって確保された現象野すなわち「超越論的領野」が現にそのようなものとして〈いま〉〈ここ〉に開かれていることが決して疑いえないのだとすれば、あるいはかりにそのことすら「確固不動の」ものではもはやないとしても——上で見てきたように超越論的領野の特異な性格は、何ほどか「確固不動」とは別の事態を予想させる——、いずれにしてもすべてはそこにおいて現象が成立することからしか始まらないとすれば、——すなわち超越論的現象学の構想を一貫して厳密に展開したとすれば、それは本論で述べたような事態を指し示すはずである。そして、フッサールが超越論的領野に与えた「絶対性」、「原事実性」、「没自我性」、「絶対的匿名性」、「全一性」…等などといった言葉は[24]、あるいは「超越論的主観性とはすべてのことであり、その外部を考えることは背理である」[25]といった主張は、私のこのような捉え直しを支持するはずである。

だが、ここでこのような超越論的領野においていったい何をフッサールが目撃するにいたったかを検討するに先立って——フッサールにおいてはそれは超越論的領野の本質をなすと彼が考える「時間性」の分析という仕方で遂行される——、彼の超越論的現象学の構想を支えるもうひとつの柱である「形相的還元」に触れておかなければならない。そして、形相的還元というこの考え方の中に含まれた問題を明るみにもたらすことが、そのままフッサールの現象学的思考が「時間」の問題の領域に踏み入らざるをえないひとつの筋途を明示してくれるはずである。

4　形相的還元と時間

形相的還元が超越論的還元とならんでフッサール現象学を支える二つの柱であることは、超越論的還元によって獲得された超越論的領野そのものの在り方と密接に関係している。フッサール自身はこの二つの還元の間の関係について、形相的還元を経て超越論的還元へといたる途筋と、超越論的還元の後に形相的還元が遂行される途筋を、いずれも可能な途筋として考察している。このことは、いずれにせよ超越論的現象学にとってこれら二つの還元が、いずれを欠くこともできない二本の柱であることを示している。本書は、フッサールがデカルトの内に見出した超越論的動機こそ彼の現象学を導く「主導動機」であり、この動機に導かれて彼が発見し・確保した「超越論的なもの」の領野こそ、現象学をデカルトやカントが思考しようとした「問題」の系譜に位置づけ、そのさらなる展開の可能性を開いたものであることを明確にするため、まず超越論的還元に多くの紙幅を割くことから始めた。したがって還元の順序としては、ここで第二段階として形相的還元を扱うことになる。しかしこのことは、還元がこの順序でなされねばならないことを意味しない。それは、形相的還元がいかなるものであり、いかなる問題領野を開くものであるかを以下で示すことによって、おのずと明らかとなるはずである。

超越論的還元によって開かれ・確保された超越論的領野は、さまざまな現象がたえず変転しつつ生じ来たっては消滅してゆく「ヘラクレイトス的流れ」をその基本的な様態としている。このことは、生じては消え去ってゆくものが「現象」という資格で捉えられているか、あるいは端的な「存在」とみなされているかの違いを除けば、超越論的還元にいまだ服していない自然的な世界経験の与えられ方についてもあてはまるはずである。たとえば、いま名前を挙げたヘラクレイトスが、私たちの生きるこの世界の実相を〈とどまるところを知らない流転〉と捉えたことは、そのひとつの例証になるだろう。ヘラクレイトスが、フッサールの言う意味での超越論的還元を自覚的に遂行したとは言えないのは当然であるにせよ、私たちの現実が私たちに与えられるその基本様態が「たえざる変転」であるという洞察自体の価値が損なわれるわけではない。そしてこのことは、超越論的還元に先立って形相的還元を遂行することが、事象に適ったもうひとつの途であることを示してもいるのである。つまり、私たちの現実の基本様態が「たえざる変転」であることそのことが、その現実を理解しようとする私たちに、形相的還元を要求するのである。この間の事情を明らかにしよう。

　形相的還元とは、超越論的領野における現象が（あるいは自然的態度における私たちの経験の在り方が）たえざる変転をその基本様態としているという事態を踏まえて、こうした変転してやまない現象（の継起）の内にすでに与えられているはずの、その現象の「何であるか」をあらためて明示的に取り出すための方法である。〈現象する〉とは〈何かが何かとして私たちの経験の対象となる〉こと以外の何ものでもないのであってみれば、そのときすでに、その現象の「何」が現象とともに与えられているに違いないからである。このときの「何」をフッサールにならって「本質」と言い換えるなら、何かが何かとして現象することの内に、すでにその現象の「本質」が与えられているのであり、私たちに対して何ものかが現象するのであれば、私たちはそのことの内ですでにその「本質」を何らかの仕方で「見て取って」しまっているはずなのである。

　しかし通常大抵の場合私たちは、現象の内にすでに与えられているこの本質をそれとして明示的に取り出すことのないままに、現象の流動に身を委ねている。現象の「何」（本質）がいったいいかなる「何」であるのかは曖昧なままに――逆に言えば、曖昧でおおざっぱな仕方で現象の「何」を捉えることで――、私たちの日常は大過なく流動してゆくのである。フッサールが企てるのは、現象学が一個の哲学すなわち「学」として、私たちの現実を可能なかぎり明晰な「理解」へともたらそうとする試みである以上、この曖昧なままにすでに与えられている現象の「本質」を何らかの仕方で明示的に取り出すことなのである。「本質直観（Wesensanschauung）」あるいは「本質看取（Wesensschau）」とは、このようにして「本質」を明確に理解へともたらすことにほかならない。そのために要請される方法が形相的還元なのである。

　この還元は具体的には、彼が「自由変更（freie Variationen）」と呼ぶ操作によって遂行される。たとえば、いま私に目の前にある机の知覚が与えられているとしよう。この知覚それ自体は、たまたまいま・目の前にある個体としての「この机」の知覚にすぎないが、それがすでに私に対して机として現象しているのであれば、その（知覚という仕方での個別的な）現象の内に、「机」というその現象の「何」が、つまりその「本質」が与えられているはずである。このことは、いま・目の前にある個別的な机の知覚を出発点として、その色や形や大きさや表面の硬さや脚の数や…を私が思考の内で自由に・任意に変更することができ、かつこの変更には、それが「机」についての変更であるかぎりおのずから何らかの限度があるという事実によって、明らかにされる。つまり、机が机であるかぎり、たとえば色は黒でも灰色でも茶色でも…よいが、また脚の数は一本でも二本でも、あるいはまったく無かろうが…天板が固定されていればかまわないが、そしてまた天板の硬度はある一定限度以上の硬さが無いと困るが…、といった仕方で、変更によって机が机であることに何の支障もきたさない要素とそうでない要素とが次第に明確に呈示されうるのである[26]。言うまでもなくこの場合の後者の要素が「机」の「本質」を構成しているのであり、このような操作を経て当該の現象の「本質」をより明確な形で取り出す手続きが形相的還元なのである。この手続きによって現象は、その「本質」すなわち「形相（エイドス）」へともたらされる――「本質」が「看取」される――わけである。

ここで看過されてはならないのは、たとえこの「本質」が、「自由変更」を経て「極限理念」にまで移行し、高度の抽象性を備えたものとなったとしても、その抽象性の基盤がすでに現象において与えられていたものに根差している点である。このことこそ、フッサールが最晩年の『危機』書ならびに関連草稿――たとえば「幾何学の起源」――において強調してやまなかったことであった。抽象された「本質」がその基盤への通路を見失ったとき、そのような「本質」によって構成された「学」に「危機」が忍び寄るのである。

フッサール自身の用語としては、「本質直観」・「本質看取」は、やがて「世界の構成分析」というより包括的な構想の内に包含されると見てよいだろう。世界がかくかくしかじかのものとして現象することがすなわち、世界がそのようなものとして「構成」されることであり、そのように何かが何かとして「構成」され・「現象」することはいかにして可能となったのかを問うこと――すなわちその「構成（現象）」の機構《メカニスム》を解明すること――が、「世界の構成分析」なのである。先の「机」の例で言えば、「机」の「何であるか（本質・形相）」の解明は、実際には私たちの現実において「机」なる存在者が存在することを可能ならしめ、場合によっては要請するところの、特定の文化的背景ないし条件の解明にまで広がりうるであろうし、当該の現象がたとえば「量子」のように特定の理論的枠組みと相関性の高いものであれば、その理論自体の分析にまで「構成分析」は進んでゆくことになる。以上に述べたように、「現象」とその「本質」こそが「現象＝学」のエッセンスなのである。

　ところで、私たちの経験の基本的様態が――すなわち「現象」の基本的な与えられ方が――たえざる流動としての「ヘラクレイトス的流れ」であり、かつまたその流動の内にすでに「現象」の「本質」が与えられているという事態は、いったいいかなる「問題」をその内に秘めているだろうか。この「問題」を考えるにあたっては、次のエピソードが格好の糸口を提供してくれるように思われる。アリストテレスがその『形而上学』の中で伝えるヘラクレイトスとその弟子クラテュロスとのごく短いやりとりである。『形而上学』によればクラテュロスは、師匠であるヘラクレイトスの「あなたは二度と同じ河に足を浸すことができない」という主張に異を唱え、ヘラクレイトスが言わんとした事態をより正確に表現するならば次のように言うべきだと述べたという。すなわち「あなたは一度たりとも同じ河に足を浸すことができない」と言うべきだ、というのである。[27] このやりとりは私たちに何を示唆してくれるだろうか。

　もし私たちの現実が――すなわち「現象」の基本的な与えられ方が――ヘラクレイトスの言うように「たえざる生成消滅の内にある流動状態」であるとすれば、つまりすべてがいかなる意味でもとどまるところを知らず、すべてが流れ去ってひとつたりともとどまるものがないとすれば、そもそも何ものかが「同じ河」として「現象」することすらないのではないか。ヘラクレイトスの言う「万物《すべて》は流転する（パンタ・レイ）」を厳密に文字どおりの意味にとれば、すべては「現象」へと生成した端から失われてゆき、つまり生成した「瞬間」にはもう失われてゆくことになり、しかもその「現象」がそれに対して現象するはずのものもまたともに失われてゆくのだから、もはやそこでは何かが何かとして「現象」するということが実際には成り立たないのではないか。すなわち、「一度たりとも同じ河に足を浸すことはできない」のであり、そもそも「同じ河」ということが成り立たないのである。すでに明らかなように、ことは「対象」（現象する何ものか）の「(自己)同一性」に関わる問題なのである。「万物流転」を厳密にとるかぎり、もはや「対象」の「同一性」は成り立たない。すなわち、何ものも現象しないのである。

だが、言うまでもなく私たちの現実はそうではない。すべては現象するのである。そうであるとすれば、私たちの現実は決してすべてが生成と同時に流れ去る文字通りの「絶えざる流動」ではなく、この流動の内にあって流れ去ることのないもの、何らかの仕方で流動に抗うものが、すでに姿を現わしていることになる。絶えざる流動に抗してみずからの「同一性」を保持する何ものかが存在するのである。「存在」とは「自己同一性」にほかならず、「現象する」とは、この意味で存在を存在として成立させる事態に等しいのである。では、ここで姿を現わした――〈現象した〉すなわち〈存在へともたらされた〉――ものとは、いったい何ものであろうか。それを先にフッサールは「本質・形相」と呼んだのだが、ここで事態をより正確に捉え直してみよう。

「対象」――すなわち現象する当のもの（フッサールの別の用語で言えば「ノエマ」）――を対象たらしめるもの、対象を対象として現象させるもの、すなわち対象の「(自己)同一性」を確立するものとは、絶えざる流動としての私たちの現実にすでに到来している或る「非現実的なもの」、すなわち「理念的なもの」としての「意味」なのである。(28)私たちの現実が、徹頭徹尾生成と消滅という流動を免れえないものであるとすれば、それにもかかわらずその現実が私たちの前に何らかの〈かたち〉あるものとして現象することを可能にしているものとは――「河」を「河」として（自己）同一化し、現象せしめるものとは――、「意味」という何か「非現実的なもの」なのである。ここでの「意味」を、あらかじめ言語的なものに限定する必要はない。何ものかが何ものかとして現象するのであれば、それを現象する〈何ものか〉たらしめているものが、「意味」なのである。もし世界が非言語的な仕方でも現象するのであれば、それもまた「意味」によってなのである。この意味での「意味」こそが、「現象」の「本質」を、「現象」の「ロゴス」をなす。かくして「現象学（Phänomenologie）」とは、「現象」とその「ロゴス」の探究の企てなのである。

世界が現象することが、絶えざる流動をその根底に踏まえて成り立つ事態であるとすれば、その流動を「時間」の名のもとに名指すことができよう。何ものかが姿を現わし（生成し）、やがて姿を消す（消滅する）という事態は、私たちの眼には「時間」のもっとも基本的な在り方に映る。「流れ来たり、流れ去る」ことをもって「時間」の、そして私たちの現実の本質とする見方は、古来枚挙にいとまがないし、おそらくそのことは決して故のないことではない。だが、もし私たちの現実がこの「絶えざる流動」のみからなっているとしたら、そもそも現実が現実として姿を現わすことすらありえないことを、わたしたちはいま見た。そしてこのことは、私たちの現実が純粋に「絶えざる流動」であるとすれば、その流動が「流動」として、すなわち「時間」として姿を現わすこともないことを示唆する。

何ものかが過ぎ去り、移ろいゆくことをもってはじめて、「時間」が流れると言いうるのであって、何ものも流れ去らないとき、「時間」は意味を失うのであり、すなわち現象しないのである。流れ去る何ものもないまま、ただ「時間」のみが流れ去ると考えるのは、すでに「時間」を何らかの現象するものへと実体化してしまった思考のおかす誤りにほかならない。「時間」という事態が成り立つのは、「絶えざる流動」に抗い、何ほどかではあれ「流れ去らない」ものがこの「絶えざる流動」に交差するそのときはじめて、なのである。逆説的にも、「流れ去らない」ものがはじめて「流れ去る」ことを可能にし、そのときはじめて、時は「流れる」のである。「絶えざる流動」が私たちの現実の根本として姿を現わし、それが「時間」の名のもとに捉えられうるのも、実は、何らかの仕方で「流れ去らない」ものとしてみずからの同一性を時間的流動に抗して確立する「意味」という「非現実的なもの」の力あってのことなのである。

　フッサールの形相的還元の方法は、このようにして私たちの現実がすでにはじめから——それは現象するものなのだから——、何ほどか「非現実的なもの」に浸透されており、実はこの「非現実的なもの」がはじめて「現実」と「非現実」との区別をも可能にするという事態を示唆している。「非現実的なもの」としての「意味」が、「絶えざる流動」としての「現実」と交差し、際立った対比をなして姿を現わすことがすなわち、〈すべてが現象する〉ことなのであり、それこそが私たちの現実である「現象すること」の根本をなしているのである。[29]「現象すること」とは、「現実的なもの」と「非現実的なもの」の交錯においてはじめて成立する事態なのである。そして「現象すること」の本質と見定められた「時間」性とは、絶えざる流動としての「流れ去ること（もの）」とその流動に抗する「流れ去らないこと（もの）」との交錯において現象するにいたった事態のことなのである。

　いまここで、「現実的なもの」と「非現実的なもの」、「流れ去るもの」と「流れ去らないもの」との交錯がそもそもいかにして可能となったのかに立ち入ることは、控えよう。それはすでに、フッサールの分析が明らかにした事態からさらに一歩先へと歩み出すことであり、本書がハイデガーやデリダやレヴィナスといった人々の営為を通じて徐々に明らかにすることを試みる事態だからである。ここはいまだ、その場ではない。ここで明らかになったことは、超越論的還元によって見出され・確保された超越論的領野という現象野が、その根本において

「時間」として名指されるべき事態をその本質としてもっているということ、そして現象野の本質が――すなわち私たちのこの世界・この現実の本質が――「時間」として姿をあらわすこと自体が、ある「非現実的なもの」の出現と軌を一にしているらしいことを形相的還元は示唆しているということ、以上の二点である。いずれにせよ、現象の現象たるゆえんを、すなわち現象の本質《ロゴス》を明らかにしようとするフッサール現象学が、「現象（すること）」の根本に「時間」の問題系が横たわっていることを見出すにいたったひとつの筋途を明らかにしえたことをもって、序章を閉じることにしよう。あらゆる「現象」がそこにおいて成立する超越論的領野の問題系――それは、すでに見たように、フッサールの超越論的現象学の最終的にして究極の問題である――へは、その「現象」の「本質《ロゴス》」としての「時間」の問題系から接近を開始すべきなのである。

I 時間

第一章　フッサール時間論の展開

還元を通して獲得され・確保された超越論的領野において、いったい何が生じているだろうか。まず目に付くのは、そこにおいてさまざまな出来事や事象が生じきたっては・消え去ってゆく〈絶えざる流動〉という事態である。概念や数学的対象といった理念的（イデア的）なもののもつ普遍性・恒常性も、〈絶えざる流動〉という私たちの経験の基本的事態に対して、そうした流動性を免れて、あるいはそうした流動を超えてそれらが「変化しない」が故に、際立った特性となるのである。私たちの経験にはこうした「理念的なもの」すなわち「意味」が深く浸透しており、おそらくそれなしには経験が経験として成り立つことすらありえないであろうことを、すでに私たちは序章の末尾で見届けておいた。こうした〈流動しないもの〉とともに、はじめて〈絶えざる流動〉が私たちの経験の根本的様態として姿を現わしたのである。この流動は、何ものかが生じ来たり、何ものかが消え去ってゆく生成消滅として、現象のもつ基本的性格が時間性であることを告げ知らせている。「時間」が、現象学の根本問題のひとつをかたちづくるゆえんであった。またフッサール自身においても、現象学の成立のかなり早い時期から「時間」が一個の固有の（そして困難な）問題であることが気づかれており、以後最晩年にいたるまで繰り返し取り上げ直されることになる。このことは、彼が時間問題の中に現象学にとってなみなみならぬ事態を見て取っていたことの証しでもある。この間の事情を、まずはフッサール自身に即して明らかにしよう。

1　初期時間論の成立と展開

フッサールが時間問題に取り組む最初のきっかけは、すでに彼の最初期の著作である『算術の哲学』(一八九一年刊)の思考圏の内に芽生えている。算術(代数学)の基礎をなす「数」概念の成立を心理学的に解明しようとしたとされる同書において、「数」は或るものを「ひとまとめ」にして、そのひとまとめにされたものをひとつひとつ結合して「多」の表象へと形成してゆく「集合的結合(kollektive Verbindung)」のはたらきに基づけられるのだが、この時「同時性」と「継続性」という時間様相が「数」概念の成立にとっての「前提条件」をなすとされる。[1]あるものを「ひとまとめ」にすることは「同時性」を前提にし、それをひとつひとつ結合してゆくことは「継続性」を前提とするからである。しかしそこでは時間についてそれ以上の解明はなされず、時間が「数」という理念的存在者の成立にとってのいわば「形式的」前提をなしていることが確認されるにとどまった。だが、こうした前提の所在が確認されたことの意義がフッサールにとって決して小さくはなかったことは、この『算術の哲学』の公刊直後から(一八九三年頃)、時間についての集中的な分析が始まっているという事実に端的に示されている。[2]

フッサールのいわゆる「初期時間論」は、時期的にかなりの期間にわたって――二十年以上にわたる――書き継がれた研究草稿ならびに講義草稿の集積であり、次第に分析の対象や分析を導く関心も変化してゆく。また、研究の進展につれて問題へのアプローチが修正・変更され、新たな問題次元が発見されてくる。そうした推移を

ここでは四つの段階に分けて概観しておこう。(3)

まず第一の段階は、先の『算術の哲学』で「数」概念が成立するための前提として確認された「時間」の心理学的・発生的起源への経験心理学的アプローチをもって始まり、ただちにそうしたアプローチが疑問に付される。これは、ちょうどこの時期『算術の哲学』の心理学主義的アプローチが、すべてを経験的・蓋然的なものから説明しようとするが故に「理念的なもの」の普遍性を基礎付けえないのみならず、厳密に基礎付けられた学としての要請にも応ええないものとして自己批判の対象となり、次の大著『論理学研究』（一九〇〇／〇一年）での「理念的なもの」の自体存在（経験からの独立性・自立性）の確立へと向かいつつあった彼自身の歩みと軌を一にするものである。そこで、これまでのアプローチにかわって、経験に与えられているものの純粋な「記述（Deskription）」に徹することの中からその本質構造を明らかにしようとする「記述的現象学」の方法が採用されることになる。すなわち、持続する時間的対象、持続する知覚についての最初の現象学的記述の試みである。

この記述の中で、「今」はある種の「拡がり（Ausdehnung）」をもつこと、それに直接に隣接する過去や未来の「庭（Hof）」ないし地平に取り囲まれていることが示され、〈現在的なもののみが「現実的存在」であり、かつそれのみが知覚される〉とするブレンターノの時間の捉え方が形而上学的、認識論的先入見として斥けられ、「想起知覚（Erinnerungswahrnehmung）」すなわち〈過ぎ去りつつあることについての知覚〉、〈継起性についての知覚〉の記述が試みられる。(4) ここですでに、時間の原様態に「拡がり」という空間的形容が用いられていることは、あらためて注目されてよい。これは、ベルクソンが批判するような「時間の空間化」というよりは、時間が現象の本質をなす構成契機であるかぎりで、すでに空間と切り離せないという事態を、すなわち現象の基本的様態が「時－空」というひとつの連続体であることを示している。それは、私たちの現実が一方で絶えざる流動であるとともに、他方ですでにつねに何程かの不変性（「同一性」すなわち何らかの仕方で流動に抗うこと）

としての「立ちとどまり性」でもあることと相即している。すでに先の序章最終節でも触れたこの問題に、本書は以後も何度か立ち戻ることになろう。

つづく第二の段階は、よく知られた一九〇五年二月のいわゆる「時間講義」に関連するもので、「現象学的還元」の思想がかなりはっきりと姿を現わしてくる時期でもある。(5) すなわち、客観的・対象的な時間を経験ないし体験に与えられたがままの相（「時間体験」）へと「還元」し、そこにおいて記述を行なうという考えである。この記述において、時間的連続性の知覚（たとえばメロディー）をめぐってマイノンクとの対決がなされる。(6) 直観を点的な「今」の対象あるいは対象の瞬間の把握に限定するマイノンクに対して、そのような考え方をとるとメロディーなどの知覚はそれが鳴り終わってから（あらためて想起することによって）でなければ成り立たなくなってしまうという難点を指摘し、時間の非独立的諸位相の連続的・感性的「融合（Verschmerzung）」現象を析出する。さらに、過ぎ去ったものをあらためて想い起こす「再想起（Wiedererinnerung）」を、知覚の「現在化作用（Gegenwärtigung）」と区別された「準現在化作用（Vergegenwärtigung）」として捉える考え方が導入される。また、知覚された時間的対象の連続性の位相と、それを知覚する知覚作用の連続性位相とを、根本的に区別すべきことが示されるとともに、知覚対象（知覚された時間的対象）の「同一性」（時間の経過の中で同一のものでありつづけること）がいかにして構成されるかについての問いが登場する。〈対象〉と〈対象を構成する作用〉との本質的「相関」と「区別」という現象学の基本的発想が、時間対象の分析にも適用されるのである。(7)

第三の段階に入ると、先の知覚対象と知覚作用の区別を受けて、知覚作用ないし知覚過程自体の時間的連続性についての知覚はいったいどのようにして構成されるのかを問う、もうひとつの新たな問いが登場する。これは、たとえばメロディーの知覚で言えば、メロディーという「時間対象（時間的に延び拡がったものとして知覚される対象)」に対して、メロディーをそのようなものとして知覚し構成している意識作用（知覚作用）自身も一定の時間的延び拡がりをもっているのだが、このような意識自身の時間的構成はどこでどのようにしてなされるのか、という問いである。こうして、時間を構成している意識自身の自己構成の問題が現象学的分析の新たな主題として登場してくることになる。

ここでもし、時間対象を時間的なものとして構成している意識自身を時間的延び拡がりとして構成する〈もうひとつの意識〉を想定するとすれば、その〈もうひとつの意識〉もまた——それが意識であるかぎり——時間的に延び拡がっているはずであり、以下同様にして無限背進に捲き込まれる。そこでフッサールは、時間対象を構成しつつ、それ自身はもはや意識の他の形態によって構成されることのない「絶対的意識（流）」の問題としてこの問題を捉え、その解明に着手するのである。しかしこの段階では、構成された時間対象のもつ（内在的 immanent）時間性と、そうした時間対象を構成する意識自身の時間性を構成する「絶対的意識（流）」の特異な「時間性」との区別が確定しておらず、分析はいまだこの問題の十分な解明に達することができない。ほかに、先の第二段階で取り上げられた「再想起」についての考えがさらに進み、過ぎ去った現在をはっきりと「新たに」「もう一度」現在化する「準現在化作用」が、現在における想起作用と過去の体験との二重の志向性に支えられた「入れ子構造」として確定される[8]。

最後の第四段階は、先に発見された「絶対的意識（流）」をめぐる問題のさらなる解明が中心となる。「絶対的意識」とは、時間対象の構成へと向かっている意識自身がみずからの時間的経過についていわば「内的に」意識している（「内的意識（inneres Bewusstsein）」）という、非対象化的・非主題的意識の次元に関わる意識である。そこでフッサールは、現在の拡がりを構成する〈過ぎ去りつつあるものをなお現在に引き留め・保持するはたらき〉としての「把持（Retention）」がやはり過去についての対象化的意識ではなく、あくまで現在の知覚対象に向かいつつそれの現在野からの退行を非主題的に意識するはたらきであることに着目して、この「把持」の内に働く二重の志向性（「縦の志向性」と「横の志向性」）の分析を通じて「絶対的意識流」の解明を果たそうとする。(9)

その際、こうした非対象化的・内的意識には、もはやこれまでのフッサールの分析を支配してきた「統握（作用）－統握内容」といった図式——意識はすべからくその対象（統握される内容）とそれを意識する（統握する）作用からなるとする図式——が適用しえないことがはっきり自覚され、この図式が放棄されるにいたる。すなわち、「絶対的意識」においては、もはや時間的に局在化される（特定の時間位置を指定されうる）「内容（統握内容）」は存在しないのであり、このことの帰結として、「絶対的意識」自身はいかなる時間規定にも「先行」し、あらゆる時間規定を構成しつつみずからは非時間的な性格をもつものであることが明らかとなる。しかし、「絶対的意識」のこの「非時間性」とはいったいいかなる事態なのか、はたしてそれは数学的対象などの理念的対象がもつ非時間性と同一の次元で分析可能なものなのか、そもそもすべて現象するものは（理念的対象をも含めて）何らかの時間性を担っていたのではなかったか、(10)すべてをその現象において分析する現象学の射程内に「絶対的意識」はどのような仕方で入りうるというのか、——こうした一連の困難な問題は、初期時間論の枠内ではいまだ手をつけられることのないままに終わる。(11)

2 初期時間論の構造

以上で概観した初期時間論の成立過程を踏まえて、ここでフッサール初期時間論の基本的構造を明らかにしよう。先に触れたように、彼自身がみずからの初期時間論をまとめたものはなく、(12)二十年以上の期間に及ぶ草稿には論点や分析主題、分析次元などに多くの推移が見られるので、以上の第四段階までの議論の展開過程を踏まえて、またほぼ同じ時期に確立した現象学的還元の基本構想（超越論的現象学の成立）をも踏まえて、初期時間論の構造を再構成する試みである。

時間問題に関しても、まず最初に遂行されるのは「還元」の操作である。すなわち、この世界と宇宙とを貫いて無限の過去から無限の未来へと一様に流れてゆくとされる「客観的時間」「物理学的時間」「世界時間」「時計時間」の定立がすべて括弧に入れられ、私たちに対して時間として現象し・体験されるがままの姿へと向けての還元である。このようにして得られた時間体験によって構成されるのが「内在的時間（immanente Zeit）」である。この「内在的時間」において「現在」や「過去」、「未来」といった時間様相が体験されているのだが、この現象野において「現在」は決して物理学的時間像が描くような「瞬間」としての「点」の連続的移行ではなく、一定の「幅」と「拡がり」をもちつつ次第に周辺部分が曖昧となり、いつのまにか「過去」や「未来」へと接続してゆく「地平」（「過去地平」と「未来地平」）に取り囲まれている。こうした体験される「現在」の幅や拡がりがどの程度のものなのかは不定であり、それをその都度おおまかに規定しているのは、その「現在」を生きる主観の「関心」であるが、いずれにせよ「現在」のこうした拡がり（「現在野（Präsenzfeld）」）を構成している諸契機が分析されねばならない。「現在」が〈幅と拡がりをもつ〉とは、具体的にはどのような事態なのかが明らかにされねばならないのである。

フッサールはそれを、次の三つの契機として取り出す。すなわち、第一に、「現在」の中核をなし、「時間」の発出する源泉と目される「原印象（Urimpression）」ないし「原感覚（Urempfindung）」、第二に、〈過ぎ去りつつあるものをなおも現在へと繋ぎ止め・保持するはたらき〉である「把持（Retention）」、そして第三に、この「把持」の未来への折り返しである〈来りつつあるものを待ち受けるという仕方であらかじめ現在へと迎え入

図1

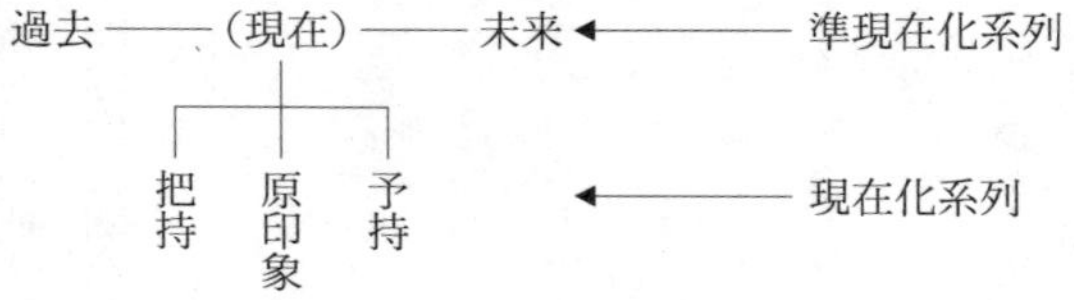

図2

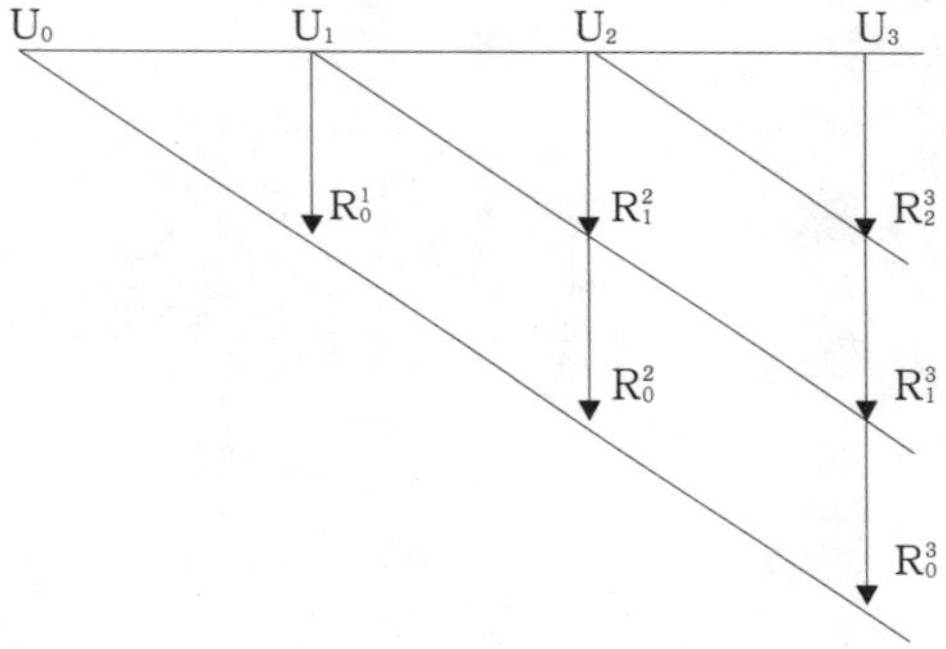

図3

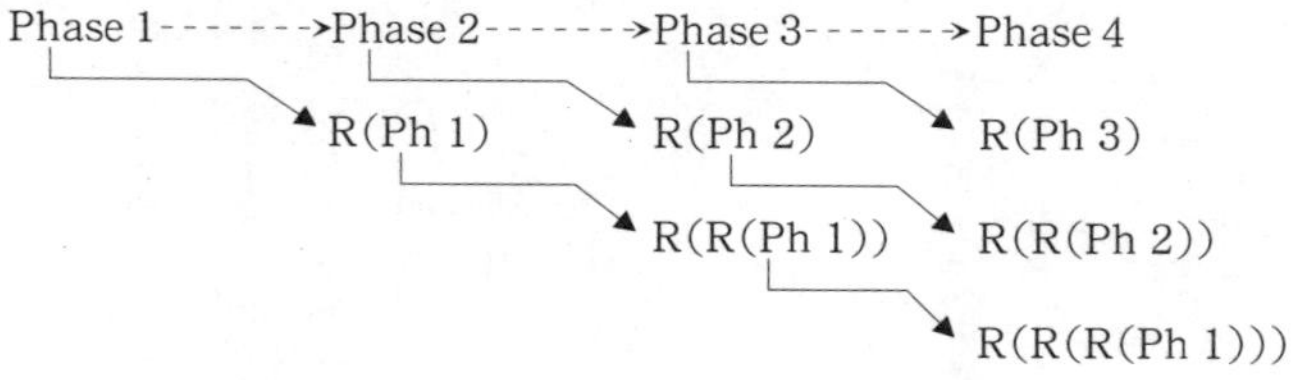

図3は、Raymond Duval [1981], p.532. による。

れるはたらき〉としての「予持（Protention）」である。これら三つの契機は、概念および機能の上で分離されるにすぎず、実際の知覚場面においては一緒になって「現在」の（現前する）対象に向かっている（構成している）。これが、知覚意識の基本をなす「現在化（Gegenwärtigung）」の系列であり、この現在化を成り立たせている三つの契機自体はいずれも非主題的・非対象化的な性格を有している。つまり、現在化意識自身は、これらの契機によって構成された（幅をもつ）現在野における対象そのものの方にまっすぐに向かっており、これらの諸契機には（直接には）向かっていない。

この「現在化」系列と対をなすのが、「過去」及び「未来」という時間様相である。これらはいずれも、「現在」とはっきり区別された「想起」の対象であり――過去については過去想起ないし「再想起(Wiedererinnerung)」、未来については未来想起ないし「先想起（Vorerinnerung）」あるいは「予期（Erwartung, Vorerwartung）」と呼ばれる――、知覚の基本場面をなしている先の「現在化」の変容された意識として、「準現在化（Vergegenwärtigung）」の系列をなす。この「準現在化」の系列の中には、先にあげた過去の想起や未来の予期のほかに想像や空想も含まれるが、これらはいずれも主題的・対象化的意識である点が、先の「現在化」の系列に属する三つの契機（原印象・把持・予持）と明確に異なる[13]。以上を図示すれば、図1のようになる。

ところで、今、現在であったものも、やがては過ぎ去り、過去へと没し去る。現象するものを永遠に現在にとどめておくことはできない。現在において現象し、現在野を構成していたものも、次第に、順次、過去へと沈滞してゆく。だが、こうして現在野を離脱し去っていったものが、必ずしも完全に失われてしまうわけではなく、後にふたたび想起の対象となりうるのは、どのようにしてなのだろうか。フッサールは、こうした事態を可能にしているのは「把持」のもつ次のような機能だと考える。すなわち、もともと把持は〈過ぎ去りゆくものをなおも現在へと繋ぎ止め・保持するはたらき〉であったが、このはたらきは把持されたものがついに現在野から離れ去った後も機能しつづけており――というのも、把持はそもそも非主題的・非対象化的地平意識であるから、現在から遠ざかり地平の闇に吸い込まれていったものも、やはり非主題的に意識されている、すなわち保持されていることに変わりはないと言いうるからである――、ここに把持の把持、把持の把持の把持…といった把持の連続体が形成されるのである。

このようにして（過去）地平の闇の中で保持されつづけているものに対して、あらためて対象化的意識が向かったとき――それは、ちょうど現在において視野の片隅に、あるいは図に対する地として地平的・非主題的に意識されていたものに、あらためて主題的意識が向かいうるのと同様である――、それは「再想起」という仕方で過去についての主題的意識（すなわち準現在化意識）となるわけである。こうした把持系列の連続体をフッサールは、時間図表としていろいろに図示しようと試みているが、それらをまとめてみると図2のようになろう。図の縦の系列がその都度の現在における把持の連続体位相を表わしており、それらはいずれも先行する現在における把持系列の全体を把持している（たとえばR^{3}_{2}は、第三の現在系列における先行する第二系列全体の把持を示している）。つまり把持の連続体は、それに先行する全把持系列を入れ子状に内含しているのであり、この入れ子構造を図示すれば図3のようになる。

次に問題となるのは、時間対象（内在的時間対象）をこのような仕方で構成している意識自身の時間的構成の問題である。前節でも触れたように、たとえばメロディーのような対象が時間対象として構成されるとき、メロディーをそのように構成している意識自身も或る時間的な拡がりをもっている（メロディーを聴いている私たちの意識自身も、メロディーとともに流れてゆく）。このような意識の時間的自己構成はどのような仕方でなされるのであろうか。

対象化的意識は、文字通り対象へと向かいつつその対象の現在（現前）を構成している。すなわち、対象をそのようなものとして構成している意識自身に向かっているのではない。しかし意識は、自分自身が対象をそのようなものとして構成している（意識している）ことを、反省によって容易に確認することができる。反省とは原理的に、自己自身を「後から覚認すること（Nachgewahren）」であるが、みずからが対象を構成していたことを後から識ることができるためには、対象を構成していたその現在においてすでに自分自身を何らかの仕方で意識していたのでなければならない。その時の対象化的意識は対象そのものの方へ向かっていたのであるから、自分自身についてのこの意識は非対象化的な意識以外ではありえない。これをフッサールは、意識の自分自身についての「内的意識（inneres Bewusstsein）」と呼んでいる。すなわち、時間を構成する意識は、自己自身をも非対象化的・内的意識という仕方で構成している（意識している）のである。

この内的意識も、先の「現在化」を構成していた三つの契機、すなわち「原印象」「把持」「予持」からなる。つまり意識は、対象の現在へと向かいつつ、その対象が原印象から把持へとたえず転化しつつ現在野から離れてゆくのを非対象化的に把持し、同時に対象をそのように時間的に構成している自己自身をも同様に非対象化的に把持しているのである。こうして、「把持」には二つの志向的機能が隠されていたことが明らかになる。フッサールはこの二つの機能を、「横の志向性」と「縦の志向性」として析出する。すなわち、ひとつは、絶えざる時間的転化を貫いて時間対象の同一性を構成しつづける機能（「横の志向性」）[14]であり、いまひとつは、同一対象をそのような仕方で構成している時間を構成する意識そのものの時間的統一（時間的転化を貫いて自己自身を自己同一的なものとする統一）を構成しつづける機能（「縦の志向性」）[15]である。非対象化的意識としての「把持」は、こうした二重の機能を果たしているのである。

だが、なお問題は残っている。時間を構成する意識が自己自身の時間的構成をも内的に意識しているとしても、そのような内的意識を可能にしている時間構成機能自身は、もはやいかなる意味でも時間的に延び拡がってはいないはずである。前節でも触れたように、もしこの時間構成機能自身も意識として時間的に延び拡がっているのだとしたら、ふたたびこの時間的延び拡がりを構成する機能が要請されることになり、以下無限にこうしたことが繰り返されねばならないことになってしまおう。これは背理である。しかも、事態は明らかにそうはなっていない。内的意識を可能にするようなさらなる意識の無限の反復は、決して意識されてはいない（もちろん、非対象化的な仕方でも意識されてはいない）。そのような無限の反復を想定するとすれば、それは現象学的な分析になじまない単なる思弁でしかない。現象に即して呈示されうることは、内的意識の背後にさらに、それ自身時間的延び拡がりをもった時間構成的意識の存在を認めることはできないということである。

そうだとすると、内的意識において意識がみずから自身を時間的延び拡がりとして構成している（意識している）その構成機能そのものは、もはやいかなる意味でも時間的延び拡がりをもたず、したがってまた、決して現象しないということになろう。現象するものは、すべからく何らかの仕方ですでに時間的延び拡がりをもってしまっているからである。内的意識は、たしかに意識自身の時間的延び拡がりを内的に意識しているのであるから、意識をそのように時間的なものとして構成する機能が現にはたらいていることは疑いえない。にもかかわらず、そうした時間構成の最終的な機能それ自身はもはや（あるいは「いまだ」）時間ではないし、現象することもないのである。フッサールが「絶対的意識」と呼んだ、時間構成的意識の最終的根拠とは、このようなものであった。「絶対的」とは、それが現象学的に呈示しうる最終的な、したがってもはやそれ以上遡ることが不可能な根拠だからである。「絶対的意識」がそのようなものだとすれば、彼がしばしばこれとほぼ同義で「絶対的意識流」という言葉を用いるとき、事態の把握はいまだ混乱していたことになる。なぜなら、この最終的根拠は決して「意識流（absoluter Bewusstseins*fluss*）」として、すなわち「流れ」という時間的形象をともなって現象することはありえないからである。(16)

しかし、序章でも見たように、フッサール現象学が〈あらゆる認識の究極の源泉へと立ち戻って、その妥当根拠を明らかにする〉という超越論的動機に導かれているかぎり、フッサールは時間構成の最終的根拠としてのこの「絶対的意識」という事態をこのままに放置しておくことはできない。現象学的分析は、「絶対的意識」が現に機能しているということそのことまでは突き止めたとしても、それがいったいいかなる事態であるのかをいまだ十分に解明し得てはいないからである。分析は、何としてでもこの「絶対的意識」そのものの内へと分け入っていかなければならないのである。

だがこの問題は、初期時間論の圏内ではもはやこれ以上手をつけられることなく終わった。フッサール自身、重要な問題が手付かずのまま保留されていることは重々承知しており、このことを超越論的現象学の確立を示す大著『イデーンⅠ』において付記せざるをえなかった。[17] 時間問題の分析は、『イデーンⅠ』以降の中期現象学においては、対象構成のもっとも基底部分に関わる「超越論的感性論」の分析の枠内でさらに継続され、そこに対象の構成分析の受動的次元を切り開いてゆくことになるのだが（「発生的現象学」）[18]、意識自身の時間的自己構成の問題すなわち「絶対的意識」に関わる問題が表立って取り上げられることはほとんどなかった。[19] この問題が再び集中的に取り上げられるようになるのは、フッサールも晩年を迎えた一九二〇年代の終わりに始まるいわゆる「後期時間論」（C草稿）においてである。そこで、節をあらためてこの問題の最終的な展開を見てみることにしよう。

3　「生き生きした現在の謎」――フッサール後期時間論

後期時間論は、フッサールが、みずからの現象学の依拠する最終的基盤である超越論的主観性そのものを解明することを通じて現象学を最終的に根拠づけようとする試みの中で、開始される。超越論的領野における基本的な事態として、あらゆるものがそこで現象し・消滅してゆく「時間性」が見て取られるとすれば、現象学はこの「時間」を最終的な解明にもたらさないかぎり、みずからの拠って立つ基盤に盲目であるにとどまる。

そこでフッサールはこの「時間」問題に、最晩年の一九二〇年代末からおよそ一九三四年頃まで、集中して取り組むことになる。遺稿となったこの時期の研究草稿が、後にルーヴァンのフッサール文庫によってCという整理番号を付された「C草稿（C-Manuskripte）」であり、いわゆる「後期時間論」にあたる草稿群を形成する。この時期フッサールは、一九二九年のパリ・ソルボンヌでの講演をもとにした『デカルト的省察』の仕上げ（改訂と拡大）にも精力的に取り組んでおり、言わばみずからの現象学の総点検と総仕上げを行ないつつあった。この作業の中で、時間問題がどうしても避けて通れない根本問題として再び浮上してきたのであり、しかもその困難さから、公刊を意図した著作とは別個に、研究草稿として書き継がれたのである。三四年以降は、こうした総仕上げの一環として、「学」の理念の危機を迎えつつあるヨーロッパにおける現象学の歴史的使命に焦点をあてた最後の著作『ヨーロッパ諸学の危機と超越論的現象学』（一九三六年・部分刊）に全力をあげて取り組むことになり、時間問題への取り組みは中断されたまま、三八年の彼の死を迎えることになる。

後期時間論においてフッサールは、還元によって獲得された超越論的領野の時間的源泉へと遡るべく、さらに新たな還元を行なう。というのも、超越論的領野における世界の現出は、さまざまな事象が現われては消えてゆくという仕方ですでに時間化され、時間的延び拡がりを有している以上、世界がそのように時間的な仕方で構成されるその根源へと立ち戻ることがいまや要求されているからである。この還元は、時間化の源泉へ向けての還元である以上、もはや時間位置のひとつとしての現在（「知覚現在」）への還元ではない。そうした還元は、すでに初期時間論において、知覚の現在において体験に与えられているものへの還帰として遂行されていたものである。いまここで新たに要求されているのは、現象野の基本的場面をなす「現在野」（拡がりをもった現在）の中核へと遡ること、すなわち「現在化」の機能の中心へと還帰することにほかならない。

この要求に応ずるべくフッサールは、「現在野」を取り囲み・現在に幅と拡がりをもたせているゆえんの「過去地平」と「未来地平」をも括弧に入れる「より徹底した還元（radikalisierte Reduktion）」を遂行する。この「より徹底した還元」は、時間位置としての過去と未来の括弧入れではなく、現在野を構成する非主題的・非対象化的地平意識としての「把持」と「予持」の括弧入れである。こうして、現在野のいわば「最も明るい中心」への還帰が試みられることになる。この還帰は、現象野としての超越論的領野においてすでに時間的に構成されたものとして現出するさまざまな現象の構成の「根源」への還帰にほかならない。「より徹底した還元」によって目指されたこうした時間化の源泉をフッサールは、それが「現在化」としての〈時間のはたらき〉の最も生き生きとした中心であることから、「生き生きした現在（lebendige Gegenwart）」と呼ぶ。新たな還元によって目指されたこの「生き生きした現在」を、現象学の分析はいかなる事態として解明するだろうか。(20)

まず第一に、時間化の源泉としてのこの「生き生きした現在」は、絶えざる「流れること」「流れ出ること」（das Strömen）である。「より徹底した還元」によって把持と予持のはたらきが括弧に入れられた以上、現在化のはたらきの中核に残っているのは、初期時間論において「原印象」ないし「原感覚」と呼ばれたものにほかならないが、これは絶えず時間位置としての「今」（時間位置現在）から「今」へと転化してゆく流動であり、決してそのものとして固定されることがない。ここでかりにこの「流れること」そのことがすでにみずからを時間化している（時間化されている）とすれば——川が「流れている」ような時間的事態だとすれば——、そのような時間化を行なっているもうひとつの「流れること・流れ出ること」へと向けて還元はさらに遡行してゆかねばならないことになるが（それこそが目指されている時間化の源泉なのであるから）、これが無限遡行に陥ることはすでに見た。「流れること」は、現在化としての時間化の源泉である以上、そのかぎりで決してみずからを時間化することなく、いかなる時間化にも「先立って」おり、もはやそれ以上遡りえない絶対的次元なのである。こうした「流れること」の次元が、先に初期時間論において問題となった「絶対的意識」と同一の次元に属することも、ここから明らかであろう。

この次元は、あらゆる現象を時間化として構成する最終的な源泉（「原源泉（Urquelle）」）であり、それ自身はもはやいかなる意味でも「構成される」ものではありえない。フッサール現象学の、彼自身による当初の基本構想に従えば、あらゆる現象は超越論的主観性という普遍的自我の構成作用によって構成されるものとして構成分析に服することになるのだが、そうした超越論的主観性自身が意識の流れ（諸現象のたえざる流動）として時間的に構成されたものであるとすれば、そうした時間化の源泉としての〈構成する根源〉は、超越論的主観性（超越論的自我）にすら先立ち、いかなる意味でも超越論的自我が関与しえない次元に位置していることになる。

フッサールにとって、すべての構成作用はそれが超越論的自我の能動的構成によるものであれ、あるいは超越論的自我が受動的にしか関与しない「受動的先構成」によるものであれ、何らかの仕方で必ず超越論的自我がそこに関与するものであった。たとえ受動的であっても、何ものかを受容するという仕方で超越論的自我がそこにすでに関与しているからである。つまり、能動的構成も受動的構成も、超越論的自我の「能作（Leistung）」（はたらき）として捉えられるのである。ところが、いま「徹底した還元」によって問題とされている「生き生きした現在」の「流れること」は、そうした超越論的自我自身を意識の流れとして構成するものである以上、もはや超越論的自我の関与を云々しえない次元にある。この次元は、先の（超越論的自我の関与の一形態としての）「受動性」にすら先立つものであるが故に、それと厳密に区別されねばならず、こうしてそれは「原受動性（Urpassivität）」の次元と呼ばれることになる。すべての時間化の源泉としての「生き生きした現在」の絶えざる「流れること」とは、原受動的事態なのである。

第二に、絶えず流動してやまないこの「生き生きした現在」は、それにもかかわらず、いつもつねに同一のものである。「今」はいつでも「今」なのである。だが、「生き生きした現在」は絶えず時間位置としての「今」へと転化し・現象し、こうして時間位置「今」として現象した「今」は、もはや生き生きと作動・機能している源泉そのものの「今」(「生き生きした現在」)ではない。時間化された(時間位置としての)「今」は、時間化のはたらきそのもの(生き生きした現在の「今」)ではないからである。この厳密な意味での「今」(生き生きした現在の「今」)から〈「今」ではないもの〉(時間位置としての今)への転化の内に生じている、「生き生きした現在」の自己自身からの隔たり(自己疎隔化)は、時間的な意味での「距離」(時間区間としての距離)に先立つ。したがってそれは、(そうした時間区間としての距離と区別して)「原 - 距離 (Ur-distanz)」と呼ばれ、「生き生きした現在」の自己発出(「自発的生成 (genesis spontanea)」)として「第一の超越」を形成する。だが、このすでに生じている「原 - 距離」にもかかわらず、それが「今」から「今でないもの」への転化として識られうるからには、そこにすでに両者の同一性が成立しているのでなければならない。両者がまったく別のものであれば、そもそも「転化」ということが意味をなさないからである。そうだとすれば「生き生きした現在」は、みずからの内での絶えざる「今」から「今でないもの」への転化において、すでに自己の同一性を確立しているのである。

「生き生きした現在」は、絶えざる「流れること・流れ出ること」という〈自己自身からの隔たり〉の中で、すでにこの隔たりを架橋して自己の同一性を確立している、すなわち自己を自己自身のもとへと「取り集めて」しまっている。あえて言えば、「生き生きした現在」においては〈自己自身からの隔たり〉とその〈架橋〉とは「同時に」生じているのであり、しかもこの場合の「同時に」とは決して時間的同時性を意味していないのである。それが「同時的」なものとして現象するのは、「今」が「今でないもの」へと転化してしまった後で、すなわち時間位置「今」へと現象した後で、その現象の時点から見て「同時的」であるにすぎない。

このようにして、現象した時点でいつもすでに確立されてしまっている「生き生きした現在」の自己同一性は、能動的な反省のはたらきによって確立されるような同一性ではない。それは、反省がみずからの面前に現象している二つのものを「同一化」するのとはまったく異なる事態である。反省は、「生き生きした現在」の自己疎隔化(「原‐距離」)とその架橋を、いつもすでに成就されてしまっているものとして後から見出すにすぎず、しかもそもそも反省という〈意識がみずから自身へとふりむく営み〉が可能となるためにも、この「同一性」はすでに確立されていなければならないのである。それは言わば、反省の不可欠の前提なのである。「生き生きした現在」は、いつもすでにみずからをこのような〈自己自身のもとにあること＝自己のもとに立ちとどまること(Stehen)＝立ちとどまり性(Ständigkeit)＝恒常性〉へと取り集めてしまっており、こうしてすでに確立されている自己同一性がはじめて「反省」という意識の営みをも――いやそもそも「現象すること」全般をも――可能にするのである。この意味で、「生き生きした現在」の「立ちとどまり性」すなわち自己同一性は、先反省的なものであることが明らかとなる。

第三に、時間を構成する究極の源泉は、時間化が「現在化」として生起する以上、現在ということの最も根本的な意味で〈現在〉であるはずである。それだからこそ、それは「生き生きした現在」と呼ばれたのであった。ところがそれは、すでにこれまでの考察からも明らかなように、決して時間位置としての「現在」ではありえず、みずからを時間的なものとして現象へともたらすことがなかった。すべては時間的なものとして現象し、時間として現象するものはそれがたとえ最も根源的な現在であるとしても――おそらくそれは〈瞬間としての今〉に限りなく近いものとなろうが――、すでに時間として構成されたものである以上、「生き生きした現在」ではありえないからである。フッサール自身も、この点をはっきり次のように述べている。「根源現象的現在は〔…〕、われわれにとってそれが〈現象〉であるというまさにそのことによって、究極的なものとは言えないのである」[21]。

したがって、「生き生きした現在」の在り方を指し示す「流れること」は、決して時間的な意味に解されてはならないのであって、意識の時間的に延び拡がった様態を表わす「流れ（der Strom）」とは明確に区別されなければならない[22]。「流れること」とは、その動詞としての意味において、現象が時間として発源してくることそのことを、あるいはより正確には「発源せんとしていることそのこと（auf dem Springen stehen）」を何とか言い表わそうとするぎりぎりの表現と見なさるべきものなのである。このような意味での「流れること」は、いかなる意味でも時間的なものであることはできない。こうして「生き生きした現在」とは、「現在」という時間的呼称をもっているにもかかわらず、先時間的なもの・非時間的なものであることが明らかとなる。この点からして、先に（第二点として）示された「生き生きした現在」の「（自己）同一性」も、何らかの持続するものの同一性ではありえないことも明らかとなる。それは時間化という機能そのものの同一性、より正確には機能することそのことの同一性なのであり、これをフッサールは「遂行するものの同一性（die Identität des Vollziehers）」と表現し――これも、より正確には「遂行することの同一性（die Identität des Vollziehens）」と言うべきであろうが――、さらにそれを「極（Pol）」の同一性と言い換えたりもする[23]。「極」の同一性とは、時間的延び拡がりを一切もたない、先時間的・非時間的な同一性なのである。

だが、こうした原受動性・先反省性・先（非）時間性の内にある「生き生きした現在」は、いったいいかなる仕方で現象学的分析の前に姿を現わしたのであろうか。現象学的分析が、およそ現象するかぎりでの現象するものにしか関わりえないのであれば、時間化の源泉としてそれ自身はみずからを時間化することのない（時間化されることのない）「流れること」そのことの解明は、現象学的分析にとって原理的な困難を孕んでいることになろう。実はそのことを「流れること」と表現することですら、厳密に言えばすでに時間化されたものの領域に一歩踏み込んでしまっているのであり（「流れること」ももちろん通常は、たとえば「川の流れること」として「現象するもの」、すなわち「時間化されたもの」である）、この表現もまた、目指された事態そのものを直接に捉えてはいないのである。実際、「生き生きした現在」がそのようなものとして分析の対象になるのは、必ずそれが「流れて」しまった後でのことなのであり、しかしそのようにしてすでに時間化されてしまったものは、本来ここで問題となっているはずの「生き生きした現在」そのものではもはやありえないのである。

ということは、「より徹底した還元」が目指す「生き生きした現在」は、それが現象に先立つ（したがって現象学の構想からすれば、それは存在にすら先立つ——「先存在」(24)）ものであるかぎり、経験の対象ですらなく、したがってまた、それについて本来の意味で語ることもできない。それが現象学的分析にとっては存在にすら先立つものである以上、分析はそもそもこの原受動的・先反省的・先時間的な「流れること」が何であるのかを問うことができない。かつてフッサール自身も述べていたように、私たちはこの事態を適切に語りうる言葉をもたないのである。これまでの考察から導き出された、「流れること」の原受動性・先反省性・先時間性という性格も、現象において〈何であるか〉が知られうる受動性・反省性・時間性ではそれはもはやありえないという、否定以上の意味をもっていないといっても過言ではないのである。この意味で、すなわちそれが〈何であるか〉がいかにしても現象学的反省の前にあらわとなりえないという意味で、「生き生きした現在」は絶対的匿名性（absolute Anonymität）の内にある。

しかし、それにもかかわらず、絶対的匿名性の内にあるこの〈経験しえないもの〉、〈語ることのできないもの〉は、まさにそのようなものとして（後から）経験され、語られ、分析される。つまりそれは、もはや「生き生きした現在」そのものではないものとして、目指された時間化の根源としての「流れること」そのことではなく、その変容態ないし派生形態として現象する。しかし、現象学的反省が、発現してきた根源現象としての「今」を、究極のものではないものとして、つまり現在化のはたらきそのものであり・現在ということが本来のまったき意味をもつとすればそこにおいて以外ではありえない「生き生きした現在」そのものから発出したものとして捉えるとすれば、そしてそれをほかならぬこの超越論的領野の源泉から発出し現象へといたったものと捉えるとすれば、「生き生きした現在」は、その絶対的匿名性にもかかわらず、反省にとって全くの未知のものであるわけではないことになろう。経験は、何らかの仕方で絶対的匿名性の内にある「生き生きした現在」に「触れて」いることになろう。だが繰り返せば、そうしたものがいったいいかなる仕方で経験にとって「識られて」いるのか、「何らかの仕方で」がいかなる仕方でであるのかは、ついに現象学的分析にとって知られないままに、すなわち「謎」として残されるのである。

ここで現象学が、みずからの分析の及びえない何ものかに直面していることは間違いない。そしてフッサールの筆がこの地点で途絶していることも確かである。(25) 問題は、この事態が何を示しているかにある。ここで現象学が直面した「何ものか」が何であるかをさらに問うことは無意味であろう。現象学がもはや「何であるか」を問いえない地点に達したことだけは間違いないからである。そもそものような「何ものか」が存在しているかどうかすら、ここではもはや有意味に問うことができない。「何であるか」を言いえない「何ものか」は、もはや「何ものか」であることすらできないのである。「先 - 存在」とは、こうした事態のことにほかならない。

だが、この事態が何を示しているかについては、なおわずかに考察の余地が残されているように思われる。この考察は、現象学が直面した「何ものか」について、それを解明することではなく、現象学がもはやそれ以上遡りえない地点に達しているという事態そのものを別の仕方で捉え直すことになろう。しかもこの「別の仕方で」は、それがただ「もうひとつの」別の仕方で捉え直しうるというにとどまらず、「さらにまた」別の仕方でも捉え直しうることを、本書の以下の歩みが示すはずである。本書が現象学の根本問題として掲げる「時間」「存在」

「他者」は、こうした事態のそれぞれに「別の仕方で」の呈示であると言ってもよい。哲学の営みが、みずからの理解しうるもののほぼ限界に直面したとき——それは私の考えでは、哲学がその本旨をまっとうしたことの証しにほかならないのだが——、沈黙に回帰する以外になおなしうることがあるとすれば——そして哲学はいつもそうしてきたのだが——、それは同じ事態をあらためて「別の仕方で」語り直すこと以外ではない。

したがって、先に「わずかに考察の余地が残されている」と述べたのは、分量の意味でそれが「わずか」であると言うのではない。それは、一方で、哲学の営みが有意味でありうる限界にほぼ近いと言うほどの意味であり、他方で、この限界をおそらくは無限に——思考が思考であるかぎり——「別の仕方で」語り直すことができるに違いないと言う意味である。だが、先を急ぎすぎてはならない。ここでいましばらく時間問題の圏内に踏みとどまって、この事態が何を指し示しているかを考えてみることにしよう。

第二章　時間・差異・領野——フッサールとデリダ

1　時間のアポリアと「差延（différance）」

ジャック・デリダは、前章で取り上げたクラウス・ヘルトの『生き生きした現在』とほぼ同じ時期に、主として『論理学研究』のフッサールを集中的に取り上げることを通して、そこに「記号」ならびに「意味」のいわば「起源」に関わる問題が横たわっていることを探り当てる（『声と現象』一九六七年刊）(1)。この作業の中で、意味の「起源」の問題が「時間」問題と不可分の関連をもっていること、この関連の中で「時間」問題がある種のアポリアを避け難く招き寄せること、このアポリアの中にこそ思考に値する「問題」が潜んでいること、それどころか「思考」と「哲学」の秘密が隠されていることすらもが、次々と示されていったことを明らかにするのが本章の主題である。ここで、さしあたりフッサール現象学における「時間」問題との関連に注意を集中するとすれば、デリダはフッサールが直面していた〈もはやいかなる意味でも現象しないもの〉をめぐるアポリアを、フッサールとはまったく「別の仕方で」捉え直すことになるのである。

デリダの視点を端的に表現すれば、「徹底された還元」によって目指されながら、いかにしても現象学の視線が到達しえなかった「生き生きした現在」なるものは、はじめから存在しない、ということである。現象学がその最終的場面で直面していた、みずからの分析の及びえない絶対的匿名性の内にある「何ものか」が、もはや存在ですらない可能性は、フッサール自身の分析によってもすでに示されていたと言ってよい。「生き生きした現在」に関してフッサールが「先 - 存在」という表現をも使用していたことにはすでに触れたが、この場合の「先 -」という前綴りは、それがあらゆる意味で存在にすら先立っているということを表わしていた。しかし、その「先立つ」ということがもはや時間的意味をもちえない以上、それは「存在ですらない」ということ（非存在）、すなわち存在しないということ以上の意味を事実上もちえないものであった。

それにもかかわらずフッサールが「非存在」という表現を選ばずに「先 - 存在」という表現を、ときには「原 - 存在（Ur-sein）」という表現をすら採用したことは、むしろ事象を分析する彼の思考の内にある種の先入見が潜んでいた可能性をあらわにする。それは、現に超越論的領野においてさまざまな現象が与えられている以上、そうした現象を時間という仕方で——時間化を通じて——構成する「根源」が存在するにちがいない、という考え方である。「生き生きした現在」が、いつもすでに「もはや今でない」という仕方で、「たった今」という仕方でしか現象しないにもかかわらず、それが「もはや今でない」ものとして構成され・現象してくるかぎり、それは「今」（「生き生きした現在」の今）の派生形態であり、それが派生したものである以上、その「根源」が存在するにちがいない、というわけである。ところがその「根源」が決して現象しないが故に、それに存在の名を与えることは不可能であり、こうしてフッサールの分析はアポリアに逢着したのであった。いかなる意味でも存在しないものに関して、それが何であるかを解明することは不可能なのである。

これに対してデリダは、フッサールが終始抱き続けたこの「存在するにちがいない」という考えの内に、無批判に受け容れられたある種の先入見の匂いをかぎつける。そもそも現象学の構想が、あらゆる先入見を排して現に経験に与えられているものに限りなく忠実であろうとすること、すなわち現象そのものへの還帰である以上、たとえ先入見の排除が一挙に成し遂げられることは不可能であるにしても、その歩みは絶えず歩み抜かれねばならない。「存在するにちがいないもの」が現に与えられないかぎり、この「ちがいない」は現象そのものとは別のところから発せられたある種の要請にすぎないのではないか。むしろ現象学がなすべきは、この要請の根拠を問題にすることではないのか。現象学の分析自体がさまざまな先入見に付き纏われており、それらからの解放――すなわち還元――は、段階的に、何度でも繰り返し行なわれねばならなかったことは、フッサール自身の歩みがすでに示していたことでもある。この意味で、デリダの疑いは正当であると言ってよい。

そしてデリダは、この疑いを次のような仕方でさらに展開する。「もはや今でないもの」あるいは「たった今」を「今」の派生形態として捉え、そのような派生形態へと転化してしまっているのではない「まったき今」をこそ根源的と捉える考え方は、「まったき今」すなわち転化によって汚されていない純粋な「現前」こそ真理であるとするある種の「形而上学」――この場合の「形而上学」とは、私たちの思考をあらかじめ規定している暗黙の前提といったほどの意味である――に基づくものではないのか。ところが、当のフッサール自身の分析が示したことは、まさしくそのような純粋無雑な、根源としての「現在」はどこにも存在しないという事態ではなかったか。そうしたものは、単に「存在するにちがいない」と思い込まれているにすぎず、そのような「思われ」として以外の仕方で経験に直接に与えられることが決してないという事をこそ、フッサールの分析は示したのではなかったか。

そうだとすれば、そのような純粋な現在＝現前が存在するにちがいないと考える事は、ましてやそこにおいてこそ真理が成立するとみなす事は、ある種の「形而上学」に導かれた先入見以外の何ものでもないのではないか。

そしてこの「形而上学」は、単にフッサールひとりに帰せしめられるものというよりは、西欧＝哲学そのものの根幹に関わるものではないのか。フッサールは、この「現前＝現在の形而上学」を誰よりも徹底して体現する事によって、それを突破する地点にはからずも到達してしまったのではないか。

もしこの疑いが正当であれば、この事態はいったいどのように捉え直されるであろうか。現象に与えられている最初のものは、「もはや今でない」もの、すなわち「今への遅れ」である。しかもこの「遅れ（遅延）」は、時間的な意味でのそれではない。もしそれが時間的意味での「遅れ」であれば、それに先行した何ものかが存在するはずである。ところが、そうしたものはどこにも存在しない。そうではなくて、この「遅れ」が厳密に最初のものなのである。換言すれば、「もはや〜ない」という仕方で与えられるある種の「差異」こそが現象に与えられる最初のもの——より正確には、現象する「何か」といつもともにある最初のもの、この意味で「現象する」ことの中核にある（現象することに先立つのではなく）最初のもの——なのであり、しかもそれ以外には何もないのである。ところが、最初のものであるこの「もはや〜ない」は、まさにそれが「もはや〜ない」であることによって、すなわちいつもすでに「遅れ」であることによって、もはやないところのものを指し示す。すなわちそれは、自分自身がそれでないものとして、それでない当のものを、その不在（非存在）において指し示すのである。この〈或るものをその不在において指し示す〉という事態こそが、「記号」という事態なのであり、すなわち「意味」なるものの生誕の場所なのである。

したがって、フッサールが『論理学研究』において追求した「純粋な表現（Ausdruck）＝意味（Bedeutung）」——記号という偶因的・恣意的なものによる媒介を斥け、孤独な主観の沈黙の内に端的に現前＝現在するような「純粋な意味」——なるものは、存在しない。「意味」とは、〈或るものをその不在において指し示す〉という事態（「記号」という事態）においてはじめて成立した、その〈不在において〉〈指し示〉された当のもの（〈或るもの〉）のことなのだから――それがおよそあらゆる「現象（すること）」をはじめて可能にする――、それがその〈不在〉にもかかわらず現象しうるためには、何らかの仕方でそれ（意味）の〈代わりになるもの「代理物（Repräsentant, Repräsentation）」〉――指し示された当のものでないもの、当のものに代わってそのしるし（「痕跡（trace）」）となるもの、すなわち「記号」――によって〈指し示〉されねばならないからである。逆説的な言い方をすれば、フッサールが〈指し示すもの〉（代理物・記号・指標 Anzeichen）と〈指し示される当のもの〉（意味 Bedeutung）を分離し、後者を「純粋な表現」として曲がりなりにも主題化することができたのも――そのことが可能であることを示した点でフッサールはまったく「正しい」のであるが――、〈或るものをその不在において指し示す〉という（「記号」という）事態の構造をまるごと受け容れた後ではじめて、なのである。この「先－後」関係は、決して逆転しないのである。

フッサールにとっては、「現在」ないし「現在化（Gegenwärtigung）」こそが根源的であり、それ以外はすべてその派生形態として「準現在化（Vergegenwärtigung）」と名づけられたのであるが、現象に即して見た事態はむしろ逆で、「もはや～ない」という準現在化系列に属するはずのものこそが〈最初のもの〉であり、それが〈もはやないところの当のもの〉として――絶えざる「過ぎ去りゆくこと」であり、一瞬たりとも止まることを知らないものとして――「現在」を（その不在において）指し示すのである。「記号」という事態は、このように現前＝現在（存在）と非現前（不在＝非存在）との交錯という特異な事態を根底にもって成立したのであり、しかもこの事態がはじめて存在（現前）と不在（非現前）のいずれをも成立させたのである。ここには、これ以上私たちの思考が遡ることのできない循環が露呈しており、したがって正確には「現在化」と「準現在化」のどちらが「先」（根源的）であるかを言うこと自体が不可能なのであり、無意味なのである――あらゆる「意味」はこの構造に基づいてはじめて成立するのだから――。

「もはや〜ない」という「差異」と「遅延」は、すでに存在する二つのものの間の「差異」ではないし、すでに存在するものの一方が他方に「遅れる」ことでもない。むしろ「差異」が「差異」として生じ、「遅延」が「遅延」として生ずることとそのことが、最初の出来事なのである。この、「差異」が「差異」として生ずること、「遅延」が「遅延」として生ずることを、デリダは、「差異」の中で「何か」が現象することとしての「差異化の動き」、「遅延」の中で「たった今」が「今」に遅れることとしての「遅延化の動き」という意味を込めて、「差異化する」、「遅らせる」という意味をもつ動詞 différer の現在分詞 différant をそのまま名詞化した différance（差異の「差」と遅延の「延」をとって「差延」と訳す訳語がほぼ定着しているので、本書でも以下それに従う[2]）と呼ぶ。この「差延（のはたらき）」が、意味作用を担う「代理物」（とその「代理物」によって「代理」される当のものとしての「意味」）という（前代未聞の）事態を成立させるのである。

「代理物」という言い方にのってさらに言うならば、代理物こそが「本物」を作り出すのであり、それも「本物」を——それはいつも「不在」なのだから——「虚構」するのである。こうした奇妙にも響く言い方からも明らかなように、もはやここでは何が「本物」で何がその単なる「代理物」すなわち「偽物」であるのかといった区別は、意味を失う。極端な言い方をすれば、すべてが虚構（すなわち偽物）であると言ってもよいのだし、そもそも虚構以外のどこにも本物（すなわち真理）はないのである。かくして、虚構を虚構と言うことの意味もまた失われる。あるのは、〈或るものが、みずからがそれでない当のものをその不在において指し示す〉という記号関係のみなのであり、それが現象するこの世界そのものなのである。

この記号関係は、一見、意味がありありと——一切の媒介なしに——「現前」しているように見える「パロール」（会話・声）においても、すでに成立している。そもそもどんな発話も時間の中で行なわれるのであるし、会話の中でしばしば誤解や意味のずれが生ずるのも、それが代理物、すなわち「記号」の基盤の上を動いているからなのである。つまり誤解や勘違いは、本来の意味作用が失敗した派生態なのではなく、意味が意味として成立するための条件なのである。(3)自分が自分自身に向けて発するパロールとも言うべき〈沈黙の内での「独語」〉においてすら、「記号」関係がすでに成立していることが前提となっていることを、私たちは『論理学研究』におけるフッサールの試みを検討するデリダとともに見た。デリダはこうした「記号」関係を、すなわち〈或るものが他のものの代理となって当のものをその不在において指し示す〉という事態を「原-エクリチュール(archi-écriture)」と呼び、それをいわゆる書かれた文書(「エクリチュール」)のみならず、この世界に現象するあらゆるもの——それはいつもすでに必ず何らかの「意味」を帯びている——の基本構造とみなすのである。

デリダによる時間のアポリアのこうした別の仕方での捉え直しは、一見そう見えるほどフッサール現象学から逸脱してはいない。そもそも「生き生きした現在」なる「根源」が「非存在」である可能性がフッサール自身の分析においてすでに呈示されていたことは先に見たとおりであるし、それにもかかわらず最初の現出がいつもすでに「もはや〜ない」という仕方で「根源」を、すなわち「本物《オリジナル》」を指し示してしまっているという構造も、その構造にどう関わるか——どのような態度をとるか——を別にすれば、すでに「生き生きした現在」をめぐるアポリアの内に見て取られていたと言っても過言ではないからである。そしてむろん、デリダによるこの事態の捉え直しの際立った点が、こうした構造にどう関わるかという点にあることも言うまでもない。

現象するすべてが他のものの代理物であり、しかもその代理物自身がたえずさらに別の「もはや〜ない」へと転化してゆく「差延」の運動に巻き込まれているのだとすれば、「意味」や「解釈」をあらかじめ一義的なものへ向けて固定化することは、こうした動きに逆行するものとなろう。そしておそらくこの固定化は、絶えず変転してゆく現象と意味の世界に対する、何らかの支配と制御の意志に裏打ちされた営みとなるだろう。したがってこの「逆行」には、当然それなりの「意味」があり、この「逆行」自身が「差延」の運動においてはじめて可能となったのである。そうした支配こそが、虚構を「虚構」として確立する営為となるのである。すべてが虚構であるならば、もはやそれは虚構であることが意味をなさない事態であることは先にも見たが、もしそうした虚構の内の特定のものが固定化され、他の虚構を排除するとすれば、それは虚構を「虚構」として確立し、そのようにして「真理」なるものを樹立するプロセスにほかならないからである。このとき、確立された「真理」は、実ははじめて、みずからが虚構であることをあらわにする。もちろんこの事態は、〈確立された「虚構」は真理となる〉と言っても同じことであることは言うまでもない。

こうした事態にデリダ自身は、周知の「脱‐構築（dé-construction）」という戦略《ストラテジー》をもってのぞむ。すなわち、確立された「真理」は、まさにそのことによって虚偽であるが故に、その虚偽性が暴露されねばならない。これが「破壊（déstruction）」である。しかしこの破壊は、確立された「真理」がまったく別様でありうるという仕方で行なわれる。というのも、「差延」の運動がたえず新たな代理物を産み出しつづけるかぎり、現象する世界がいつもすでに何らかの「意味」をもって現象してしまっていることもまた事実なのであるから、「破壊」はまったく別の「意味」と「解釈」を呈示してみせること（「再‐構築（ré-construction）」）によってしか成し遂げられないからである。そして、新たに呈示された「別の」意味と解釈もまた、その本質において虚構であることに変わりはないのだから、その虚構性はつねに暴露されねばならない。したがってこの「脱‐構築」の作業には、決して終わりがない。

さらに言えばこのことは、「脱‐構築」という営み自体がひとつの世界解釈である以上、「脱‐構築」の「脱‐構築」をも含んで、終わりがない（であろう）ということを意味する——もっとも、後者の「脱‐構築」がいかなる「脱‐構築」であるのかは、前者の思考圏内にいる者には（すなわち現時点での私たちには）決して見えない（したがって「終わりがないであろう」と述べるしかない）のであるが——。もう一言付言すれば、後者の

「脱-構築」も含めて「別の」解釈の呈示がなされるとき、つまり現象の虚構性が別の虚構の呈示によって示されるとき——ここには一切の呈示の拒絶も含まれる——、そこには何らかの仕方で、また何らかの意味で、よりよい虚構が思考されていることになる（なってしまう）点が看過されてはならない。より正確に言い直せば、現象の虚構性を別の虚構の呈示によって示すという営為（脱-構築）自体が何らかの意味でよき営みであることと、いつでも「別様でありうる」虚構たちの中のどれを（相対的に）よりよきものとみなすか（一切の選択を拒否することも含めて）についての対応の不可避性とが、ここで暗黙の前提として機能しているのである。[4] 私たちにはもはや、この虚構に（現象に）態度を取らないでいることは（態度を取ることの拒否をも含めて——それもまたひとつの態度となってしまうのだから——）不可能なのである。私には、デリダのその後の営為は、（いま述べたことのすべてを含んで）この終わりなき脱-構築の実践にほかならないように思われる。この「実践」をめぐってはなお論ずべき点は多いが、ここではそれが時間のアポリアの別の仕方での呈示であることを示し得たことをもって満足しよう。

本節を閉じるにあたって、時間のアポリア——それはフッサールの思考の終着点であったと言ってよい——と、デリダの思考の出発点が重なり合う地点をいま一度確認しておこう。フッサールが、あらゆる現象を時間において構成する時間化の根源の解明の途上で直面した「生き生きした現在」の問題系は、デリダにおいては「差延」の絶えざる運動として捉えられた。そしてこの差延の運動こそが、あらゆる現象を現象として、すなわち何らかの意味を担ったものとして絶えず生み出しつづけるものなのである。しかしこの差延の運動の彼方に、あるいは手前に遡ることはさしあたり禁じられている。彼方あるいは手前には、もはや何もないからである。禁じられているというよりも、端的に無意味なのである。しかしデリダにとってもまた、絶えず差異化と遅延化として世界に不在の（虚構の）「意味」をもたらしつづける「差延」の運動が、もはやそれ以上遡りえない最終的な地盤として呈示されているということの意味は決して小さくない。デリダの営為のすべては、結局のところこの事態の確認の上で成り立っているからである。そしてこの事態は、フッサール現象学の最終的地盤として呈示された時間のアポリアの生ずる次元と同じ次元に位置している。すなわち、フッサールにおいて「生き生きした現在」が、もはや現象学がそれ以上遡れない「何ものか」——「何ものか」ならざる「何ものか」——に直面する次元として示されたのと同様、デリダにおいても「差延」の運動は、あらゆる意味がそこから生じてくるもはやそれ以上遡ることが無意味な次元として示されているのである。(5)

2 時間と領野

時間問題の圏内で、ここではっきりさせておかなければならないことがある。それは、フッサール現象学があらゆる現象の最終的な地盤として呈示した超越論的領野と時間問題とは、どのような関係にあるのかという点である。フッサール自身の時間分析は、あまりに時間問題そのものの深みにはまり込んでしまったがために、現象学のそもそもの地盤である超越論的領野と時間問題のかかわりが見えにくくなってしまっているきらいがある。また、フッサール自身が超越論的領野を超越論的主観性ないし超越論的自我として捉える見方に最後まで拘泥しつつ、しかもその際の「自我」性・「主観」性が結局のところ経験的個別主観としてのそれに由来するものであった可能性が極めて高いために、事態はいっそう見通しにくくなっている。そこで本節では、時間と領野の関連の問題が、超越論的現象学の構想の徹底化という本書の観点から、どのように考えられるのかを示しておきたい。そしてそれはまた、時間問題のアポリアを、デリダが示したのとはまた別の仕方で、かつまたフッサール自身が実際に示したのとも多少とも異なる仕方で呈示することになるはずである。

超越論的領野とは、そこにおいて世界のすべてが（時間的にも空間的にも無限の拡がりをもってさまざまな仕方で）現象する最終的な「場」のことであった。他方「生き生きした現在」とは、この「場」における世界のそのような現出の基本様態としての「時間化」の源泉を指し示すものであった。したがって両者は、いずれも現象の最終的な・もはやそれ以上遡りえない次元にかかわるものである点で、その問題次元において重なり合うものであるといってよい。「場」としての超越論的領野が、現象のいわば空間的側面の／から最終的基盤を指し示しているとすれば――「場」とはそこにおいてあらゆる空間的規定が成立する最終的な次元である以上、それ自身はもちろんもはや空間ではありえないのだが――、「生き生きした現在」は現象の時間的側面の／から最終的基盤を指し示しているのである。そして――すでにカントが示したように――時間と空間が現象の根本的制約であるとすれば、超越論的領野と「生き生きした現在」の問題系との間には密接な関連があるはずである。実際、「生きいきした現在」の特性として先に第一章第3節で示されたものと、超越論的領野に関して序章第3節で示されたものとの間には、際立った対応が見られる。まずこの点を確認しておこう。

「生き生きした現在」の「原受動性」とは、フッサールの言う超越論的主観性ないし超越論的自我がいかなる意味でも（能動的には言うに及ばず、受動的にすら）関与しえず、それにもとづいてのみ超越論的主観性ないし領野が成立する次元を指し示していた。この次元は、世界が現象するにあたって、その現象の「場」としての超越論的領野が現象とともにいつもすでに開かれているということそのことにかかわる次元である。この現出の場を開く何ものかがたとえば「生き生きした現在」として存在するかどうかは大いに問題となるにしても、世界の現出が時間化として生じているということ、すなわち現出の場が開かれているということそのことは、現象にとってあらゆる事態にいつもつねに先立つ「絶対的事実」である。原受動性とは、フッサールの言う超越論的主観性が現象する何ものかを受け容れるという仕方でそれに関与するに先立って、みずからがみずから自身にすでに与えられてしまっているという揺るがしがたい「事実」のことなのであり、それなくしては世界のあらゆる事実が事実として現象することもないという意味で「絶対的な事実性」の次元を指し示しているのである。

フッサール自身はこの事態を、経験的・偶然的事実性と区別して、「超越論的事実」あるいは「原事実（Urfaktum）」と呼んでいた。この事態は、現象する世界における「事実」と「本質」との区別に先立ち、世界の現象することそのこと――このことの内に「事実」も「本質」も含まれる――に関わる特異な「事実」として、前者から区別されねばならないからである。この特異な「事実」は、先に超越論的領野について考察したときにも触れたように、通常の意味での経験的事実と違って、「別様でありうる」さまざまな可能性をもたなかった。唯一考えうる「別の」可能性は、世界がそもそも現象しないという事態だが、それがいったいいかなる事態であるかについて思考しようとする一切の試みを、それは無意味なものとしてしまうのである。まったく現象しないものについて、すなわち存在しないものについて、それが世界の「別様でありうる」可能性であるとは、もはや言えないのである。

斎藤慶典という経験的個別主観すなわち一個の「人物（Person）」としての「私」が存在しない世界のありようについてであれば、もちろんいくらでも「別様でありうる」可能性を考えることができる。しかし、そもそも世界が端的に現象しないという事態をどのように考えてみても、それは「想像を絶している」としか言いようがない。それはちょうど、厳密な意味では「無」を考えることができないのに似ている。「無」を思考したとたん、それは存在している何ものかになってしまうからである。かくして、「生き生きした現在」があらゆる関与に先立ってすでに機能しているという「原受動性」は、紛れもなく〈世界が現象している〉という「絶対的事実性」を表わしていると言ってよいのである。

また、「生き生きした現在」が機能しないということは、世界が時間として現象することがない――すなわち端的に現象しない——という事態なのであるから、絶対的事実性がもつ〈別様でありうる可能性を有意味に考えることができない〉という性格、すなわち〈想像を絶している〉という性格は、「生き生きした現在」と超越論的領野の〈比類の無さ〉としての「唯一性」をも示している。世界のあらゆる現出——他人たちにとってのさまざまな現出、誰も居合わせていない場所のそのようなものとしての現出…をも含めて——は、この「場」（超越論的領野）においてしか成り立たないのであり、この意味で超越論的領野は、〈他にならぶものがない〉ものとして「唯一」であると言われた。他方「生き生きした現在」とは、世界のすべてのそのようなものとしての現出を時間化という仕方で遂行する機能そのものにほかならないのであるから——どんなものも、それが現出するかぎり何らかの仕方で時間化されざるをえない——、これもまた「唯一」でしかありえないことになろう。

　時間化された次元に仮託して言えば、この「今」は世界のすべてにおいて厳密に同じ「今」であって、別の「今」があるわけではない。私の「今」も他人たちの「今」も、地球の裏側の「今」も、同じこの「今」なのである。この「今」は、現にこの場所に居合わせていない他人たち、たとえば地球の裏側のアメリカの他人たちの「今」とも同一である——「今」いったい彼らは何をしているのだろうか、と有意味に考えることができるのだから——。相対性理論の言う「同時刻の相対性」に関しても、このことはあてはまる。すなわち、ある慣性系において同時刻に生じている出来事が、別の慣性系においては同時刻に生じていないということが言いうるのは、一方の慣性系の時計が他方の慣性系の時計に比べて相対的に「間延び」しているからであって、そのために一方では同時刻に生じた出来事が、他方では継起的に生じたことになるのである。つまり、同時刻と継起的という、時刻の上では異なる現象形態をもちながらも、ここで生じている出来事は「同じ」出来事なのであり、すなわちどちらも同じ「今」において生じているのである。換言すれば、或る慣性系と別の慣性系を出来事に関して比較しうるからには、両者は何らかの仕方ですでに「今」を共有している（すなわち同一の「今」）のでなければならないのである。(6)世界の「今」を現象へともたらす時間化の機能そのものとしての「生き生きした現在」に関してもまた、別の「生き生きした現在」といったものを考える余地はない。「生き生きした現在」も超越論的領野もこの意味でともに「比類のない」「唯一」のものであり、ということはすなわち、両者は決して別個の事態ではなく——もし別個の事態であれば、同じ次元に「唯一」のものが少なくともふたつ存在していることになってしまおう——、同じ（同一の）「唯一」の事態なのである。

さらに、「生き生きした現在」について〈それが何であるかを問うことができない〉という「絶対的匿名性」は、超越論的領野がいかなる意味でも〈誰のものでもない〉という事態と通底している。なぜなら、超越論的領野についても、知られうるのは〈そこにおいて世界のすべてが現象する場が開かれている〉という事態以上のことではないのであって、そうした「場」の何であるかを問おうとすると、この「場」を何か存在するもの（現象するもの）のように見立ててしまうことになり、再びそうした存在や現象の成立する「場」へと問いは送り返され、かくして無限後退が始まるからである。そもそも世界現出のこの「場」が〈誰のものでもない〉とは、次のような事態のことにほかならないのである。すなわち、この「場」が開かれていることによってはじめて、そこにおいて私にとっての世界の現出や他人にとってのそれが現象してくるのだが——そして、それを通して〈誰にとっても〉同一の世界が現象してくるのだが——、それは、現象するものは必ず〈何ものか（誰か）にとって（対して）の現象〉(7)として現出するということであり、他方この現象の「場」自体は決して現象するものではないが故に、〈誰のものでもありえない〉のである。そして、この「場」が現象するものではないかぎりにおいて、この「場」についてその何であるかを言うことができない——それを言うことができるのは、そこにおいて現象したものについてでしかない——のである。かくして、超越論的領野が〈誰のものでもない〉という「匿名性」は、それが何であるかを問うことができないという「生き生きした現在」の「絶対的匿名性」と重なり合う。つまり、「生き生きした現在」もまた〈誰のものでもない〉のである。

同様にして、「生き生きした現在」の先反省性・先時間性に関しても、それらはそのまま「場」としての超越論的領野にあてはまる。反省も時間も、いずれも現象するものないし現象する世界の内部で生ずる事態である以上、そうした現象の「場」である超越論的領野が開かれているという事態がそれらに（非時間的意味で）「先行」していることは明らかであろう。「生き生きした現在」の問題系とは、現象学の最終的基盤である超越論的領野を時間という観点から——それは意識の学としての現象学にとって最も本質的な観点なのだが——問題化したものにほかならないのである。それは、「生き生きした現在」に関わるフッサールの議論の中で注意を要する問題がある。それは、「生き生きした現在」の自己同一性の問題である。

この問題はフッサールにおいては、超越論的主観性ないし超越論的自我の自己同一性の問題として立てられているために、いささか混乱を引き起こす恐れがある。というのも、現象学的還元によって獲得された超越論的領野とは、さまざまな現象が生じては消えてゆく時間的流動をその本質とするものであるために、超越論的領野自身もまた何か時間的に延び拡がりつつ、その中で自己の同一性を保つもののようにも見えるからである。しかし、これまでの考察から明らかなように、そうした自己同一性——それは「持続」として捉えられる——はあくまで現象するものの同一性であって、そのような現象の「場」としてそれ自身は現象するとは言えない超越論的領野や「生き生きした現在」の自己同一性は、それとは厳密に区別されねばならない。つまり、〈超越論的主観性が主観性として一個の統一をもつ〉といわれる場合、そこで考えられている事態には二通りのケースがあるのである。

第一のケースは、超越論的領野において現象するさまざまな事態に関わる同一性ないし統一である。生じては消えてゆくさまざまな現象はまったく多様であり、相互に何の関係ももたないこともしばしばであるが、それにもかかわらずそれらは全体として一個の統一をなしている。時間位置「今」は絶えず「たった今」へと転化してゆくが、こうしたたえざる転化を貫いて「ひとつの時間」が形成されている。この時間の中で生ずる出来事がどんなに多様で相互にバラバラであっても、それらはすべて「ひとつの時間」の中での出来事なのである。初期時間論のフッサールは、現象しつつ過ぎ去りゆくさまざまな出来事の出来事としての自己同一性を構成する「横の志向性」と、そうした出来事をそのようなものとして構成している意識自身の統一を構成する「縦の志向性」を、時間を構成する「絶対的意識」の能作として析出したが、それはこのふたつの志向性を通じて「ひとつの時間(流)」が構成されてくるさまを解明しようとしてのことであった。

しかしここで注意が必要なのは、この場合の「ひとつ」とは何を意味しているかという点である。というのも、ここでフッサールが念頭においているのは、超越論的な次元においてであるとはいえ或る意識流の統一だからである。もしそれがいずれにせよ何らかの「意識」の統一であれば、その場合の「ひとつ」とは、時間の流れの「持続」の連続性を意味していると解するほかなく、それは(たいていの場合はたしかに「ひとつ」すなわち連続しているとしても)必ずしもいつも「ひとつ」でもなければ、連続してもいないはずである。たとえば、或る特定の時間区間の記憶が完全に欠落している場合や——泥酔時やてんかんの大発作を考えてみてもよい——、記憶喪失症のようにある時点以前の記憶が完全に失われている場合、あるいは二重人格症状のように複数(の人物)の時間持続の(時間持続の断絶をはさんだ)並存として時間が構成される場合、あるいは人格崩壊にまで進んだ重度の精神疾患におけるようにもはや意識にひとつのまとまりを認めることがほとんどできない場合…、これらの場合には時間の「持続」や「連続性」が何らかの仕方で欠落している。つまりこれらの場合の「同一性」は、それらが崩れることがありうるからこそ、構成(あるいは再構成)されることもまた可能なのである。通常、「人格」の「同一性」といわれる類いの同一性も、この種のものとみなされえよう。

また、世界のすべてを貫いて決して途切れることなく一様に進行してゆく時間（世界時間あるいは物理学的時間）も、そのようなものとして構成された時間ということができる。それらは時間的に延び拡がるものの同一性であり、通常はひとつの連続体として構成されているにしても、非連続となる可能性をあらかじめ排除するものではなく、むしろ連続は後から構成されたものなのである。フッサールが超越論的自我の基体（Substanz）としての自己同一性の構成を語るのは――それは、この意識の流れが決して他の意識の流れと混同されることがないという脈絡で「相互主観的構成」としても示される――、この文脈においてである。

ところが、超越論的自我ないし領野の自己同一性について語られるもうひとつのケース、もうひとつの次元がある。それは「生き生きした現在」の自己同一性に関わるものであり、もはや時間的に延び拡がってはいないものの同一性である。時間化という仕方で世界を現象させる「生き生きした現在」とは、時間化の機能そのものの発動を何とか言い表わそうとしたものであり、それ自体がもはや時間的ではありえないことや、それが「比類のない」「唯一の」事態であることについてはすでに何度も触れた。しかも、それが超越論的領野という世界現出の「場」が開かれるという事態として、すなわち現象の「場」の生起として捉えられることについても述べた。この「唯一性」は、もはや「別様の仕方で」を有意味に考えることができないが故に、別の「生き生きした現在」、別の超越論的領野の存在する余地がなく、したがって「唯一」であると同時につねに「同一」である、と言われた。

実は、先に「世界のさまざまな現出が、その多様性にもかかわらず全体としてひとつの統一をもっている」と言ったときの「ひとつ」には、こうした「唯一性」と言う意味での「ひとつ」が含まれている場合があるのである。「ひとつ」ということが時間的に延び拡がるものの「持続」や「連続性」を意味する場合には、現象の事実は必ずしもそのようになってはおらず、むしろ断絶や欠落を含むものであること、この意味で「持続」や「連続性」は構成されたものであること、これらについてはいま見た。その場合の「持続」や「連続性」は、崩れうるものであるからこそ構成されもするものなのであった。ところが、「唯一性」という意味での「ひとつ」は、原理的に別のものの存立の余地がない以上、崩れることもありえない。つまり、現象するものがどんなに多様でバラバラであろうとも、さらには先にいくつか例を挙げたような——記憶の完全な欠落、多重人格、人格崩壊といった——〈時間の断絶〉を含む場合においてすら、それらは「ひとつ」のものでしかありえないのである。

いま、この私（斎藤慶典）が多重人格症になったとしよう。そこでは複数の人格が各々別の時間持続をもって交互に立ち現われるであろう。しかし、それら複数の時間の現象する「場」は、（それらが現象したのであれば）この「場」——それはこの文章の読者であるあなたの現象する「場」でもある——以外のどこでもありえないのであり、すなわちただ「ひとつ」（唯一）なのである。多重人格症に陥った「私」は、もはやそれら並存する複数の時間をひとつの時間へと統一することはできない。それにもかかわらず、そうした複数の時間が現象するのはこの「場」以外のどこでもないのである。したがって、この意味での「ひとつ（唯一）」には、厳密には「統一」ということすら該当しえないのである。

もっと極端な場合を考えてみよう。この「私」が、これまでの記憶を完全に抹消されて、脳だけを取り出して他人の身体に移植されたとしよう。そうしてその他人を取り巻く人々とともに生きてゆく「私」は、通常の感覚から言えばもはや別人（別の人格・人物）であろう。しかしその場合でも、別人である「私」への世界の現出は、（それが現出したのであれば）やはりこの「場」以外のどこにおいても生じえないのである。あるいは、死後の世界といったものがあるとしよう。この「私」は死に、死後の世界——天国か地獄か——を経験する。この場合も、そこで死後の世界が経験されるかぎり、それは現象しているのであり（「現実」とされている世界とは「別様の仕方で」現象しているのであり）、そしてそれが現象する「場」は、やはりこの「場」以外のどこでもありえないのである。「この世」と「あの世」を含むひとつの世界が（そしてそれのみが）あるのである。

「生き生きした現在」ならびに超越論的領野の自己同一性とは、こうした意味での同一性である。それは、何らかの時間的延び拡がりを伴って現象するものの同一性ではないが故に、フッサールはそれを「極」としての同一性と名づけた。[8] この特異な「同一性」は、それが崩れ去ることがありえないのであるから、同一性として構成されるものでもありえない。したがって、それを「同一」と言うことすらほとんど無意味と言わざるをえないような「同一性」であった。[9] 言わばその「同一性」は、最初から与えられてしまっている——ということは、それをあらかじめ拒否することのできない——「絶対的事実」に属する「同一性」である。このような「同一性」において、世界がいま、この「場」において開かれている、すなわち現象している。そしてこのような現象の「場」は、ただひとつでしかありえないのである。

世界は、さまざまな他人たち——あるいは、動・植物たち——に対して、さまざまな仕方で、いま・ここで、この「場」（という「唯一性」）において現象している。「私」もまたその現象に、私に対する世界のかくかくしかじかの現象という仕方で参与している。そして、いずれ「私」がそうしたいま・ここでの、この「場」における世界の現象に参与しなくなる時が来るであろうことも、確かである。それが、「私」という経験的個人の死という出来事であろう。しかし、それは決して世界がいま・ここで、この「場」において現象しなくなるということではない。それは、いま・ここで、この「場」における世界の現出に参与する存在がひとつ消滅したということ、世界のさまざまな現象仕方のひとつが実現されなくなったということであるにすぎない。もちろんその場合には、この「私」はもはや存在していないのだから、いま・ここでの、この「場」における世界の現出がいかなる現出であるかは「私」には分からない。しかしこのことは、世界の現出の〈いま・ここ、この「場」で〉に「私」がもはや居合わせていないということ以上の何事をも意味しない。すなわち、いま・ここで、この「場」

において世界が現象しないということを意味しない。

かりに全人類が消滅したとしても、世界を経験する何ものか——動物でも植物でも宇宙人でも——が存在するかぎり、世界はいま・ここで、この「場」において現象している。その〈いま・ここ、この「場」で〉が、現在の「私」にとっては未来の特定の時間位置であるとしても、世界が現象するとすれば——現象するかぎりで——、それは〈いま・ここ、この「場」で〉なのである。すなわち、この〈いま・ここ、この「場」で〉は、いかなる時間位置でもなければ、「私」にとっての世界の現象でもないのである。しかしこのように言うと、それは世界の現出の一種の普遍的な形式のように聞こえるかもしれない。ちょうどカントの「純粋統覚」(「私は思考する」)——「私」には世界はかくかくしかじかに現象している——が、まったき「形式」であったのと同じように。だが、そうではないのだ。世界の現出の〈いま・ここ、この「場」で〉こそが、はじめて現出ということにその実質を、内実を与えるものだからである。この〈いま・ここ、この「場」で〉以外に、世界の現出に実質を与えるものは何もないのである。

したがって、「もし、世界の現出を経験しうるすべてが消滅したとすれば」という想定は、議論のこのレヴェルでは無意味である。少なくとも、不適切である。この想定を有意味な想定として受け容れた上でそれに答えるとすれば、「おそらくその時はじめて、世界の〈いま・ここ、この「場」で〉の現象が生じないという事態が出現するのであろう」と答えるしかあるまい。だが、その時にはそもそも何も現象しないのだから、何らかの事態の「出現」という言い方もまた不適当となってしまうのだ。世界がいかなる意味でも現象しないというこの事態がどんな事態であるかは、もはや思考の限界を超えていると言わざるをえないのであった。それは、もはや「事態」とすら言えない「事態」なのである。先にも触れたように、端的な「無」を思考することが不可能なのと同断である。かくして、世界の〈いま・ここ、この「場」で〉の現象から、文字通りすべてが——すべての経験可能性と、すべての思考可能性が――始まるのである。

時間のアポリアとは、世界の現出の最終的な「場」である超越論的領野が〈いま・ここ、この「場」で〉開かれているという揺るがしがたい「絶対的事実」に思考が突き当たった時に生ずるアポリアだったのであり、フッサール現象学が最終的に示したのもこの「絶対的事実」であったと言ってよいであろう。この「絶対的事実」があらゆる経験の、およそ考えうるかぎりのあらゆる思考の限界に関わる「事実」であることは、以上の考察が示すとおりである。そしてこの点に関しては、先のデリダの「別の仕方での」呈示も、フッサールのそれと同じ次元に関わっていたと言ってよい。「差延」の運動とは、世界がかくかくしかじかのものとして現象する「場」の生起の「別の仕方での」表現以外の何ものでもないからである。この次元の「向こう側」は、端的に存在しない。思考の限界に直面した哲学は――それが思考であるかぎりで――そこで引き返すべきなのであり、その引き返すひとつの仕方が、「脱‐構築」なのである。

しかし、思考の限界がどこに、どのような仕方で横たわっているかについて語ること――あるいは「示すこと」――は、決して無意味ではない。なぜなら、思考は思考の中をしか動くことができない以上、その限界を示すことは極めて困難――いや、原理的に不可能ですらある――からである。それにもかかわらずこの限界が実に多様な仕方で（「別の仕方で」）――しかしそのぎりぎりの姿で――思考に対してみずからを「示す」のだとすれば、それを確認することは、おそらく思考することの根本に関わる営為なのであろう。この限界は、思考がみずからの根を見失わないためにも、何度でも、新たに、別の仕方で、思考し直され、確認されねばならない事柄なのである。(10) 私たちはさしあたり本章で、フッサールとデリダのもとでこの限界が――「時間」問題の脈絡の中で――「別の仕方で」示されたことを確認した。だがこのことは、私たちの思考にとってその発端であるにすぎない。思考はいつもこの発端において――すなわち、「別の仕方で」を新たに開始することの中で――しか存在しないのではあるが。本書はそのことを、以下の思考の歩みの中で示すことになろう。

第三章　時間と存在——メルロ＝ポンティと「内‐存在論」の試み

「時間」をめぐる問題がフッサールにとって、その初期から——現在『フッセリアーナ』第X巻に収められている時間に関する草稿のうち、最も初期のものは『算術の哲学』刊行直後の一九八三年頃のものと推定されている——、最晩年のいわゆるC草稿（一九二七—三四年）にいたるまで、飽くことなく繰り返し取り上げ直された重要な問題であったことを、私たちはすでに見てきた。とりわけ、彼がその晩年に集中して行なった、みずからの現象学の根拠への問いにおいて、時間問題は「生き生きした現在の謎」として姿を現わし、それが現象学そのものの基盤をも危うくしかねない重大な問題を孕んだものであることが指摘されて久しい。すでに触れたK・ヘルトやJ・デリダは言うに及ばず、メルロ＝ポンティやレヴィナスにいたるまで、(2)時間問題の内にフッサール現象学のひとつの臨界点と転回点を見て取っている例は、枚挙にいとまがないほどである。

そしてまたこの問題は、後にハイデガーが師フッサールへの批判をこめて展開してゆくことになる「存在」をめぐる思索と深く関わるものでもある（この点の解明が本章の最終的な主題となる）。しかし両者の間には、そもそも哲学としての問題設定自体に——さらには「哲学」に対する態度そのものの内に——大きな懸隔が横たわっており、その断絶の根は深い。ハイデガーは、フッサール的な問題設定——それをさしあたり「近代哲学的」と言うこともできる——を一挙に（あるいは最初から）飛び越えてしまったと言ってもよいかもしれない。しかし、そこにはもはや何の連続性も見出せないのであろうか。あるいは、この断絶には「事象そのもの」の要求する必然的な転回点があったのではなかろうか。

いま、あらためて現象学の可能性を問う本書にとって、この転回点——それは現象学の展開点でもある——を現象学そのものの内ではっきりと見極めることなくしては、みずからの立脚点を見失うことにもなりかねない。フッサールがその晩年に直面していた「生き生きした現在」の謎をめぐる諸問題は、まさしくこの転回点を見極めるにあたってのひとつの試金石であることを、私たちはすでにデリダのフッサールとの対決の内に見て取った。そして、現象学の限界に関わるこうした問題をフッサールから引き継ぎつつ、その展開の可能性を探っていったもうひとつの「別の仕方で」の試みとして、『知覚の現象学』から遺著『見えるものと見えないもの』にいたるM・メルロ＝ポンティの思考を位置づけることができる。本章はこうした視点から、まず「生き生きした現在」をめぐる諸問題をメルロ＝ポンティの思考との関連のかぎりでもう一度簡単に整理し（第1節）、次いでその展開の（デリダとは）別の仕方での可能性をメルロ＝ポンティの内に、とりわけその晩年の「研究ノート」(3)の内に探ることを試みる（第2・3・4節）。そこでは、「時間」の問題が「存在」の問題と深く絡み合い、重なり合ってゆく様子が垣間見られることになろう。

1　現象学的反省と「生き生きした現在」

先にも触れたように、フッサールにとって「時間」が究極の問題となるにいたったのは、現象学的反省の在り方とその最終的な根拠を問いつづけてゆく過程においてであった。そこでここでは、フッサールがどのような仕方で反省の構造を問い詰めていったのかを確認することからはじめよう。

現象学的還元によって最初に行なわれるのは、自然的態度における〈世界の一般定立〉――世界の「存在」と「真理」に関わる無条件的で全面的な定立――を停止《エポケー》することによって、この自然的態度で世界の内に生きる「自我」(私)へと向けてなされる反省である。そしてこの反省によって、自然的態度の特性およびその自我の露呈が試みられることになる。すなわち、さしあたってみずからがあらかじめ受容してしまっている諸前提に無自覚なまま世界に没入していた自我が、反省によってそれら無自覚であった諸前提ともども顕在性へともたらされるのである。

さて、私たちはこの反省に対して、「より高次の反省」(Hua IV, 102) を行なうことができる。つまり、先の反省作用自体を反省の対象とすることができる。こうすることによって私たちには、先の反省における反省を遂行する自我の存在が露呈される。つまり、反省における〈反省される自我〉と〈反省する自我〉との「自我分裂」(Hua VIII, 89) が顕在化されるのである。しかしフッサールによれば、自我はこの分裂にもかかわらず、こうした「高次反省」を繰り返すことによって、同一の自我として確認される。フッサール自身の言葉を引用しよう。「根源的なコギトそれ自身と反省的に把握されたコギトとは同一であり、それはより高次の反省において間接的に、〔しかし〕絶対的に同一のものとして疑いなく把握される」(Hua IV, 102)。

ところが私たちは、こうした反省の構造についてのさらに「より徹底した反省」[4]を行なうことによって、次の疑問にぶつかることになる。すなわち、先の「高次反省」において確認された自我の同一性は、そのつどすでに〈反省された自我〉の内部での同一性に転化してしまっているのであって、この「高次反省」を行なっている遂行者の方はいつもこの反省から取り逃がされてしまうのではないか、という疑問である。つまり、反省を究極的に遂行している自我それ自身は、つねに反省のまなざしから逃れ去ってしまうのである。反省はつねに、その反省の究極的な「現在」を「後から覚認（Nachgewahren）」（Hua VIII, 89）しうるにすぎないのである。ここから、反省を究極的に（言葉の厳密な意味におけるその「現在」において）遂行している自我の絶対的匿名性が帰結する。

こうして、反省を究極的に遂行している自我の絶対的匿名性の問題は、反省における自我の同一性の問題を再び提起することになる。すなわち、反省を遂行しているその遂行の自我もまた同じ自我であるということは、いったいどこで保証されるのであろうか。しかし私たちは、みずからの経験に忠実であるかぎり、フッサールとともに、この同一性を疑いえない事実としてさしあたり認めざるをえない。というのも、誰も、反省する際に、それが同じ自分自身についての反省であることを疑いはしないからである。またそうでなければ、そもそも反省が反省として成り立たなくなってしまうことは明らかだからである。したがって、この事態は私たちをこうした同一性の根拠への問いへと送り返す。そしてこの問いにおいて、反省のもつすぐれて時間的な性格があらわとなるのである。「反省作用は、〈たった今〉という様態において非反省的な体験とその自我極を露呈する」（Hua XV, 350）。すなわち反省とは、つねに〈たった今〉という仕方でその体験を「対象化」（＝「存在者化（Ontifikation）」[5]）する働きであり、反省作用はこうした「時間化（Zeitigung）」[6]の中で生起するのである。

ところが、反省を遂行している原初的現在・原様態的現在——これはフッサールによって「生き生きとした現在」に付せられた別の名である——は、〈今〉として把握された時にはすでに〈たった今〉へと転化してしまっており、新たな〈今〉が次々に姿を現わしては過ぎ去りゆく時間的流動の中にそれ自身は決して姿を現わさない。しかし、この原初的現在がたえず「流れゆくこと＝流れること（das Strömen）」——これをフッサールは時間的な（時間化された）「流れ（der Strom）」と区別していた[7]——によってはじめて「時間化」が成立するのであるから、それはこの「時間化」の根拠として、この「時間化」に先立っていなければならないことになる。「作動しつつある極は、その極が根源的に作動しているとき、決して時間野の内にはない」[8]のである。こうして、「生き生きした現在」のもつ先‐時間性という特異な性格が帰結するが、これにともなって、この「生き生きした現在」において究極的に作動している「自我」の自我性も大きく変容を蒙ることになる。「原初的現在の構造分析は、われわれを自我構造とそれを基礎づけている没自我的な（ichlos）〈流れること〉という恒存する底層へと導く。そしてそれは、一貫して遡って問うことを通して…根源的に先‐自我的なものへと導き帰す」(Hua XV, 598)。

しかし、こうした先‐自我性にもかかわらず、先にも確認したように、自我の同一性が疑いえない事実であるとすれば、その同一性の根拠はこの「生き生きした原初的現在」の内にしかありえない。すなわち、自我が反省によってその同一性を確認しうる以上、しかもそれはいつも「後からの覚認」でしかありえない以上、この同一性は、反省に先立ってすでにこの原初的現在の内で成立していたのでなければならない。したがって、こうした自我の同一性の根拠となるものをフッサールにならって「原‐自我」[9]と呼ぶとすれば、この原‐自我はつねにすでに同一のものでなければならないことになる。こうした「恒存する自我は、絶えず根源的源泉であり、〔反省による〕同一化（Identifizieren）によって同一なのではなく、根源的な合一（ureinig Sein）として同一なのであり、最も原初的な先存在において存在しつつある」[10]。

こうして「生き生きした現在」は、一方では、時間化の根拠としての（時間が可能になるための根拠としての）絶えざる「流れること」であり、他方で、自我の同一性の根拠として「つねに同一のものにとどまっているもの」でなければならない。これが、「とどまりつつ‐流れる現在（stehend-strömende Gegenwart）」[11]という、「生き生きした現在」のもつ両義的在り方である。またこの「生き生きした現在」は、反省にとって絶対的に匿名的であるとともに、それにもかかわらず、反省がそれへと向けて反省の眼差しを振り向けうる以上、何らかの仕方で、反省にとってすでに識られているものでもあらねばならない。これをフッサールは、たとえば次のように述べている。「〈今〉の点において、私は作動しつつあるものとしての私に触れている」(12)。「自我−中心は、記述しがたい仕方で生き生きした現在のいたるところに存在する」(13)。

「生き生きした現在」のこうした謎めいた両義的な在り方が、ヘルトの綿密な研究によって「生き生きした現在の謎」としてその全貌を明らかにするにいたった事態である。そしてこの「生き生きした現在」の発見は、フッサール現象学にとって、その根底を危うくする危険を孕むものでもあった。なぜなら、すべての存在者を現象学的エポケーを通じて「現象」へと還元し、この「現象」へと反省の眼差しを向ける現象学的反省にとって、この「生き生きした現在」が絶えず反省の眼差しを逃れ去ってしまうものであるかぎり、それは現象学的反省にとっての限界を指し示すものではないか、という疑いを斥けることはできないからである。フッサール自身も、ある遺稿の中でこの点をはっきり確認していた。もう一度引用しよう。「われわれが〈根源現象的現在〉という表題のもとで、究極的に存在するもの、根源的に存在するものとして要求するものは、われわれにとって、それが〈現象〉であるがゆえに、まさしく究極的なものとは言えないのである」(14)。そして、「生き生きした現在」が決してそのものとしては現象に与えられないにもかかわらず、先述のように、この原初的現在が何らかの仕方ですでに反省にも識られていたのでなければならないとすれば、まさにフッサールは、究極的なものを求めて何らかのかたちで「現象」を超えてゆくことを促されていたのである(15)。

2 反省と非反省的なもの

本節ではまず、先に述べたようなフッサールの問題意識をメルロ＝ポンティが正確に継承しつつ、さらに徹底してこの問題を展開していった様子を、『知覚の現象学』（一九四五年）において確認しておこう。そこでは彼は、フッサールがその時間分析において最終的にたどり着いた、反省における「反省されないもの（un irréfléchi）」の問題を確認することから、彼の現象学的研究を開始している。彼はこの『知覚の現象学』において、反省における非反省的なものの問題こそ哲学的反省の究極の問題であり、あらゆる哲学的努力はまさにこの問題へ向けて展開されねばならないことをはっきりと宣言している。「意識を事物の中でその非反省的生に直面させるべきであり、それが忘却してしまっていたみずからの過去の歴史をそれに思い出させるべきであって、ここに哲学的反省の真の役割がある」（PP, 40）。

そしてまさしく先のフッサールの問題意識を継承しつつ、次のように「徹底的な反省」を定義している。「徹底的な反省とは、私が主観の観念と対象（客観）の観念を形成し、かつ定式化しつつある際に私を捉えるような反省であって、これは、それらふたつの観念の源を明るみに出すものであり、つまりこれは単に作動しつつある反省（réflexion opérante）であるばかりでなく、その作動の中で自分自身を意識している反省でもある」（PP, 253）。したがって私たちは、このような「作動の中で自分自身を意識している反省」はいかにして可能であるかを問わなければならない。少なくとも措定的反省——対象化・存在者化を行なう反省——は、その究極の根拠である「生き生きした現在」を取り逃がさざるをえないことが先のフッサールの考察において示された以上、それにもかかわらずこの「生き生きした現在」に関わる反省が可能であるとすれば、それはいったいいかにしてなのかが問われねばならないのである。

さて、メルロ＝ポンティは、反省の究極の根拠である「生き生きした現在」が、反省の根拠として何らかの仕方ですでに反省に識られていなければならないにもかかわらず、反省それ自身の眼によってはそれを直接に捉えることができないという事態を、反省の「或る不透明な存在との交わり」と呼んでいる。「〔…〕有限な主観と、この主観がそこから現われ出るがしかしそこに主観が関わりつづけるところの或る不透明な存在との交わり〔…〕」(PP, 253)、つまり、「生き生きした現在」の在り方、私たちにとって決して透明とならないその在り方に考察を集中してゆくのである。そしてこの不透明性を形作るものこそ、私たち主観の時間性にほかならない。「主観性は〔…〕時間性以外の何ものでもない。そしてこれこそが知覚の主体に、その不透明性とその歴史性を残しておくことをわれわれに可能ならしめるのだ」(PP, 276)。こうして、フッサールにおいて追求された時間の問題、すなわち「生き生きした現在」に関わる究極的な問いが、次のようなかたちで再びメルロ゠ポンティにおいても呈示されることになる。

「問われているのはつねに、いったいいかにして私が、私を超えてはいるが、それにもかかわらず私がそれを取り上げ直し・それを生きるかぎりにおいてのみ存在しているような諸現象に開かれてありうるのかという問題」、すなわち「いったいいかにして、私を定義し他のあらゆる現前を条件づける私自身への現前《プレザンス》(根源的現前 Urpräsenz)が、同時に非現前化《デプレザンタシオン》(脱現在化 Entgegenwärtigung)であり、私を私の外へ投げ出すのかという問題」(PP, 417)なのである。そしてこうした問いを可能ならしめるものこそ、彼が「真に超越論的なもの」と呼ぶところのものであり、そこにおいてこそ、先の非反省的なものからの反省の湧出の問題が問われうることになるのである。「真に超越論的なものは〔…〕さまざまな超越の源泉がそこに湧出してくるような両義的な生であり、またこれこそが或る根本的矛盾によって私をそれらの超越と交流せしめ、それを土台にして認識をも可能にするのである」(PP, 418 sq.)。この「根本的矛盾」こそが、もの言わぬ世界への合理性《ラシオナリテ》の到来、非反省的なるものからの反省の湧出というもっとも驚くべき「奇跡」(Cf., PP, xv sq.)を可能にするところのものなのであり、この矛盾こそが記述され、「理解 (comprendre - compréhension)」(Cf., PP, xiii) にまでもたらされねばならない

のである。(16)

さてここで注目すべきは、先の引用の「根源的現前が同時に脱現在化であり、私を私の外に投げ出す」というくだりである。「生き生きした現在」がすでに私自身に何らかの仕方で現前=現在しているからこそ、あらゆる反省が可能となるわけであるが、その「生き生きした現在」は絶えずその現在を脱け出てゆくこと（Entgegenwärtigung）、すなわち「流れ去ること（Strömen）」にほかならないのであり、このことこそがあらゆる時間性の根拠をなしているという事態が正確に捉えられているといってよかろう。と同時にここで、現前=現在と非現前=脱現在化とが本質的に同じ出来事であるという点を、メルロ=ポンティが積極的に取り上げている点が注目されてよい。これこそが、後に触れる「見えるものと見えないもの」という彼の最晩年の思考において集中的に考察されることになる事態だからである。

もうひとつ重要な点は、彼が「生き生きした現在」の脱-現在化性に注目して、それを「脱-自（ek-stase）」（PP, 204）の運動として捉え返している点である。「生き生きした現在」が絶えずみずからを超え出てゆくことによってはじめて、あらゆる時間が可能となるのであり、「生き生きした現在」のこの自己超越の運動こそが究極のものとなるのである。したがって、私たちの意識ないしコギトが最終的に見出すものは、「私の存在そのものをなしている〈超越の深い運動（le mouvement profond de transcendance）〉なのであり、私の存在ならびに世界の存在との同時的接触なのである」（PP, 432）。というのも、私が思考する自分の存在を疑いえないのは、何も私が自分自身を存在していると思うからなのではなくて、そもそも思考するということそれ自身が、絶えずみずからを超え出てゆく「生き生きした現在」の超越の運動であるからなのである。「私がある=存在する」と言えるのは、まさにこの「生き生きした現在」の「超越の深い運動」のゆえなのである。この意味で、「〈われ思う〉の方が〈われ在り〉の超越の運動に再統合される」（PP, 439）。ここで垣間見られているのは、より正確には、

「思考」が「存在」に再統合されるということよりも、「思考」も「存在」も、いずれもが「超越の運動」というある「根本的な矛盾」に基づいているということなのである。

こうしてメルロ＝ポンティは、「生き生きした現在」の自己超越の運動こそ、私たちがある・存在するということの根拠であるというかたちで、いわゆる「存在」の問題への展開の端緒を開くわけだが、残念ながら『知覚の現象学』においては、この問題はこれ以上展開されることなく終わっている。すなわち、反省における反省と非反省的なものとの関係の問題を、現象学で言う「基づけ（Fundierung）」の関係として捉え、その基づける項として周知の「沈黙のコギト（cogito tacite）」（Cf., PP, 460 sqq.）を導入するにとどまっているのである。

「基づけ」関係とは、次のような関係である。「〈基づけるもの〉として働く項は、〈基づけられるもの〉が〈基づけるもの〉の一規定ないし一顕在形態として現われるという意味ではたしかに最初のものであり、このことこそが〈基づけられるもの〉による〈基づけるもの〉の吸収を不可能にしているゆえんであるが、しかし〈基づけるもの〉は経験的な意味で最初のものだというわけではなく、〈基づけられるもの〉を通じてこそ〈基づけるもの〉が姿を現わす以上、〈基づけられるもの〉は〈基づけるもの〉の単なる派生物ではないわけである」（PP, 451）。

本章の議論の文脈では、ここで言う〈基づけるもの〉に〈非反省的なもの〉すなわち「生き生きした現在」を、また〈基づけられるもの〉に〈反省〉をそれぞれ重ね合わせて読むことができる。(17) ここでメルロ＝ポンティが「基づけ」という考え方をフッサールから継承しつつ積極的に取り上げ直した点は、〈反省〉と〈非反省的なもの〉との関係を考える上でひとつの可能性を切り開くものとして、高く評価されてよい。(18) しかし結局のところ『知覚の現象学』においては、この「沈黙のコギト」からの「語るコギト」の湧出、〈非反省的なもの〉からの〈反省〉の湧出はいったいいかにして可能なのかという点についての解明がなされるにはいたらなかった。

そのかぎりで『知覚の現象学』は、フッサールがその最後の思考において突き止めていた両義的事態の豊富な現象学的記述にとどまり、そうした事態がいかにして生起するのかを「理解する（comprendre）」にはいたらなかったと言ってよい。[19] すなわち問題があらためて確認され・明確に提起し直されたにとどまり、その解明は保留された、ないしは引き伸ばされたのである。『知覚の現象学』以後のメルロ＝ポンティの思考の歩みは、まさにこの点の解明に向けての歩みであり、とりわけソシュールから学んだ「差異」の概念、すなわち「積極的な項をもたない差異」の概念を、「構造」概念と結合しつつ存在論的次元にまで深化してゆく過程なのである。[20]

3　見えるものと見えないもの

以下では、前節で述べたような問題を、メルロ＝ポンティが最晩年の『見えるものと見えないもの』[21] においてどのような方向へと展開してゆこうとしていたのかを、断片的に遺稿として残された「研究ノート」に主として依拠しつつ再構成することを試みよう。そこでは彼は、つねに反省の眼差しを逃れゆく「生き生きした現在」を、現象における「見えないもの（l'invisible）」として捉え直すところから再び出発する。「見えないもの」とは、「見えるもの」が「図（figure）」として見えるものとなるための「地（fond）」であり、私たちはこの「見えないもの」をも同時に見ることによってはじめて「見えるもの」を見ることができる。すなわち、「見えるもの」と「見えないもの」とは、或る可視性（Visibilité）を成立させるために不可欠の両項なのであり、両者は可視性の不可分の身体なのである。したがって私たちは、「見えるもの」において、実は「見えるもの」以上のものを見ているわけであり、「見えないもの」が「見えないもの」として身を隠す――「地」となる――が故に、「見えるもの」が「見えるもの」となり――「図」となり――、そこに可視性が――すなわち何ものかが見えるという事態が――成立するのである。

ここに私たちは、「地平」概念のメルロ＝ポンティ独自の発展を、つまり「地平」とゲシュタルト概念との結合を読み取ることができる。ただし、以下で次第に明らかとなるように、ここでの「見えないもの」は実は〈絶対に見えないもの〉であって、いかなる意味でも顕在的に見えるものとはならない。通常の意味での「地」がいつでも「図」へと反転して「見えるもの」となりうるのとは決定的に異なり、ここでは「見えないもの」が端的に――いかなる仕方でも――「見えない」ことによってはじめて可視性が成立するのである。その意味では彼の言う「見えないもの」には、ゲシュタルト概念をも踏み越えて、「地平」概念のもつ水平性（horizontalité）から、「垂直性（verticalité）」の次元への展開を読み取ることができる。[22]

こうした「見えるもの」と「見えないもの」との関係を私たちは、〈反省〉と〈反省されないもの〉すなわち「生き生きした現在」との関係に重ね合わせて考えてみることができる。すなわち、「生き生きした現在」は、反省を可能にするための「見えないもの」であり、それがその自己超越の運動によってつねに反省から身を隠すが故に、そこに反省性（Réflexibilité）が成立するのである。したがって私たちは、実は反省において、反省されざるものをも同時に何らかのかたちで「見ている」――もちろん通常の意味で「見ている」のではない点が看過されてはならないのだが――が故に、反省することができるのである。これを彼は次のように表現している。「ひとはそれ（＝見えないもの）を見ることはできない。そして、それを見ようとするすべての努力は、それを消滅させてしまう。しかし、それは見えるものの輪郭の内にあるのであり、見えるものの潜在的な火床《ほど》（foyer）であり、みずからを見えるものの内に書き込むのだ（透かし模様のように――）」（VI, 269）。

この考え方をさらに推し進めてゆくと、私たちは、「生き生きした現在」という「根源的に現前不可能なもの」が、まさに反省の営みにおいてある仕方で――見えるものの内に書き込まれた透かし模様のように――「根源的に現前」するという事態に立ち至ることになる。「見えるものとは、〈根源的に現前不可能なもの（das Nichturpräsentierbar）〉の〈根源的現前（Urpräsentation）〉」（VI, 270）である。換言すれば、「生き生きした現在」は反省において〈今はない〉ものとして、かつまたそれが反省にもたらされたときにはいつも〈すでにあった〉ものとして、反省と同時に存在しているのである。そして、反省が通常の意味での「現在」における営みであるとすれば、その「現在」には、その時間性の根拠としての「生き生きした現在」が、〈今はない〉ところの〈すでにあった〉ものとして、いわば「過去」として――つまり、つねに〈たった今〉というかたちで過ぎ去ったものとしてしか把握されえないという意味での「絶対的過去」[23]として――ともに現前＝現在しているのである。「過去は現在と〈同時的（simultané）〉」（VI, 297）なのである。

ここにメルロ＝ポンティは、フッサール的な志向的分析の限界を見て取っている。というのもメルロ＝ポンティによれば、「過去」は現在においてすでに過ぎ去ったものとしていわば現在の外に思考される対象なのではなくて、現在を可能にするものとして現在とともに「同時的」に存在していなければならないのであるから、過去は、過去「についての意識」としてこの意識の志向対象であるのではなく、現在におけるこの意識の方が、「見えないもの」としてのこの「過去」に担われているのである。「過去は、もはや〈〜についての意識〉の変様ないし様態ではない。逆に〈についての意識〉、知覚されたものこそが、〈集塊的存在（Être massif）〉としての過去によって担われている（est porté）のだ[24]」（VI, 297）。

こうして、現在の意識にとってつねに過去のものとしてしか姿をあらわさない「生き生きした現在」がすでに存在しているということが、現在を可能にする根拠である以上、私たちは、この〈「生き生きした現在」がすでに存在している〉とは、いったいいかなる事態なのかをさらに問わねばならないことになる。そしてこの場合の「過去」とは、先にすでに『知覚の現象学』において示されたように、「生き生きした現在」の自己超越の運動を遡示しているのであるから、それはフッサール流に言えば、絶えず「流れ去る」と同時に「流れ来たる」こととしての「流れること（das Strömen）」を示すものなのであり、もはや単に「過去」というよりは、〈流れ来たり－流れつつ－流れ去る〉ものとして、一種の「生成（Werden, devenir）」なのである。したがってここで問われているのは、「ある」ということの生成とは何かという問いなのであり、換言すれば、「動詞的な意味での〈存在〉（Wesen verbal）」（VI, 154, 228, 256）（の生起）が問われているのである。ここにメルロ＝ポンティは、志向的分析から「超越（＝自己超越として生成）の哲学」（VI, 297）への転回点を見て取っている。

こうして私たちは、彼の構想していた「存在論」の入り口に立つことになる。彼によれば、「哲学的問い」が最終的に直面する問題とは、まさにこうした意味での「存在」の問題なのである。「存在する（＝そこにある）とはどういうことなのか（Qu'est-ce que le《il y a》?）」（VI, 171）。そしてこの場合の「存在」とはつねに「見えないもの」なのであるから、哲学的問いとは、「措定（定立）されることなき〈存在〉をあらわにすること」（ibid.）にほかならないのである。そこで、さしあたって問われねばならない第一の問題は、こうした措定されることなき〈存在〉をいかにしてあらわにすることができるのかという、方法論的問いであろう。すでに明らかなように、こうした〈存在〉を対象として直接に捉えようとする「直接的存在論は不可能」（VI, 233）なのであるから、いわば「間接的方法」のみが残された方法となる。しかもその際の「間接性」とは、「見えるもの」と「見えないもの」との同時性こそが「可視性」を出現させるという構造に則《のっと》って語られており、単に方法論上の問題にとどまらず、見えるかぎりでのあらゆるものが見えるものとなることの存在論上の本質にまで展開されていることに注目すべきであろう。こうした彼の立場をメルロ＝ポンティは、否定神学と類比的に、「否定哲学」と呼んでいる。「直接的存在論を遂行することはできない。私の〈間接的〉方法（すなわち存在者における存在）のみが、存在に合致するのだ。否定神学としての否定哲学」（VI, 233）。

私たちはここで再び、「見えるもの」と「見えないもの」の問題に立ち戻ったわけである。すなわち、「見えるもの」が「見えるもの」であるのは「見えないもの」の「地」に支えられてであり、また同時に、「見えないもの」という「根源的に現前不可能なもの」が「現前＝現在」するのは、この「見えるもの」をおいてほかではありえないというこの両者の関係、換言すれば、ここでは見るということは見ないことであり、見ないということは見ることであるというひとつの「根本的矛盾」が示されているわけである。「可視性それ自身が非‐可視性を含んでいるということを理解しなければならない」(VI, 300)。けれども、この矛盾は決して解消されるべき矛盾ではなく、この矛盾こそが可視性を出現させるという点が看過されてはならない。したがってメルロ＝ポンティのこうした考え方は一種の弁証法として捉えることができるが、しかしそれは〈定立〉〈反定立〉の〈揚棄〉の上に成り立つ綜合の弁証法ではなく、「綜合なき弁証法」[25] (VI, 129 sq.)、開かれたままにとどまる弁証法である。そして彼にとって、「見えるもの」と「見えないもの」という相矛盾する両項を産み出すものこそ、彼がソシュールから学んだ「差異」という考え方であった。この場合の「差異」とは、ふたつの独立した──「自同的な(selbig)」──項の間の差異ではなくて、「何ら積極的・実体的項をもたない差異」[26]であり、むしろこの「差異」の方が「見えるもの」と「見えないもの」という両項を産み出すのである。「同一性としての物から、差異としての、すなわち超越としての物へ移行しなければならない」(VI, 249)。

さてしかし、こうした「差異」はいかにして生起するのだろうか。ソシュールにおいては、積極的な項をもたない差異がひとつの体系・構造を形成すると言うにとどまり、この「差異」自体の位置づけないし存在論的基礎付けは、当然の事ながらなされていない[27]。まさにメルロ＝ポンティはここで、この「差異」の考えを「存在」へと関係づけようとするのである。それはいかにしてであろうか。この問いを彼は、「肉 (chair)」という新たな考え方を導入し、それを媒介にしつつさまざまに論ずることになるのだが、私たちはまず、本章の主題である

「生き生きした現在」の問題に直接結びつけて考えることから始めよう。

4　「内‐存在論」の試み

すでに見たように、私たちの反省は「生き生きした現在」という決して反省によっては直接に捉えられないものを根拠にして成立していた。すなわち「生き生きした現在」は、反省において反省を可能にするところの「見えないもの」であり、また同時にこの「見えるもの」である反省においてはじめて現前＝現在するものでもあった。この場合の「見えるもの」と「見えないもの」との差異は、いかにして生じたのであろうか。この問題を解明する鍵は、「生き生きした現在」の絶えざる「流れること」、すなわち自己超越という本質性格の内にあるのではなかろうか。つまり、「生き生きした現在」とは絶えずみずからを乗り越えてゆく運動・生成であり、この「生き生きした現在」の絶えざる自己超越ないし「脱自（ek-stase）」によってはじめて、反省が可能となったのであった。そして、それが反省を可能としたのは、「生き生きした現在」が絶えずみずからを超え出てゆくというかたちでみずからの内に「距離」を、「隔たり」を、すなわち「差異」を産み出してゆく運動にほかならないからではなかろうか。

メルロ＝ポンティもまた、この「見えないもの」の超越性格について次のように語っている。「見えないものは対象となることなく、そこにある。それは、存在的な仮面（masque ontique）をつけることのない純粋な超越である」（VI, 282 sq.）。より正確に言えば、この超越の運動が「距離」、「隔たり」、「差異」を産み出し、「見えるもの」と「見えないもの」が分化し、そこに可視性が成立する。そして、この可視性において超越の運動は、「見えるもの」「見えないもの」として共現前＝共現在する（している）のである。したがって時間とは、みずからの内に、フッサールによって時間性の究極の根拠と呼ばれた「生き生きした現在」を、すなわちあらゆる時間化に先立つ「流れること」としての非‐時間を含みこむことによって、みずからを構成しているのである。メルロ＝ポンティは、これは矛盾のように見える、と自問しつつ次のように答えている。「矛盾は、新たな現在がそれ自身超越であるときにのみ、取り除かれる。…そしてわれわれは、この新たな現在はそこにはないということ、それはまさにそこに来たらんとしているということを識っている。そしてわれわれは、決してこの新たな現在と完全に一致することはないのだ」（VI, 238）。

これこそ、彼が「生き生きした現在」の在り方を超越として、絶えざる生成として捉えようとしていることを示しているといえないだろうか。そしてこの「生き生きした現在」の自己超越の運動こそが、あらゆる存在者を、みずからの内に生じた「差異」によって産み出しているのだとすれば、この「生き生きした現在」こそ、存在者を存在者たらしめているもの、すなわち「存在」の運動を指し示すものにほかならないことになろう。さらにまた、この「生き生きした現在」が絶えざる自己超越の運動にほかならないとすれば、「存在」とは、決して静止した即自的なものではなく、生成の運動としての「動詞的存在＝本質（Wesen verbal）」であらねばならない。

「生き生きした現在」は、つねに意識にとって身を隠す「見えないもの」でありつづけることによって、私たちにものを見うるようにさせるのであり、それはあらゆる「見えるもの」の「母胎（matrix）」なのである。こうした「存在」の運動としての「生き生きした現在」のありようを、彼は「肉（chair）」という独自のタームで何とか表現しようとしている。「意識が見ないもの〔＝見えないもの〕、それは意識をして見るようにさせるものであり、意識の〈存在〉への結びつきであり、〔…〕そこで対象が生まれ出るところの肉である」（VI, 301）。

「肉」とは、彼が『眼と精神』（一九六一年）で述べていたように、「世界はほかならぬ身体という生地で仕立て上げられている」（OE, 19）という事態を指し示すものである。つまり、世界において「見えるもの」でもあれば

「見るもの」でもある私たちの身体のこの両義的な在り方によって、私たちは世界の内に投錨され、その私たちの世界は、私たち自身によって生きられた身体の延長のような何ものか、すなわち「肉」であるというのである。しかし、彼がここで「肉」という言葉で表現しようとしているものには、もう少し含蓄があるように思われる。というのも、私の身体は「見えるもの」であると同時に「見るもの」（すなわちそのかぎりで決して「見えないもの」）でもあるのだが、この両者の同時性は決して完全な一致、完璧な重なり合いではない。なぜなら、私たちはまさに見ているかぎりでの私を見たり、触れているかぎりでの私に触れたりすることには、決して成功しないからである。「知覚しつつある私について私がもつ経験は、或る種の切迫性（imminence）を超え出てゆきはしない」（VI, 303）のである。換言すれば、そこには乗り越えることのできない一種の「厚み」が挟まっているわけである。

しかし、私が私自身を捉えることができるのも、実はこの「厚み」においてにほかならない。というのも、このようにしてみずからに振り向くことが可能となるのも、それは、「見ること」と「見えること」との間に挟まったこの「厚み」を介してなのであり、〈見えるものとしての私〉は、〈見る私〉すなわちそのかぎりで〈見えない私〉の裏面だからである。つまり、こうした自己知覚の場合もまた、それは、私に「根源的に現前不可能なもの」としての私を与えることになるわけである。そしてそれはまた、「見えないもの」すなわち「不在」というかたちでの、根源的に現前不可能なものの根源的現前なのである。[28]「自己知覚はまたしても知覚なのであって、つまりそれは私に根源的に現前不可能なものを、しかし知覚は、私にこの根源的に現前不可能なものを、根源的に現前可能なものを通して透視的に（en transparence）与えるのだ」（VI, 303）。しかしそれは、〈見るもの（＝そのかぎりで「見えないもの」）としての私〉と〈見えるものとしての私〉との間に或る「厚み」が挟まっており、その厚みを透かしてはじめて、〈見えないものとしての私〉が不在において現前＝現在しているという事態なのである。「自己への現前とは、自己の不在である」（VI, 303）。私を〈見るもの〉でもあれば〈見えるもの〉でもあらしめているものは、この〈見えないもの〉、すなわちこの「否定性（négativité）」なのである。

メルロ＝ポンティが「肉」という言葉で表現しようとしていたものは、私たちとものとの間の、そして私たちと私たち自身との間の、この決して乗り越えられない「厚み」、まさに私自身と世界とを成り立たしめているところの、この否定性なのである。それは、疎隔化の運動――「厚み」を、「隔たり」を、「差異」を産み出す運動――として、私たちがその内に存在することになる「時間」と「空間」の根源でもある。したがって、〈見るものとしての私〉と〈見えるものとしての私〉との同一性とは、決して絶対的・即自的な意味でのそれではなく、見えないものという否定性の湧出における、見えないものの自己超越の運動において成立する同一性なのである。換言すれば、みずからの内に差異を産み出しつつ、みずからを超え出てゆく否定性の運動における同一性なのである。「超越、それは差異における同一性である」（VI, 279）。そして、メルロ＝ポンティの言う「存在」とは、まさしくこの否定性の運動、みずからの内に差異を含みこんだ〈超越としての見えないもの〉にほかならない。それは、みずからを超え出てゆくその運動においてはじめて、（その「不在」において）垣間見られるものなのである。

私たちはここに、現象学の臨界における非反省的なるものの問題が、ついに「存在」の問題へと結びつくにいたる地点を見届けえたように思う。この思考の筋途における究極の問いとは、まさしく「〈存在する〉《イ・リ・ヤ》」とはどういうことなのか」（VI, 171）という問いなのである。そしてその際の「存在」とは、「客体－存在でも主体－存在でもなく、本質（essence）でも実存（existence）でもない存在、すなわち動詞的意味での存在（Wesen verbal）、現成するもの（ce qui *west*）」（VI, 228）にほかならない。メルロ＝ポンティの試みた存在論とは、このように、存在の運動への、「見るもの」（そのかぎりで「見えないもの」）でもあれば「見えるもの」でもある私たち自身の内属からする、存在への「問いかけ（interrogation）」であり、その意味で「内‐存在論（Endo-ontologie）」（VI, 279）と呼ばれる。それは、〈私たち自身を支えているものは、否定性による存在の超越の運動にほかならず、このみずからの存在は「肉」として、世界との、そして私たち自身との間に挟みこまれた「厚み」によって感じ取られている〉という洞察に基づくものである。

そしてこの「厚み」とは、先にも述べたように、自己でないものへの自己超越の運動において感じ取られる自己自身への近さと遠さであるとすれば――「自己への現前とは、自己の不在である」（VI, 303）――、ここからJ・デリダによってなされた「現前の形而上学」批判への道のりもまたわずかである。というのも、メルロ＝ポンティにとって、そもそも即自的なるものの直接的現前ということはありえないのであって、現前＝現在ということがありうるとすれば、それは「存在」の運動が生み出すみずから自身との「隔たり」・「差異」によって媒介された間接的現前――不在における現前、すなわち「記号」（デリダ）――でしかありえないからである。[29] 西欧形而上学を支えてきたとされる即自的実体概念の破壊は、メルロ＝ポンティにとっても必然の帰結であった。すなわち、「生き生きした現在」が「見えないもの」として、徹頭徹尾生成と自己超越の運動として捉えられることによって、それはもはやこれまでの意味での「根拠（Grund）」とは言いえないものとなっているからである。

そしてそうであれば、私たちがこれまで用いてきた「生き生きした現在の自己超越の運動」といった言い方も、いまや事態を不適切に表現したものでしかないことも明らかとなる。「生き生きした現在」がみずからの内に差異を、否定性を生ぜしめるのではない。差異が、否定性が、「生き生きした現在」を絶えざる自己超越の運動として、その不在において指し示すのである。そして「差異」も、「否定性」も、いかなる意味でも「見えるもの」ではないのである。見えているのは、現象しているのは、あくまでも差異によって隔てられたふたつのものの方なのである。

こうした事態をメルロ＝ポンティは、ハイデガーを引照しつつ、次のように述べている。「こうした、中心〈centre〉に向かっての問いの進行は、〔もはや〕〈条件づけられたもの〉から〈条件〉への、〈根拠づけられたもの〉から〈根拠〉への運動ではない。いわゆる「根拠（Grund）」とは「無底（Abgrund）」なのだ。しかし、このように見出された深淵（abîme）は、単に底が無いということではない。それは、高みから降り来たる高さ（Hoheit）の湧出なのだ（ハイデガー『言葉への途上で（*Unterwegs zur Sprache*）』、一九五九年、を参照せよ）[30]。すなわち、世界へと到来する否定性の湧出なのである」[31]（VI, 303）。

Ⅱ 存在

第一章　現存在と超越論的主観性

前章で私たちは、時間の問題系が存在の問題系と交わり、重なり合う地点を、メルロ＝ポンティを仲立ちに粗描した。ところがフッサール現象学（とりわけその『論理学研究』）に深く学びながら自らの哲学の根本問題を「存在の問い」と見定めたＭ・ハイデガーにとって、フッサール現象学の最大の欠落とは、この「存在」問題の閑却にほかならなかった。この閑却のゆえに現象学は、フッサールのもとでは、単に乗り越えられるべき近代哲学の一形態にとどまるのである。すなわち「意識」と「主観性」の哲学である。『論理学研究』公刊後の十年以上の歳月を費やしての、自らの哲学的立場――すなわち超越論的現象学――の確立の宣言の書である『イデーンⅠ』（一九一三年）は、その観念論的色彩の濃厚さにより、『論理学研究』のフッサールの下に集まった多くの人々を失望させた。ハイデガーもまた例外ではなかった。フッサールのもとで現象学は、「意識」を自明の前提とした上で、その「意識」に対していかにして認識が可能となるかを問う伝統的な認識論的問題設定へと後退し、そうした「意識」の存在と、それに対して開けてくる「世界」の存在を問う問いが決定的に閑却されてしまった、というのである。こうした観点からハイデガーは、『存在と時間』（公刊は一九二七年）の成立期に次第にフッサール批判を強めてゆき、同書刊行後数年のうちに、ついに両者の間は決裂するにいたる。以後、少なくとも哲学上のパートナーとしての対話は、もはや両者の間で交わされることはなかったのである。

だが、ここで問うてみたいのは次のことである。はたして本当に両者の間に哲学上の対話はもはや不可能だったのか。そこにあるのは、しばしば口にされるような「意識の哲学から存在の哲学へ」といった、問いの決定的な転換と移行なのか。両者の間はいまや哲学の事象《ザッヘ》の上での乗り越えがたい深淵によって分け隔てられてしまったのか。むしろ、この一見深淵と見えるものを介して両者が向かい合うことで、問われるべき哲学の事象は、問題としてより鮮明な姿をあらわしてくるのではないか。こうした点を考えるための糸口を、『存在と時間』公刊前後の時期の、そしてやがて決裂を迎えるにいたる両者のやり取りの中に探ってみることにしよう。

1　『プロレゴーメナ』におけるフッサール批判

本節で取り上げるのは、具体的には、ハイデガーの一九二五年夏学期講義『時間概念の歴史への序説《プロレゴーメナ》』（GA 20）（以下『プロレゴーメナ』と略記）におけるフッサール批判と、エンサイクロペディア・ブリタニカ（*Encyclopedia Britanica*）に新たに設けられた「現象学」の項への寄稿論文のために、『存在と時間』公刊（一九二七年二月）直後の一九二七年夏から冬にかけてフッサールとハイデガーによってなされた共同作業、ならびにそこでの両者のやり取り——応酬というべきか——である。よく知られているように、このブリタニカ論文をめぐってのやり取りで、二人の間には乗り越えがたい溝が横たわっていることが明らかとなり、ついにフッサールは、当初共同執筆での寄稿を考えていたこの論文を最終的に一人で全面的に書き改めるにいたるのである。この共同作業を通じて、当初「現象学、それは私とハイデガーだ」[1]とまで言っていたそのハイデガーの現象学理解に根本的な疑問をもつにいたったフッサールは、その後、自らの後任として招いたハイデガーのフライブルク大学教授就任講演「形而上学とは何か」（一九二九年七月）を聴くに及んでその疑念をますます深め、その夏（一九二九年夏）『存在と時間』を徹底的に吟味することを通じてハイデガーとの決裂を明確に意識することになる。「ハイデガーは私の美しい現象学を〈駄目に〉してしまった[2]」のである。

まず『プロレゴーメナ』におけるフッサール批判から見よう。そこでの批判の矛先は、「現象学的還元」という、それなくしては現象学が現象学として成り立たない、いわば現象学の中核に向けられている。現象学的還元は、それが形相的還元であれ、超越論的還元であれ、意識が向かっている当該の対象の「実在性」を「度外視」し、かつ「体験のそのつどの個別性をも、度外視する」（GA 20, 151）。この度外視を通じて還元は、対象と体験の「何であるか・その内実（Wasgehalt）」を明らかにし、理解にもたらそうとする。この方法論的操作そのものにハイデガーの批判は向かう。引用しよう。

> 「還元によって、〈対象を構成する〉作用が私の作用ないしは他の個々の人間の作用であるということが度外視され、作用はその何（Was）に関してのみ考察される。還元によって考察されるのは作用の〈何〉、作用の〈構造〉であるが、作用の〈存在の仕方（Die Weise zu sein）〉ではない。そこでは作用の存在そのもの（Aktsein als solches）は主題とならない。問われるのは、ただ構造の何であるか・その内実についてのみなのである」（GA 20, 151）。

言わんとするところは明らかであろう。還元は、対象の構成がいかにしてなされるか、のその何・内実を明らかにしようとする認識論的な問題設定のもとにみずからを置くことで、あらかじめ、そのように対象を構成している作用（フッサールの言う「純粋意識」）がどのように存在しているのかを問うことを禁じてしまう、というのである。「こうして純粋意識の考察や、その〔還元による〕形成〔獲得〕においても、〔…〕〔対象を構成する〕作用の存在について、その存在の意味において問われることはない。この問いは、超越論的還元であれ、形相的還元であれ、還元においては立てられないばかりではなく、還元を通じてまさしく失われてしまう」（GA 20, 151f. 強調ハイデガー）のである。

　ここには、そもそも哲学は何を問うべきか、という哲学の事象・事柄《ザッヘ》についての根本的対立があるように見える。すなわち一方は、対象構成作用の内実を解明することを通して、私たちの認識の成立の「いかに」を問うているのに対して、他方はそのような対象構成作用ならびにその対象の存在そのものを、総じてすべてが「ある」ということそのことを問わんとする。これは哲学の出発点そのものの――すなわち「問い」そのものの――根本的相違ではないのか。

　だがもしそうだとすれば、ハイデガーのフッサール批判は、問題意識の違いからくるいわば「ないものねだり」であり、批判としてはあまり有効なものとは言えないのではないか。それよりも何よりも、もし現象学がハイデガーの批判するようなものであるとすれば、その現象学を自らの「存在の問い」の方法的基盤に据えようとすること自体、無謀な試みではないのか。周知のように『存在と時間』で彼は、現象学が自らの存在論の不可欠の方法であることを宣言しているのである。(3) だが、彼が右で批判したように、現象学的還元がそもそもはじめから存在の問いへの通路をふさいでしまうのだとすれば、還元を行なわない現象学とは、いったいいかなる現象学なのか。あるいはハイデガーによって解釈し直された「現象学」には、本当に還元はないのか。これらの疑問に立ち入ることは先に譲り、ここではハイデガーの批判の論旨を確認するにとどめよう。すなわち、フッサール現象学はほかならぬその「還元」の操作によって、対象（という存在者）を構成する作用自身の存在、つまりあらゆる存在者を存在者たらしめる当のもの（「作用の存在」）を不問に付してしまうのである。もう一個所だけ『プロレゴーメナ』から引用しよう。

「〔現象学において〕存在の問いに関する二つの基本的ななおざりを確認することができる。一方ではこの特殊な存在者、作用〔すなわち「純粋意識」〕の存在への問いがなおざりにされている。他方で存在そのものの意味への問いがなおざりにされている」（GA 20, 159）。

一方の「存在の問い」と、他方の「認識の構造《いかに》への問い」。そもそもブレンターノのアリストテレス研究[4]における「存在の多様な意味」の解明から存在の問いへと呼び覚まされ、哲学の途に入ったハイデガーにとって、フッサールの超越論的現象学との出会いは、むしろ多分に偶然的で、あえて言えば行きずりのものだったのではないかとすら見えてくるほどに、両者の問いは異なって見える。それに比べればアリストテレスとの格闘こそ、ハイデガーにとって終生変わらぬ霊感《インスピレーション》の泉だったといっても言い過ぎではないほどに。一歩譲っても、ハイデガーにとって或る重要な方法的基盤を提供したのは『論理学研究』のフッサール――「範疇的直観」という、知覚に基づけられながらも知覚に還元することのできない高次の「事態」の存立を可能にするもの、とりわけ「～である」「～がある」という仕方での「事態」の存立（すなわち「存在」）を可能にするものをもたらしてくれたフッサール――であって、そうした『論理学研究』での考察を可能にする足場への粘り強い省察から、ついに超越論的現象学の構想にいたった『イデーン』期以降のフッサールは、再び伝統的な近代認識論哲学の枠組みへと後退を余儀なくされた唾棄すべき存在と映り始めていたに違いない。こうして『存在と時間』形成期のハイデガーの内に徐々に高まりつつあったフッサールへの疑問が、より明確に当のフッサール自身への異議申立てとして噴き出したのが、先に触れたブリタニカ論文をめぐる両者のやり取りであった。

2 「ブリタニカ」論文をめぐって

ブリタニカ論文をめぐっての二人の間の係争問題は、本質的には次の一点に絞り込むことができる。ハイデガーの批判の本旨は先の『プロレゴーメナ』の場合とまったく変わっていないと言ってよいが、ここではそれが、よりフッサールの超越論的現象学の問題設定に即したかたちで立て直されている。すなわち、内世界的《ムンダン》(世界の内部に存在する)存在者である限りでの私たち一人ひとり(「自然的・事実的・人間的な自我」)と、そこにおいて内世界的存在者のすべてが構成される(この意味でもはや世界の内部に存在しているとは言い難い)「超越論的・絶対的・純粋な自我」との関係、より正確にはこの二つの自我の「区別」と「同一性」をめぐる問題である。

ハイデガーは問う。「この絶対的自我〔超越論的主観性〕の存在の仕方(Seinsart)はいかなるものなのでしょうか。——この自我はいかなる意味でそのつどの事実的自我〔世界の内部に存在する自然的・人間的な自我〕と同じであり、またいかなる意味で同じでないのでしょうか」(Hua IX, 602. 強調ハイデガー)。ハイデガーから見れば、フッサールが超越論的主観性の存在の仕方への問いをなおざりにしたがゆえに、そのような超越論的主観と、内世界的な自然的・個別的・事実的な自我が、——還元によって両者は截然と「区別」されるにもかかわらず——なお「同じ」自我である事がいったいいかにして可能なのか、まったく不明瞭なままにとどまるのである。

いま述べたように、この二つの自我の間には「還元」という操作が挟まっている。還元こそが両者の「区別」を構成していると言ってよい。通常私たちは自分自身を、この世界の中の一存在者として理解している。これが「人間」である限りでの自然的・事実的な自我である。この自然的自我である私が現象学的還元を遂行する事によって、世界内部のすべての存在者は——自然的自我である限りでの私を含めて——あまねく「括弧に入れられ」、その存在（実在）定立を中止させられ、純粋な・単なる「現象」へと変ずる。だがそれは「現象」である限り、何者かに対して現象しているのでなければならない。現象のこの相関者が純粋意識、すなわち超越論的主観性である限りでの「私」なのである。この「私」は世界の内部に現象する私ではなく、世界のすべてが——世界の中に現象する私も含めて——それに対して現象し、この意味で世界のすべてを構成する「私」である。私は現象学的還元を遂行する事を通して、こうした「純粋自我」としての「私」に到達することになる。[5] ここで提起される問題とは、単純化して言えば次のような問題である。世界の内部に現象する私と、世界の内部には現象しない「私」、この意味ではっきり「区別」される二つの私が、なおかつ「同じ」私であるとは、いったいいかなることなのか。それはいかにして可能なのか。ここには、明らかに両立不可能なパラドクスが生じているのではないか。

フッサールが、現象学的還元の操作によって超越論的主観性に到達することをもってはじめて本来の意味での哲学が、すなわち超越論的現象学が始まると主張し、かつその超越論的主観性と、世界の内部に存在する事実的自我（たとえば一八五九年にモラヴィア地方のプロスニッツに生まれ、一九三八年にフライブルグで死んだE・フッサールなる人物）とが「同じ」私であると主張する以上、彼はこの問い——この同一性の成立根拠を問う問い——に答えなければならない。

実はフッサールの立論に即する限り、事態はもう一段複雑である。なぜなら、純粋自我（超越論的主観性）による世界構成が「いかにして」可能となっているのかを分析する当の現象学者自身の自我もまた、そこにすでに居合わせているのでなければならないはずだからである。つまり、第一に自然的自我、第二にそれ（を含めて世界のすべて）を構成する純粋自我、そして第三にこの構成を分析する現象学者の自我（「現象学を遂行する私」「世界に参与しない観察者としての私」）という三つの自我が「区別」されねばならないのである。そして還元を遂行し、その中に身を持しているのはほかならぬ現象学者である以上、後二者が超越論的次元に位置する自我ということになる。フッサールによるこのかたちでの問題の再検討は、ハイデガーとのやり取りの後、E・フィンクと共同でなされた『デカルト的省察』に新たに「第六省察」を書き加える作業の中で遂行されることになるのだが――『デカルト的省察』自体は長大な「第五省察」で終わっている――、結局フッサール自身の納得のいく帰結がえられないまま、彼の死によって未完に終わる。[6] またフィンクは、フッサールとは独立に、この問題を「現象学の現象学」として仕上げるべく、「非存在者論（Meontik）」の構想へと向かうことになる。しかしフィンクもまたこの構想を最終的に仕上げるにはいたらなかった。[7] いずれにせよ、ここで確認しておくべきは、自然的次元と超越論的次元という少なくとも二つの次元に区別された自我の、この区別にもかかわらずの同一性の問題に、フッサールは答えなければならないという点である。

さてこの問題に対するフッサールの答えとは、次のようなものである。当該のブリタニカ論文における表現を引用しよう。

> 「まさしくこの超越論的自己経験の（十全な具体化においてとらえられた）領野が、単なる態度変更によってつねに心理学的（＝事実的・自然的）自己経験に変えられうるのである。この移行に際して自我の同一性が必然的に確立される。つまりこの移行を超越論的に反省すれば、心理学的客観化が超越論的自我の自己客観化であることが見て取られ、こうして超越論的自我こそ、自然的態度のあらゆる瞬間においておのれに或る統覚作用を課した当のものであることが見て取られる」（Hua IX, 294. 強調フッサール）。

「単なる態度変更」とは具体的には、すぐ後で言われる「超越論的自我の自己客観化」のことである。つまり、世界のすべてを構成する純粋自我である限りで世界の内に現象しない超越論的自我が、みずからを世界内部の一存在者（一客観）として現象にまでもたらしたとき、それが自然的・事実的自我なのだ、というわけである。これが、超越論的自我がみずからを自然的態度の自我として自己統覚する、という事態である。この「超越論的自我の世界内部への自己客観化」という考え方は、その後『デカルト的省察』（一九二九年）でも『危機』書（一九三六年）でも繰り返され、この問題に対するフッサールの最終的な見解となった。

　だがこの見解は、はたして先の問いに対する十分な答えになっているだろうか。この考え方によれば、超越論的自我は世界の外部に、何らかの仕方で（「現象しない」という仕方で、とでもいうことになろうか）すでに存在していて、しかる後にみずからを世界内部へと現象させるということになる。では、世界内へとみずからを客観化しない限りでの、すなわち言葉の厳密な意味で「純粋の」超越論的自我を考える余地はあるのだろうか。その場合、純粋に世界の外部にとどまっている（存在している）超越論的自我ということで、一体いかなる存在の仕方を理解したらよいのだろうか。存在するものはすべて、何らかの仕方で世界の内で存在するのであり、どんなものであれ存在するもの（存在者）として姿をあらわす限り、それはすでに世界の内において、なのではないか。「超越論的自我の自己客観化」という考え方をとる限り、その超越論的自我は世界の外部に何らかの仕方ですでに存在していなければならないことになるが、ところで私たちは世界の内部に存在するものしか知らないのだから――あるいは、何かが存在するとすればそれはすでに世界の内にあるのだから（このことは「存在する」の文法に属することだと言ってもよい）――、いったいこの「世界の外部での何らかの仕方での存在」とはいかなる存在の仕方であるのかを明らかにしないかぎり、何も答えたことにはならないのである。そうでなければこの超越論的自我こそ、何ら明証においてみずからを提示することがないという意味で、フッサールが最も厳しく斥ける「形而上学的虚構」に堕することになろう。この見解の場合こそ、まさしくハイデガーの問い、すなわち

「絶対的〔超越論的〕自我の存在の仕方とはいかなるものなのか」(Hua IX, 602) が問われねばならないことになるはずなのである。

また、もし世界の内への自己客観化すなわち自然的・事実的自我なしには超越論的自我も考えることができないのだとしたら、その場合にはもはや、事実的自我は超越論的自我の「単なる態度変更」である、といって事を済ますわけにはいかなくなる。その場合には、事実的自我がつねに居合わせていることの、すなわち「自己客観化」の何らかの必然性が明らかにされねばならないはずだからである。だが残念ながらフッサールの先の見解の中に、この必然性にあたるものを見出すことはできない。彼が述べていることは、超越論的自我の側から見ればというものでありながら（つまりそれが存在しているとすれば）、事実的自我は自らの客観化された姿であることが事実として発見されるということであって、そもそも超越論的自我なるものの存在ということで何を理解したらよいのかが明らかでない以上、この「超越論的自我の側から見れば」ということ自体が、なお説明と解明を要することなのである。こうして見てくると、フッサールの回答は、いずれにしても解明すべき事をすでに前提としてしまっていて、到底ハイデガーを満足させるものではなかったと言わざるをえないのである。

だが繰り返せば、はたして「世界の外部での何らかの仕方での存在」ということで、私たちは何かを理解することが可能であろうか。それは、「彼岸（すなわち世界のかなた）」を第二の世界、「あの世」、「背後世界」と考えることですでにそれはもはや「彼岸」ではなく、紛れもなく世界（の内部）となってしまう誤謬と、同じ誤りを繰り返すことになるのではないか。

3　ハイデガーの「問題」

この困難を回避しうる可能な途筋があるとすればそれは、世界の内部に存在する自我と外部にある自我という「区別」を廃棄して、唯一の具体的な自我から出発し直すことではないのか。あるいはそもそも「自我」とは別の地点から出発し直すことではないのか。ハイデガーの批判は前者の思考の途筋を動いて行くことになる。

彼の批判の動向を先に確認しておこう。彼は、自分とフッサールの間で次の点に関して意見の一致を見ていることから、議論を始める。すなわち、世界のすべてがそこにおいて構成される超越論的自我の解明は、世界内の存在者である事実的自我の解明によっては果たされ得ないという点に関しては、二人の間に「一致がある」（Hua IX, 601）。この二つの自我は、それぞれの存立する次元がまったく異なるからである。この事を認めた上でハイデガーは、次のように議論を進める。

「しかしだからといって、超越論的なものの場を形成しているものがそもそも存在者ではない、ということにはなりません。かえってそこにこそ問題が生じてくるのです。つまり、そこにおいて〈世界〉が構成される存在者の存在の仕方（Seinsart）とはいかなるものか、という問題です。『存在と時間』の中心問題はこれ、すなわち現存在の基礎存在論なのです。重要なのは、人間的現存在の存在の仕方は他のあらゆる存在者のそれとまったく違うということ、そして現存在の存在の仕方は、そのままで、それ自身の内に超越論的構成の可能性を秘めていることを示すことなのです」（Hua IX, 601. 強調ハイデガー）。

見られるようにハイデガーは、二つの異なる自我の「区別」を廃棄して、世界のすべてを構成する超越論的な可能性を秘めた特異な存在の仕方をもつ「自我」、すなわち彼の言う「現存在〔いま・ここにいるこの者〕」(の分析)から出発すべき事を説き、自らの『存在と時間』こそその試みにほかならないと主張するのである。このように「問題」を立て直すことによって、先の同一性をめぐる問題はすでに姿を消していることに注意しよう。そもそも現存在と「同一」であると主張されるような他の存在者(「自我」)は、どこにも認められていないからである。あるのは現存在という特異な存在の仕方をする「自我」と、それ以外の存在者との区別のみである。

二つの異なる自我の区別の廃棄が可能となったのは、言うまでもなく、「還元」という操作をハイデガーが斥けることによってである。フッサールにおいて自然的・事実的自我と超越論的・絶対的自我との区別を可能にしたものこそ、他ならぬ還元という操作であったのだから。だがフッサールにとって超越論的自我という独自の解明を必要とする自我がマークされ得たのは、この還元という操作があったからこそであることも忘れてはならない。その超越論的自我の独自の「存在の仕方」こそ解明されねばならないというハイデガーの主張も、この議論の筋途の上でこそ、それなりの説得力をもっていたはずなのである。

ところがいまやハイデガーは、還元を斥けることによって、超越論的自我と事実的自我との区別を廃棄する。そうであれば、超越論的自我に比せられた彼の言う「現存在」が他の存在者と際立って異なり、それこそが解明を要する第一の出発点とならねばならないという主張の根拠は、いったいどこにあるのかが問題となる。その根拠が明示されないかぎり、さまざまに存在の仕方が異なる(物体=客体としての存在者、道具としての存在者、現存在としての存在者…といった)いくつもの存在者の類型があるというにとどまり、その内の特定の存在者(としての現存在)から哲学(的分析)が始まらねばならないという主張は、単に恣意的なものにとどまり、何ら説得力をもたないことになってしまうからである。そうでなければそれは、たまたま「われわれ人間」が現存在であることに基づく一種の「人間中心主義」ないし「人間学主義」にすぎないことになろう。

ハイデガーの場合、現存在（の分析）から始めねばならない根拠は、フッサールとはまったく違ったところにある。現存在の存在の仕方が他の存在者のそれと著しく異なるのは、自らが「存在すること」が現存在においてはすでに何らかの仕方で「理解」されているからである。他の存在者がいわば端的に存在しているのに対して、現存在は自らが存在していることを「理解」しつつ存在している、というわけである。しかしこれだけでは、現存在の存在の仕方が他の存在者と異なるというだけのことであって、なぜ現存在から始めなければならないかは、いまだ明らかでない。現存在からこそ始めなければならないのは、「存在するとは何か」という問いがこれまでの哲学において十分に問われたことがなく、この問いこそがいまや新たに問われねばならない、という先行決断があってはじめて、そのような存在の理解が自らの存在の仕方の構造の中にあらかじめ（その本質として）描き込まれている現存在が、この問いの出発点に選ばれうる特権性が明らかになるのである。そうであるとすれば、この存在の問いをそもそも（少なくとも出発点において）共有していないフッサールに対して、右のような仕方で自らの哲学的問題設定へと問題を呼び込み、解消するハイデガーのやり方は、批判としては妥当性を欠き、先にも述べた「ないものねだり」の観は否みがたいことになる。

もうひとつ問題がある。ハイデガーが現存在に与えた「人間的」という規定である。はたして「人間」ということで何を理解すべきだろうか。通常の私たちの理解では、人間とはやはりこの世界の内に存在する存在者の一つのことであろう。それは他の存在者とは異なる特定の「身体」という物体的側面をもち、同時にそうした物体的側面とは何程か異なる「精神」的側面をもあわせもつ。フッサールであれば、こうした常識的な人間理解に必ずしも反対はしない。彼が知りたいのは、そのような常識的な理解がいったいいかにして可能になったのか（いかにして構成されたのか）であり、この構成分析は同時に、「私たち」が必ずしもこの意味での「人間」に尽きるものではない可能性をも開く。これに対してハイデガーは、そもそも「人間」を私たちの常識的理解の方から規定しているのではなく、実は現存在であることをもって「人間」を規定しているのである。つまり、自らが存在することを理解していることをもって、「人間的である」としているのである。「存在理解（了解）」こそが、彼の定義する「人間」のメルクマールなのである。これは通常の理解からは相当にかけ離れた「人間」理解であると言わざるをえまい。もちろんここで私は、人間をそのように理解してはならないと言いたいのではない。そうではなく、そのような独自の人間の規定をするには、それなりの根拠がなければならない、と言いたいのである。

ハイデガーが「存在の問い」を哲学の根本的な問いとして立てるのはよいとしても、その事をもって――つまり問われている存在についての何らかの理解をもっている事をもって――人間を規定するというのは、いかにも強引ではないか。現存在をいきなり「人間的」と規定ないし形容することで、そこに常識的な人間理解が入り込めば、議論をいたずらに混乱させることになろうし――現にハイデガーの現存在分析はその種の誤解（哲学的人間学としての現存在分析）にさらされた――、当のハイデガー自身が現存在を誤解することにもなりかねないのである。「ハイデガー自身が現存在を誤解する」とはいささか強い表現だが、ここで私は、彼が現存在を、いかに特異な存在の仕方であるとはいえ、一種の存在者と考えたことを念頭においている。はたして現存在ということで言い当てようとされたことは、厳密に言って一個の存在者のことであろうか。現存在とは「事実的自己」(Hua IX, 602) にして「具体的人間」(ibid.) である一個の存在者のことなのであろうか。彼が現存在ということで考えたかったことと、「人間である」こととの間には、（少なくともこの時点で）なお大きな隔たりがあったのではないか。

この疑問について考えるためにも、再びハイデガーの発言に戻ろう。彼はそこで「超越論的なものの場（der

Ort des Transzendentalen) を形成しているものが、そもそも存在者ではないということにはなりません」(Hua IX, 601) と述べ、それを現存在という存在者へと引き取っていった。私はここにハイデガーの性急さを見る。「超越論的なものの場を形成しているもの」もまた一個の存在者であると、なぜ即断できるのだろうか。それはそこにすでに彼が、あらかじめ現存在という人間的——通常の意味での——存在者を想定していたからではないのか。およそ世界のすべてが、そして世界そのものですらそこにおいて構成される「場」をなすものとは——それこそがフッサールによって「超越論的主観性」と呼ばれたものだったのだが——、もはやいかなる意味でも存在者ではありえないということこそが「問題」(ibid.) として考え抜かれねばならなかったのではないか。それを人間的存在者であるかぎりでの現存在へと引き取ってしまったとき、逆にハイデガーは、現存在という〈世界がそこにおいて開けてくる場〉をも、あたかも当然のように一個の存在者とみなすことになってしまったのではないか。

　ここには周知の「場所」をめぐるパラドックスが顔を覗かせている。世界がそこにおいて構成される場である現存在もまた一個の存在者であるとすれば、その現存在という存在者の存在する場所はいったいどこなのか、が再び問われなければならなくなり、それもまた何らかの存在者であるとすれば、以下問いの無限後退が始まるのである。ところが『存在と時間』においてこの種のパラドックスが生じていた気配はない。なぜか。それは、現存在こそがそこにおいて世界が構成される最終的な場であることが堅持され、したがって現存在はもはや存在者とはみなされていないからにほかならない。現存在は「世界-内-存在」として——この場合の「世界-内-」とは、決して世界という容れものの「内部」という意味ではないことを彼は再三強調している——、世界とまったく同じ次元に位置し、現存在であること(現存在していること)と世界が開示されていることとは、まったく同一の事態に属しているのである。したがってそれは世界の「内部」の一存在者ではない。すなわち世界の「内部」のどこにも場所をもたない。それ自身が世界の／という場所だからである。

だが他方でハイデガーは、『存在と時間』において何度も現存在を（特異ではあれ、一個の）存在者と規定しているのではないか。そのとおりである。ここに『存在と時間』の議論の決定的な不明瞭さがある。人間的存在者とみなされた限りでの現存在と、世界とまったく同じ次元に属し、いわば世界と完全に重なり合う──世界開在性そのものであるような──現存在との見分けがつかないのである。ハイデガーには、この二つの現存在（の存在の仕方）の「区別」と「同一性」の解明という彼に固有の「問題」が生じていた──にもかかわらず彼はそれに必ずしも明確に答えていない、それどころかそこに「問題」があることに気づいてすらいなかった疑いがある──と言ってもよい。付言すれば、「世界」の方もまた同様の不明瞭さに付きまとわれている。はたして彼が『存在と時間』で言う「世界」もまた一個の存在者なのであろうか。だがそれについてもはや、それがどこにあるかを問いえない存在者とは、いかなる存在者であろうか。現に彼は『存在と時間』のどこでも、この意味での世界の「どこに」という問いを発してはいないのである。この事態はいったい何を示唆しているのか。

4 フッサールの「問題」

さて、ハイデガーにおけるのと同じ困難がフッサールにおいても生じているのは、もはや誰の眼にも明らかだろう。彼の言う超越論的主観性が、世界のすべてがそこにおいて構成される「場」のことであるとすれば、それもまた、もはや存在者とは言えないのであり、もしそうであるとすれば、それを「自我」と呼ぶこともできないはずなのである。私たちが知っている「自我」すなわち「私」とは、世界の内部に他人たちと同じように存在する一個の存在者以外の何を意味することができるだろうか。そうした「内世界的存在者」以外のものをなお「自我」と呼ぶのであれば、それにはそれなりの根拠が示されねばならない。

フッサールの場合、この根拠とは、世界がそれに対して構成されるところの何者かが、その世界構成の現場に居合わせているのでなければならず、その何者かとは、現にいま・ここで世界という現象を目の当たりにしているこの私の自我以外ではありえない、というものであろう。このときの「自我」（フッサールの場合、「超越論的自我」）とは、いってみれば世界がそれに対して現象してくる「視点」のごときものである。[8]

だが視点は、それが何かを見ているかぎり（世界がそれに対して現象しているかぎり）、決して見ることができない（すなわち現象しない）。視点があるということすら、知られないのである。この論点は重要である。現象するものが、現象世界の外部の或る地点（すなわち視点）を指し示していることがもし知られたとすれば、そのときのその地点（視点）は、まさに或る特定の地点として、すでに何らかの仕方で現象しているのである。すなわちそれはすでに世界の「内に」あるのである。それが視点として知られることがあるとすれば、それはすでにその視点を何らかの仕方で視野の内に（すなわち世界の内に）含む別の視点から見られた場合をおいてほかにはない。超越論的自我の場合、この事態に相当するのは、別の視点としての他者によってその自我が世界の内部の一存在者として見て取られた場合をおいてほかにはない。[9]

いずれにせよ、自我が一個の視点として知られるとき、それはすでに世界内の一存在者である。すなわち自我とは、世界内の一存在者以外の何者をも意味しえない。そうであれば、還元によって獲得された、世界がそこにおいて構成される「場」は、すでに何度も確認したように、世界内の一存在者ではないのだから、それを「自我」（超越論的自我）と呼ぶこともできないのである。すなわち超越論的な場は、視点ではないのである。それにもかかわらずフッサールがそれを「超越論的自我」とみなしてしまったとき、あのハイデガーの問いが、困難な問いとして立ちはだかる。いったい超越論的自我と事実的自我とは、その区別にもかかわらず、「自我」としてなぜ同一と言えるのか、と。

以上を整理すれば次のようになる。還元によってあらゆる存在者が存在定立を中止され、現象と化したとき、すなわち超越論的次元へと到達したとき、細心の注意を払って保持し、持ちこたえられねばならないのは、世界や自我を含めたすべてが現象であるかぎりでの現象として現に生じているということのみであって、それ以外の何ものもここにはないということである。ここで、そうした現象がいったい何に対して、誰に対して現象しているのか、と問うことは、議論を一挙に内世界的な次元に引き戻してしまうことになる。なぜなら、この問いには、何らかの仕方で存在している存在者をもってしか答えられないからである。「何に対して」の何、「誰に対して」の誰のいずれも、それが何として、誰として同定できるのであれば、すでに一個の現象すなわち存在者たらざるをえないのである。そして存在者とは、すでに世界の内部にあるものでしかなく、かくして議論は超越論的次元からすでに離脱して、自然的次元に再び舞い戻ってしまうのである。

フッサールが、超越論的次元における世界構成は「誰に対しての」現象であるかと問うたとき生じていたのは、まさにこうした事態であった。この問いに答えようとすれば、それは現象学者である限りでのフッサール（という人物）に対してであるほかなく、いくら彼が現象学者を超越論的次元に位置づけようとしても、それは一個の存在者として、世界内部の一人物を指示するしかなくなってしまうのである。超越論的次元で生じているのは、還元を遂行している現象学者としての事実的自我に対して（超越論的自我に対して、ではない。それはフッサールに対して、斎藤に対して、読者であるあなたに対して…でしかありえない。そしてフッサールや斎藤や…ということで世界内部の一人物以外の何を理解したらよいというのか）、世界がかくかくのものとして姿をあらわしているという事態の全体であり、このとき、現象する世界のすべてと同様、事実的自我もまた現象と化していることは言うまでもない。フッサールが誤って超越論的自我と呼んだものは、この現象の全体のこと、あるいはそれが全体として生じているという事態のことであり、それは世界の中のどこでもない以上、存在者ではないのである。それが「自我」という存在者ではありえない以上、実はフッサールにおいても二つの異なった自我の間の「区別」と「同一性」をめぐる問題は——彼はこの問題にあの「超越論的主観性の自己客観化」をもって答えた／答えてしまったのだが——、生じていないのである。「問題」は新たに立て直されねばならない。すなわち、この現象の全体を問う問いと、世界がそれに対して姿をあらわすところの事実的自我への問いとは、（それがもはや「区別」と「同一性」をめぐる問いではないのだとすれば）いったいいかなる関係にあるのか。

この問いに答えるために、少々回り道をしよう。これまでの議論からほぼ明らかなとおり、ハイデガーの現存在分析は、フッサールの超越論的現象学の脈絡から眺めてみると、大きくいって二つの互いに異なる性格を帯びている。一方は、いま直前で述べたように、超越論的次元（フッサール自身もしばしば用いた「超越論的領野(Feld)」という表現を主として用いよう——それは「自我」ではないのだから——）での世界の構成分析において、世界がそれに対して現象してくる当のもの、そのかぎりで世界現出の不可欠の契機として世界とともにある存在者の側面である。これを彼が「世界‐内‐存在」と性格付けたことは先に見た。他方は、世界が（それに対して世界が現象する事実的自我をも含めて）全体として一個の現象と化し、その全体が哲学的問いかけのいわば対象となる次元である。それは、いまやいかなる意味でも存在者の次元で捉えられてはならない次元であった。ブリタニカ論文をめぐるやり取りの中でハイデガーは、フッサールの超越論的自我を何らかの存在者として、その存在へ向かって問いを立て直すべき現存在へと転換しようとする目論見のもとで、次のようにも述べていた。「構成するものは無（Nichts）ではありません。したがってそれは何ものかであり、存在するもの（存在者）です」(Hua IX, 602)。だが、これまでの考察が明らかにしたとおり、この第二の次元で見るかぎり、それは——ハイデガーの言に反して——むしろ「無」なのである。いかなる意味でも存在者ではなく、逆にあらゆる存在者がそこにおいて可能となる「場」、そしてその「場」についてもはやその「どこ」を問うことができない次元という意味で、むしろ「無」と性格付けられるべきものなのである。

これもすでに知られているように、先のように書いてフッサールを批判していたハイデガー自身が、『存在と時間』公刊以後の自らの「存在の問い」の問い深めへ向けての模索の中で、やがて「存在者」と区別される限りでの「存在」（「存在論的差異」における「存在」）を「無」として捉え直す、いわゆる「形而上学期」に突入することになるのは、むしろ事態の然らしめるところであったと言ってもよい。このとき、超越論的領野が実はいかなる意味でも存在者ではないというフッサールの側で生じていた事態と、存在を「無」として思考しようとするハイデガーの試みとは、きわめて近いところにあったと言うべきなのである。だが『存在と時間』の思考圏の内にいた当時のハイデガーは、フッサールの超越論的主観性を存在者であるかぎりでの現存在へと引き取ろうとするに急なあまり、超越論的領野の問題がハイデガー自身にとっても究極の問題である「存在」問題と事象の上で重なり合うものであることに気づくことがなかったのである。

他方のフッサールは、ブリタニカ論文をめぐるやり取りの中でのハイデガーの批判が、みずからの超越論的現象学の核心を射抜くのっぴきならない事態に触れるものであることにうすうす気づき始めていた。先にも触れたように、ハイデガーの批判に対するフッサールの公式の解答は、すでにブリタニカ論文の完成稿に見られる「超越論的自我の自己客観化としての事実的・自然的自我」という見解であり、それがその後の最晩年の『デカルト的省察』においても『危機』書においても堅持されたことは先にも触れた。だが、そうした公刊された著作でのいわば公式見解とは別に、そもそも超越論的主観性とはいったい何者であり、そこで起こっている最終的な事態とはいったい何なのかを見極めようとする集中的な努力が一九二九年ないし三〇年頃から三四年にかけて行なわれることになる。これが本書第Ⅰ部・時間[10]で立ち入って考察した後期時間論草稿（C草稿）であった。

『プロレゴーメナ』でハイデガーはフッサールを次のように批判していた。すなわち、フッサールは世界の超越論的構成の「何であるか（Wasgehalt）」を問うのみで、その構成作用そのものの、つまりは超越論的主観性の「存在」を問うことを怠った、と。だが超越論的主観性ないし領野とはいったいいかなるものであるかを最終的な解明にまでもたらそうとすること、すなわちその「何（Was）」を徹底して問うことは、ハイデガーのこの批判に反して、超越論的領野こそおよそあらゆるものが「存在する」ことを可能にする最終的な場であること、換言すれば、当のハイデガー自身が問わんとしていた「存在」の次元に密接に関わるものであることを、いわば両者の思惑に反して、事象自体がみずから証しすることになる。すなわち、時間問題と存在問題が互いに相手の中核にまでくい入り、もはや切り離すことも、区別することも不可能なほどの地点へと、両者の思考は入り込みつつあったのである。(11)

5　新たな「問題」――〈超越論的なもの〉と〈事実的自我〉

以上の考察を踏まえて、先の新たな「問題」、すなわち、世界のすべてが現象と化したその全体を問う超越論的な問いと――それはハイデガーにおける「存在の問い」と事象の上で重なる――、世界がそれに対して姿をあらわすところの事実的自我へ向かう問い――それは『存在と時間』の現存在分析に連なる――との関係を問う問いに、次のように答えてみたい。前者の問いとはすなわち、世界のすべてがそこにおいて現象する「場」そのものについての問いであり、後者の問いは、その「場」におけるこの自我、すなわち事実的・個別的・自然的自我の構成の問い、つまり事実的自我がかの「場」において一個の存在者として現象するのはいかにしてかについての問いである。したがって、両者は基本的に別個の問いであることをまず確認しておかなければならない。これはハイデガーにおいて、〈存在一般を問う問い〉と〈現存在の存在を問う問い〉とが、問いとしては別個のものであることに対応していよう。

そして、「現存在の存在」を問うこと（「基礎存在論」）を通して「存在一般の問い」へ、というハイデガーの当初の（『存在と時間』での）目論見が挫折した（「転回」を余儀なくされた）のと同様、事実的自我の構成を問う問いは、そのままでは現象の全体を問う問いには導かれえない。なぜか。それは、ハイデガーに引き付けて言えば、現存在分析が問うていたのが結局のところ現存在の存在というよりは、その「存在者性（Seiendheit）」であったからである。つまり現存在分析（事実的自我の構成分析）は、現存在はどのように存在しているのか、この意味で現存在はいかなる存在者なのかを明らかにしたのであって——存在の「いかに」を解明したのであって——、現存在の存在そのものには届いていなかったからである。現存在の存在そのものを問うためには、問いは現存在の（における）存在の意味の理解にとどまっていることはできない。存在一般の問いの境位へと（「存在の〈真理〉への問い」と「存在の場所《トポス》への問い」へと）身を翻さなければならないのである。[12]

これと同様の事態が、超越論的な「場」に関わる問いと、その「場」における事実的・自然的自我の構成に関わる問いとの間にも見て取れる。すなわち、後者の問いも最終的には前者の問いに送り帰されざるをえないのである。これは、後者の問いから前者の問いへの移行が自然《スムース》になされるということではない。これはまた、後者の問いが移行によって無意味になることをも意味しない。そうではなく、後者の問いが徹底して問われれば問われるほど、かえって、そうした事実的自我とその不可欠の相関者としての世界が、すなわち総じて世界がそこにおいて構成される「場」についての問いが、あらためて問われねばならない別個の問いとして、切迫してくるのである。このあらたに切迫してくる問いは、もはや事実的自我の構成の問いとしては問われえない。それは事実的自我に関わる問いとは異なり、もはや存在者に関わる問いではないからである。

確認しよう。この二つの問いは別個の問いである。そして、超越論的な「場」に関わる問いが、事実的自我の構成の問い（あるいは現存在分析）に優越する最終的な問いである。だがこのことは、事実的自我に関わる問いが超越論的な「場」に関わる問いに吸収・解消されることを意味しない。なぜなら、超越論的な「場」に関わる問いも、それが問いであるかぎり、誰かによって、すなわち事実的な自我（現存在）によって発せられなければ、問いとして成り立たないからである。問いが問いとして存立しているとき、それが誰かが発した問いであるという事実は動かないからである。その問いを誰（たとえばフッサール）が発したかは、おそらく重要ではない。だが、その問いが世界内の存在者である誰かによって発せられてはじめて問いであるという点は、決定的なのである。存在者であるかぎりでの事実的自我の構成に関わる問いは、最終的な問いの存立をも支える「何者か（誰か）」に関わる問いとして、あくまでも最終的な問いとともにあるのである。だが、世界の、すべての存在するものの存在に関わる超越論的な問いが問うているのは、存在者ではない。この問いがはたして問いとして首尾よく成り立つかどうか、そのとき「問う」ということ自体が根本的な変容を迫られるのではないかどうか、これはまた別の問題である。[13]

フッサールとハイデガーの間で生じていた交錯とすれ違いをめぐる考察を閉じるにあたって、なお若干の指摘を付け加えておこう。フッサールは、ハイデガーによる批判ならびに『存在と時間』での現存在分析に対して、それは超越論的現象学を再び「人間学」のレヴェルにまで引き摺り下ろしてしまう無理解であると嘆いた。[14] 先にも引いたように「ハイデガーは私の美しい現象学を〈駄目に〉してしまった」というわけである。[15] だがそう嘆くフッサールにとっても、事実的・自然的自我の構成の問題は重要な課題であったはずである。現象学は何よりも構成分析をこそ、その第一の課題としていたのだから。それにしては、この時期以降のフッサールの「人間」の理解には、それらを世界の内部の単なる客観に切りつめてしまう傾向が顕著である。そもそも彼にとっても「人間」とは単に客観的な存在ではなく、心的 - 物的（pschycho - physisch）複合体であったし、「心＝精神」という独自の領域を含んだその独特の存在の仕方の、事象に密着した豊富な分析を、たとえば『イデーンII』の中でみずから行なっていたはずであるにもかかわらず、である。ところがいまやフッサールは「超越論的自我の自己客観化としての自然的・事実的自我」という図式に拘泥するあまり、その「客観化」の具体相は、逆に驚くほど貧弱なのである。

これはおそらく彼が、「超越論的自我」という問題の立て方をしたがために、この超越論的自我の自己構成の問題へと論点が移行してしまい、かつての『イデーンII』での豊富で具体的な分析が、単なる心理学レヴェルのもの、ないし人間学的レヴェルのもの（世界内部の客観であるかぎりでの自我を取り扱うとされる）に相対的に切り下げられてしまったからであろう。「超越論的自我の自己客観化」というからには、単に世界内部の客観としての自我がいかに構成されるかばかりでなく、それとともに、それが超越論的自我の客観化であるゆえんが示されねばならないはずなのだが、先にも触れたようにそれができないことが――事実的自我はみずからが超越論的自我の客観態であることに事後的に「気づく」、としか言いようがないのだった――、この図式の空虚さの証しなのである。

これに比べてハイデガーの『存在と時間』での現存在分析のもつ具体性は、それがかりに一面性を免れえないものであったとしても、はるかに際立っている。また、メルロ＝ポンティが『知覚の現象学』で行なった、超越論的主観性の〈生きられた身体への受肉〉の具体相の豊富な分析も――それは実はフッサール自身の『イデーンII』での豊富な分析を下敷きにしたものなのだが――、「超越論的主観性の受肉」という発想自体に問題なしとしないにせよ、はるかに生彩に富んでいることも、誰の眼にも明らかであろう。ここで私たちに対して姿をあらわしてきた「問題」は、事実的自我の構成に関わる具体的な分析がいかなる問題系の中に位置しているのかが明らかとなったとき、彼らのもとで見せていたのとはまったく別の相貌をあらわにすることになろう。

だがここは、いまだ事実的自我の具体相に立ち入るべき場所ではない。この「問題」は、他者が分析の視野に十全に入ってくることが可能になったとき、はじめてそのまったき意味で問われうるものとなる。そしてまた、問われなければならない。[16]だがハイデガーにおいては、問いは現存在分析から〈存在そのものの問い〉へと急転回をとげる。ハイデガーにおける〈存在そのものへの問い〉とは、本書の言葉で言えば、時間問題と存在問題とが交錯する超越論的な「場」に関わる問いにほかならない。この問いがハイデガーにおいて、その後（つまり『存在と時間』以後）いかなる帰趨をたどったかを、まずは見極めておかねばならない。そしてまた、この帰趨を見届けることが、あらためて事実的・具体的・個体的自我の問題を——後期のハイデガーにおいては、ふたたび（しかし『存在と時間』期とは別の意味で）「人間」の問題として——浮かび上がらせることになろう。

第二章　存在と無　あるいは形而上学

本章で考えてみたいのは、『存在と時間』以後ハイデガーが「形而上学」という仕方で〈存在の問い〉へとさらに肉薄せんと試みた時期の、[(1)] その「形而上学」ということでいったい何が生じていたのかということと、この形而上学の試みの内で必然的に生じた思考の「転回」の、その後の歩みへの展望を、「場（所）」という観点から獲得することである。換言すれば、『存在と時間』以降のハイデガーの思考の歩みを、一貫して超越論的なものの「場所」の「本質（Wesen）」――この語のハイデガー的な意味も含めて、すなわち場所が場所として生起すること――への問い深めとして、たどってみることである。まずは形而上学の試みから始めよう。

1　形而上学の二重性

形而上学期の最大の特徴は、彼の問いが問う「存在」が、「無」の相貌のもとに捉え直されたことだと言ってよい。存在が無として捉えられるという、この一見転倒とも見える事態は、いったい何を言わんとしているのか。

「形而上学」とは、西欧の思考の起源においてすでに生じていた、思考の西欧に固有な或る動向のことである。この動向は、ハイデガーによれば、古代ギリシャ哲学の最初期——すなわち「哲学」の始元——に属するいわゆる「自然哲学者」たち——フォア・ゾクラティカーたち（とりわけアナクシマンドロス、ヘラクレイトス、パルメニデス）——のもとですでに垣間見られてはいるが、それが明瞭な形を取ったのは何よりもプラトンとアリストテレスにおいてであるという。(2) より正確に言えば、哲学の始元において見て取られていた、互いに相反しながらも共属しあう二つの根本動向の内の一方が他方を押しのけて前景へと進出することによって必然的に生じた、根本動向の或る一面化・平板化が、プラトンとアリストテレスの中に見て取れる、というのである。したがって彼らのもとでの形而上学の成立は、すでに最初の始元の終末なのである。「偉大な始元のこの始元的終末(dieses anfängliche Ende des grossen Anfangs)、プラトンの哲学とアリストテレスの哲学〔…〕」(GA 40, 188)。(ということは、「一面化・平板化」されるという仕方で、もう一つの根本動向の痕跡も彼らにおいて読み取りうることになるが、この「もう一つの根本動向」については後に触れることになろう。)

そしてこの一面化・平板化が、彼ら以降の西欧の思考の、すなわち「哲学」の歩みゆきを決定することになる。その動向とは、「存在するかぎりの存在するものを、それが存在するものであることに関して問うこと」「存在するものとは何かと問うこと」「存在者をその存在者性において問うこと」にほかならない。この時期のハイデガーに特徴的なことは、こうした西欧「形而上学」の動向の内に彼自身が深く入り込んで、そこに形而上学の「二重性」を見て取り、この二重性を突破口に、新たな思考の境地へと迫ろうとする姿勢である。アリストテレスを論ずるハイデガーに即して、この「二重性」を明確にしておこう。

アリストテレスによる「形而上学」という新たな「学」の構想の内に、大きくいって二つの異なる主題が見て取れること自体は、すでに指摘されて久しい。(3) すなわち、一方でそれは、存在するかぎりの存在するものをその存在の仕方・存在構制という観点から分析する学であり（たとえば「実体－属性」といった構制・構造がそこから析出される）、他方でそれは、存在するかぎりの存在するものをその存在することの原因・根拠へと向けて問い進める学である（ここから、あらゆる存在するものの第一の原因としての「神」がこの学の主題として登場する）。これらをハイデガーは、「存在者としての存在者（ὂν ᾗ ὄν）」への問いと、「全体としての存在者（ὂν ᾗ θεῖον）」への問いとして分節化する。(4) その際に彼が典拠とするのは、アリストテレス『形而上学』の次の二つの個所である。

ひとつはΓ巻冒頭の一文、すなわち「存在者としての存在者と、これに自体的に属するものどもを探究する或るひとつの学がある」(5)（Met.Γ1, 1003a, 20f., GA 26, 12.）。この問いは、存在者としての存在者をその存在において問う「存在論」の問いとされる(6)（Vgl., GA 26, 33.）。そして『存在と時間』でなされた現存在分析論としての基礎存在論は、基本的にこの「存在論」の方向に沿って進められたことになる。つまり、現存在という或る特異な存在者における存在（理解）を問うという仕方で、「存在論」の第一の、そしてもっとも基礎的な部分に着手したというわけである。

これに対して、次の個所は「形而上学」のもうひとつの問いの方向を指し示しているという。『形而上学』E巻第一章の中の文章である。そこでアリストテレスは「神的なもの（τὸ θεῖον）」に言及し、これを探究の対象とする学を「もっとも尊い学、もっとも望ましい学」としての「神学」として賞揚している（Met. E1, 1026a, 18ff.）。この「神的なもの」をハイデガーは「優位のもの」「圧倒するもの」（Übermächtiges）と独訳し（GA 26, 13）、そこでは「全体としての存在者」が問題となっているという（GA 26, 33）。したがって「形而上学」とは、「存在論と神学の統一」（ibid.）であり、この「二重性」を包括したものであることになる。すなわち「形而上学」とは「存在‐神‐論（Onto-theo-logie）」（GA 32, 141）なのである。そしてハイデガーのいわゆる「形而上学期」

の最大の特徴は、「全体としての存在者」を問題にする「圧倒するもの」についての学、すなわち「神学」（正確には「神的なものについての学」[7]）が考察の前面に出てくるところにある。この意味での「神学」を問うことでハイデガーの思索に新たな一局面を開いた事態とは、いったい何であったのか。ハイデガー自身、次のように自問している。

「いかなる意味で、またいかにして、神学は哲学（＝形而上学）の本質に属するのだろうか。このことを示すためにわれわれは、アリストテレスがまったく規定せずに神学（θεολογική）として哲学と組み合わせたものが哲学の本質に属しているということを、存在論の概念を徹底化するという仕方で理解しなければならないだろう」（GA 26, 17）。

ここでいったん『存在と時間』の時点における彼の存在論の構想の大まかな段取りを確認しておくのがよいだろう。『存在と時間』公刊直後の時期の彼の形而上学への沈潜は、その構想とおそらく無関係ではないからである。『存在と時間』は存在への問いの第一段階にあって、あらゆる存在者の中でも特異な存在者、すなわちみずからが〈存在する〉ことへの一定の「理解」をすでに有している「人間的現存在」におけるその存在理解の内実を問う「存在の意味への問い」から出発した。これがすなわち「基礎存在論」であった。しかし存在の問いはそもそも、単に現存在における存在ばかりでなく、それを通して存在一般へと向けられたものであった。この意味で、現存在分析は存在論の第一の段階を画するにすぎないわけである。したがって『存在と時間』の現存在分析は必然的に、存在一般を問う問いへと接続され、問いの射程は存在である限りの存在一般にまで拡大されねばならない。かくして問いのこの新たな段階への問い進みと、形而上学における先の「神的なものについての学」の側面とが、重ね合わされるにいたるのである。

具体的には、こういうことである。存在の問いはいまや現存在における存在の理解を問う段階を超えて、現存在をも含んだ存在者の全般、すなわちおよそ存在するかぎりの存在者一般へと問い進められねばならない。そのとき問いの射程の内に入ってくるのは、当然「全体としての存在者」でなければならない。つまり、存在者一般に関してその存在を問うことができるためには、問い自身は、現存在をその立脚地とした地点を超えて、存在者の全体を視野に収めうる地点にまで自らの立脚地を拡大しているのでなければならないのである。一九二八年夏学期講義『ライプニッツから出発する、論理学の形而上学的始元根拠』から引用しよう。

「〔現存在の存在〕理解の内に存在が与えられているという可能性は、現存在の事実的実存を前提にしている。そして現存在の事実的実存はさらにまた、自然の事実的な事物的存在（Vorhandensein）を前提にしている。〔…〕ここから、全体としての存在者を主題とする固有な問題構制の必然性が生ずる。この新たな問題設定は、存在論自身の本質の内にあり、存在論の転化（Umschlag, *μεταβολή*）から生ずる」（GA 26, 199）。

ここで語られている「自然の事実的な事物的存在」とは、問いの射程がおよそ存在するかぎりのすべての存在者へと拡大されようとしていることを告げている。[8] これをハイデガーは、人間的現存在が全体としての存在者へと投げ入れられて、それを受容することを余儀なくされている事態（被投性）と結びつけて理解する（Vgl., GA 3, 38f., GA 26, 13）。この「被投性」という観点は、『存在と時間』とここでの新たな問いの登場とを接続するものにほかならないが、『存在と時間』でのそれがあくまで現存在の視点から語られた「被投性」であった——現存在が世界の内へと投げ出されているという事態——のに対して、いまやそれは現存在が全体としての存在者へと投げ入れられ、委ねられているという事態を指し示すものとなっている点が見過ごされてはならない。「被投性」ということが言われる視点が、現存在の側から「全体としての存在者」の側に移行しているのである。問いの問われる視点が移動し、問いの射程が拡大されているのである。

この間の事情を『カントと形而上学の問題』は、次のように語っている。「存在者としての存在者とは何かという〈第一哲学〈＝形而上学〉〉の問いは、存在としての存在とは何かという問いを通って、より一層根源的な問いへと遡られねばならない。すなわち存在といったものが、しかも存在に含まれている諸分節と諸連関のすべての豊かさとともに、そもそもどこから概念把握されうるのか」（GA 3, 224）。ここで言われている「存在としての存在とは何かという問い」とは、『存在と時間』での「存在の意味への問い」と解することができる。すなわち『存在と時間』の現存在分析は、「より一層根源的な問い」つまりは「全体としての存在者を問う問い」へと「遡られねばならない」のである。「基礎存在論は現存在の形而上学の第一段階にすぎない」（GA 3, 232）からである。

ではこの新たな問い、すなわち「全体としての存在者」を問う問いが、アリストテレス形而上学における「神学」すなわち「神的なもの・圧倒するもの（Übermächtiges）に関わる問い《ロゴス》」とその本質において重ね合わされるのは、なぜなのか。それは、あらゆる存在者の第一の原因にして最終的な根拠と想定された「神的なもの」が、その定義からしてそれら存在するすべてのもの（「全体としての存在者」）から「分離された」[9]もの、この意味でそれら全体のいわば「外部」に位置することと無関係ではない。つまり、この新たな問いが存在者をその全体において問いうるものであるためには、この問い自身は全体としての存在者の外部へとすでに立ち出でているのでなければならないのであり、この外部への立ち出で（超越）が、アリストテレスの「神学」とその立脚地点を同じくするのである。「形而上学は、存在者を存在者として、かつ全体として、概念把握のために取り戻さんとして、存在者を超え出て問う（hinausfragen）」（GA 9, 118）のである。そして、いまや形而上学が超え出た、全体としての存在者の「外部」とは、存在する限りのあらゆる存在の外部である以上、「無」にほかならないことになる。ハイデガーは「全体としての存在者」が「端的に無ではないもののすべて」（GA 44, 24）であることを確認した上で、次のように述べる。「無はみずから自身を、全体として滑り落ちてゆくものとしての存在者とともに、かつその存在者において、明確に告知する」（GA 9, 113）。「無は現 - 存在をはじめて、存在者としての存在者の前へともたらす[10]」（GA 9, 114）のである。形而上学の徹底された形態である「神的なものについての問い」としての「神学」が身を置く場所は、無の場所／無という場所なのである。

神学としての形而上学は無の中に身を持している。形而上学のこの新たな段階をハイデガーは「メタ存在論（Metontologie）」とも呼ぶ[11]（GA 26, 199）。「存在としての存在とは何か」を問う「存在の意味への問い」としての「存在論」は、その問いの境位を突き抜け、超出して、「メタ存在論」へと徹底化されるのである。

「無の内へそれ自身を投げ入れて保ちつつ、現存在はそのつどすでに、全体としての存在者を超え出ている（Hinaussein）。存在者を超え出ているというこのことをわれわれは超越（Transzendenz）と名づける。〔…現存在の無へのこの超越なくしては〕現存在は決して存在者へ関わり合うことができないであろう。かくしてみずから自身へ関わり合うこともできないであろう」。（GA 9, 115）

ここで注目したいのは、先に『存在と時間』の現存在分析の二義性に触れた際に[12]、現存在分析を人間としての、すなわち存在者としての現存在の分析ではなく、もはやいかなる意味でも存在者とは呼べない超越論的な「場」としての「現に・いま・ここに」の解明と読む余地があることに言及したが、いまや新たに登場したメタ存在論は明確に、いかなる意味でももはや存在者ではないものを端的に「無」の名のもとに視野に収めている点である。そして超越論的な「場」とは、そこにおいて世界のすべてがそのようなものとして現象する、すなわち存在へともたらされる最終的な「場所」として、それ自体はもはや決してその「どこに」を問うことのできないもの、この意味でいかなる存在者でもないもののことであったのだから、それはメタ存在論が到達した地点(すなわち「無」)と正確に重なり合うことになる。これはメタ存在論としての形而上学、すなわち「神学」は、超越論的な場を「無」として問うということにほかならない。

フッサール現象学が一九二〇年代の末から三〇年代の半ばにかけて、超越論的現象学の最終的な地盤である超越論的領野(超越論的主観性)そのものの根底を時間論の極北において(「生き生きした現在の謎」)、あるいは「現象学の現象学」として(メタ現象学!)問い詰めていた、そのほぼ同じ時期に、ブリタニカ論文をめぐるやりとり以来フッサールと袂を分かったハイデガーもまた、フッサールとは独立に、だが極めて近い問題意識のもとで、あるいは哲学の事象として極めて近い地点で、思索していたのである。そしてフッサールの思索の糸がほぼこの地点で、彼の死によって途絶するのに対して、ここからハイデガーの思索がいかなる方向に向かったのかは、この超越論的な場をめぐる問題系のひとつの帰趨を見定める上で、重要な示唆を与えてくれるはずである。

ハイデガーに戻ろう。形而上学がいまや「無」としてみずからの足元を、その身を持する「場」を射程に収めたとすれば、メタ存在論はこの「無」をいったいいかにして問うことができるのか。ちょうどアリストテレスにおいて「神学」が、あらゆる存在の「第一の原因」にして「根拠」を「神的なるもの(圧倒するもの)」の名のもとに問わんとしたのと同様、メタ存在論は「全体としての存在者」を問うことを可能にする「無」を、あらゆる存在者の根拠として問わねばならない。先に引用した『カント書』の表現にのっとって言い換えるなら、「より一層根源的な問い」は、「存在といったものが、しかも存在に含まれている諸分節と諸連関のすべての豊かさともに」「そもそもそこから（wo von aus）概念把握される」その「どこ（wo）〔場所〕」（GA 3, 224）を、問わねばならないのである。

したがってここで「無」として問われているところのものとは、あらゆる存在者が存在することの最終的な根拠として、ハイデガーが「存在者の存在」（「存在論的差異」における「存在」）として問わんとしていた当のもの、すなわち（単に現存在における存在ばかりでなく）存在一般への問いが問わんとしていたものと実は「同じもの」にほかならないことになる。「無」こそが、存在者が存在することの全体をはじめて可能ならしめているのだからである。「無は〔…〕存在それ自身の本質に根源的に属している」（GA 9, 115）のであり、「存在者の存在において、無が無化する（das Nichten des Nichts）ということが生起する」（ibid.）のである。

この事態は、いま引用した『形而上学とは何か』（一九二九年フライブルク大学教授就任講演）への『後記』（一九四三年）では、「無は存在者の他者〔存在者ではないもの（das Andere）〕として、存在の帳《とばり》（ヴェール Schleier）である」（GA 9, 312）と述べられ、さらに同書の一九四九年版へのハイデガー自身による書き込みにおいて、「無と存在は同じものである（Nichts und Sein das Selbe）」（Vgl., GA 9, 115）と端的に述べられることになる。メタ存在論が存在の問いそのものの（現存在分析という第一の段階につづく）問い深めであり、それが「存在」を「無」として問う試みであることは、いまや明らかであろう。そうであればますます、この「無」がメタ存在論においてどのように問われたのかが明らかにされねばならない。

2　無の開示

ここで新たに「無」を問うにあたって、『存在と時間』での現存在分析において、現存在の「存在」がどのように問われたかを振り返っておくことは有益であろう。そこでは現存在の存在は、現存在がおのれに固有の「死」を先駆けて「気遣う（ゾルゲ）」ことの中で立ち昇ってくる「不安」という根本気分（正確には「根本情態性 Befindlichkeit」）において「理解」されている、と分析された[13]。このときの固有の「死」とは、現存在の存在（私が存在していること）がまさにそこにおいて失われてしまう事態として、すでに「無」の相貌を帯びていた。つまり現存在の存在は、その存在の喪失・欠落としての「死」すなわち「無」（へと先駆けること）においてはじめて、「理解」されるのである。この「（存在）理解」を内に包んでいるのは「不安」という根本気分であり、通常は気分として気づかれることすらないこの「不安」こそが、「存在」とその「理解」のありかを告げ知らせているわけである。

形而上学期のハイデガーも、「無」がみずからを告げ知らせる「根本気分（Grundstimmung）」として、まず「不安」をあげている。そこでの「不安」とは、「存在者が全体として滑り落ちていく」という事態に対応して立ち昇ってくる「気分」として解明されている。「不安は存在者を全体として滑り落ちさせる」（GA 9, 112）。「存在者が全体として滑り落ちていくこと」とは、文字通りそれらがすべて失われてしまうことではないことに注意しなければならない。もしそうであれば、そこには端的な無が、そして無のみが姿をあらわしていることになろうが、現に私がここに存在しており（「現・存在」として）、それはすでに世界（全体としての存在者）が存在していることにほかならない以上（「世界 - 内 - 存在」）、そうした端的な無ではありえない。そもそもそうした端的な無・まったき無は、いかなる意味においてであれ経験の対象になることはありえない。「無」はあくまで現存在の「死」、世界（全体としての存在者）の「無」でしかありえない。したがって、ここで「不安」が告げ知らせている事態とは、全体としての存在者が、存在しているがままの状態で「無」の中に宙吊りになっているがごとき事態、このような仕方で世界が全体として「無」に曝されている事態なのであり、それが「存在者が全体として滑り落ちていくこと」なのである。

さてこの事態は、まさにフッサールのもとで現象学的還元として定式化されたものと、正確に重なり合うと言うべきではないか。そこでは存在するすべてが存在定立を停止させられて（すなわち「無」に直面させられて）、なおそのままの姿で現象しつづけている（「無」の中に宙吊りになっている）のだからである。フッサールとの唯一の違いは――そしてそれは確かに決定的な違いなのだが――、この「滑り落ち」が現象学者の、すなわち主観＝私の操作（としての「超越論的‐現象学的還元」）ではもはやない点にある。ハイデガーに言わせれば、還元（という世界の全体としての滑り落ち）はいわば「いつもすでに」なされてしまっており、それは「不安」という根本気分の内に包み込まれているのである。そのことに通常人は気づかないだけなのであり、気づいたときには「いつもすでに」それはそこにある（すでに遂行されてしまっている）のである。それがいつもすでにそこにある以上、そして私はそれを発見するにすぎないのであれば、それは、すなわち還元は、私が行なったのではなく、いわばそれの方から私のもとに到来したのである。

私（斎藤）は、ハイデガーのこの分析は事象に適ったすぐれた分析だと考えている。私たちは自分が存在することを、総じて世界が存在していることを、気づいたときにはもうすでに理解してしまっている。そして世界の存在の理解は、世界の無の理解なしにはありえないはずだからである。またそれは、私が理解しようとしてはじめて理解しうるものとは思われないからである。それはあらゆる理解の試みがそれなしにはありえないものとして、あらゆる理解に先立ってすでに到来してしまっている――それにもかかわらず、そこで私がいったい何を理解しているのかは相変わらず明らかではないのだが――。これは言ってみれば、「還元」が私たち現存在の本質に関わる事態だということであり、私たちが現存在であるかぎり、すでに私たちは「還元」のもとにある、すなわち哲学の（フッサールなら「現象学の」と言うであろうが）圏内にあるということなのである。

したがって、ここでハイデガーのかつてのフッサール批判に抗して、次のように言わねばならない。思い出そう。かつてハイデガーは、「還元」こそが現存在の存在を問うことを不可能にしてしまうとして、フッサールを批判したのだった。(14) いまや言わねばならないのは、この批判が該当するのはフッサールが「還元」を主観による主体的操作と考えていたかぎりにおいてであって、「還元」という事態そのものは決して現象学において、すなわち哲学において無しで済ますことのできるものではないということ、このことは当のハイデガーにおいてもはっきりと――あるいは彼のもとでこそより明確に――示されている、ということである。「不安」すなわち「存在者の全体としての滑り落ち」とは、「還元」のことなのである。

ハイデガー自身の言葉でまとめてみよう。「不安の無の明るい夜においてはじめて、存在者を存在者として開き示す根源的な開示性（Offenheit）が、すなわち、存在者は存在者であり〈そして無ではない〉ということが、立ちのぼる」（GA 9, 114)。かくして私たちは、「不安という根本気分（Grundstimmung）をもって〈現存在という出来事＝現存在の生起（Geschehen des Daseins)〉に、つまりその内で無が開示されており（offenbar ist)、そこからして無が問いかけ可能にならざるをえない出来事＝生起に到達した」（GA 9, 112)。いまや私たちは次のように問いうるのである。「無に関して事態はいったいどのようになっているのか（Wie steht es um das Nichts?)」（GA 9, ibid.)、と。

ところがこの問いに対するハイデガーの答えは、彼の次のような発言にもかかわらず、必ずしも明快とは言い難い。「もしわれわれが無への問いが現に立てられていることに注目すれば、われわれの問いにとってさしあたってそれだけが本質的な答えは、すでに獲得されている。〔…〕必要なのは、ここであらわになっている無を、無がそれ自身を告知するがままに確乎として受け取る、ということである」（GA 9, 113)。その答えが必ずしも明快でないのは、これまた必ずしもハイデガーの責任というわけでもない。この間の事情を明らかにするために、ここで『存在と時間』に次いで再び新たに取り上げ直された「不安」が、同書におけるそれともはや必ずしも同じでない、という点に注目する事からはじめよう。『存在と時間』における「不安」は、現存在がおのれに固有の（誰に代わってもらう事もできない）死に直面し、それに曝され、そのうちに宙吊りになる事から生じた。それはまた同時に、現存在の存在（の固有性＝本来性）の理解の完遂を告げるものでもあった。しかしいま形而上学において問題になっているのは、全体としての存在者（「世界」と言ってもよいだろう）の存在（としての「無」）である。これはもはや、個人（「単独者」）という意味での現存在の「死」の次元では問われえない。ではここで（形而上学において）、『存在と時間』での現存在分析における「死」にあたるものは、何であろうか。もちろん、それは言うまでもなく「無」である。だが、その「無」に関してあらためて問いが立てられているいま（「無に関して事態はいったいどのようになっているのか」GA 9, 112）、それを単に（あるいは再び）「無」と言って済ますわけにはいかない。それでは答えにならないのである。

ここで可能な答え方のひとつは、その「無」がどのようにして出会われるかを明らかにすることによってこの問いに答えることであろう。こう考えてくると、『存在と時間』における「死」とは、〈現存在の「存在」を構成する不可分の分肢としての「無」が、現存在においては固有の（自己自身の）「死」として出会われる〉、という事態の表現だったと言ってもよいことが明らかになる。「無」は現存在において、みずからの「死」として出会われるのである。と同時に、形而上学（「メタ存在論」「神学」）の問いにおける「無」の出会われ方はいかなるものなのかが、新たに問われねばならないこともまた明らかとなる。

さしあたりの答えは、この出会われ方を告げ知らせる根本気分が再び「不安」であることから推測されるほかない。『存在と時間』における「不安」が現存在の（すなわち私の）「死」をさし示していたことを考え合わせれば、形而上学における「不安」もまた何者かの「死」を暗示しているのだろうか。では、何者の死か。——もしそれが「死」であるのならば、それはもはや「神の死」以外ではありえないであろう。世界の全体、全体としての存在者、およそ存在しうるかぎりのすべて…に見合う「死」を死にうるものは、神をおいてほかにはありえまい。このことは、ここでの問いが形而上学における「神学」、すなわち「神的なものに関わる問い」であったことからも推測されよう。また、ハイデガーがこの形而上学期の総決算として、後に四たびにわたってニーチェ——言うまでもなく「神は死んだ」のニーチェ——に関わる講義を試みたこととも、符合しよう。そして何よりも、この点に関してはハイデガー自身の回想が伝えられているのである。O・ペゲラーの伝えるそれを引用しよう。「ハイデガー自身の報告によれば、『存在と時間』公刊直後の数年の内に、神が〈死んだ〉という根本的経験にハイデガーは襲われた[15]」。

　では、この場合の「神」とは誰か。それは何のことか。ひとつの可能な答えは、それによって世界のすべてがあらゆる意味で支えられている、世界の最終的な根拠、ということにでもなろうか。無はまさに神の死として、こうした最終的な根拠の崩壊ないし脱落なのである。そして、そうだとすれば「神の死」は、私たちを「無」としての「存在」に出会わしめる根本的な出来事として、ニーチェにおいて（あるいは彼の言葉を受け取った同時代の人々にとって）そうであったような——少なくともその一面において——ペシミスティックな気分に包まれている必要は必ずしもなくなるはずである。ちょうど「不安」が「不安の無の明るい夜」（GA 9, 114）と形容され、必ずしも「暗い」気分ではなかったのと同様に——もちろんそれは、単純な「明るさ」ともまたまったく異なる奇妙な「しらじらしさ」に包まれている（「無は存在の帳《とばり》」GA 9, 312）のだが——。

　だが少々先を急ぎすぎたようである。というのも、ニーチェの言う「神の死」が、ながらく西欧を支えてきた伝統的（キリスト教的）な根拠の崩壊を意味し、したがってそれに代わる新たな価値（根拠）が、たとえば「生」

そのものとして捜し求められるべきなのか、それともそれは、およそ根拠なるものすべての崩壊を意味するのかは、解釈の余地が残されているし、このこととハイデガーの思索のこの後の展開とは切り離せないからである。ここでまず確認したいのは、いまや「無」を問うにいたった形而上学の徹底した問いが、具体的には無の出会われ方のいかにを示す「気分」の分析として遂行されたことである。だが、私たちに無を開示する「根本気分」は、はたして「不安」に尽きるのだろうか。ハイデガー自身が、無へと迫ろうとするみずからの試みの内で、そう自問しているように見える。というのも、この時期の彼の分析の中には、この「根本気分」を「不安」以外のものに求めているものがいくつか見出されるからである。

　その典型的な例のひとつが一九二九／三〇年冬学期講義『形而上学の根本諸概念』の内に見出される。そこで分析の対象となっている根本的な気分は「退屈（Langeweile）」なのである（GA 29/30, 117ff.）。また先ほど来たびたび言及している『形而上学とは何か』（一九二九年）の中でも、「不安」とは別に「驚き」という気分に分析が及ぶところがある。そこでは、全体としての存在者が無の内に宙吊りになり、無に曝されるとき、私たちを襲うのは「いぶかしさ」であると言われている。全体としての存在者が私たちの目の前にくっきりとその姿をあらわにしたとき（それは私たちがすでに存在者のもとから無へと超え出ていることによって可能となったのだが）、私たちははじめてその光景の「いぶかしさ」（GA 9, 121）に驚く、というのである。いったい「なぜ」事態はそのようであるのか、と。この「驚き」は「なぜ」という問いと一体になって私たちのもとに到来する。

「ただ無が現存在の根底において開示されているがゆえにのみ、存在者のまったきいぶかしさ（die volle Befremdlichkeit）がわれわれを襲いうるのである。ただ存在者のいぶかしさがわれわれに押し迫ってくる場合にのみ、存在者は驚き（Verwunderung）を呼び起こし、それ自身の方へ驚きを引き寄せるのである。た

> だ驚き――すなわち無の開示性（die Offenbarkeit des Nichts）――に基づいてのみ、〈なぜ〉ということが発源する」（GA 9, 121. Vgl. GA 45, 168f.）。

こうして「驚き」という根本気分とともに、形而上学の根本の問いが発源する。「無それ自身が強いる形而上学の根本の問いとは、すなわち、なぜそもそも存在者があるのであって、むしろ無ではないのか」（GA9, 122）。

ここでは無との出会いは、形而上学の根本の問いを引き起こす「驚き」という気分のもとで考察されている。この「なぜ」の問いの出現は、すぐさま「根拠」をめぐる考察へと引き継がれていくのだが（『根拠の本質について』一九二九年）、この点にはすぐ後で立ち返るとして、いまここで確認したいのは「気分」の問題である。無に関わる問いがさしあたって動くのは気分の分析の内でであるが、その根本気分としてすでに「不安」「退屈」「驚き・いぶかしさ」がハイデガー自身によって取り上げられた。さらには（時期的には少々後になるが）一九三七／三八年冬学期講義は、先の「驚き」をギリシャ人たちのもとでの哲学の始まりを告げ知らせる根本気分と規定しつつ（GA 45, 163）、来るべき時代の哲学の根本気分を「抑制（Verhaltenheit）」に見ている（GA45, 2. Vgl., GA 65, 256, 395）。「気分」のこの多様さはいったい何を意味するのだろうか。そこには確かに一種の歴史哲学的、ないし哲学史的背景が読み取れるが――哲学の始元においては「驚き」が、現代の私たちのもとでは「不安」と「退屈」が、将来において「抑制」が、それぞれ時代を画する根本気分ということになろう――、いずれにしてもこれらの考察は、無がその内で出会われる気分の多様性を告げるのみで、問いは「無」そのものにまで届いてはいないのではなかろうか。だが形而上学は、この無をこそ問うていたのではないのか。

3　根拠への問い

むろんハイデガーも、気分の分析にのみ終始していたのではない。無そのものへの肉薄の試みは確かになされている。先に触れた「根拠」をめぐる問題の解明の中に、この試みを読み取ることができる。「根拠」への問いとは、「なぜ」の問いにほかならない。私たちが何ものかを前にして「いぶかしさ」の気分に襲われたとき、それはすなわち〈「なぜ」事態はかくのごとくであって別様ではないのか〉という驚きに捉えられたことである。そしてこの「なぜ」の問いが出現したとき、それはすでにそこに何らかの理由や原因が、すなわち「根拠」が存在することが先取りされている。つまり「根拠付け」が何らかの仕方で可能なことを前提しなければ、「なぜ」は「なぜ」として成り立たないのである。したがって「なぜ」の問いが問いとして成立したとき、それはすでに根拠を獲得したことになる。実際にこの問いに答える過程でその根拠を手中にしうるか否かとは別に、なぜの問いの成立とともにそもそも根拠なるものがはじめて確立される、と言ってもよいのである。

そして、〈事態はなぜかくのごとくであって別様ではないのか〉という問いの究極のかたちは、そもそも事態として存立しうる限りのすべてを視野の内に収めた上で発せられる彼《か》の問い、すなわち「なぜそもそもすべてはあるのであって、むしろ無ではないのか」(GA 9, 122) という形而上学の根本の問いとして姿をあらわす。ということは、驚きに襲われて存在への「なぜ」の問いを発した形而上学は、その問いを発することをもってそもそもはじめて「根拠」なるもの一般をも確立したことになる。そしてこの確立をもって原理的には、すでに根拠を獲得したわけである。この間の事情をハイデガーは次のように述べる。

「根拠付け（Begründung）とは、〈なぜ〉という問い一般を可能にすることというほどのことを意味する」。「〈なぜ〉ということの発現」の「根本形態は、〔…〕なぜに総じて或るものがあるのであって無ではないのか、である」。「この〈なぜ〉ということの内に、概念以前の仕方であるとはいえ、或るひとつの先行理解が、すなわち〔…〕存在（と無）一般についての先行理解（Vorverständnis）が含まれている」。「このことは、存在の理解がすでに、問うことすべてにとっての最初にして最後の根源的な答え（die erst-letzte Urantwort）を含んでいることを意味している」（GA 9, 168f.）。

だが形而上学が先行理解を概念的理解にまでもたらすことをその営為の本質としている以上（それが、ひとたび立てられた問いに「答える」ということである）、すでに獲得されているとはいえなお概念的理解に先立っている（先行理解の内にとどまっている）かぎりでの存在＝無を、概念にまでもたらさねばならない。問われている無を概念的理解にまでもたらそうとする努力は続く。この過程で語り出されるのが「自由（Freiheit）」である。

ここで「自由」とは、通常私たちが理解しているような、何かを何かのために意志し・意欲することとしてのそれではなく、そもそもそのようにして「何かの〈ために〉ということそれ自身を〈形成する（bilden）〉」（GA 9, 163）ようなもののことである。この意味での「自由」を彼は、現存在の「超越」の内に、それも「全体としての存在者」へと（すなわち無へと）超出する「超越」の内に見て取っている。あらゆる自発性としての自由は、そもそも現存在が形而上学の問いとともに、存在へと到来する世界の全体へ向けて超出し、世界がおのれの眼前に開けていること《フライハイト》、すなわち「自由《フライハイト》」の内に根をもっているというのである。「すべての自発性の根底にすでに存している自己の自己性（Selbstheit）は、超越の内に存する」（GA 9, 164）のであり、ただ「自由がこの超越を構成している」（ibid.）のである。

そしてこの意味での「自由」が、「根拠」へと関連づけられる。「超越としての自由は〔…〕根拠の或るひとつの独特な存在の仕方であるのみならず、根拠一般の根源である。自由は、根拠への自由（Freiheit zum Grunde）である」（GA 9, 165）。形而上学の問いが根拠へとみずからを向かわしめることがすなわち「自由」であり、この「自由」においてはじめて根拠は根拠である、というわけであろう。「自由が根拠の命題（根拠律）の根源（der Ursprung des Satzes vom Grunde）」（GA 9, 172）なのである。形而上学の問いがその「自由」において根拠へとみずから向かうことにおいて生ずる根拠との関係が「基づけること（根拠づけること＝das Gründen）」と名づけられ、最終的に「基づけつつ自由は根拠を与える（gibt）とともに、根拠を受け取る（nimmt）」（GA 9, 165. 強調ハイデガー）と言われるにいたる。

ここで重要なことは、「なぜ」の問いの成立と、それとともになされる「根拠」の獲得が、「自由」という能動性・自発性を響かせる概念のもとで語られつつ、そこには同時に徹底して受動的・受容的な事態が見て取られていることである。ここでは、一方で形而上学の問いは、なおみずから自身の力で無を理解にもたらしうるかのようであり（「自由は根拠を与える」）、他方でそれはもはや形而上学自身の力を超えているかのようでもある（「自由は根拠を受け取る」）。先に私たちは、「不安」の内で「全体としての存在者が滑り落ちる」という事態を目撃した。そこにはむしろ受動的・受容的な響きが濃厚であったのだが、他方でこの時期のハイデガーは、なおも形而上学がみずからの根拠を手中にしうる可能性を追求してやまなかったのだ、とも言える。そうであれば、先の「還元」をめぐる解釈も、なおハイデガーがフッサールと同じ側に、すなわち何らかの主体・主観の自発性の側に身を置いていたと見る余地が残っていた、と言うべきであろう。

しかしいまや事態は決定的な局面にさしかかっている。形而上学の側からする形而上学の問いの徹底化は、

「自由」の概念が登場するに及んで、その言葉の通常の響きとは裏腹に、もはや形而上学的思考の力が及びえない臨界点にさしかかるのである。ここでの「自由」が、「全体としての存在者」として世界のすべてが形而上学の問いの前に姿をあらわにすること、すなわち世界の全体が存在するものとして無の内に出現することの謂いであったことは、すでに見た。これは、世界が世界として〈開けてあること（Frei- und Offensein）〉でもある。世界が総じてそのようなものとして開かれてあるとは、世界があらわになっていること、世界を覆い隠す覆いが剝ぎ取られ露呈されていることにほかならない。この事態をハイデガーはいまや、古代ギリシャ人の思索にのっとって「アレーテイア」つまり〈覆いを剝ぎ取られていること〉、すなわち「真理」と呼び（Vgl., GA 9, 188）、思索を重ねる。

この意味での「真理」は、何ものかが何ものかとして「あらわになること」そのこととして、あらゆる真・偽に先行している。何ものかがあらわとなってはじめて、それが真であるか・仮象であるか（すなわち偽であるか）も問われうるようになるからである。「この開けて立つこと（Offenständigkeit）を通してのみ、言明の正しさ（Richtigkeit）（〔通常の意味での〕真理）が可能になる」（GA 9, 185）のである。「自由」とはこのような「あるひとつの開かれた場所に属する開示されるものへ自由に空け開かれて存在する（ある）こと（Freisein）」（GA 9, 186. 強調ハイデガー）であり、それこそがここで言う「真理」を可能にする。「自由が真理それ自体の本質」（ibid.）なのである。

さてこのような仕方で世界が世界として開けてあることそれ自体は、すなわち「自由」に基づく「真理」は、はたして形而上学がみずからの力ではじめて可能とした事態であろうか。むしろこうした世界の開けがすでに到来していてはじめて、世界がそのようなものであること、総じて世界はあるのであって無ではないことが、形而上学によって「なぜ」と問われうるのではないか。この意味で「自由」と「真理」は、形而上学の問いが及ぶものかなたに、あるいはその手前にあるのではないか。形而上学の問いは、ついに無そのものに、つまりは存在そのものに届かないのではないか。形而上学的思索がその中を動いている「場」としての「無」は、たしかに形而上学の内に息づいており、それが無化すること（無が無として機能すること）こそが形而上学の問いを生き生きと発動させているに違いないのだが、それだからこそ形而上学は、その無を問うことができないのではないか。

根本気分の分析は、形而上学がすでにその無に出会ってしまっているその仕方をたしかに明らかにした。だが、それは無そのものにはいまだ問いが及んでいないことの証左であることも、先に見た。そして「自由」から「真理」へと問いが無に向かって問い進められるにしたがって明らかになってきたのは、もはやそれが無を問うことではなく、すでにあらわとなってしまったものをひたすら受け容れることにほかならない、という事態ではなかったか。もしそれが無すなわち存在を、すなわち総じて世界が存在していることを、すなわち「真理」としての世界の開けを、すなわち「自由」を、受け容れることにおいてしか成り立たない営みであるならば、形而上学はついに「無」を問うことはできなかったのである。「無」は問いの対象ではなく、それを受け容れ、それにのっとることではじめて問うことが可能になるような「何ものか」なのである。

4　転回と飛躍

形而上学が無を問うことができないとは、無が何であるかを答えることができない、ということである。このことは、無への問いが形而上学において立てられたとき、すでにうすうす予感されていたことでもあった。ハイデガーはそこで「無とは何であるか」とは問うていなかったことを、あらためて思い起こすべきである。彼はそこで「無に関して事情はどのようになっているのか（Wie steht es um das Nichts ?)」（GA 9, 112）と問うていたのである。彼はすでにこの就任講演の冒頭近くで、次のように注意を促してもいた。

「無とは何であるか。〔…〕このように問うことの内で、われわれは最初から無を、かくかくのものとして――或るひとつの存在者として――設定している。〔…〕無を問うことは〔…〕問いかけられたものを、その正反対のものへと転倒する。その問いは、その問いに固有の対象を奪い去る」(GA 9, 107)。

かくしていまや、問いを無そのものにまで及ぼし、そもそも無とは何であるかと問うことには、答えがないことが明らかとなった。これはすなわち、〈存在とは何か〉と問う「存在の問い」にも答えがないことを示唆する。存在と無は相即しており、一方にだけ答えて他方に答えないということはできないからである。かくしてハイデガーの企て、すなわち思考をもって存在に関わろうとする試みは、もはや〈存在の問い〉としては続行が不可能であることが次第に明らかとなる。つまり、「問い」なるものが、答えを要求し・それにふさわしい答えが獲得されることをもって止むものであるとすれば、存在は、無は、そのようなかたちで「問い」うるものではないのである。ハイデガー自身が、この点をやがてはっきり確認するにいたる。『根拠の本質』の一九二九年版への書き込みには、先に引用した「存在の理解がすでに、問うことすべてにとっての最初にして - 最後の根源的な答えを含んでいる」という文章の「最初にして - 最後の根源的な答え」という部分に、「〔…〕真理を本来的に思考することは、問うことではないのだ」とあるのである(GA 9, 169. Anm. 強調ハイデガー)。

まさしくこの地点こそ、思考が「転回《ケーレ》」を余儀なくされる地点である。思考はもはや「問い」という仕方では存在に関わることができないことが明らかとなったいま、それでもなお思考が存在に関わりつづけようとするならば、思考は問いに先立ってすでに到来していた「真理」を、すなわち世界が世界としてすでに開かれ、現存在としての私もその中にすでに投げ入れられて立っているという事態をそのままに受容し、この事態の側から思考をあらためて開始する以外に途はない。「この事態の側から思考する」とは、いかなる思考か。「この事態」とは、世界が世界としてすでに開かれ・あらわとなり、存在へと到来してしまっていることにほかならないのだから、それは、すでに到来してしまっていながら、もはや問うことの対象としては眼前にない「存在」へと向けて「思考を送り帰すこと」、この意味での「追想（Andenken）」としての「思索（Denken）」ということになる。[16] ここで思考は「問い」から「追想」へと身を翻し、思考の境位がこれまでとは正反対の方向へと「転回」したのである。いまや思考は、いわばこちら側から存在へと向かって問うのではなく（存在を問うのではなく）、思考が始まったときにはすでに到来してしまっていながら、それを問おうとする思考の面前には姿をあらわさない「存在」へと向けて（An-）「思考を送り帰す」（存在への（An-）追想・存在への思索）のである。

　この「転回」と「飛躍」（Vgl., GA 65, 228f., 261）が成し遂げられるまでには、ハイデガーをしてなお数年にわたる形而上学の中での徹底化が必要であった。それは形而上学の徹底化として、その「根底に帰り行くこと」であるとともに、或る決定的な仕方でのそこからの「離反」でもあった。この歩みぬきがほぼ完遂され、転回が成就したのは、一九三六年から三九年にかけての『哲学への寄与——性起について』と題された草稿においてであったという（Vgl., GA9, 313. Anm.a., Vgl.,GA65, 511ff. Nachwort des Herausgebers）。この時期の思考＝思索を辿り直すとき、ふたたび本書の基本視点である超越論的な「場」をめぐる問題に光があてられることになろう。

　形而上学の問いを徹底化することの中で——それはすなわち「メタ存在論」の徹底化でもある——徐々に明らかになってきたこととは、結局それが無を問うこととして、全体としての存在者を問うことと同じ次元にとどまらざるをえず、そのかぎりで、かりに存在者を問うことはできたとしても、そのように問うことを可能にしている無という、もはや存在者ではないもの——すなわち形而上学の根底——に思考を関わらせるには到りえない、という事態であった。そして、無という形而上学の根底は、それによって全体としての存在者がそのようなものとして存在へともたらされることを可能にしているものであるかぎり、そもそもハイデガーが問わんとしていた「存在」そのものにほかならないのだから、形而上学はいかに徹底されてもその「存在」を問うことはできず、むしろ「存在」とはそもそも問うというかたちでは思考が関わりえないものであることが明らかとなったのである。

ハイデガーは、形而上学が無に、すなわち存在に関わることができないことの理由を、結局それが「〜とは何か」という仕方で、問われる当のものを存在者としてしか思考しえないことに求めている。「問う」という営み自体が、思考が関わらんとするものを存在者化せざるをえないのである。あらゆる「問う」ことの前提になっている、全体としての存在者、すなわち世界の開示性としての「真理」は、もはや問うことの対象ではありえないわけである。ハイデガーは、「形而上学とは何か」に付した「後記」（一九四三年）で、次のように自問している。

「形而上学は、それが存在者の存在者性（Seiendheit）を概念にもたらすということにおいて、存在者とは何であるかを言う。存在者の存在者性の内で形而上学は存在を思考しているが、形而上学の思考の仕方では存在の真理を熟考する（bedenken）ことはできない。形而上学はいたるところで存在の真理という境位（Bereich）の内を動いているが、存在の真理は形而上学にとっては、知られざる・基づけられていない根底にとどまっている」（GA 9, 304）。

『根拠の本質について』では、「なぜ」の問いの出現が、同時に根拠を、すなわち存在＝無を与えるとともに受けとると論じられていたが、いまやその根拠、つまり形而上学の根底にしてあらゆる存在者の根底は、「知られざる・基づけられていない根底」にとどまっている、と言い直される。若干後年の言い方になるが、やがてこの「根底」は「根拠」の圏内にはないことがはっきり宣言されることになる。

「根拠は存在〔すなわち形而上学の根底としての無〕から離れ落ちたままにとどまっている。根拠が存在〈から〉脱落し、離れ落ちたままにとどまっている（Ab-bleiben）というこの意味において、存在とは無-根拠（Ab-Grund 深淵）である」（SG, 93＝GA 10, 76f.）。「存在は存在として、無根拠（grund-los）にとどまる」[17]（SG, 185＝GA 10, 166）。

かくして、ここまで徹底された形而上学の問いが、形而上学そのものの根底を問う問いであることが確認された上で、それがもはや形而上学においては不可能であることが述べられる。「形而上学はその根底において何であるか、という問いが必然的となる。この問いを問うことは形而上学的な仕方で思考されざるをえないが、それと同時に、形而上学の根底から、すなわちもはや形而上学的ではない仕方で思考＝思索されざるをえない。このような問うことは、ある本質的な意味において、どこまでも二義的である」（GA 9, 304）。

末尾の「ある本質的な意味において、どこまでも二義的である」という文章にも、注意が必要だろう。つまり、形而上学の根底を問う作業を形而上学的に徹底して行なうことのみが、同時に、思考が形而上学から離れていくことを余儀なくさせるのであり、形而上学の問いは決して単純に廃棄されるものではないのである。この「本質的な意味における二義性」をめぐって、なお自問はつづく。就任講義の最後に立てられた問い、すなわち形而上学の根本的問い「なぜそもそも存在者が存在するのであって、むしろ無ではないのか」が帯びざるをえない「二義性」がここでも問題になっている。一方でこの問いは、「なぜ」と「根拠」を問い、その問うことにおいて存在者を答えとして要求しているように見えるかぎりで、いまや斥けられねばならない。「この〔形而上学の根本的な〕問いでさえもなお、形而上学の伝来の仕方で、〈なぜ〉ということを手引きにして原因・結果的に（kausal）問われているかぎりにおいて、存在への思索は、存在者を存在者から表象しつつ認識することのゆえに、まったく否認される」（GA 9, 381）。

だが他方で、同じこの問いは、もはや形而上学的問いではない・別の思索への転回と飛躍を促す問いとしても、聴き取られうる。「それとも先の問いは、あるまったく別な意味において問われているのか。もしその問いが、存在者に問い合わすのではなく、そして存在者のために第一の存在者である原因を問いたずねているのではないとすれば、その場合にはその問いは、存在者ではないこと（was nicht das Seiende ist）のもとで着手されねばならない」（GA 9, 382）。ここでは、それへと転回と飛躍が要求されている「別の思索」の動く圏域が、「存在者ではないことのもと」にあることがはっきり告げられている。本章を閉じるにあたって、この「存在者ではないこと」をめぐってなお若干の考察を付け加えておこう。

5　ニヒリズムをめぐって

「存在者ではないこと」とは、さしあたり「無」であるほかない。だが、形而上学の問いがみずからの根底として問わんと欲し、問いの面前へと立てた「無」と、ここで語られた「存在者ではないこと」としての「無」は、はたして同じものであろうか。この問いに答えるのは困難だが、次のように言うことはできよう。形而上学の根底であるかぎりでの「無」と、問いの面前へと引き出された「無」は、もはや同じものではありえない、と。すでにハイデガー自身が就任講義の冒頭近くで注意を促していたように、「無」は、それが問われてしまうと〔問いの対象になってしまうと）、無とはかくかくのものであると答えられるべき存在者へと、つまりそれ自身とはまったく正反対のものへと逆倒されてしまうからである。そして形而上学が形而上学であるかぎりでなお、無へと関わる問いを保持しようとすれば、それは形而上学にとって決して問いえない「虚無的な無」にとどまるほかない。すなわちニヒリズムである。この意味で、完遂された形而上学はニヒリズムの完成である。「完成したニヒリズムの局面の内では、存在者の存在というようなものは与えられていないかのように、存在に関しては（虚無的な無（das nichtige Nichts）という意味で）無であるかのように見える」（GA 9, 415. 強調ハイデガー）のである。完成されたニヒリズムすなわち形而上学は、かくして存在と無（虚無的な無）からなる一個の閉じた全体をなす、と言ってもよい。この場合の無とは、存在者の否定として端的に「何も存在しないこと、何も無いこと」であり、この無を内に含んで完成した全体は、「すべてはある」として、存在の充満として、姿をあらわす。それは同時に、「存在」の「外部」（〈存在と無〉の「外部」）の完璧な抹消でもある。[18]

だが情況は「二義的」である。完成したニヒリズムは、同時にニヒリズムの克服でもありうるからである。換言すれば、ニヒリズムの克服は、ニヒリズムの完成としてしかありえないのである。形而上学の徹底化と完遂が思考の「転回」を可能ならしめ、この転回が形而上学の克服なのである。「ニヒリズムの克服がニヒリズムの本質の内への転入を要求しており、その転入をもって、克服せんと意志することが崩れ落ちるようになること（hinfällig wird＝無効になること）」（GA 9, 424）、この克服の意志の崩壊がすなわち転回なのである。転回は意志によっては為されえない。意志が機能するのは形而上学の内においてのみであり、逆に言えば、意志が機能するかぎり、思考はいまだ形而上学の内にある。意志が為しうるのは形而上学の徹底化のみなのである。思考の営みが、その根底においては意志と形而上学を超えたところで生起するとしても、生起したものを注意深く聴き取り、言葉へともたらす作業は――たとえそれが概念化の作業ではないとしても――すでに形而上学の圏内にある、というべきであろう。したがって、かりに思考が転回を経るにしても、それは決して形而上学を後にすることではないはずである。転回を経た思索が、もはや形而上学の彼岸《かなた》にある、と考えるのはいささか安易にすぎよう。むしろ転回は形而上学とともにある、というべきなのである。「どこにニヒリズムの克服は存するのか。形而上学を耐え忍ぶこと（Verwindung）の内に、である。これは苦痛を与える思想（ein anstössiger Gedanke）である」（GA 9, 414）。

いまやハイデガーは形而上学（の徹底化）とともに、別の思索、「存在者ではないことのもと」に立ちつつある。このとき「存在者ではないこと」は、ニヒリズムにおける「虚無的な無」とは何ほどか異なった相貌を見せてくるはずである。「無」もまた、形而上学の完成においてと同様、「二義的」なのである。「別の思索」において、無は問いの対象としてではなく、当の思索自身がそこに身を置いている「場」として、いまや「虚無的な無」とは異なる仕方で思索に関わる。別の思索のもとにある「人間は、存在者にとってまったく他なるもの〔すなわち無〕に場所を〔…〕空けておく。そのために、その場所の開かれていることの内に現-前（存在）（An-wesen (Sein)）といったことが与えられうる。存在者ではないが、それにもかかわらず与えられている（存在している es gibt）この無は、〔もはや〕虚無的なるものではない」（GA 9, 419. 強調ハイデガー）。この、もはや「虚無的なるものではない」無が、ここで「場所」の言葉で語り出されていることに、いまや注目すべきであろう。

ここで、フッサールとハイデガーの間の最大の係争点であった超越論的主観性ないし領野の「存在」をめぐる議論を想い起こそう。すでに見たようにハイデガーの主張と批判は、フッサールがその超越論的主観性の独特の存在の仕方を問うことを怠ったことに向けられていた。ハイデガーによれば、超越論的主観性はなおも一種の存在者であり、その存在者の存在が問われねばならず、それはとりもなおさず『存在と時間』の現存在分析に結実するはずのものであった。他方フッサールにとっては超越論的領野は、そこにおいてあらゆる存在者が（すなわち「全体としての存在者」が）存在者として存在する最終的な「場」として、それ自体はもはやいかなる意味でも存在者ではないはずのものであった。そして最晩年のフッサールが全力で取り組んだのは、この超越論的領野が何であるかを見極めようとする試みであった。そして、それがもはや存在者をもって答える仕方では答ええない「謎」（「生き生きした現在の謎」）であることが突き止められた。

このフッサールの歩みは、いまや私たちの眼には、彼なりの仕方での形而上学の完遂であったことが明らかとなる。超越論的領野とは、この時期のハイデガーの言葉で言えば、「形而上学の知られざる根底としての無」だったのであり、それを形而上学の思考の圏域である存在者の次元――フッサールはそれを「存在者化（Ontifikation）」、「客観化（Objektivation, Objektivierung）」と呼んだ――で捉えようとする試みは、すべからく「謎」に直面し、挫折を余儀なくされたのである。だが、すでに述べたように、形而上学の徹底化と完遂は、問うものを「二義的な」境位へと引き出す。つまりフッサールの挫折もまた、そのまま「別の思索」の可能性を指し示しうるはずのものだったのである。そしてこの可能性が、超越論的領野という「場所」の思考に関わるものであることも、すでに何度も確認した。この「場所」の思考において、フッサールとハイデガーは再び出会うことになるのである。

第三章　真理の／という場所

本章は「転回」以後のハイデガーの思索を「場所（Ort, Ortschaft, topos）」という観点から検討する。まず、「自由」や「存在の真理」といった考え方が「場所」の思索と結びつく筋途を確認することからはじめよう。

1　場所論（トポロギー）

ハイデガーによって、古代ギリシャにおける哲学の始元にまでいったん立ち戻って解釈し直された「真理」とは、およそあらゆる存在者が存在者として存在へと到来している事態、存在者が存在者として姿をあらわにしていることであり、他方「自由」とは、存在者がそのようなものとして解き放たれて、みずからをあらわならしめる働きそのもののことであった。「真理」の根底には「自由」が機能しているのであり、「自由が真理それ自体の本質」（GA 9, 186）なのであった。「自由はいまやおのれ自身を、存在者を存在せしめること（Seinlassen）として露呈する」（GA 9, 188）。このとき「自由」は、存在者が存在者として存在する開かれた「場所」（空間）をも、ともに解き放つ。

「存在せしめること――存在者を、つまりそれがそれである存在者として存在せしめること――とは、開けた場所（das Offene）と、その場所が開かれたものであること（Offenheit）とへおのれを関わらせること（sich einlassen）を意味しており、その開かれてあることの内へいかなる存在者も入り込んで立ち、いかなる存在者をもかの開かれてあることはいわば持参するのである。この開けた場所を、西欧的思考はその元初において、〈アレーテイア〉（覆いを取り除けられ・あらわとなったもの）すなわち〈真理（das Unverborgene）〉として把握したのである」（GA 9, 188）。

「自由」と「真理」の場所性、この意味での空間性はいまや明らかであろう。存在者が存在者としておのれをあらわにし・ある開けのなかに立つことすなわち「真理」を、「場所」に関連付ける記述はハイデガーにおいて枚挙にいとまが無いほどである。

一九三五―三六年にかけて成立した『芸術作品の起源』には、次のような記述が見られる。「存在者の真理《アレーテイア》〔存在者が存在者としてあらわになっていること〕の本質が何らかの仕方で存在（すること）それ自身に属しているならば（『存在と時間』第四十四節参照）、存在それ自身はその本質からして空け開き（Offenheit）という活動空間（Spielraum）（〈現に・いま・ここ〉という開けた明るみ die Lichtung des Da）を生起させ、この活動空間を、その中でどの存在者もそれなりの仕方で立ち現れる場所そのもの（als *solches*）として運び入れるのである」（GA 5, 49. 強調ハイデガー）。

『哲学への寄与』（一九三六―三九年）には、「開かれてあること（Offenheit）の場所（Ort）（時－空）、すなわち存在者の明らめられた〈ただなか（Inmitten）〉」（GA 65, 329）という表現が見られるし、以下「存在の真理は、〈存在の場（Ortschaft）〉によって解明された――存在の場所性（Örtlichkeit）としての真理」（GA 15, 335）、「人間は存在の真理の場（Ortschaft）である」（GA 55, 375）、「存在としての存在の場所の場（その所在 die Ortschaft des Ortes des Seins als solchen）は存在それ自身である。この場（Ortschaft）はしかし、人間の本質である」（N/II, 357 = GA 6/2, 322f.）等など…といった具合である。

ここでかりにそれぞれ「場所」「場」と訳出した Ort と Ortschaft は、前者が芸術作品や物（たとえばゴッホが描いた一足の履きふるされた靴）のように、存在するもののすべてをそこに集約している一個の存在者に関連づけて語られるのに対して――ハイデガーは「場所《オルト》」の語源に次のように言及している、すなわち「もともと場所は槍の穂先を意味する。そこにすべてが凝集しているのである」（GA 12, 33）――、後者はそうしたおのおのの場所が相互に関わり合いつつ構成している一個の全体を指す場合や（Vgl., GA 54, 174）、場所の場所たるゆえん、つまり場所性（Örtlichkeit）を言う場合もある（Vgl., GA 12, 33）。だがここで両者の異同の詳細に立ち入る必要はないであろう。いずれにせよ「場」ないし「場所」が、あらゆる存在するものをその存在することへといたらしめる事態として語られているのである。

「場所すなわちこの凝集させるものは、すべてをおのれの内に取り込み、この取り込んだものを保ちつづけるのだが、その取り込む仕方は、箱の中に仕舞い込んで蓋をするような仕方ではなく、集めたものをこの場所がくまなく照らし輝かせ、このように輝かせることによってはじめて、解き放ってその本質に立ちいたらせるという底《てい》のものなのである」（GA 12, 33）。

こうして存在の真理を「場所」という観点から思索しようとする試みが、「場所論（Topologie）」あるいは「場所（所在）の究明（Erörterung）」と名づけられる。この場所論が存在への思索の全般に及ぶ新たな思索の仕方を示していることは、たとえば次のような言い方からも見て取ることができる。「場所論とは、存在と無をそれらの本質の内へと集約し、ニヒリズムの本質を規定し、かくしてニヒリズムの克服の可能ないくつかの仕方が際立って輪郭付けられる道を見分けさせてくれる場所（Ort）、そのような場所の所在を明らかにすること（Erörterung 場所の究明）である」（GA 9, 412）。形而上学がニヒリズムとしておのれを完遂し、この徹底化の内で思考の転回が生起してくるさまをすでに見てきた私たちからは、場所論を、転回を経た思索がどこに身を置いてみずからを展開すべきかを示す新たな思索の構えと捉えることができる。つまり転回を経た思索にとって重要なことは、何をいかに問い・思考するかではもはやなく、思索がどこに身を寄せ、どこから語るべきか、ということなのである。「場所」とは、新たな思索そのもののあり方を名指すものでもあるわけである。場所の思考、場としての思索、とでも言うべきであろうか(1)。

存在の「真理」を存在の側から語り出そうとする思索は、その思索が寄り添う当のものと同型なのだ、と言ってもよい。「人間」や「現存在」という言葉は後期にいたっても保持されつづけるが、それはいまや「存在者」という側面よりも、新たな思索の「場所性」から捉え直されることになる。「人間の本質は、存在の問い(2)の圏内で、元初の隠された指示に従って、〈場所（die Stätte）〉として、すなわち存在がおのれを開示するために強いて要求する（ernötigen）〈場所〉として把握され、根拠づけられねばならない（begründen）(3)。人間はみずからにおいて〈現に・いま・ここ〉として開けている〈所《ダー》〉（das in sich offene Da）である。〔…〕人間の存在は、語の厳密な意味において〈所《ダー》・（現）‐存在《ザイン》〉である。存在開示（Seinseröffnung）のそのような〈場所〉としての所（現）‐存在…」（GA 40, 214）後期のハイデガーが語り出し、言葉へともたらす「存在」のさまざまな形象が、いずれも言ってみれば空間的なものである事情も、ここから理解されよう。そうした形象のいちいちをここで枚挙するには及ばないであろう[4]。以下ではその内のいくつか、典型的なものに触れるにとどめよう。

2　「開けた明るみ（Lichtung）」

第一に取り上げるのは、すでに『存在と時間』期から言葉としては使われており、一貫して晩年にいたるまで使われつづけた「開けた明るみ・明け透き（Lichtung）」である。ハイデガーの思索の言葉として今日ではすでによく知られているように、この言葉はもともと森の中で樹木がまばらとなってそこだけ光がよく通るようになった空間を指し示す語である。これを彼は、存在者がみずからをあらわにする（すなわち光《リヒト》の中に姿をあらわす）場を指し示す言葉として用いる。「存在者は存在者として、存在の光の中で現われ出る」（GA 9, 366）。「開けた明るみ」はこの「存在の光」に由来する（Vgl. GA 9, 365. Anm.）。もっとも「光が開けた明るみをはじめて創り出すのではなく、むしろ光は開けた明るみを前提にしている。」「光はただ開けた明るみを横切るだけなのである」（SD, 72, 73）。つまり光の射し込む空間が開かれることとしての「開け明るむこと（sich lichten）」の方が、光に先行しているのである。「何かを lichten するとは、何かを〈軽く（leicht）〉する、何かを自由に開かれた（frei und offen）ようにする、たとえば森をある個所で木々から自由にする、ということを意味する。そのようにして発生した〈開かれた自由な場（das Freie）〉が、〈開けた明るみ（Lichtung）〉である」（SD, 71f.）。

後年ハイデガーは「開けた明るみ」に関連して「現存在」について次のような述懐をしているが、現存在を存在者ではないものとして展開する可能性に注目している本書にとって、そしてそれを「場所」の思索として読もうとする本書にとって、はなはだ興味深い指摘である。

「〈開かれた - 拡がりの - 内に - 存在する（in-einer-offenen-Weite-sein）〉ということが、『存在と時間』では（まったく不器用に、かつ途方に暮れて）現存在と名づけられた。〔…〕現存在とは〈開けた明るみ - である（die-Lichtung-sein）〉こととして理解されねばならない。つまりda（現に・いま・ここ）とは、開かれた拡がり（die offene Weite）を指す言葉なのである」（GA 15, 380）。

問題とすべきだったのは、すなわち思考されるべきだったのは、現存在という存在者における存在理解ではなく、人間という存在者が「開けた明るみ」という「拡がり」において「存在する」という事態そのものの方だったのである。そしてこの事態そのものの方は――それが人間を「必要としている」、人間を「用いる」としても(5)――、もはやいかなる意味でも人間的なものではないのである。

「この〈開けた明るみ〉、〔…〕この自由に解き放たれたところ（das Freie）、それは人間が作ったものではない。それは人間として存在しているのではない。逆にそれは、人間に差し向けられたものである。けだしそれは、人間にみずからを語り渡すからである。それは人間に送り・遣わされたもの（das ihm Zugeschickte）である」（GA 15, 386f.）。

いささか逆説的な事態ながら「人間の本質は、人間的なものではない」（N/II, 377＝GA 6/2, 341, N/I, 361＝GA 6/1, 322f.）というべきなのである。

この「開けた明るみ」と先の形而上学期の思考、すなわち無の思考との関係を見る上では、『芸術作品の起源』

（一九三五－三六年の講演）の中の次の一節が示唆的である。

「存在者を超え出て、しかし存在者から離れずに、存在者の方から、さらにある別のもの〔性起〔一九五七年の書き込み〕〕が生起する。〔すなわち〕全体としての存在者の真っ只中に（Inmitten）あるひとつの空け開かれた座（eine offene Stelle）が現成する（west）。或るひとつの〈開けた明るみLichtung〉がある。この開けた明るみは、存在者の方から考えると、存在者よりもより一層存在するものである。この空け開かれた中心（offene Mitte）は、それゆえ存在者によって取り巻かれているのではない。むしろこの〈開け明るむ〉中心それ自身が、われわれがほとんど知っていない〈無〉のように、存在するものすべての周りを回っているのである」（GA 5, 39f.）。

見られるように、「開けた明るみ」が形而上学期の根本語である「無」と重ね合わされ、それが「場所」「座」として思考されている。「開けた明るみ」が「存在者よりも一層存在するもの（seiender als das Seiende）」と述べられているところなどは、存在者としての存在者を思考せんとする形而上学と、その内で生ずる転回後のものはや存在者的でない思索との過渡的で微妙な表現と読み取れるし、さらにこの文章への後年の書き込みは、「開けた明るみ」という語に託された思索の事柄が、転回後の思索の根本語である〈性起（Ereignis）〉と同じものである事情をうかがわせるに十分である。つまり「開けた明るみ」は、単に開かれ・明るくされた「場所」のみを思索しているにとどまらず、そうした場所が場所として「開き・明るむこと」すなわち場所の生起としての「性起」をも、思索しようとしているのである。この「性起」については後に触れることになるだろう。

3 「世界と大地」あるいは「四方界」

場所の思索の空間性が表現の上でより具体化されたものとして、同じ『芸術作品の起源』で主として展開される「大地」と「世界」をあげることができる。そこではこの講演の主題からして、芸術作品が「大地」と「世界」を同時に樹立する（stiften）という文脈の中で両者は語られるが、話をいわゆる芸術作品に限定する必要は必ずしも無い。たとえば物《もの》が（私の目の前のこの机が、庭に置かれた石が…）自らの内に世界と大地を樹立する、といってもよいのである。いずれにせよそこでの「世界」とは、開けた明るみの中で存在者として姿をあらわすところのものすべて（「全体」）を、「大地」とは、そのようにして現われ出でた存在者の存立を担い、支えるところのものの謂いである。つまり、何ものかが、総じて世界があるということは、そのようにして「ある（存在）」の舞台の上に躍り出た諸々の現象する存在者たちと、その存在者たちがそこから出現し・そこにおいて支えている（それ自体は現象しない）ものとの、相互の緊迫したせめぎあい・拮抗においてなのだ、というわけである。

「あるひとつの世界を〈打ち（樹ち）立てること（Aufstellen）〉と、大地を〈そこから世界が打ち（樹ち）立てられるものとして置くこと（Herstellen）〉とは、〔…〕（作品が）存在することの統一の中で相互に依拠しあう」（GA 5, 34）。「世界と大地は相互に本質的に異なっているが、決して分離してはいない。世界は大地の上にみずからを基づけ（sich gründen）、大地は世界にくまなくそびえる（durchragen）」（GA 5, 35）。

ここで注目すべきは「大地」である。それは、そこから（her）世界が出現し、そこにおいて世界を支え、かくして世界に「そびえ」、君臨するものとして、世界と不可分であるとともに、世界が〈現象するもの〉であるのに対して、それ自身はまさに当の世界が現象することに道を譲り、みずからは現象しない暗きものの内へと絶えず「引き下がる（züruckweichen）」（GA 5, 33）。これをいまや私たちは、そこにおいて世界のすべてが現象へともたらされる「超越論的な場」の記述（記述という仕方での解明）と読むことができる。世界と大地という互いに背馳する正反対の動向が開く「空間」、すなわち「開けた明るみ」の中ではじめて〈存在者が存在する〉という事態がまっとうされるのである。ここで「大地」の場所性格とともに際立たせられているのは、その非現象性、ハイデガーの言葉で言う「被覆性（Verborgenheit）＝覆われるという仕方で秘匿され・隠されていること」である。これは、先に「真理」がアレーテイアすなわち「非被覆性（Unverborgenheit）＝秘匿し・隠している覆いが取り除かれること」として捉え直された際に、すでに真理の真理性を構成する本質的な分肢として見て取られていた〈真理と拮抗する反対動向〉を、ことさらに表現にもたらしたものにすぎないのだが、真理へと躍り出る存在者、「世界」と、その真理を可能にし・支えるかぎりでみずからは「非真理」へと退き、「秘匿され」、現象しないままにとどまる、「真理の場所」としての「大地」という把握は、「存在」の場所としての「無」に思索が一歩踏み込んだことを示している。

ここで語り出されているのは、かつてのハイデガー自身の言葉で言えば、「存在者」と「存在」との間の鋭い拮抗と緊張の関係であり――『起源』ではそれは「争い（Streit）」と呼ばれる――、「世界」と「大地」との間に走った亀裂を介して両者がせめぎあうことを通してはじめて、「世界」という「開かれた場所」が開いたままに保たれるという動的な事態が、「総じて世界はあるのであって、むしろ無ではない」ということの根底に見て取られているのである。

「被覆する（秘匿する）拒絶（verbergende Verweigerung）〔すなわち大地の動向〕という呼び方で、真理の本質において〈開けた明るみ〉と被覆（秘匿）との間に存立するあの相互対抗（das Gegenwendige）が、真理の本質の中に挙げられることとなる。それは根源的な争いの相互対抗（das Gegeneinander）である。真理の本質は、それ自身において〈根源の争い〉（性起Ereignis〔一九六〇年の書き込み〕）である。存在者がその中に入り込んで立ち、そこから存在者がおのれ自身の中へとみずからを立て返すあの開かれた中心は、この〈根源の争い〉の中で闘い取られる」（GA 5, 42）。

ここで見てとれるのは、「存在者が存在する」という事態そのものの出現、その生起の中に思索が分け入っていこうとする姿勢であるが、この方向はすぐ後で再び取り上げ直すとして、ここでもうひとつ、「世界」と「大地」という表現がより発展・展開させられたかたちを一瞥しておこう。すなわち、「四方界」とでも訳すべきGeviertである。

この奇妙な言葉は、四つなるもの（vier）が互いに取り集められて（Ge-）ひとつの全体を形作っているさまを表現せんとしている。ここで四つなるものとは、大地と天空、〈神々しきもの〉と〈死すべきものたち〉すなわち人間である。しかしこの四者は単に取り集められて並立しているのではない。大地と天空、〈神々しきもの〉と〈死すべきものたち〉という、各々その内に拮抗する二つのものをはらんだ二つの系が交差し、その交差の内でひとつの空間が、場所が、空け開かれているのである。二つの系の交差という事態は、これもよく知られるようになった「~~存在~~」という表記がそれを視覚的に表現している。この表記は第一には、「存在」（というそれ自体は存在者ではないもの）を思考しようとすると、それを対象的存在者として立てざるをえなくなるという、私たちの思考の「ほとんど根絶しがたい習慣」（GA 9, 411）を何とか回避するために用いられた抹消記号を表わすのであるが、同時に「この交差の印は〔…〕むしろ四つなるものの四つの方位を示し、かつ交差の場（Ort）における四つのもの収集（Versammlung）を指し示して」（ibid.）もいる。そしておのおのの系は、その内部に対立・背反する動向を、つまり鋭い緊張関係を「根源的な争い」として蔵している点が見落とされてはならない。大地と天空との間、〈神々しきもの〉と〈死すべきものたち〉との間には、互いに斥けあう「相互対抗」の動きが秘められているのである――「秘められている」と言ったのは、先の『起源』における「世界と大地」という表現に代わって「四方界」という表現が用いられる時期になると、「争い」というモチーフはどちらかというと背景に退き、むしろ「戯れ（Spiel）」というモチーフが前面に出てくるからである――。

ここでの第一の系である〈大地 - 天空〉が、『起源』での〈大地 - 世界〉の発展形態であるのは見やすい道理であろう。この表現の変化は、より空間的な完結性、円環性が際立ってきている点に認められよう。では、第二の系はこれまでの彼の議論にどのように対応しているだろうか。〈死すべきものたち〉が、「人間」としての「現存在」に対応していることは明らかである。そして〈神々しきもの〉は、形而上学の完遂の途上で、存在論と神学の二重性が明らかにされ、メタ存在論としての「神学」へと形而上学が徹底された事態に対応していよう。つまり〈神々しきもの〉とは、形而上学としての神学（「神的なもの・圧倒せるものの学」）において「無」として問われ、だがその形而上学的思考においては思考されえないものであることが明らかとなったものに対応しているはずである。ここでも〈死すべきものたち〉と〈神々しきもの〉の間には鋭い対立が隠されていることを見過ごすべきではなかろう。以上二つの系が交差することによって、存在と無が互いに拮抗しつつ遊動するひとつの閉じた・完結した「空間」ないし「場所」が表現されていることになる。

また、先の×印による視覚化には限界があることも知っておくべきである。というのも、これら二つの系の交差する地点に身を置いているのは、ほかならぬ〈死すべきものたち〉、すなわち「現存在」であるはずだからである。×印による視覚化は、四つなるものに囲まれた「四方界」の空間性を暗示するには適していようが、それ以上ではない。かりに大地を下に置かれ・天空を支えるもの、天空を大地の上に張り渡された蒼穹《アーチ》と捉えることができるとすれば、この上‐下の系をいわば手前から彼方へと貫くものが、〈神々しきもの（神的なもの）〉と〈死すべきものたち〉からなる系なのである。この比喩ももちろん十分なものではないが、天空と大地の間の開かれた空間（「開かれた明るみ」）に身を置き、天空と大地のそのようなものとしての存立に不可欠なものとして居合わせている「人間＝現存在」と、その「人間＝現存在」には決して現象せず、秘匿されたものにとどまる「彼方（神々しきもの）」との拮抗と相互対抗が、第二の系の面目をなしているはずなのである。したがってこの二つの系の交差は、事柄に即してみればもはや図示の限界を超えていることは言うまでもない。

ここで強調した各々の系の内部における「相互対抗」の動向は、「方位（Gegend）」「拡がり＝会域（Gegnet）」[6]といった言葉の中にはっきり保持されている。いずれも「対抗（gegen）」という言葉を内に含んだこれらの表現は、「存在」の空間性・場所性を第一義的には示唆している。ただその空間性は、互いに対立する二つのものの間にはじめて開かれるのであり、この「対立する」という仕方で両者が「出会う（begegnen）」（互いに他方を必要とする）「場所」が開かれるのである。「拡がり＝会域（die Gegnet）は、あらゆるものを対立・相対させつつ（gegnen）、一切を相互に集約し、同じもののなかでの（im Selben）固有の安らかさ（Beruhen）の中でのおのれへと還帰せしめる」(GL, 68., Vgl., GL, 42)。

4　「時‐空の‐遊動（たわむれ）」

前節で見た「対抗」という秘められた緊張関係がよりダイナミックに表現された場合のひとつの典型が、「時

-空の遊動（たわむれ）（Zeit-Spiel-Raum）」であろう。空間・場所が開かれることの生起性格が強調されるとき、そこに再び時間性の契機が（『存在と時間』におけるのとは異なる次元で、すなわち「現存在」の時間性ではなく「存在」そのものの側からする時間性が）導入されてくることになるのである。しかしいま再び、あるいは新たに登場した時間性は、もはや『存在と時間』におけるように空間性に対して優位に立つものとしてのそれではない。彼自身の言葉を引こう。「『存在と時間』第七十節の、現存在の空間性を時間性へと引き戻そうとする試みは、持ちこたえられない」（SD, 24）のである。時間の時間化と空間の空間化は、ともに「遊動」に属する。「遊動」が両者の本質を統べており、「遊動」がみずからを時間-空間として繰り広げるのである。「時間は時として熟し、空間は開けた所として拡がる（die Zeit zeitigt, der Raum räumt.）」（GA 12, 201. Vgl. GA 65, 192, 260f.）。「時間性の本質的に現成する時間（die wesenhafte Zeit）は、本質的に現成する空間（der wesenhafte Raum）と一緒になって時-空（Zeit-Raum）という根源的統一を形成するのであり、このような時-空として存在そのものは〈現成する（west）〉」（GA 5, 307）。末尾の「現成する」という語は、存在＝本質（Wesen）という名詞を動詞（自動詞）として活用させたかたちであり、これもまた存在の生起性格を表現するために案出された造語のひとつである。[7]

時間性と空間性との密接な関わりを現存在において捉えた一節を引用しよう。「時-空とは、到来（未来）と既在性（過去）と現在とが〈互いに-みずからを-送り届け-あうこと（Einander-sich-reichen）〉において、みずからを開き明らめる（sich lichten）ところの開かれたところ（das Offene）をいう。この開かれたところが、そしてこれのみが普通われわれによく知られている空間に対して、それの可能的な拡がり（Ausbreitung）を開け披く（einräumen）」（SD, 14f.）。ここでは、従来のハイデガーの用語法では「現存在」と言われるべきところが[8]、「開かれたところ（das Offene）」となっていることにも注目しよう。存在者性よりも場所性が前面に出ているのである。またここでは、空間を「開け披く」はたらきが「時間」として思考されているかに見えるが、ここで再び（『存在と時間』においてと同様）空間性に対して時間性が先行し、優位に立ったと見るのは早計である。ここではもはや、時間的な意味での「生起」と空間的な意味での「開け」とは区別できないのであり、ある根本的な同一の事態（das Selbe）を時間の言葉で語ろうとするか、空間の言葉で名指そうとするかという、アプローチの仕方の相違にすぎないのである。

> 「空間と時間をおのれの本質の内に集め・保つ同じもの（das Selbe）は、〈時‐空の‐遊動（たわむれ）〉と呼ばれる。〈時‐空の‐遊動〉という同じものが、時として熟し、開けた所として拡がりつつ、四つなる世界方位、すなわち大地と天空、神と人間の互いの向かい合い（das Gegen-einander-über）を、つまり世界の遊動（Weltspiel）を拓《ひら》く（be-wëgt）」（GA 12, 202）。

存在への思索の時期のハイデガーの表現には、大別して、「存在」の空間性・場所性・開在性を主にあらわすもの（たとえば〈大地と世界〉〈四方界〉など）と、そうした場所なり開けなりの生起性格を取りたてて語り出そうとするもの（たとえば〈遊動〉）の二つのグループがあると言ってよいと思われるが——もちろんその両方の性格を兼ね備えたものも多いが（たとえば先の〈開けた明るみ＝開け明るむこと（Lichtung）〉など）——、最後にこの後者のグループに若干言及しておこう。

5　「性起（Ereignis）」

存在の生起性格をあらわすハイデガーの根本語は、一九三六年（『寄与』の執筆開始）以来「性起（Ereignis）」である。[9] この語は、通常のドイツ語においては再帰動詞 sich ereignen のかたちで、何かが「起こる」「生ずる」「出来《しゅったい》する」という意味で使われ、名詞形 Ereignis は、生じた「出来事」や「事件」を意味する。これをハイデガーは、〈存在者が存在する〉という事態の成立の生起性格を名指す根本語として用い、この語から多様な含蓄を読み取っていく。そのいちいちにここで立ち入ることはできないが、まず、この語が言わんとする事の基本的な性格を、『起源』（先の『寄与』の直前の時期に成立した講演である）と、同書への書き込みから押さえておこう。

ハイデガーが存在の生起という事態の核心に見て取ったのは、先にも触れた「あらわになる」動向と「覆い隠す（現象から退去する）」動向という、二つのまったく方向性を異にする動向の間のせめぎあい・拮抗である。しかも後者の「覆い隠す」動向には、二重の「覆い隠す」動向が孕まれているという。つまり、何かが真理として現象へと「あらわになる」ことの中で、その「あらわになる事」がそこにおいて、そしてそこから（身を引き剥がすという仕方で）可能となった「覆い隠す」動向自体は、そこに「あらわにする事」とは正反対の動向がはたらいていることそれ自身をも「覆い隠す」仕方ではたらき、居合わせているというのである。単純化して言えば、「覆い隠す」はたらき自体が「覆い隠されて」おり、それは二重の仕方で「見えない」・「現象しない」のである。存在（へ）の思索が言い当てようとする努力に頑強に抗うこの秘匿へ向かう動向に対する反対動向としてはじめて、〈存在者が存在する〉という驚くべき・希有の事態が出来するのであり、この事態の全体をその隠

された襞にまでわたって包み込む言葉として、「性起」は語られるのである。(10)

『起源』では、次のように述べられている。

「被覆する〈覆い隠す（verbergen）〉ことは、みずからをみずから自身で被覆し〈覆い隠し〉、偽装する（ver-stellen）。このことは、次のことを言っている。すなわち、存在者の真っ只中の開け開いた座（die offene Stelle）、つまり〈開けた明るみ（Lichtung）〉は、たえず緞帳が巻き上げられていて存在者の演劇（Spiel＝戯れ）が上演される固定した舞台ではけっしてないのである。むしろ〈開けた明るみ〉は、こうした二重の被覆すること〈覆い隠すこと〉としてしか生起しない。存在者の〈真理（Unverborgenheit）（非被覆態《アレーテイア》すなわち覆いを取り除けられ、あらわになっている事）〉、それはたんに何かが目の前にある状態のことでは決してなく、あるひとつの生起（Geschehnis）（性起 Ereignis）である」(GA 5, 41)。「〈覆いを取り除けられ、あらわになっていること〉としての〈真理〉には、二重の〈覆い隠し〉という仕方で、こうした拒絶が帰属している」(ibid.)。「真理の本質は、それ自身において〈根源の争い〉（性起）なのである」(GA 5, 42)。

ここで、二個所に現われる「性起」という語の挿入が、ハイデガー自身による後年の補いである。(11) この『起源』の直後、すなわち「性起」という根本語が明示的に、かつ自覚的に導入されるにいたった『寄与』でのハイデガーの試みは、次のように定式化される。かつての（すなわち『存在と時間』の）〈存在の意味への問い〉が、いまや「存在の真理と本質への問いとして、すなわち存在の現成（Wesung）への問いとして問われ、存在の現成が性起として思考される」(12)(GA 65, 511)。そして『存在と時間』に続く形而上学期に「無」として思考されようとした「存在」の動向は、「性起」においてさらに一歩踏み込んで語り出され、それはもはや「無」ではないと言われる。すなわち、性起の内に孕まれた二重の「覆い隠し」の動向、つまり現象し、存在者へといたることから「おのれを退ける」離脱・脱去の動向は、「無ではない。この脱去（Entzug）は、〔…〕性起なのである」（VA, 135, WD, 5）。言わんとするところは、かつての形而上学的思考の眼には「無」と映ったものも、実は徹底して存在者への顕現からおのれを退けようとする「覆い隠し」「脱去」が、「存在」の生起の核心に生じていた事のはるかな反映だったのだ、ということになろうか。

こうして存在（へ）の思索の根本語として「性起」が見出されると、もはや「存在」という語さえ、かえって私たちの眼を事態の真相から隔ててしまうものとして、次第に遠ざけられていくことになる。「〈存在〉は〈性起〉の中で消え去り」（SD, 22）、「存在に特有なものは、〔もはや〕存在といったたぐいのものではない」（SD, 10）とすら言われるのである。[13] では、ハイデガーにおいて「性起」が究極の言葉となったのか。事態はそれほど単純ではない。というのも、「性起」が「性起」としてひとたび語られてしまうと、それは不可避的に「あらわなもの」、もはやおのれを「覆い隠すこと」のないものとなってしまうからである。そこで思索は、この「性起」の中にも、そこから脱去してゆく動向を認めざるをえない。すなわち「脱 - 性起（Ent-eignis）」である。「性起」は、「おのれのもっとも本来的で固有のもの（Eigenstens）を無制限にあらわにさせず、そこから退去させる」（SD, 23）のであり、この「脱 - 性起によって性起はおのれを放棄するのではなく、その固有のものを保守する（bewahrt sein Eigentum）」（SD, ibid.）のである。存在の性起の内に孕まれているこの名指しえないもの、徹底しておのれを「現われ」から退けるものは、むしろかろうじて「それ（es）」として暗示されるしかないかのようなのである。すなわち「それが与え・送り・贈与する（es gibt＝〜がある）」の「それ」である。時間も空間も存在も、いずれも「〈性起〉が与えるもの＝〈性起〉の贈り物（Gaben）として、〈性起〉からのみ思索されるべき」（SD,

24) なのであり、その性起の核心を統べているのは、時間や空間を、総じてすべてを与え・贈ってくる「それ」だというのである。

6 「それ」からの「贈与」

まず『ヒューマニズム書簡』を見よう。そこでは『存在と時間』にすでに見られる「存在が与えられている（Es gibt das Sein）」（SZ, 212）という表現を再び取り上げ、これはいまや「〈それ〉が存在を与える」と読まれるべきだとして、「ここで〈与える〉はたらきをするところの〈それ〉は、存在そのものである」（GA 9, 334）と述べている。この〈与える（贈与する）〉はたらきは、「存在の本質を名指している」（ibid.）というのである。「それ自身を開けた場所の内へ（ins Offene）、しかも開けた場所それ自身とともに〈与える〉のは、存在そのもの（das Sein selber）なのである」（ibid.）。ここで「開かれた場所」といわれるのは、形而上学期の用語で言えば「無」にほかならないのであるから、この文章は「存在と無をともに与えるのは、存在そのものである」と読むことができる。見られるように、ここでも〈それ〉が〈存在そのもの〉と同一視されている。同じ文脈で、「存在は、まさに存在者ではないしかたで存在する」（GA 9, 334）とも語られる。[14]

ところが、後年の『存在の問いへ』（一九五五年）になると、先の引用とまったく同趣旨の命題「〈それ〉は、存在と無を与える」が取り上げられつつ、今度は次のように述べられる。「ここで〈与える〉ところの〈それ〉とは、いったいいかなる〈それ〉を意味しているのか。〔…〕そのものは、与えられたものを保有するという仕方で、おのれ自身を、この与えられたものに任せてもいるのである。〔…〕無が〈存在する〉のでないのと同様に、存在も〈存在する〉のではない[15]〔強調・斎藤〕。しかし、それは両者を与える」（GA 9, 419）。先の『ヒューマニズム書簡』との違いは、微妙ではあるが歴然としている。そこでは「存在は、存在者ではないしかたで存在する」（あるいは「存在は、まさしく存在者で『ある』のではない」）と言われていたのに対して、ここでは「存在は存在するのではない」とされ、「存在（する）」に代わって「〈それ〉は与える」が決定的な表現となっているのである。[16] そしてその〈それ〉に関しては、先にも触れた二重の「覆い隠し」の動向があらためて強調される。〈それ〉は、「みずからの与えること（贈与）のみを与え、しかしながら自分自身はこのように与えることの中でみずからを覆い隠し、脱け去る」（GA 15, 364）。

他方で、この「与えること」の生起性格には、「たわむれ」「遊動」（spielen）の語が与えられる。「現存させる（Anwesen lassen）とは、あらわにすること（Entbergen 覆いを取り除けること）、開かれた場所へともたらすこと（ins Offene bringen）を言う。このあらわにすることの内には、ひとつの〈与えること（ein Geben）〉が〈遊動している〉。すなわち、現存-させること（Anwesen-*lassen* 強調ハイデガー）において、現存つまり存在を与えるところの〈与えること〉が」（SD, 5）。ここでの〈遊動〉が、あの「時-空-の遊動《たわむれ》」と同じ事態を名指していることは明らかであろう。「時-空-の遊動」とは、〈存在者が存在する〉場所の生起そのもののことであった。「この先-空間的な場所の生起（Ortschaft）をとおしてはじめて、〈それ〉がひとつの可能的な〈そこにおいて（Wo）〉を〈与える〉のである」（SD, 16）。してみると、存在への思索がかろうじて及びうるのは、〈存在者が存在する〉という事態の生起と、そのありよう（場所性）までであって、そうした事態の生起を統べ、主宰している〈それ〉は、もはや名づけえぬものとして、存在の生起の背後におのれを深く秘匿したままなのである。〈それ〉がいったい何を名指しているのか、あるいはそもそもここで名指しが成り立ちうるのかすら、不明なままなのである。

〈それ〉を思索することは、はたして可能なのか。ハイデガー自身は、その可能性を未来の思索にゆだねたようにも見える。「それにしても〈存在〉、この〈存在〉とはいったい何なのか。それは、〈それ〉そのもの（Es selbst）である。これを経験し、そして言うことを、将来の（来るべき）思索（das künftige Denken）は、学ばなければならない」（GA 9, 331

（強調ハイデガー）。この引用は『ヒューマニズム書簡』からのものであるから、ここでの「それ」（大文字で書かれている）は、文脈からしても、またその執筆の時期からしても、「存在」をさすと読むべきであろう。だがハイデガーが到達した地点からあらためてふり返ってこの文章を読むと、この「それ」を「存在」と名指すことはいまだ思索の不十分さの証しなのであり、「それ」をあらたに「経験し」「言うこと」は、彼自身にとっても、「来るべき思索」にゆだねるべき事柄だったと言ってもよいように思われるのである。

だが、「来るべき思索」にゆだねるということは、もはや思索しえないということではない。いまだ言われえない〈それ〉へと向けて思索を先送りすること、そのこと自体がすでにひとつの思索の可能性なのである。存在（へ）の思索は、〈存在者が存在する〉という存在の生起（性起）の原初においてみずからを存在へと〈与え・贈与〉しつつ・それ自身は二重の「覆い隠すこと」において存在とは正反対の方向に引きこもってしまった〈それ〉へと向けて思索することとして、本質的に「追想的思索（Andenken）」であるとともに、いまだ思索されるにいたっていないがなお思索さるべき〈それ〉へと先駆けて思索することとして、「将来へと先駆ける思索（Vor-denken）」でもあるのである。[17] しかし、この「将来へと先駆ける思索」と「来るべき思索」との関係は、いったいどうなっているのか。ここには、なお考える余地が残されているように思われる。そしてそのとき再び、思索と〈それは与える・贈与する〉の〈それ〉との関係が、新たに考え直されねばならないことになるだろう。[18]

第四章　言葉と人間

前章で私たちは、存在（へ）の思索がもはや「何」とも名づけえない〈それ〉にまで突き進み、このもはやそれ以上語りえない次元をもちこたえつつ、なお〈それ〉を新たに言葉にもたらすはずの将来の思索へと先駆け、かつすでに思索のもとを去って久しい〈それ〉を追想的に思索する境位を垣間見た。そうしたハイデガーの思索の境位にあってますます思索の事柄として重要性を増してくるのが、〈それ〉を何らかの仕方で「言う」営みとしての「言葉」の問題であった。ハイデガー晩年の思索は、この「言葉」へと思索を差し向けることにますます多くの努力を傾けるにいたったと言ってよい。そしてまた、ハイデガー以後の現代の思索の行く末を考える上でも、言葉ないし言語の問題を避けて通ることはできない。ここで考えてみたいのは、存在への思索と言葉との関わりである。

1 言葉と存在

存在をも〈それ〉が与え、贈ってくるところのその〈それ〉を、晩年のハイデガーは端的に「言葉」と捉えるにいたる。彼はいまや「存在」を「言葉」として思索するのである。〈それが与える〉の〈それ〉を、人間がそれに聴き耳を立て、それに応答して何事かを「言う」ところの「言葉」として捉えるのである。したがって、ここで「言葉」といってもそれは、すでに語られたかぎりでのそれではなく、私たちが〈それ〉に耳を傾け、〈それ〉が〈与える〉もの、〈それ〉が〈贈ってくる〉ものを「言う」ことにおいて、みずからを存在へともたらす／もたらせしめるところの〈それ〉を、「言葉」と呼ぶのである。ここには、〈「性起」は「言葉」として成就する〉という洞察が秘められている。「存在者が存在する」という最大の驚異が達成されるのは、言葉が存在者をその「何」において命名し、この端的な「言うこと」をもって、その「言うこと」において名指された存在者を存在（すること）へともたらすという仕方を措いてほかにはない、というのである。やがてハイデガーは、「言う」ことのこの過程の全体を、「言《こと》（die Sage）」と呼ぶようになる。

まず、〈それ〉と言葉との関係を見ることからはじめよう。彼は、言葉もまた、〈それ〉あるいは〈存在〉と同じく、決してそれ自体は存在者ではないことを確認することからはじめる。「語《ことば》（das Wort）は、それ自身ものではないのだから、それは存在するところの何か（etwas）というわけにはいかない。語は、私たちの手元から滑り落ちて消えてしまう」（GA 12, 181）。「〈存在する（ist）〉も語も、似たような状況の内にある。どちらも、現に存在するものの中には属していない」（GA 12, 182）。この確認をうけて、言葉が〈それ〉へと結び付けられる。

「語《ことば》が存在するということは決してなく、〈それ〉が〈与える〉というべきである。しかも、〈それ〉が語を与えるのではなく、語そのものが与えるものなのである。語とは与えるもの（das Gebende）、と言うべきなのである。では〔語は〕いったい何を与えるのか。〔…〕語は、存在（das Sein）を与えるのだ」（GA 12, ibid.）。

〈それ〉が存在を与えるのに対して、〈それ〉が語を与えるのではない、語そのものが与えるものなのだ、といわれている点に注意しよう。ここで語に与えられた位置は、正確に〈それ〉という名指しえないものに重ね合わされているのである。語ることと・言うこととしての言葉が成り立つためには、〈それ〉という、それ自体は語りえないものに耳を澄ませることがその本質として含まれている、という洞察である。このかぎりでの〈それ〉は、語ことばそのものなのである。「語の本質には、この与えるもの〔すなわち〈それ〉〕が蔵されている（sich verbirgt）」（GA 12, ibid.）のであり、「語が与える（Es, das Wort, gibt）」（GA 12, 183）のである。

さて、言葉が〈それ〉であるとすれば、言葉は「性起」に本質的に属していることになる。つまり、言葉がその本質において関与していない「性起」はありえない。「言葉の根底〔すなわち〈それ〉〕は性起の内にある」（GA 12, 250）のであり、「性起とは、言《こと》のはたらきとしての〈言いつつあること〉なのである（Das Ereignis ist sagend.）」（GA 12, 251）。言葉があらゆる存在者を、その固有なものへと、すなわちそれ自身へともたらし、そのもたらすことにおいて当の言葉自身は、存在から身を退ける。つまり、言葉自身が存在するものとなることはないのである。「言葉とは言（die Sage）〔〈言うこと〉の過程の全体〕なのであるから、〈性起しつつ示すというはたらき（das ereignende Zeigen）〉であり、このはたらきは示されたものを自由に解き放ち、それ〔示されたもの〕が立ち現われてくる（Erscheinen 現象する）という、それの固有性を発揮できるように、みずからはおのれ自身から離れてゆくものなのである」（GA 12, ibid.）。

かくして、言葉は性起として、性起は言葉として、存在（するという事態）を与え、贈る。語こそが存在を与えるのである。ということは、私たちの現実がこのようなものであること、すなわち〈総じて世界があるのであって、むしろ無ではないこと〉、このことのすべては言葉に――言葉が言葉として性起することに――かかっているのである。この意味で、言葉は私たちの現実のすべての根幹である。言葉と存在とのこの本質的なつながりを、ハイデガーはシュテファン・ゲオルゲ（Stefan George, 1868－1933）の詩「語《ことば》（Das Wort）」（一九一九年）を思索しながら明らかにしようとしている[1]（GA 12, 152ff.）。まず、この詩の全文を掲げておこう[2]。

語《ことば》

遠くはるかな秘蹟（Wunder）を　夢にのみ見るものを
私の邦《くに》の際《きわ》まで　私はもち来った

そしてじっと待ちつづけた　髪に霜おく運命の女神ノルンが
その泉の中に名（Den namen）を見出してくれるまで――

ついに女神がその名を見出してくれたおかげで　私はそれを抱きしめることができた
かたく　つよく　いまそれはこの国境《くにざかい》で花開き　あたりをあまねく照らし出す…

かつて一度　私は稔り豊かな旅路を了え　私の邦にたどり着いた

みごとで華奢な　一粒の宝石を携えて
女神ノルンはその泉の中を長らく捜し求め　そして私に告げた
「この深い水底には　何も眠ってはおりません」

この言葉とともに　一粒の宝は　私の手から滑り落ち
そして　ふたたび私の邦が　この宝を得ることはなかった…

こうして私は　悲しみをもって諦めを学びとった
語《ことば》の欠け毀れ去るところ　ものあるべくもなし、と。

解釈のかなめになるのは、次の詩行である。「語《ことば》の欠け毀れ去るところ（破れ去るところ）、ものあるべくもなし（Kein ding sei wo das wort gebricht）[3]」。見られるとおりこの詩行は、「語」と題された全十四行からなるこの詩の最終行に置かれており、詩人が詩作においてさまざまな経験を経た後、ある諦念をもって学びとった事柄として示されている。その直前の詩行は、「こうして私は悲しみをもって諦めを学びとった（So lernt ich traurig den verzicht:）」である。つまり、それはゲオルゲにとって、詩作の要諦なのである。では、いかなる要諦か。ハイデガーは、それを次のように解釈する。「語が欠けているとき、すなわち名が欠けているとき、いかなるものも存在することはない。語がはじめてものに存在を付与する（verschaft）」（GA 12, 154. 強調ハイデガー)。

何かが、総じて世界が、存在するという事態が成立するのは、その何かに「ふさわしい語」「その資格のある語」(das geeignete, ...zuständige Wort, GA 12, 155) が名として与えられてはじめてなのであり、こうして「ふさわしい語」を言うことを通して、その何かが存在者として「樹立される(stiften)」(ibid.)。「その資格のある語が語るときにのみ、存在がある」(ibid.)。そして、もし事情がそうであるのなら、「何らかの存在者の存在は、語の内に住みついている」(GA 12, 156) ことになる。ほかならぬその語《ことば》が、その語によって名指された存在者を存在(すること)へともたらし、現に存在せしめているのだから、というわけである。かくして、「〈言葉は存在の家である(Die Sprache ist das Haus des Seins.)〉という命題が成り立つことになる」(ibid.)。

「住まう」「家」ということになれば、当然、そこに住まうのは誰かが問題になるが、この点には後に立ち戻るとして――ここでは、「存在」が住まうと言われている――、ゲオルゲの詩句の解明をつづけよう。当該の最後の詩行に関して、もう一点ハイデガーは重要な考察を展開している。それは、ここでの主文で用いられている動詞の「叙法(Modus)」についての考察である。見られるとおり、そこでは動詞 sein は、直説法の ist ではなく、sei となっている。通常の読み方であれば、それは諦念の内容(諦めた事柄)を示す一種の間接話法としての接続法(第I式)ということになるだろう。だがハイデガーは、ここはそうした接続法ではない、と言う。なぜなら、詩人は「語の欠けるところには、ものは存在しない」ということを諦めたのではなく、「語の欠けるところには、もはやものは存在すべくもないのだ」ということを、諦めをもって学びとったはずだからである。

では、それが間接話法の接続法ではないとすれば、いかなる叙法なのか。ハイデガーは、それを「一種の命令法」であり、それは「詩人が今後とも銘記すべきある遵守事項を命じている」のだという(GA 12, 158)。パラフレーズすれば、〈語がないところでも、語とは独立にものが存在するなどと考えてはならない〉と命じているわけである。「諦めをもって」とは、〈ものは語とは独立に存在している〉といういわば常識的な思念を「諦め、断念すること（aufgeben, verzichten）」（Vgl. ibid.）を言っているのであり、この「断念」をもって詩人は、まさに〈語こそがはじめてものを存在にまでもたらす〉ということを学んだのである。

では、詩人が学んだこの命令は、いったい誰が発したものなのか。詩は、そのことを明言してはいない。しかし、詩人がみずからに命令したのではないとすれば、ここでそれを発したのは、最終的には語《ことば》以外ではありえまい。詩人は語に耳を傾けることによって、語が発するこの命令を聴き取り、それに服したのである。「何らかのものを、その存在において保ち、支えているのは語であることを、語みずからが詩人にむかって確約した」（ibid.）のである。さらに付け加えれば、詩人が言葉の発するこの命令を聴き取り、それに服するときの「悲しくも（traurig）」とは、ここで生じている事態の全体から立ち昇ってくる或る「根本気分」を名指している。これは、言葉が〈それ〉として、〈もの〉に存在を送り・与えるとき、言葉それ自身は、つまり〈それ〉そのものは、決して存在へとみずから自身を送り届けることなく、言われざるものとしてかたくなに〈覆われてあること〉の内へと引きこもるという事態に対応している。詩人は語そのものに聴き、〈それ〉を言葉へともたらすことに全生涯を賭けているにもかかわらず、〈それ〉を、すなわち語そのものを、言うことにつねに失敗せざるをえないのである。この挫折は、語そのものの本質からする詩人の宿命なのだ。ここでは、「不安」や「退屈」や「驚き」とならんで、いわば詩人・語る者の「根本気分」としての「悲しみ」がうたわれているのである。

詩はこのようにして、〈もの〉にその〈存在〉において本質的に「関わって」おり、「語そのものがこの〈関わり（Verhältnis）〉」（GA 12, 159）だと言われる。そして詩人は、語の〈もの〉とのこの「関わり」の内に「入り込む（gelangen in）」（ibid.）ことによって、「言《こと》」を[6]、すなわち〈ものが存在するということ〉を成就する媒体となる。詩人自身もまた、この「関わり」なのである。詩と思考は、両者の根底にあるこの「言うこと（das

Sagen)」(GA 12, 178) において、「存在という畑に畝を置く」(GA 12, 163)、すなわち「語によってはじめて、ある何らかのものが、いま現に存在しているようなものとして立ち現われてくることができる (erscheinen lassen)、つまり厳として眼前に存在するようになる (anwesen lassen)」(GA 12, 158)。「畝を置く」とは、このように何ものかが存在するもの (存在者) として、存在の畑を地として、その上に姿を浮かびあがらせることの謂いにほかならない。ハイデガーはこれと同様の趣旨で、Be-wëgung とも言う。それは、存在の畑の上に一筋の「途 (Weg)」がつけられ・置かれることとして、存在の「途づけ」「運動」「揺動」なのである (Vgl.,GA 12, 186ff.)。

2 「言《こと》(die Sage)」

存在(すること)と言葉との本質的な関連、「関わり」についてのハイデガーの思索は、上で粗描したような基本軸に沿って、その機微の種々相へと繊細にして粘り強い思索の努力をもって降り下ってゆくことになるのだが、以下では本書の論旨に密接に関わるいくつかの点になお若干の言及をするにとどめよう。まずは、詩作と思索との関係の問題である。ここではこれまで、主にゲオルゲの詩作に思索的に関わるハイデガーの言うところを取り上げてきたわけだが、この両者——詩作と思索、詩人と思索者——の関係はどのようになっているのだろうか。

ハイデガーのいわゆる後期の思索も、晩年のこの段階になると、見られるように急速に詩作に接近し、両者の境界がもはや不分明なものになりつつあることはたしかである。ハイデガー自身、次のように述べてもいる。「詩作が本来的にはひとつの思索の活動であるのか、それとも思索が本来はひとつの詩作という作業であるのかは、すぐには決めることができない」、と (GA 12, 178)。存在(へ)の思索が、もはやそれ自身は名づけえない

〈それ〉に主宰された〈性起〉へと思索を送り返しつつ語り出すものであってみれば、その「語り」は、いわゆる「学（Wissenschaft, science）」としての語りや「形而上学（哲学）」としての語りから、もはやそのような「学」ならざる語りへと一歩踏み出し、いわばより単純で、より原初的な語りに近づいていることは間違いない。

「来るべき思索は、もはや哲学ではない。なぜなら、来るべき思索は形而上学よりも一層根源的に思索するからであり、また形而上学という名称は哲学と等しいもののことを言っているからである」（GA 9, 364）。

だが、それは決して語ることの厳密さ、厳格さを彼が放棄してしまったことを意味しない。むろん、より単純で、より原初的な語りになればなるほど、厳密に語ることは、より困難な試みとなるのではあるが。「概念的な思考よりももっと厳密であるような思索がある」のである。(6) ここで彼の視線が、思索と詩作の区別よりは、まずもって両者をその根底で統べている事態へと向かっていることはたしかである。それは一言で言えば、「言うこと（das Sagen）」そのことに尽きる。私たちが思索と詩作の区別をめぐって両者を「思い浮かべようとすると、そのたびごとに、そのつど、たったひとつのエレメントが私たちに迫ってくる。すなわち、〈言うということ（das Sagen）〉である。〔…〕〈言うこと〉は、思索と詩作を単に支えているだけでなく、両者がしめる領域（Bezirk）を提供するという底のものなのである」（GA 12, 178）。

一方では、たしかに次のように、思索が詩作に先行するかに見える発言がある。「思索とは、存在の真理を〈聴き取り書き取ること（Diktat）〉の意である。思索とは、根源的な dictare なのである。思索は原詩作（Urdichtung）であり、あらゆるポエジーに先行する」（GA 5, 328）。だが他方で、詩作こそが根源的な営みであるとする文章がある。「詩作は、すべてのものの存在と本質とを創設する命名（das stiftende Nennen des Seins und des Wesens aller Dinge）であって〔…〕それによってはじめてすべてが、開けたところ（das Offene）へと踏み入るような、そうした〈言うこと（das Sagen）〉である」（GA 4, 43）。まさしく「詩人的に、人間はこの地上に住まう（"Dichterisch wohnt der Mensch auf dieser Erde."）」（GA 4, 47）というわけである。してみれば、ハイデガーにとって思索も詩作も、ともに〈言うこと〉として、〈性起〉の根源的な二つの様態であり、もはや両者は切り離すことのできないものということになろうか[7]。「深く思いめぐらす思索はすべて詩作であり、また詩作はすべて思索なのである」（GA 12, 256）。彼の視線は——いや「耳」は、と言うべきか——、詩作と思索とがもはや区別できない原初的な〈言うこと〉に向かっていると言うべきなのである。

その上での両者の区別とは、いわば〈言うこと〉のその「言いまわし」の違いであるにすぎないことになる。ハイデガー自身が厳密にそのような区別を両者の間に立てているわけではないが、あえて見通しをよくするために整理すれば、次のようにでもなろうか。まず、〈言うこと〉の一方の〈言いまわし（Weise）〉とは、聴き取られたものを「ひとつのものへと取り集め、それを私たちの前へと整え・統べ置くこと（die lesende Lege）」としての「ロゴス（ὁ λόγος）」（VA, 215f.）、すなわち思索である。〈言うこと〉のもうひとつの〈言いまわし〉とは、聴き取られたものを「褒め称え（preisen）、その称えられているものを、称える声の中で守る（hüten）ところの歌」（GA 12, 65）としての「メロス（旋律）」、すなわち詩である。次の引用は、必ずしも詩作にのみ言及しているのではないが、この文脈では詩にこそふさわしいものであろう。「言《こと》とは、性起が口をきく、その〈言いまわし（Weise）〉である。ここに〈言いまわし（Weise）〉といったのは、方法（modus）とかやり方（Art）というよりもむしろ、メロス（μέλος）、すなわち歌とか旋律（節回し）という意味であり、この歌こそ、歌いながら語る（singend sagen）のである[8]」（GA 12, 255）。

では、思索と詩作の根底にあるとされた〈言うこと〉とは、どのような事態のことなのか。それは、簡潔に表現すれば、「現わせしめること、すなわち見せしめ、聴かしめること（erscheinen-, sehen- und hören- lassen）」（GA 12, 241）としての「示すこと（zeigen）」（ibid. Vgl. GA 12, 202）だという。こうした〈言うこと〉とは、ほぼそのまま〈性起〉に重ねあわせることができる。つまりそこでは、言われたところのものが存在者として存在へと贈られ・与えられてくると同時に、そのように〈贈る・与える〉もの自身は、すなわち〈言うこと〉自身は、存在のいわば手前に身を引いてしまうのである。「〈言うこと〉は、示すこと、立ち現われさせること（Erscheinen lassen）、光を与えつつみずからは身を匿し、しかも解放して自由を与えるというかたちで世界をここに到来させること（das lichtend - verbergend - freigebend Darreichen von Welt）である」（GA 12, 202）。「森を間伐して明るませながら隠し匿うような（verhüllend）、つまりヴェールを被せるようなかたちでの世界の提示（das schleiernde Reichen）こそ、〈言うこと〉の中で〈現成してくるもの＝存在・本質（固有なもの）へと立ちいたるもの（das Wesende im Sagen）〉なのである」（GA 12, 188）。そして、先ほどからしばしば登場している「言《こと》（die Sage）」とは――普通のドイツ語では「伝説」という意味であるが、そしてその原意は「言われたこと（Gesagtes）」なのだが、ハイデガーはこれを〈性起〉に重ねあわせつつ、みずからに独自の術語にまで仕立て上げている[9]――、この〈言うこと（das Sagen）〉、〈言われたこと（das Gesagte）〉、および〈言われるべきこと（das zu-Sagende）〉」（GA 12, 137）の総体のことなのである。

3　「静寂の響き」

ここで次に注目したいのは、「言《こと》」の重要な一角をなす「言われるべきもの」である。それは、言われるべきものであるかぎりで、いまだ言われざるものでもある。それ自身は、黙して語らざるものである。しかし、何かを語ること、言うことは、この〈言われるべきものにして、いまだ言われざるもの〉に耳を傾け、その「静寂の響き（das Geläut der Stille）」を聴き取り、そしてそれに「応じて語り出す（Entsprechen）」こととしてしか、成立しえない。「名を見出すためには、何と言っても名づけようとする言葉からの呼び掛け（Zuspruch）がなければならない」（GA 12, 105）からである。「死すべきもの〔すなわち私たち人間〕は、〔この静寂の響きの呼びかけを〕聴くかぎりにおいて、語り出す。〔…〕聴き耳を立てては受け取り、それを語り出す（das hörend-entnehmende Sprechen）のが、〔呼び掛けに応じ、答えることとしての〕応 - 答（Ent-sprechen）である（GA 12, 29）。「言葉は静寂の響きとして語る」（GA 12, 27）のであり、「人間は言葉に応答するときにのみ、語ることになる。この応答とは、聴くことなのである」（GA 12, 30）。

ここでクローズ・アップされてくるのは、一方で、「静寂の響き」であり、他方で、それに応じて語り出すこととしての「応答」である。そして、この両者を媒介しているのが、「聴くこと」にほかならない。「言」ないし「言うこと」とは、実際に口に出して喋ること、あるいは書き下ろすことに先立って、「長きにわたって、まず聴くこと」（GA 12, 66f.）なのであり、「本来言葉にならないはずのもの〔すなわち静寂の響き〕を、後から追って語る（nachsagen）ように呼びかけられることは、実は聴くことにほかならないのである」（GA 12, 67）。「後から追って語る」とは、静寂の響きにおいて聴き取られたものに「ならって・したがって（nach）」、それを「語り出す（sagen）」「まねびの声」（ibid.）なのであり、これは、かつて思索が「追想（Andenken）」であると言われたことに呼応していよう。

この聴取において聴き取られたものとは何か。それが「言葉」なのであり、言葉とはかの「〈それ〉は〈与える〉」の〈それ〉に新たに与えられた名前であった。〈それ〉が、それ自体としては名づけられることも語られることもできないものであったように、ここでの「言われるべきもの」も、それ自体は決して「言われたもの」

ではない。そのいずれもが、「静寂」の内にあるのである。〈それ〉は「時 - 空 - の遊動《たわむれ》」として〈性起する〉のであったが、ハイデガーはそこにもすでにこの「静寂」を見て取っていた。

「立ち去りつつ贈るという時間の性質（das entrückend-Zubringende der Zeit）と、場所を与え・許容しつつ受け容れては解き放つという空間の性質（das einräumend-zulassend-Entlassende des Raumes）は、全体として同一のものすなわち静寂の遊動（das Spiel der Stille）となる。〔…〕空間と時間とを、その本質において凝集させてそのまま保ちつづけているまさにその〈同一のもの（das Selbe）〉は、〈時 - 空 - の遊動〉（Zeit - Spiel - Raum）と呼ばれてよい」（GA 12, 202）〔強調・斎藤〕。

これと同様、「言」の根底で生じている事態もまた、「声を立てることもない。時間が時として熟し（die Zeit zeitigt）、空間がひらけた所として拡がる（der Raum räumt）ときのように静かに、そして時 - 空 - の遊動がたわむれている（der Zeit - Spiel - Raum spielt）ときのように静かに」（GA 12, 203）――。この静寂の響き、「それが言葉の本質・本質 = 存在の言葉なのである」（Vgl., GA 12, 204）。

　だが、静寂の響きは聴き取られねばならない。それは、「言われるべきもの」なのである。聴くこととはすなわち、静寂の響きを聴くことにほかならないのであり、両者は独立に存在するものではありえない。〈それ〉は聴き取られる。これは、静寂の響きが何者かによって「受け取られ」、「引き受けられた」ことを意味する。ハイデガーは、これが「経験」することの本義だという。

「経験するとは、〔…〕それ〔経験される当のもの〕が私たちの方へ向かってくること、すなわちそれが私たちに突き当たり、迫り、私たちをなぎ倒し、私たちをすっかり変えてしまうことを指す。〔…〕耐え抜く、我慢する、私たちにぶつかってくるものに従いながら聴き入れつつ受け取る、引き受けることを意味する。つまり、何かが起こる、生じてくる、運命的と言ってよいほどの仕方で〔すなわち〈それ〉が〈与えてくる〉という仕方で〕何かが持ち上がることなのである（Es macht sich etwas, es schickt sich, es fügt sich.）」（GA 12, 149）。

このようにして迫ってくる「静寂の響き」が紛れもなく静寂の響きであるのは、何者かがそれに圧倒され、それに服するという仕方でそれを受け取ることによってなのであり、この受け取ることがすなわち、「それに応じて語り出すこと」、「応答」なのである。ここでは「受け取ること」と「応答すること」とは決して切り離すことはできないのである。

では、この静寂の響きを受け取り、それに応ずるものとは誰か。それに応ずることによって、世界を世界たらしめる者は誰か。――言うまでもなく、それは「死すべき者ども」としての私たち「人間」以外の者ではない。そして、人間のこの営みが応答であるかぎりで、正確には人間が世界をあらしめているのではなく、人間が〈それ〉に応じて語り出すところの〈それ〉が、すなわち「言葉」が、最終的には世界をあらしめているのである。「言葉の語りかけ（Zusage）は、宙をさまよって消えてしまうわけではない。この語りかけには、ぶつかる相手がいるのだ。それは人間以外のいったい誰であろうか。というのも、人間が言葉からの呼びかけに応え、言葉のために言葉を語るよう用いられるときにのみ、人間ははじめて人間であることになるのだから」（GA 12, 185）。

こうして、言葉に応じ、言葉を語るものとしての人間、死すべき者、「現存在」が、ふたたび問題となる、すなわち思索の事柄となる。『存在と時間』期に、現存在の存在の仕方を問うというかたちではじめて問われ、「転回」を経て存在そのものの側へと飛躍した思索が、ここであらためて、「人間」「死すべきもの」へと回帰するのである。この問題は、ハイデガーのフッサール批判の中心にあった問題であり、超越論的なものの問題系の重要な一角を占めるものでもあったことを、思い出そう。ここで「人間」は、いまや新たに、どのような位置を占めることになるのであろうか。

4　人間と言葉

人間は、〈それ〉の発する声なき声、静寂の響きに耳を傾け、〈それ〉を聴き取ることに応じて語り出し、この語り出しにおいて、世界が世界として存在へともたらされる。してみれば、人間は〈それ〉と、〈それ〉が〈与える〉ことによって存在へと立ち出でる世界との間にあって、両者を「言葉」という仕方で媒介するものであることになる。しかも、そこに人間が居合わせなければ、〈それ〉の発する静寂の響きが聴き取られることもなければ、世界が存在へと躍り出ることもないという意味では、人間は存在にとって単なる媒介以上のものでもある。だが、人間が人間として存在すること自体が、存在なくしては、すなわち〈それ〉が人間を存在へと贈ることなくしては、ありえないこともまた確かである。一方で、人間なくしては存在が存在として姿をあらわすこともなく、他方で、存在の〈性起〉なくしては人間が人間として存在すべくもない。かくして、人間と存在は、互いに他方を欠いては存立しえない「共属性」の内にあることになる。「存在は、それがみずからを存在として成就する（wesen）ために、人間を必要とする（brauchen）。そして人間は、その究極の規定を現‐存在として成就する（vollbringen）ために、存在に属する（gehören）」（GA 65, 251）。「転回」とは、いまやハイデガーにとって、「存在」と「人間」との間のいわば「共振」とも言うべき事態の中で、人間から存在へ向かう動きが、存在から人間へ向かう逆向きの動きへと「転回」することにほかならない。

「現存在があるところ、そして現存在があるときに、存在の真理があり、存在そのものが存在としてみずからを成就する（wesen)。真理の存在があるところ〔真理が存在するところ〕、そして真理の存在があるときにのみ〔真理が存在するときにのみ〕、現存在は存在する。それはまさに存在そのものの自己成就（Wesen）を、それ自身において対抗振動する（Gegenschwung〔＝一方から他方へ、他方から一方へと、互いに共振しあう〕）性起として告知するひとつの転回であり、転回そのものである」(GA 65, 261)。

存在と人間（現存在）とは、このような仕方で「転回」を介して呼応し合っているのである。

だが、存在と人間とのこの「共属」は、互いに両者なくしてはありえないものであるにもかかわらず、いわゆる「対等な」関係では決してない。なぜなら、現存在が現存在であるかぎり、すなわち人間が人間であるかぎり、人間はすでに存在に属してしまっており、その人間が〈存在〉を語り出すとき、そこにはすでに〈存在〉が支配しており、人間はすでに存在の支配の下にあるからである。これに対して人間は、存在に対してそれを支配するという関係にはないからである。こうした両者の関係をハイデガーは、先にも見たように、人間は存在に「帰属し（gehören)」、存在は人間を「用いる・必要とする（brauchen)」と表現する（Vgl., GA 65, 251)。つまり、あくまでも統べている（司っている walten）のは、「存在」（正確には〈それ〉）の方なのである。このかぎりで、人間から存在への「飛躍」は、すなわち人間が存在へと身を委ねることは、存在（へ）の思索にとって不可避の事態なのである。

そして、存在と人間とのこうした切り離しえない本質的な「関係」は、そのまま人間の本質でもあることになる。人間は存在へと「関わり（関与し）」、存在に「用いられる（必要とされる）」かぎりにおいてのみ、人間であるからである。しかも、一見人間の方から存在に関わっているように見えても『存在と時間』はこうした観点から出発した）、よくよく見てみれば、人間がみずからを自己自身によって存在へともたらしたわけではなく、気づいたときにはいつもすでに存在の内へと委ねられてしまっている以上、この「関わり」は、存在の方からする人間への（一方的な）「関わり」であったことになる。「存在そのものは〈関わり（Verhältnis）〉であり」、「存在は自ら自身をこのような関わりとして〈人間へと〉送り届けてくる」（GA 9, 332）のである。

「関連（Bezug）」という言葉を使ってハイデガーは、人間と存在（〈それ〉）との関係を、次のようにも記述している。

「〈関連〉という言葉の言わんとするところは、人間はその本質において〈用いられているもの（gebraucht）〉であり、人間はまさに（本来的に）おのれを固有なものとして存在へともたらすもの（der Wesende）としては、人間に対して要求してくる〈用（Brauch）〉の中に取り込まれている、ということである」（GA 12, 119）。かくして「〈用〉が統べている（das Walten des Brauchens）」（ibid.）と言ってよいのである。

ここで人間を「用いている」者は〈それ〉であった。そして、この〈それ〉はいまや「言葉」として思索されている。したがって、「言葉」こそこの「用」であり、「関連」であり、詩人は、「死すべき者」は、人間は、この関連の内に入り込むという仕方で、人間なのである。「語《ことば》（das Wort）こそものをものとして保ち（hält）、かつ関わらせる（verhält）ものそのものである。〔…〕語は、関わらせるもの（das Verhaltende）として、関わり（das Verhältnis）そのものである」（GA 12, 177　強調ハイデガー）。そして「詩人は、語がものに対してもつこの関わりの内に入り込む」(GA 12, 159) ことを、その本質ないし使命としている者のことなのである。

かくして「人間の本質は、言葉の内にその基盤をもつ」(GA 12, 230)。もはや言葉は、「人間のもつさまざまな他の能力と同一視されるような単なるひとつの能力ではない」(GA 12, 229 強調ハイデガー)。「人間であるとは、ものを言う者であること (ein Sagender)」であり、「人間はその本質の根拠において、ものを言う者 (ein Sager)、唯一のものを言う者 (*der* Sagender)」なのである (GA 40, 88 強調ハイデガー)。ハイデガーによるこうした人間の本質規定は、人間を、明らかに一個の存在者のレヴェルで捉えているといってよい。先に、ハイデガーにおける「現存在」には、そこにおいてすべてが存在へともたらされる「場」としての側面と、そうした「場」の内に立ち、存在する一個の「存在者」としての側面との二義性があることを指摘したが、そうした「場」としての側面はいまや〈存在〉ないし〈それ〉の次元で思索され、言葉を語る存在者としての側面が、言葉によって「用いられ・必要とされる」ところのその誰として、思索の前景に出てきているのである。

そして、その「誰」が、いまや (ふたたび)「人間」という存在者であるとすれば、これまたふたたび (そして「あらたに」) 思索されるべきは、そうした人間の存在の仕方がいかなるものであるか、である。それはいまや (ふたたび)、住まうこととして思索される。「住まう」とは、住まう者を庇護し・守ってくれる何らかのものの下にあること、すなわち「家」の下にあることであり、その「家」とは、言葉であるかぎりでの「存在」である、とハイデガーは言う。先に「言葉は存在の家である」という『ヒューマニズム書簡』の名高い一節を引いたが、講演「言葉の本質」(一九五七/五八年) では、この命題が「何らかの存在者の存在は、語の中に住みついている」と解釈された (Vgl., GA 12, 156)。文字通りにはまさにその通りなのだが、ここで唯一のものを言う者としての「人間」、つまり言葉をその本質とする「死すべき者」のことを勘案すれば、事態は次のようになるだろう。先に私たちは、人間は存在・言葉・〈それ〉の統べる〈用〉のもとでのみ人間であることを見た。すなわち人間は言葉に帰属し、言葉の支配の下にある。そしてその言葉が、世界を、すべての存在者を、はじめて存在へともたらす。かくして「言葉は存在の家」なのであった。だとすれば、ここでは人間も存在も、ともに言葉の支配の下にあることになる。存在とは存在者の存在――存在者が存在すること――であり、その存在をもたらすものが言葉であるとともに、人間もまた一個の存在者なのであってみれば、存在も人間もともに言葉の屋根の下に住んでいるのである。

では、言葉がかたちづくる家には、人間と存在という二人の住人が住まっているのか。もちろん、そうではあるまい。先に私たちは、人間と存在との「共属」を確認した。つまり、両者は互いに他方なしに、独立に存在するものではなかった。人間と存在という二つの独立したものがあるわけではないのだ。では、言葉の屋根の下に住まっているのは、存在＝人間とでも言うべき或るひとつのものなのであろうか。いや、おそらくこの表現もまた不正確と言うべきであろう。なぜなら、一方で人間は一個の存在者であり、他方で存在は存在者ではないのだから、両者を等号でつなぐことはそもそもできないのである。正確には、次のように言わなければならないはずである。すなわち、言葉が開く存在の空間の内に（それは「世界」と呼ばれる「場所」である）、人間は存在者として住まうのである。

「言葉（Sprache）が、そこにおいて人間が地の上で・天の下で世界という家を住み家とする（bewohnen）領野（Bereich）を、開けて保つ（offenhalten）」（GA 13, 150）。

人間は、存在の空間（すなわち「世界」）のこの開示に、みずから言葉を言うことによって参与する、すなわち「用いられる」のである。したがって、いまやこうした一連の事態を根本において統べているのは、〈それ〉の静寂の響きに「死すべきものども」である人間たちが聴き従い・みずから語り出す〈言〉という〈性起〉なのである。「言葉がはじめて、人間に世界を開き、同時にそれとともに、人間が世界の内に住まうことをも開くのである」(GA 9, 75)。「詩作は、住まうことをはじめて住まうことたらしめる。詩作は、本来的で固有な〈住まわせしめること(Wohnenlassen)〉である」(VA, 189)。ここでの「詩作」は、その根本においてとらえられた「詩作」、すなわち〈言うこと〉、〈言〉としての詩作と解することが許されよう。かくして、「詩人的にこそ、人間はこの地上に〔すなわち存在の空間としての「世界」の内に〕住まう」(ヘルダーリン　GA 4, 47) のである。

まとめよう。ここでの、ハイデガーによる人間の位置づけは、次のようなものである。[10]「言葉」(根本的には〈それ〉)が開く「世界」という存在の空間(すなわち「場所」)の内に、「人間」という一個の存在者が、ほかならぬ「住まう」という仕方で存在し、かくしてすべてが「存在する」。これはそのまま、本書が理解するところのフッサール現象学の基本的枠組み、すなわち、〈そこにおいてすべてが現象へともたらされることになる超越論的領野の内に、人間的主観性としての私が、一個の存在者として存在し、このような私たちに対して、世界のすべては存在する〉という枠組みに、重ね合わせることができる。ハイデガーがここで「世界」と呼んでいるものは、たんなる存在者の総体ではなく、「全体としての存在者」がその内に保たれているところの「無」、すなわち「存在の空間」のことでもある点に注意しよう。フッサールにおける「超越論的領野」もまた、そこにおいてすべての存在者が存在者として存立することになる「場所」として、それ自体は存在者ではないもの、この意味での「無」であった。それは、そこにおいてすべてが存在者として存在する「場所」の謂いである以上、ハイデガーにならって「存在の空間」と言い換えても差し支えないはずのものなのである。そして、いまここでもう一度考え直してみたいのは、こうした「空間」・「場所」における一個の存在者としての「人間」が、いったいいかにして存在へともたらされたのかということ、フッサール現象学の言葉で言えば、人間という存在者の構成分析の問題である。ハイデガーにおいては、結局のところ、この問題はどのように考えられるにいたったのであろうか。

5 応答する存在者――「人間」

これまでの考察からすでに明らかな通り、ハイデガーにおいて、人間という存在者の存在をその本質において規定しているのは、何よりもまず「言葉」である。存在の空間の内で或る存在者がほかならぬ人間として存在するにいたるのは、それが言葉を語り出すかぎりにおいてである。言葉が語り出されるとき、世界という存在の空間が開かれ、その空間の内に人間が、当の言葉を語る者として存在するのである。すでに見たように、この事態を統べているのは「言《こと》（die Sage）」としての言葉であった。人間が言葉を語るのではない。言葉が人間を通してみずからを言うのだ。「言葉が語る（Die Sprache spricht）」のである。そのとき、何ものかが――言いうるかぎりのすべてが――存在し、そのものの存在する空間・場所が開かれ、そこに人間という存在者がいつもすでに居合わせている。これが、〈すべては存在するのであって、無ではない〉という事態の実相なのである。

この事態が可能となったのは、人間が静寂の響きに耳を傾け、みずからに到来するこの声なき声に、みずからの声をもって応じ、語り出すことによってであった。静寂の響きに耳を傾けることができるのは、すでにそれが音もなく鳴り響いているからであり、すなわちその響きがすでにこちらへと迫ってきて、受け止められているからにほかならなかった。存在の空間は、あらゆる存在者がそこにおいて存在する場所として、それ自体はいかなる意味でも存在者ではありえず、この意味で「無」に比せられたのであるが、それは単なる無、単に何もないこと（「虚無的な無」）ではなく、静寂の響きがその隅々にまで満ち溢れた、何かポジティヴな「無」、存在で充満した「無」なのである。この満たされた「無」の中で、静寂の響きはすでに聴き取られている。聴き取られていることが、この「無」の空間を開いていたのである。それを聴き取り・受け容れる者、この音なき声に圧倒され・服しながら、それを言うことで引き受ける者が、すでにいるのだ。それが私たち人間、〈死すべきものども〉[11]、言葉を語る者である。

私たちが人間であるかぎり、この響きを聴かないこと、受け取らないことはありえない。なぜなら、それを受け取ることがはじめて、世界という存在の空間を開き、そこにおいて何ものかが存在者として姿をあらわにすることを可能にするのだから。そして私たちが人間であるかぎり、すでに私たちは存在者として存在してしまっており、すでにこの開かれた〈世界という存在の空間〉のもとにいるのだから。そうだとすれば、この静寂の響きの到来が人間を存在者として構成しているということにならないだろうか。先にも述べたように、それが到来することがすなわち、それを受け止め、それに服し、それを聴いている者、つまりは存在者としての人間の存立であるはずだからである。

ハイデガーは、この静寂の響きを聴き取り、それに応答して、人間は語り出す、と述べていた。しかしこの「応答（Entsprechen）」は、応答することも、しないことも可能であるような応答ではないはずである。なぜなら、静寂の響きが聴き取られたとき、受け止められたとき、そこにはすでに受け止め手としての人間が存在へともたらされてしまっており、存在へともたらされているとはすなわち、もう言葉が語っていることになるからである。言葉が語るとは、言葉が人間を通してみずからを語ることでしかなく、すでに世界は開かれ、何ものかがそれを語る人間に対して姿をあらわしているのである。静寂の響きの聴取は、いつもすでに応答なのである。このことは、実際に私たち一人ひとりが何かを口に出して言う（発言する）か否かとは関係がない。私たちに何ものかが、総じて世界が、姿をあらわしていること（存在していること）がすなわち、言葉が語っていることなのであり、私たち人間が静寂の響きに応答していることなのである。

確認しよう。上のように考えてよいのだとすれば、人間を存在者たらしめているのは、静寂の響きを聴くことであり、すなわちそれに応答することである。そしてこれは、それに服さないこと、つまりそれにそむくことの原理的に不可能な一種の「命令」であり、この響きが聴こえたときにはもうすでに私たちはこの「命令」に服してしまっており、すでに応答してしまっているのである。すでに語ってしまっているのである（念のため繰り返せば、これは「発語」してしまっているという意味ではない）。この意味で、人間という存在者の構成原理はハイデガーにとって、「言葉」そのものだということになる。それは、到来するもの、贈られてくるもの、与えられるもの、私たち人間を「用いる」ものである。したがって、世界がいかなるものとして存在するかを根本において規定しているのもまた、この「言葉」であって、人間ではない。私たち人間は、ひたすらそれを聴取することにおいて成り立っているからである。

ここに、ハイデガーの「存在の歴史（Seinsgeschichte）」という構想も根をもっていることは言うまでもない。なるほど世界は、その相貌を長い歴史の中でさまざまに変えてきた。たとえば、「形而上学」という仕方で思索が、哲学が、登場することで、世界の存在の仕方は大きな転換を経験した。その「形而上学」の歴史の中でも、さまざまな出来事が生じた。人間という〈認識する主観〉と、その外部にあって〈認識の対象となる客観〉という、いわゆる「近代」的な世界も、その中に登場した。あるいは、すべてを何らかの目的のために「用立てる（bestellen）」という仕方で構成する「技術」的世界も登場した。技術的世界の本質は、すべてが「用立てられたものへと「駆り立てられ」、そのようなものとして存在へともたらされる「集め立て（Ge-stell）」にある、というわけである。この「集め立て」が、現代の私たちの世界の存在を根底で規定している事態だ、という彼の一種の時代診断も、いまではよく知られていよう。

いずれにせよ、それらはすべて、私たち人間に送り・贈り届けられる静寂の響きを、ほかならぬ私たちが聴き取ることにおいて、すでに受け容れてしまっている「運命（Geschick＝贈り届けられたもの）」であることになる。したがって、もし私たちの現代が、ハイデガーの見立てのように、「集め立て」を本質とする「技術」の時代であるとすれば、私たちにできることは、「技術」として贈り届けられてくる静寂の響きにひたすら聴き入り、それを受け容れ、その「運命」に耐えることしかないことになる。事実、ハイデガーはそのように考えるにいたるのである。「〔現代の〕このような境位の内にあって私たちのなしうることは〔…〕ただ待つことだけ」（GL, 59）なのである。もっとも「このような忍耐（Ausdauer）、つまりそれ自身の内に落ち着きつつ、私たちを存在者へと出会わせしめる開けに向かって聴き従うことに属しているこの忍耐、それを表現する言葉が私たちにはいまだなお欠けている」（GL, 62）のではあるが。つまり、「耐える」「待つ」と言っても、私たちが通常の意味で理解しているそれと、ハイデガーがここで言わんとしているそれとは、必ずしも同じではないのだが、繰り返せばこの後者を「表現する言葉が私たちにはいまだなお欠けている」のである。

　だが、ここで立ち止まってみよう。たしかに、私たちが人間であるかぎり、静寂の響きはすでに私たちのもとに到来してしまっている。そのかぎりで、私たちはそれを受け取り、まさしく「運命」として引き受けてしまってもいる。だが、いったいそこに何が聴こえているのか。そこで何が受け止められているのかを、私たちは本当に知っているのだろうか。ハイデガー自身は、そこに「技術」という「集め立て」の声を聴き取った。彼は、たしかにそのように「言った」のだ。だが、それはハイデガーが言ったことである。彼は、彼自身の応答において、そのように言ったのである。しかし、私たち一人ひとりが、いまここで彼と同じ声を聴き取っているという保証はどこにもない。もちろん、同じ声を聴いていることもありうる。だが、まったく別の声を聴いているのかもしれないのだ。いずれにせよ、そこに何が聴こえているのかを「言う」のは、私たち一人ひとりを措いてほかにはない。あるいは、それを「言う」のは私たち一人ひとりでありうる、と言うべきかもしれない。ハイデガー自身がいみじくもすでに『存在と時間』で解明してみせたように、たいていの場合私たちは自分の耳で聴いてはいないのである。みんなと同じように、すなわち「ひと（das Man）」としてしか、聴いていないのである。そのとき私たちは、自分が本当のところいったい何を聴いているのか、実は知らないと言うべきなのである。試みに、現にいま自分に何が聴こえているかを言ってみればよい。いま現に私に姿を現わしているとおりに世界がある、といった程度のことしか言えないのではないか。「いま現に現われているとおり」とはどのような「とおり」なのかを言うこと、そのことこそが、私が何を聴いているかを言うことであるはずなのである。

　言いたいのは、こういうことである。たしかに私たち人間のもとにすでに静寂の響きは到来してしまっており、私たちはそれにすでに応えてしまってもいる。だがその「応じて言うこと（Entsprechen）」において、いったい何を言うかは、いまだ何も定かではないのではないか。いや、いつでもそれは定かではないのではないか。さしあたりの「応じて言うこと」で――私たちはつねにこういう仕方で応じてしまってはいるのだが――、言われるべき事が尽きてしまったわけではないのではないか。むしろ事態はまったく逆で、たえず静寂の響きは到来しつつあり、何が言われるべき事であるのかは、これまたたえず耳を澄ましていなければ聴こえて来ないのではないか。さしあたり応じてしまったことに安んずることは、とりもなおさず「言われたこと」に安んずることであって、それはすでにして静寂の響きに、すなわち「言われるべき事」・「言葉」に、耳を塞ぎ、もはや応答しなくなってしまったことに等しいのではないか。たえず語っていながら、そこには「言《こと》」の根底にあるはずの「言われるべきこと」が決定的に欠落してしまっているのではないか。

　世界が何であるかを最終的に統べているのは、あくまで「言葉」である。だが、そこで何が「言われるべきこと」であるかを「言う」ことができるのは、私たち一人ひとりでしかない。つまり、何かを「言われるべきこと」

の名の下に「言う」のは私たち一人ひとりの言葉においてであり、その言葉において「言われたこと」が「言われるべきこと」に相応しいものであることを、すなわち「言われたこと」が「言われるべきこと」との緊張関係の内に身を持していることを唯一証しうるのは、そうした一人ひとりの言葉を措いてほかにはないはずなのである。このとき言葉は、私たち一人ひとりを、その言われたことの何において、唯一のこの者たらしめるのではないか。かりに、その言われたことの何が他人のそれと（結果として）同じであったとしても、それを言ったのは紛れもなくこの私なのである。この何を私の名の下に——つまり一人の人間・存在者として——「言う」ことこそが、思索を思索たらしめ、詩作を詩作たらしめるのではないか。それは、静寂の響きがほかならぬこの者をめがけて到来し・襲い・圧倒し、ほかならぬこの者がそれに服したことを、到来したものの何を言うことにおいて証しする応答なのではないか。

だが、私はそれをいったい何に対して証ししたのか。この「言う」ことは、いったい何に対する応答なのか。——言葉に対して。最終的には、そう言ってよいのだろう。だが証しするとは、何かを、何かに対して、つまり何かに向けて、証しすることでもある。ハイデガーはたしかに、「言われるべきこと」をその内に蔵した静寂との緊張の中に「言われたこと」を保持することで、「応答」の重要な一側面に光をあてた。だが、応答が応答であるためには、それは同時に、何かに向けてでなければならないのではないか。それが証しであるためには、それが向けられているところの証人が必要なのではないか。証人のいないところでは、この応答は単なる独善に堕するのではないか。あるいは、それを「言う」私にとってすら、証人のいないところでは、はたしてそれを独善と区別することができるであろうか。言葉は、私たちのもとでは、はたしてよくその証人たりうるであろうか。私たちは、いとも容易にみずからを欺くのである。この疑問は、私たちを本書第Ⅲ部の問題圏へと導くことになるだろう。

6　帰郷をめぐって

「言葉」という観点からいま一度考え直してみたい問題が、もうひとつ残っている。アレーテーとレーテー、真理と非真理、〈あらわにすること〉と〈おのれを隠すこと〉、起源とその忘却…に関わる問題である。ハイデガーが、これらそれぞれ二つの、互いに逆向きのベクトルをもった動向の間の拮抗とせめぎあい、〈争い（ポレモス）〉を、存在の根底に見て取っていたことはすでに触れた。そして、彼の傾注する思索の努力は、挙げて前者から後者へと向かう方向性を帯びていたといってよい。すなわち、〈あらわになること〉において身を退いてしまうものに向かって、起源において忘却されたものに向かって、思索は繰り返され（追想的思索Andenken）、思索が送り返されて向かうその先は本来言われえないものであることを、思索が届きえないものであることを、「断念して-言うこと（Ent-sagen）」において、いわば思索はその頂点に達し、かつその臨界に達する。「思索の言（die Sage）は、語られぬままにとどまらざるをえないものを言い述べる力はないということによってはじめて、その本質の内に安らぐ」のである（GA 13, 83. Vgl., GA 9, 309. Anm.）。ここには、なおいくつか考えてみるべき問題が残ってはいないか。

思索の努力が向かう先である〈おのれを隠すもの〉、〈起源において忘却されたもの〉は、思索の「故郷」、「源泉」として捉えられ、したがってそれへと向かわんとする思索は本質的に「帰郷（Heimkunft）」（GA 4, 23, 24）、「還帰（Rückkehr）」（GA 4, 95）といった性格を帯びる。ハイデガーは、思索者とともに〈言うこと〉をその天命とする詩人にこと寄せて、次のように述べる。「詩人という天職は、帰郷である。これによってはじめて、故郷が根源の近みの土地として整えられる」（GA 4, 28）。だが、この帰郷ははたしてかなえられるのであろうか。

少なくともハイデガーの思索の境位においては、そして彼がこと寄せたヘルダーリンら詩人たちの境位においても、答えは「否」である。

では、この帰郷をハイデガーは将来の思索（者）に託したのであろうか。すでに過ぎ去り、失われたものへの「追想的思索」を語るとともに、いまだ思索されてはいないが、思索さるべきものへと「先駆的に思索すること（Vordenken）」(12)（SG, 159＝GA 10, 140）をも語るハイデガーからすると、形而上学の完成形態としての「技術」、「立て集め」の時代はいずれ乗り越えられ、未来の思索はその「思索さるべきもの」に達しうるかのようにも見える。その乗り越えのために現代の思索がなしうることは、ひたすら現代の「技術」的思考の内で（将来）「思索さるべきもの」へと「思いを潜め（besinnen）」、「耐え」、「待つこと」だという彼の言も、そうした乗り越えの可能性を示唆しているようにも見える。

この点に関して、ハイデガーの中にはある種の曖昧さがあるように思われる。というのも、もし存在者が存在すること、世界が開かれてあることが、彼の言うように〈それ〉（ないし〈存在〉）がみずからを「与え」、「送り届ける」ことによって成就するものであり、しかもその成就において〈それ〉（〈存在〉）は本質的に「身を引くもの」、「おのれを隠すもの」であるとすれば、世界があるかぎり、すなわち思索者としての私たち人間が存在するかぎり、この「身を引くもの」、「故郷」は「思索されざるもの」にとどまるはずであり、このような思索の「乗り越え」を考える余地はないはずだからである。「私たちは、どこにも〈存在そのもの〉のそのような経験を見出さない。〈存在そのもの〉の真理を思索し、それとともに真理それ自身を存在として思索する思索には、私たちはどこでも出会わない」（GA 5, 263）。このことは、たまたま現代の思索の境位においてそうなのであって、来るべき思索はこの状態を乗り越えることができる、という意味なのか。それとも、思索の本質からして、〈存在そのもの〉の経験は与えられない、ということなのか。あるいはまた、ハイデガーだけは、すでに形而上学の最終的完成としての技術的思考を乗り越えてしまった、とでも言うのだろうか。

たしかに「故郷」は、追想的思索の内で思索がそこへと向かって行くべき地点として、あるいは思索が「帰郷」として性格付けられるかぎりで、すでに何らかの仕方で思索に対して姿を現わしてしまってはいる。起源の脱落という意味での「剝奪（ステレーシス）」は、非現前することとしてたんに不在であるのではなく、〔すでに〕現前することであり、すなわちまさしく非現前することが――何か非現前するものが、ではなく――現前するという、現前することである（die Abwesung anwest）」（GA 9, 296f.）。正確には、何らかの仕方ですでに現前しているのは「故郷」そのものではなく、〈故郷が失われてしまっているということ〉そのことだと言うのである。したがって、失われた起源そのものは決して思索の対象とはならない。そうではなく、失われた起源へ向かうという思索の動向だけが、かろうじて思索を性格付けていることになる。だが、そもそもどのようにして思索は、〈みずからの故郷が失われてしまっているということ〉に気づくことができたのか。どうして思索は帰郷なのか。そのように考えることは、すでに思索には、つまりは世界が存在することには、起源が、根源が、故郷があるに違いないとあらかじめ想定してしまっていることではないのか。

思索が「なぜ」という問いに導かれているかぎりでは、たしかにそう言っていいであろう。「なぜ」と問うことはすでに、そのように問われた事態なり事象には、それがそのようであることの何らかの「理由」や「根拠」があることを想定してはじめて成り立つ思考の営みだからである。そして、このように問うことは形而上学そのものでもあった。この点がすでにハイデガー自身によって『根拠の本質について』（一九二九年）で指摘されていたことは、先に見た。だが、ハイデガーはそうした形而上学の境位から、存在の思索へと決定的に「転回」し、「飛躍」したのではなかったか。この飛躍は、「なぜ」を問う問い、根拠への問いが破れる地点で生じたはずである。いささか乱暴に言い切ってしまえば、「世界が存在するのであって、むしろ無であるのではない」ことに

「根拠」はなかったのである。すなわち「無底」であり、「深淵」である(Ab-grund)。[13]「なぜ」の問いとしての思考、すなわち形而上学は、ここで転回を余儀なくされる。では、思索はいったいどこに向かって転回し、飛躍するのか。少なくともそれは、「根拠」や「根源」に向かってではもはやないはずである。

では、それはいったいどこに向かって転回するのか。それは、〈「なぜ」なしに世界は存在する〉という事態に向かって以外ではないであろう。すなわち、端的な〈存在すること〉へと身を翻すのである。[14]このとき思索は、そして思索者である人間は、はじめからすべては〈存在している〉ことに気づくはずである。そうであるとすれば、思索ははじめから「故郷」にいたことになる。思索が故郷から遠くさまよい出、思索から故郷が失われているかに見えたのは、実は思索が、すでにみずからがそのもとに身を置いている故郷を、ことさらに思索しようとしたがためではないのか。思索の故郷は、ことさらに思索されることなく、すでにそこにある。だが、思索の故郷が思索しえないものであることは、このような思索の〈さまよい出で〉を経てはじめて明らかとなった事態であることもまた、確かなのである。

このように考えてくると、ハイデガーの言う「故郷」や「起源」は、「根拠」と同じものではないことが明らかになる。そして根拠から区別された「故郷」とは、思索がはじめから最後までそこに身を寄せていたところのものなのだから、つまり異郷へとさまよい出ることがもともと不可能なものなのだから、「故郷」という意味をもはや失ってしまうはずのものではないのか。それが還帰すべき故郷/失われた起源と見えたのは、存在することの根拠を問うた形而上学的思考に対してであって、その形而上学からの転回を経た〈存在(へ)の思索〉にとっては、もはやそれははじめから故郷ですらない、と言うべきではないのか。

だが、ここでまたしても疑問が生ずる。そもそもハイデガーの思索は、転回を経て形而上学を決定的に後にしたのだろうか。何らかの仕方で「なぜ」を問わない思索など、本当に可能なのだろうか。〈世界は「なぜ」なしに存在する〉ということすら、その「なぜ」を徹底して問うことの中で、はじめて明らかになったのではなかったか。そうだとすれば、〈世界は「なぜ」なしに存在する〉ということを、もはや思索の対象としてではなくとも——対象的思考ではもはやないことは、いわば〈思索すること〉の前提をなしている——、思索がみずからの内に保持しつづけ、その事態を担いつづけることができるためには、思索はつねに同時に形而上学でもありつづけるのでなければならないのではないか。故郷と起源をめぐるハイデガーの思索に付きまとうある種の曖昧さは、ここにその根をもっているのではないか。つまり、転回後の「思索」と（その転回の手前にあることになっている）「形而上学」との関係に、なお不明瞭な点が残っているのである。

形而上学の破壊（Destruktion）は、「別の始源」（「故郷」の別の名である）への移行を準備する（Vgl.,GA 65,7, 171）、というのは本当なのか。むしろ逆に、「別の始源」は形而上学の破壊の中でしか見えてこないのではないか。「別の始源」すなわち「故郷」は、形而上学の破壊（克服といってもよい）を導いているかぎりで、もうすでにそこにあるのだ。あるいは別の言い方をすれば、「別の始源」すなわち「故郷」は、それへの「移行」を「準備する」という仕方でしか、思索の前に姿を現わすことはないのではないか。かりにこの移行が成就したとすれば、すなわち「別の始源」が文字どおりの意味ですでにそこにあるのであれば、それはもはや故郷としての意味を失って、実は故郷・始源ですらないのだ。形而上学の破壊が完遂され、跡かたもなく形而上学が姿を消したとすれば——もはやそんなことがあろうとは思われないのだが、つまり何らかの仕方で形而上学に加担しないような思考・思索があろうとは思われないのだが——、そのとき「故郷」もまた跡かたもなく消え失せてしまっているはずなのである。そのときには、思索の存立の余地すらもが失われてしまうはずなのである。

まとめよう。思索が思索でありうるかぎりで、その営みは思索の前提となっているもの、思索がそれを思索することなしにまるごと受け容れなければそもそも思索が成り立ちえないもの、すなわち思索しえないもの——

〈世界が存在する〉という事態の全体——を含んでしまっており、この〈思索しえないもの〉が、思索が根源的であろうとすればするほど、徹底的であろうとすればするほど、当の思索を、失われた起源すなわち「故郷」への（不可能な）還帰、すなわち帰郷であるかのごとく見せしめるということ、〈思索しえない〉というかたちですでにそこにあるものを思索の対象とすることで、それがあたかも失われたものであるかのように思索に対して立ち現われてくるということ、そして思索は、思索がみずからに対してそのような「帰郷」と映らざるをえないということをも理解しうるということ、こうした地点にハイデガーの思索は到達していた。

この地点から、彼の次の発言を読み直してみよう。「精神は始源（Anfang）において我が家に居らず、源泉（Quell）にいない。故郷は、精神を消耗させる」（GA 52, 189. GA 53, 157）。「精神」すなわち思考ないし思索は、それが思考として身を起こしたときには、すでに故郷の喪失としてある。つまり、故郷が精神を「消耗」することで——精神にとっていつもすでに失われてしまっている故郷——思考は身を養っているのである。だが思考は、それが徹底され、完成の域に近づいたときに、その失われ・忘却された起源を、まさに失われ・取り戻すべきもの、そこへと帰郷すべきものとすることでみずから自身が成り立っていたことをも見て取る——それははじめからそこにあったのだ——。「人間（すなわち思考する者）」にとって、始元的な初期（die anfängliche Frühe）は〈はじめて最後に（erst zuletzt）〉みずからを示す」（VA, 30）のである。

完成された形而上学は——ハイデガーの言に反して[15]——、みずからが失われた故郷への還帰としてあることをも見て取る。帰るべき故郷とは、いわば形而上学がそれで身を養っていた「虚構＝詩（Dichtung）」であり——それは「言葉」こそがもたらしたものであることをハイデガーは見て取ったはずである——、帰ってみれば（つまり形而上学の試みが破れ去ってみれば）、思考ははじめから終わりまでそのもとにいたのであり、そもそもそこを離れては思考としてすら成り立ちえなかったのである。[16] すなわちそれは、言葉の厳密な意味で、故郷とすら呼ぶことのできないものだったのである[17]。しかし、みずからがそのような虚構としての「故郷」への「還帰」としてあることを目の当たりにした思考の前には、たしかにもともとみずからがそこに居たし・現にそこに居もする光景が広がっているはずである。繰り返せば、それはもはや思考の対象ではない。つまり、その「なぜ」を問うことのできるものではない。そうではなくて、ただそれを全面的に受け容れ、それを見守ることしかできない光景である。しかし、思索が身を寄せるそれが、ただ見守り、追想するしかないものであることを思索に教えたのは、ほかならぬ形而上学なのである。この意味で、思索＝詩作と形而上学は、一方から他方への「乗り越え」（この場合は後者から前者への「乗り越え」）という単純な関係にはなく、つねに手を携えていると言うべきなのである。思索によって乗り越えられたかに見えた形而上学的思考は、思索＝詩作の内に、その向かうべき方向を指し示すものとして、その身を寄せるべき場所を示唆するものとして、つねに息づいているに違いないのである。

形而上学と手を携えた思索がいまやあらためて——いや、はじめて——目の当たりにした光景、それが、〈あらわなるもの〉と〈おのれを隠すもの〉、真理《アレーテー》と非真理《レーテー》、事物と世界、世界と大地、存在者と存在、等々…という互いに相反する動向をもった二つのものへと何ものかが「引き裂かれること」（Vgl.,GA 12, 24. reissen, Riss, u.s.w.）として、「争い（ポレモス）」として、「区 - 別の生起（Unter-schied）」（GA 12, 22ff., GA 40, 213）として、すなわち「時 - 空 - の遊動《たわむれ》」として、世界が存在するという光景であったはずである。言ってみれば思考は、形而上学を経由することを通して、そしてつねに形而上学とともにあることを通して、世界を見ること・見守ることを——根拠を問うことではなくて——学んだのである。この意味での「世界を見ること」とは、いわば世界が世界として姿を現わし、存在へともたらされること（世界創設）の現場に居合わせつづけることであり——私たちはいつもそこに居合わせているのだが——、それを見守ることであり、世界創設の「静寂の響き」に耳を澄ませることであり、それが私たちのいかなる理解の試みと手出しをも超えた、ただ受け止めるしかない贈与として送られてあることを――「創設とは、溢れ出ること（Überfluss）であり、すなわち贈ること（Schenkung）である」（GA5, 63）――文字通り受け止め直すことなのであろう。世界の創設を見守ること、――ハイデガーの思索が到達したこの境地は、私には「現象学」のひとつの徹底された形態以外の何ものでもないように思われる。みずからに与えられたものをひたすら凝視し、記述することこそ、現象学の本義だったはずだからである。

Ⅲ 他者

第一章　存在と他者

ハイデガーの存在への思索がいかなる帰趨を経て「語ること」そのことへと収斂していったかを見届け、なおかつその「語ること」が現象学の本義をまっとうしうるものであることを確認したいま、私たちは先に第Ⅱ部第一章の末尾で触れた問題にふたたび立ちかえることにしよう。それは、フッサール現象学の言葉で言えば、超越論的領野における世界の現出の内に他のさまざまな存在者とともにみずから自身も一個の存在者として姿を現わしている「私」「自我」なるものの構成分析の問題である。この「自我」とは、ふたたびフッサールの言葉遣いで言えば、(「超越論的自我」とは区別された)「経験的・事実的自我」のことにほかならない。(1) これをハイデガーの文脈で言い直せば、静寂の響きに耳を傾け、それに応ずる言葉を語り出すことによって世界を存在へともたらす〈死すべきものども〉とは誰なのか、何者なのか、すなわちいかなる存在者なのか、という問いである。この問いを問うことは、不可避的に「他者」を問うことに帰着する。第Ⅲ部は、この間の事情を明らかにすることを試みる。

最初に問われるべきは、ハイデガーにおける他者問題である。『存在と時間』において「現存在」が「共存在」

と規定され、他者は「共現存在」と規定されているにもかかわらず、しばしばハイデガーには他者問題がないと言われる。私は、この指摘はある意味で正しいと考えている。つまり、『存在と時間』における共同存在としての現存在の規定にしても、たしかに共同性という仕方で他者を視野に収めているとはいえ、それはあくまでも「私」とともに「われわれ」を、そしてともに「世界」を構成するものという一側面を（「相互共存在（Miteinandersein）」SZ, 120, 125）、日常性（「非本来性」）の場面において提示しているにすぎないからである。そして、『存在と時間』以降の時期にあっては、他者が彼の思索の中に表立って登場することはまったくないといっても過言でないこともまた、確かなのである。すでに見たように、彼の思索は、むしろ孤独の中でひたすら静寂の響きに耳を傾ける詩人たちに接近していったのである。だがこうした事情は、ハイデガーにおいて他者が「問題」として存在しないということを、決して意味しない。むしろ事態は逆なのである。ハイデガーにおいて、他者が彼の思考＝思索の前面に姿を現わさないことこそが、他者問題の「問題」性のありかを如実に示すのである。このことを、本章は主として彼の前期ないし初期に即して考える。

1　「存在の問い」は何を明らかにしたか

ハイデガーは「存在とは何か」（「〈ある〉とはどういうことか」）を思考＝思索することを哲学の究極の課題として示したと言ってよいだろう。彼をこの思考＝思索にいざなった最初の出来事は、一九〇七年夏、ハイデガー一七歳のときであったという。この夏、彼は父の友人で後にフライブルクの大司教となるコンラート・グレーバー（Conrad Gröber）から、フッサールの師フランツ・ブレンターノの学位請求論文『アリストテレスにおける存在者の多様な意義について』（一八六二年刊）を贈られた。この本の扉に掲げられたアリストテレスの言葉「存在

（ある）には多くの意味がある」[5]が、以後のハイデガーの思索を決定づけることになる。彼はこの言葉を「存在者は（その存在に関して）多くの襞をもつ（幾重もの）仕方であらわとなる」と訳したが[6]、この言葉が彼に呼び覚ました問いは、次のように表現できるだろう。

私たちが出会うすべてのものは、存在している。すべては〈ある〉。現に目の前にないものも、目の前にないという仕方で存在している。現にないものとして〈ある〉。きわめて多様なすべては、〈ある〉。現象の多様を貫くこの驚くべき単純な事態「存在する（〈ある〉）」とは、いったいいかなる事態なのか。きわめて単純・簡潔なこの〈ある〉は、これまで果たして十分に問われてきただろうか。〈ある〉とは、どういうことなのか。

この問いに答えるべく展開されたハイデガーの思考＝思索の跡を、ここでもう一度簡単に振り返っておこう。彼は、私たちの現実のすべてを貫くこの〈ある〉、「存在」を問うにあたって、すでにこの「あること」について何らかの理解を有している私たち「現存在」の分析から始めた。私はいま、ここに〈いる〉、すなわち〈ある〉。そして私は、私が「存在」していることを理解している。そうであれば、「ある」「存在」は、私がいまここに在ることにおいて、すでに何らかの仕方で姿を現わしているはずである。したがって、この現存在において「存在」がどのように理解されているかを解明することを通して、そもそも〈ある〉とはいかなる事態なのかを問う途が拓かれるはずである。かくして「存在の問い」は、「存在の意味への問い」として立てられる（SZ, 1）。私たち現存在がすでに理解しているはずの「存在の意味」を明らかにすることによって、「存在とは何か」という問いに答える手がかりが与えられるはずだからである。その手がかりは、「時間性（Zeitlichkeit）」を通じて与えられる。「存在」とは、私たちのもとでは、何かが「現前していること＝現在していること（パルーシア、Anwesenheit）」として、その時間性格において理解されているからである。そこで『存在と時間』では、私たちの存在理解の根底にある私たち現存在自身の存在のありようの理解が、その時間性格に定位して徹底して分析されることになった。

しかしこうして分析された「存在」「ある」は、あくまで私たち現存在の「存在」、私たち現存在が「存在」することであり、たとえすべての「存在」がこの現存在の「在ること」（の理解）に基づいているとしても、その〈ある〉は私たち現存在においての〈ある〉にとどまる。だが「存在」は、私たち現存在の存在、現存在における存在でしかないわけではない。すべては〈ある〉のであり、この現存在の「在ること」もまた、その〈ある〉のひとつの在り方であるにすぎない。たとえ私たちにとっては現存在の「在ること」を通してしか〈ある〉は明らかにならないとしても、「存在」は現存在の「在ること」において汲み尽くされはしないのである。すなわち、私たち現存在はいつもすでにこの〈ある〉を受け取ってしまっており――ということは、この〈ある〉は現存在の「在ること」に先立っていることになる――、この〈ある〉に与かっているにすぎない。そして「存在の問い」が、この〈ある〉ことそのことを問うものであるかぎり、問いはここで「転回」を余儀なくされる。私たち現存在（における存在理解）を通路として「存在の意味」を問う問いは、〈ある〉ことそのことに、すなわち「存在」そのものに届かない。「存在の問い」を「存在の意味への問い」として問う試みは、ここでその限界にぶつかるのである。

ここでハイデガーは、「現存在における存在」すなわち「存在の意味」から、存在そのものの側へと身を翻す。「存在」は、私たち現存在の側から、その「理解」を通じて獲得されるものではない。それは、存在そのものの側から私たち現存在へと贈られてくるものである。現存在はみずからの存在を存在そのものから受け取る。そしてまた、すべては、その存在を存在そのものから受け取るのである。しかし、この「存在そのもの」とはいったい何ものであろうか。「存在そのもの」とは何のことであろうか。それは、私たちに受け取られるという仕方でみずからを顕わす。だが、この受け取られることにおいて、それは存在するものすなわち存在者となり、もはや存在そのものではない。あるいは、何ものかが存在するという事態（事態もまた一個の存在するもの、すなわち存在者である）となり、もはや存在そのものではない。存在者が存在するのであって、存在そのものはみずからを隠してしまうのである。かくして、「存在」はみずからを顕わすと同時にみずからを隠す。この「同時に」は厳密に取られなければならない。すなわち、「存在」においては「顕われること」と「隠れること」とがまったく同じことなのである。しかしこれは、明白な矛盾である。この矛盾においていったい何が考えられているというのか。果たして思考は、その「何」をよく思考しうるであろうか。その「何」を呈示しうるであろうか。存在を問う問いは、ここでふたたび限界にぶつかる。存在そのものとは、私たちの思考が――それが問いであるかぎりで――空転し・空を切る「無根拠の深淵（Ab-grund）」なのである。

ここで「存在の問い（Seinsfrage）」は、みずからの「問い」としての性格に根本的な変容を被ることになる。そしてこの変容の中で存在そのものは、「無（Nichts）」として、古形の「存在（Seyn）」として、「抹消記号を付された存在（Sein）」として、「それは贈与する＝存在する（Es gibt）」の「それ（Es）」として、あるいは「性起（Ereignis）」として、さらには「脱‐性起（Ent-eignis）」として…、さまざまに語り出されては、斥けられる。このとき、「存在の問い」はもはや問いであることを放棄したかのように、ひたすら「存在」の声に耳を傾け、それをうたい出す頌歌となる。すなわち「思索」であり「詩作」である。たしかにここで、問いは問いであることをやめたのである。それはひたすらなる「聴従」へと変容したのである。存在の問いが問いであることをやめる地点、それはどんな地点であろうか。それは、「あるはある」「存在するとは存在することである」というトートロジーが回帰する地点である。「静寂の響き」に耳を傾け、語り＝歌い出す「思索＝詩作」は、根本においてトートロジー以外の何ものでもなく、すべての語りはそのヴァリエーションなのである。「存在の問い」は、明白な矛盾を経由して「存在は存在である」というトートロジーに行き着く。そしてそこでこの問いは、問いであることをやめる。では、この問いは無意味な問いであったのだろうか。単なる同語反復の呟きにすぎなかったのだろうか。

そうではない。存在の問いが同語反復に行き着くことが示されたことによって、何か決定的なことが語られたのではないか。すなわち、〈ある〉とはみずから以外の何ものによっても名指されることを拒む「何ものか」であり、何ごとをも名指すことによってしかそれを把握しえない思考＝思索は、それをかろうじて同語反復という仕方で挙示し、挙示したとたんにそれは単なる同語反復として無意味へと落ち込んでしまうということ、それにもかかわらず思考が無意味にさらされるこの瞬間に「何ものか」が思考＝思索の中を通過したかもしれないということ、したがって〈ある〉とは私たちの思考の限界に関わる事態なのであり、換言すれば、哲学という「問うこと」すなわちあらゆる思考が、それに基づいてのみ可能となる地点であるということ、まさにこうしたことが語られたのではないか。この問いは、問うことすなわち哲学の限界を呈示して、みずから止んだのではないか。そしてみずからの限界を知ることこそ、知の最高の課題にして任務だったのではないか。

だが、問うことがみずからの限界に直面し、それをかろうじて呈示することでみずから止んだとき、思考＝思索にはもはやそれを「追想し＝それへと思索を送り戻し（Andenken）」、それを歌いあげる途しか遺されていないのだろうか。私たちの思考の限界は、果たして「存在」の名の下に語り尽くされてしまったのであろうか。あるいはそれは、「存在への思索」のもとでしか「追想」しえないのであろうか。むしろ、みずからの限界を呈示した問いは、ふたたび問うべきものの許へと――「追想」すべきものの許へではなく――送り返されるのではないか。問いは、みずからの限界を呈示することで必ずしも廃棄されるわけではなく、むしろ、みずからの限界という仕方で直面したものを、ふたたび、しかしまったく新たに問い直すべく、問うべきものの許へと送り返されるのではないか。すなわち、その問いが問いとして発せられた地点へと送り返されるのではないか。

哲学の問いが発せられる地点、ハイデガーもまたそこから彼の「存在の問い」を問うた地点とはどこか。「あらゆる哲学的問いが発源し、かつ打ち返してゆくところ」(SZ, 38)とは、どこか。それを言い当てることもまた容易なことではないが、私たちが現にそれを生き・経験しているところの当のものであるかぎりでのこの現実、とかりに言うことは許されよう。ハイデガーもまた、彼の生きるこの現実において、この現実の何であるかを問うたはずである。「哲学の出発点であり目標であるのは、この事実的な生の経験(die faktische Lebenserfahrung)である(7)」。この現実の「何であるか」を問う哲学の問いが、この現実の「在ること」「存在すること」に究極すると看て取ったからこそ、彼はこの〈ある〉、「存在」を、みずからの哲学の問いとして立てたのであった。そして「在ること」、「存在」へと尖鋭化されたこの「存在の問い」は、その〈ある〉、「存在すること」が、この現実を思考するあらゆる思惟にとってもはやそれ以上遡りえない岩盤であることを身をもって示し、ふたたびこの現実へと投げ返されたのである。すなわち、「問い」としての使命をまっとうしたのである。

しかしハイデガーその人は、ふたたびこの現実へと投げ返されたみずからの問いを、もう一度新たに問い直すことはなかったようにも見える。はなはだ逆説的なことながら、彼が存在の忘却を声高に叫べば叫ぶほど、そして存在の沈黙の声への聴従に沈潜すればするほど、みずからの問いの原点であるこの現実を見据える眼は、むしろ曇らされていったかにすら見える。この現実の根源を見抜かんとして「存在」を引き出したハイデガーの眼は、かつてみずからが引き出したものに遮られて、いまや新たに問い直されることを求めているそれを見ることができないかのようなのである。ハイデガーの思索のすべての努力にもかかわらず、それは「存在」の圏域の内に閉じ込められたままであるかのようなのである。

「新たに問い直す」とは、「存在の問い」として立てられたみずからの問い自体を根本から問い直すことであり、すなわちそれを破壊することである。かつてハイデガーが、西欧形而上学の問いを破壊することを通してみずからの問いを打ち立てたその歩みを、いまや別様に反復することである。「存在の問い」を経由した哲学の問いは、私たちのこの現実をいまや新たに、どのように問うべきであろうか。問いが徹底的なものであればあるほど、一人の哲学者が問いうる問いはひとつでしかありえないのかもしれない。だとすれば、これはもはやハイデガーの問いではありえない。それは、私たちが問わなければならない、私たちの問いである。

2 「存在の問い」は何を隠蔽したか

「存在の問い」そのものを根本から問い直すにあたって、ここで、そもそもこの問いはどのようにして立てられたのかを、遡って検討し直すことにしよう。先にも触れたように、「存在の問い」は『存在と時間』において「存在の意味への問い」として立てられた。存在の「何であるか」は、私たち現存在が何らかの仕方ですでに理解している「存在の意味」を通してはじめて明らかにされるからである。存在の何であるかは、私たちにおいては、存在の意味への問いとしてしか明らかにならないのである。私はこのことをハイデガーとともに承認したい。存在の問いは「存在の意味への問い」として立てられる。しかし私のこの承認は、私たちのこの現実を問う哲学の問いが「存在の問い」として立てられるということの承認ではなく、私たちが私たちの生きるこの現実を問うかぎり、それはこの現実の「意味」を問うという仕方でしかありえないということの承認である。かりに、それが最終的には無意味なものとして捉えられるとしても、それはあくまでも無・意味として、すなわち無意味という意味としてでしかありえないからである。意味の圏域を何らかの仕方で通過しないかぎり、無意味という事態すら決して見えてこないからである。ところでハイデガーは、「存在の意味への問い」として立てられたみずからの問いを問い進むにあたって、その最初の一歩から、重大な欠落と隠蔽を為してしまったのではないか。

a　第一の隠蔽

「意味」とは、ハイデガーによれば、「或ること（もの）（etwas）がそこからしてまさしく或ること（もの）として（als etwas）理解可能となるところ（Woraufhin）」（SZ, 151）である。このとき、この「意味」はいったいどこから、いかにして到来するのだろうか。ここで問われているものが存在の意味である以上、それは存在から――現存在であるかぎりでの存在からであれ、後期のハイデガーが言うように存在そのものからであれ――到来する、と言い切ってよいだろうか。「意味」は果たして「存在」に完全に吸収されるだろうか。ハイデガーはこの点を徹底して問うただろうか。彼はあまりに性急に「存在」へと急ぎすぎはしなかっただろうか。

ハイデガーがこの問題に一瞬立ち止まった形跡はたしかにある。それは彼が、彼の師フッサールの現象学を、この現実の「在ること」、「存在」を私たちに提示してくれる方法として捉え、なおかつそれをフッサールのような「意識の現象学」から引き離そうと試みていたときのことである。彼は次のように述べている。

> 「次のような問いが、私をより一層困惑させた。現象学の原理に従って〈事象そのもの〉として経験されねばならないものは、どこからみずからを規定し、いかにしてみずからを規定するのか。それは意識であり、意識の対象性であるのか、それとも〈顕わならしめること〉と〈覆い隠すこと〉との内にある存在者の存在のことか」（SD, 87）。

見られるように、ここでハイデガーは、事象そのもの（すなわちこの現実）の意味がどこから、いかにして到来するのかを問いながら、直ちにそれを「意識か存在か」という二者択一に置き換え、しかる後に「存在」の側へと引き取ってしまう。彼はここで先を急ぎすぎたのではないか。存在の問いが存在の問いとして立てられたがゆえに、そのはじめの第一歩から隠蔽されたものがあったのではないか。

ハイデガーは、「存在の意味」の「理解」は「解釈（Auslegung）」という仕方で仕上げられると見て、この「解釈」の構造を詳しく分析している（『存在と時間』第32節以下）。いまここで問われているのは、「意味」が存在の意味として読み取られ、解釈されるにいたる構造であるのだから、ハイデガーのこの分析を通して、そこで何が生じていたのか、何が隠蔽されていったのかを検討することにしよう。

「解釈」とは、〈或るものを或るものとして捉えること〉である。この「解釈」を導いているのは、私たち現存在の「気遣い（Sorge）」、「配慮（Besorgen）」である。私たち現存在のもっとも「本原的な現象」とされる「気遣い」とは何か。「気遣い」の最終的な定式化は、『存在と時間』に見られる次のような定式である。すなわち「（世界の内部で出会う存在者）のもとでの存在として、（世界）の内にすでに、みずからに先立って存在すること（Sich-vorweg-schon-sein-in-(der-Welt-) als Sein-bei (innerweltlich begegnendem Seienden)」（SZ, 192）。だが、この洗練された形式的な定式からは、そもそもなぜ現存在はいつもすでにこのような仕方でいわば「みずからの外へ」と出で立ってしまっているのかは、見えてこない。この点についてのハイデガーの考えを伺わせてくれるものとして、ここで、より早い時期すなわち一九二三／二四年冬学期のマールブルク講義に基づく三木清の報告「解釈学的現象学の基礎概念」[8]に見られる表現に注目しよう。この報告によれば、「気遣い」とは「みずからの存在の確かさ（Sicherheit）に対して」気を配ること、気を配らざるをえないことである。[9]このような「気遣い」に導かれて、現存在に出会われるすべては「或るもの」「として」解釈される。これが解釈の基本構造、すなわち〈或るものを或るものとして〉である。

このときの前項をなす「或るもの」とはいったい何であろうか。ハイデガー自身も注意を促しているように、この前項の「或るもの」は、解釈に先立って即自的に存在する何か裸の客体的存在といったものではない（Vgl., SZ, 150）。解釈とは、決して、こうした裸の存在に意味を「貼り付ける」ことではない。「気遣い」において現存在に出会われるものは、いつもすでにこの「として」構造のもとに理解されてしまっているのである。解釈は、このいつもすでになされてしまっている理解を分明にするものであるにすぎない。したがって前項の「或るもの」もまた、すでに現存在の「気遣い」のもとに「或るものとして」理解されてしまっている。すなわちそれは、後項の「或るもの」としての「或るもの」なのである。ハイデガーは、この点に関してこれ以上問うことをしない。むしろ、それ以上問うことをみずからに禁じ、この「循環」に「正しく入り込むこと」を主張する。

「われわれが存在の意味を問うというとき、その探究は、別に深遠なものとなって存在の背後にあるものを案出しようとするのではなく、存在そのものを、それが現存在の理解の中に入ってくるかぎりで、問おうとするだけなのである」（SZ, 152）。

たしかにこの「或るもの」は、それが「或るもの」として現存在の「気遣い」のもとで理解されるかぎりのものでしかありえない。つまり、それがその存在に関して理解されるかぎりで、そうしたものとして存在する。しかし、そのようにして存在する或るものをそのようなものとして存在せしめているのは、私たち現存在の「気遣い」であった。いったいなぜ、現存在の「気遣い」は、いつもすでに、みずからに出会われるものをこうしたかたちで理解し・解釈してしまっているのか。この問題にハイデガーは十分に答えてはいない。おそらく半分答えているだけである。「気遣い」とは、みずからに先駆けて、みずからに出会われるもの、みずからに出会ってくるもののもとに「ある」ことであった。そのように、つねにみずからに先駆けて「ある」ことで、みずからの存在に対して「気を配ること」、そうすることでみずからの存在を確かなものとすることであった。

　そうだとすれば、「気遣い」は、みずからに出会われるものを「或るもの」として理解することによって、みずからの存在の「確かさ・確実性」を確保していることになるのではないか。逆に言えば、現存在に出会われるものが「或るもの」として理解されないことは、ありえないこと、あってはならないことなのではないか。なぜなら、もしそうした事が起こってしまったとすれば、それは現存在の存在の確実性が、得体の知れない〈何ものか〉によって脅かされることだからである。この、現存在を脅かすものとは、いったい何ものであろうか。それは存在ではありえない。存在は、いつもすでに「或るもの」として理解され、そのかぎりで現存在の「気遣い」をみたしているからである。存在ではありえないとすれば、それは「無」であろうか。ハイデガーの文脈では、それはたしかに「無」として捉えられる。「不安」と「死」をめぐる彼の分析は、この事態を指し示していると言ってよい。存在の確実性を脅かす何ものか、それは現存在の「気遣い」のもとで「無」としてたちあらわれる。

　しかし、「無」はあくまで存在の否定として捉えられた何ものか、その意味ですでに存在の「気遣い」のもとに捉えられた何ものかである。だが、この場合の「無」とは、まったく「何ものでもないもの」ではない。それは、現存在の「気遣い」を脅かす「何ものか」なのであり、なおかつ「或るもの」として捉えられ・理解されるかぎりでの存在でもない「何ものか」なのである。そして現存在は、いつもすでにこの「何ものか」にかかわってしまっている。そうでなければ、なぜ理解がいつもすでに発動済みなのかが、それこそ理解できないであろう。ここで問題になっている「無」は、端的な「無」、何もない「無」ではない。存在の単なる否定としての「無」ではない。「無」は、現存在がすでにかかわってしまっているこの「何ものか」を的確に言い当ててはいない。

　ここで私は、この「何ものか」を、「（存在の）他なるもの（das Andere, l'autre）」と呼ぶことを提案したい。[10]「他なるもの」とは、存在でもなく、端的な「無」でもない「何ものか」のことである。現存在の「気遣い」と配慮は、この（存在の）「他なるもの」を、みずからの存在との関わりにおいて「或るもの」として理解し、確保し、所有するはたらきなのではないか。そして、このような仕方で「気遣い」が機能し、発動すること自体が、そこにすでに「他なるもの」の他性が介在していることの証しなのではないか。現存在がその「気遣い」においていつも「みずから自身に先立っている」とは、まさにみずから自身に先立って「他なるもの」とかかわってしまっているということではないのか。ところがハイデガーは、みずからの問いを存在としての存在へと限定することによって、その問いの第一歩において、この他性を抹消したのではないか。この他性を、みずからの存在の問いの圏域から排除してしまったのではないか。

　ハイデガーによる解釈の「として（Als）構造」の分析は、「先所有（Vorhabe）」・「先看取（Vorsicht）」・「先把握（Vorgriff）」[11]として、いずれも、現存在がみずから自身に先駆けて、みずからの存在の確実性を脅かす「他なるもの」をめざし（sehen＝Sicht）、わがものとして捕らえ（greifen＝Griff）、所有する（haben＝Habe）仕方（所有してしまっている仕方）に焦点があてられ、当の「他なるもの」はまったく分析の中に姿をあらわすことがない。これは、ハイデガーの分析が間違っていたということではない。「他なるもの」は私たち現存在の理解にその当初から入ってくることができないということ、かりに入ってきたとしても、それはすでに「他なるもの」という「或るもの」へと転化され、現存在によって所有されてしまっているということ、「他なるもの」の抹消は不可避であり、なおかつそれは現存在の理解の構造を根本で規定しているということ、まさにこうしたことをハイデガーの分析は明確に、そして的確に示している。だが、そのような分析を行なうハイデガー自身も、こうした理解の構造に規定されたままなのである。彼の問いは、そして思考は、私たちのこの現実を構成している決定的なもののひとつに出会うその瞬間に、「存在」へとすり抜けていってしまうのである（もちろんこのことは、「存在」がこの現実を構成する決定的なものでない、ということを意味しない。このことは、すべてが存在へと転化することの不可避性という仕方で、むしろ逆のことを示している。この点については後述する）。

しかし「他なるもの」の影は、ハイデガーの「不安」と「死」をめぐる分析の中に、（彼自身の意図がどうであれ）たしかに姿を見せているのではないか。現存在の「気遣い」がつねに発動しているのは、現存在がその根底において、いつもみずからの存在の危うさを感じているからであり、この危うさが「不安」の源泉なのである。この「不安」のよってきたるところは、現存在が、そして現存在の存在（すること）が、いつもその存在の「他なるもの」にさらされているという事態であり、「死」とは、その他性の際立った現象形態のひとつではないであろうか。「死」とは、みずからの存在がその根本から失われることとして、存在のまったき「他なるもの」の「経験」（もはや経験ならざる経験——経験はすでに存在を前提にしているのだ——）であると言ってもよいはずだからである。「死」において、こうした際立った仕方でみずからを告知する「他なるもの」の他性は、不安の源泉でありながら、それとして気づかれることがない。それどころか、ハイデガーにおいては、この「死」すら「不可能性の可能性」（SZ, 262）として、現存在の存在可能性の中に「決意」を媒介にして取り込まれてゆくのである。こうして他性は、その痕跡すら残さないまでに抹消される。「他なるもの」の第一の、そして原初的な抹消であり、第一の隠蔽である。

以上をまとめよう。「他なるもの」とは、現存在の「気遣い」によって存在者として理解され、存在せしめられることになる「何ものか」である。そして「意味」とは、この「他なるもの」が「或るもの」として現存在に対して姿を現わすことにおいて理解されるもの（理解される当のもの）のことである。したがって意味は、それが理解されたかぎりにおいて、「或るもの」として存在するものの意味として、存在に帰属する。だが、はたして意味は存在から到来したのであろうか。むしろ意味は、「他なるもの」との不可避の関わりに要請され、存在において成立したと言うべきではないか。また、「他なるもの」が「或るもの」として規定されるとき、それは現存在にとっての或るものとして規定される。つまり現存在は、この「他なるもの」との関わりの中ではじめて、それに対してあるものが或るものとして理解される当のものとして、理解可能性の圏域の中に姿を現わすのである。意味の理解においてはじめて、現存在は、みずからを自分自身として理解する可能性をわがものとする。すなわち「他なるもの」との関わりにおいてはじめて、現存在は自己自身となりうるのである。

「気遣い」とは、現存在がみずからの存在の確かさを気遣うことだとすれば、それはすでに現存在の存在が何ものかによってその確かさを脅かされているからにほかならない。この「何ものか」とは、みずからの存在にとっての「他なるもの」であり、「他なるもの」によって脅かされることがすなわち現存在が自己であることなのであり、これが自己の「気遣い」の由来である。自己としての現存在が「気遣い」をもつのではない。「気遣い」が生ずることがすなわち、現存在が自己として「他なるもの」と関わるという事態なのである。この「他なるもの」は、意味と解釈と理解の本質的な構造契機でありながら、理解の中に決して姿を現わさない。「他なるもの」の隠蔽は不可避であり、ハイデガーの分析はそのことを的確に示しつつ、そのことに当の彼自身が必ずしも十分に自覚的ではなかったように思われるのである。もちろん、すべてを存在者として存在せしめると同時に、みずからは存在者ならざるものとして、存在するすべてのものの圏域から身を退ける「存在」の動向に、ハイデガーが無自覚であったわけではない。むしろ逆である。だが、それが「存在」の名のもとに思考されているかぎりにおいて、その「他性」は——それは存在の「他なるもの」であったはずである——、すでに正反対のものへと転倒され、存在に回収されてしまうのである。これが、「他なるもの」の第一の、そして原初的な隠蔽である。

b　第二の隠蔽

「意味」と「理解」において決定的な役割を果たしていながら、まさに決定的なるがゆえに最初から抹消された「他なるもの」は、別の方向からふたたび姿を現わす。それは、他人としての他者の方角からである。そもそも、或るものの「何であるか」すなわち存在の「意味」は、私たちのこの現実においては、それが「語られるもの」となってはじめて、明確な輪郭をもつ。ハイデガー自身、「語ること（Rede）」をロゴスの根本的語義として捉え、それを「事象を事象の側からあらわならしめるはたらき（アポファイネスタイ）」として分析している。[12]しかし、ハイデガーによる「語ること」の分析から脱落したものがある。それは、意味を意味として明確化する「語ること」は、つねに誰かに向かってなされる（たとえ不在の他者に向かってであれ、あるいは「私」という誰かに向かってであれ）、ということである。私たち現存在が意味を意味として明らかにし、それをわがもの（自己のもの）として確保するにあたっては、この現存在が誰かに向かって意味作用をなしうる、という仕方で私＝自己とならねばならない。そのためには現存在は、みずからの「語ること」がそれへと向けてなされるところの誰か、すなわち他人＝他者のもとにすでにあるのでなければならない。

なるほどこの他人＝他者も、それが一個の存在者であるかぎり、理解の構造のもとで不可避的に「或るもの」として現われざるをえない。すなわち、その他性の第一の抹消であった。しかし私たちにとって他人＝他者は、単に理解さるべき「意味」としてしか現われることはないのであろうか。むしろそれは、理解された「意味」をつねに凌駕するものとして現われはしないだろうか。それは、意味において理解さるべきものとしてではなく（あるいはそれを理解しようとすることに先立って）、何よりもまず現存在をしてそれへと応答せざるをえないものとして、現存在をその前へと引き出す。それを無視することもすでに、否応なくそれへのひとつの応答となってしまうのであり、そもそもそれに対して応答しないということは不可能なのである。他人＝他者のもとで現存在は、この誰かに向かって応答するもの、すなわち「私」であるべく、呼び出される。

この他人＝他者は、それが現存在の理解においてつねにその意味を凌駕するものとして現われるかぎりにおいて、現存在に対して、意味理解による現存在の存在の確保と所有とは別の仕方での応答を迫るものである。つまり、他人＝他者は、現存在が「気遣い」に導かれてみずからの（にとっての）「他なるもの」を意味として理解しようとする態勢を、つねにその意味理解を凌駕するという仕方で打ち砕く。他人＝他者は、その存在の意味を理解するという仕方で現存在によって捉え＝捕らえられることを拒否する「何ものか」なのである。このかぎりで他人＝他者は、存在の意味を超出するもの、存在とは何か別のもの、しかも単なる「無」でもないもの、すなわち「他なるもの」である。現存在は、この他性によって、それに向かって応答すべきものとして呼び出されるのである。他人＝他者の他性は、理解さるべき「意味」としてではなく、別の仕方での応接を現存在に要求する。現存在は、「理解」ではなく「応答」という仕方でそれと関わることを要求する。

この呼び出しに応ずるのは、この私以外には誰もいない。誰か私以外の人がその呼び出しに応じたとしても、そのことで私が私の応答から免除されることはありえないからである。誰か私以外の人がその呼び出しに応じたことをもってこの私がその呼び出しに応じなかったとすれば、そのことは紛れもなくこの私が呼び出しに応じないという応答をしたということと以外の何ものをも意味しないのである。この意味で、誰も私の代わりになることはできない。こうして現存在は、唯一なるこの私がとして、他者の面前に姿を現わす。現存在をこの私という「唯一性（Einzigkeit, uniqueness）」へと呼び出すこの他性は、おそらく他人＝他者として、そして死として、際立ったかたちで姿を現わすであろう。ハイデガーの文脈では、それはみずからの死を前にした「固有性・本来性（Eigentlichkeit）」における私にほかならないはずである。そうであれば彼は、その「死」の分析において、こうした他性に出会っていたのではなかったか。死もまた、現存在によるその意味の理解を無限に凌駕する「他なるもの」ではないだろうか。それは、存在と意味のカテゴリーのもとで「無」として、すなわち存在の否定として現われた「他なるもの」ではなかったであろうか。

ところが、こうした「他なるもの」としての他人＝他者もまた、その他性が現存在の存在（すること）を脅かすものであるかぎりにおいて、ふたたび存在へと回収される。すなわち、一個の存在するもの・存在者として、あるいはせいぜいこの私＝現存在と同じ・同類の存在として、理解されるのである（理解の対象となってしまうのである）。先にも触れたハイデガーによる他者の分析は、この次元に依拠している。他者とは、現存在と共同の生を営む共同現存在「われわれ」だ、というわけである。こうしてふたたび「他なるもの」、他人＝他者の他性は抹消される。「他なるもの」の第二の抹消、第二の隠蔽である。その他性を抹消された他者は、ハイデガーにおいては、誰でもあり誰でもない「ひと（das Man）」として捉えられる。すなわち、他人＝他者は、現存在を構成する契機のひとつへと組み込まれ、さらには、その他性を抹消された他者たちと共にあることは、現存在の本来性・固有性（この私であること）からの頽落形態、つまり「非本来性・非固有性（Uneigentlichkeit＝誰でもあり・誰でもない匿名の私）」、平均性と日常性への埋没として捉えられることになる。他人＝他者は、現存在を「この私」へと呼び出すものから、匿名性の内にある「ひと」一般へと、あるいはせいぜい本来性の内にある私と同類でありうるものへと、姿を変える。このようにして他性を奪われた他者は、現存在から「応答の不可避性すなわち責任（Verantwortlichkeit, responsabilité）」を解除する。現存在はもはや「ひと」に応答する必要はないのである。(13)

　このような他人＝他者とは異なり、「死」は、ハイデガーにおいては、現存在をその固有性・本来性へと呼び覚ますもの、すなわち現存在をこの私へと呼び出すものとして、その他性をかろうじて維持するかに見えるが、しかしこうした死すら最終的には、それが私の死であるかぎりにおいて、現存在の「不可能性の可能性」として、現存在の「存在可能（Seinkönnen）」へと引き取られてしまうことは、先にも見たとおりである。現存在の存在することの確実性を確保せんとする「気遣い」の勝利であり、死もまた現存在の存在へと取り込まれ、現存在の本来性へと回収される。他方、他人としての「他なるもの」は、この「気遣い」の派生形態である「顧慮(Fürsorge)」の対象として、現存在「のために(Umwillen seiner selbst)」(SZ, 327, u.s.w.)という観点のもとでその意味を理解さるべきもの・現に理解されているものとして、その他性を剥奪され、誰でもない一般性の中へと沈み込むのである。

こうしてハイデガーにおいては、「他なるもの」は二度にわたって、抹消され、隠蔽された。私には、それは、彼の問いがあまりにも早く「存在の問い」へと尖鋭化され、なおかつ、この問いが「存在の意味への問い」として事象に相応しい仕方で立てられたにもかかわらず、その「意味」の「どこから」と「いかにして」を徹底して問うことを怠った、彼の性急さに由来するもののように思える。しかし、それにもかかわらず、ハイデガーの思索力の驚異的な強靭さは、問われるべきこの現実に肉薄していることを見落としてはならない。それは、「他なるもの」の隠蔽がいかに不可避であるかを徹底して示すという仕方で、また現存在の存在することへの「気遣い」と存在の支配が貫徹されるさまを徹底して示すという仕方で、であった。

このことは、現存在の分析から、存在そのものの沈黙の声への聴従へと転じたいわゆる後期のハイデガーにおいても、かたちを変えて存続していると言ってよいように思われる。すなわち、私たちの現実のすべてが、存在から送られてくるもの・存在からの贈与という相のもとで捉え直されるとき、すべては存在の「静寂の響き」に包まれ、存在の「他なるもの」としての他者の声は、この響きの中でみごとに掻き消されてしまうのである。この意味で、後期のハイデガーが「存在」に付した抹消記号は象徴的である。抹消記号を付された「存在」の下で、姿なきまでに完璧に抹消されていたのは、ほかならぬ「他なるもの」であったかもしれないのである。

だが、この点に関しても、事態はなお二義的である。ハイデガーが「存在」に名を与えることの困難さと――

〈それ〉を「存在」と名指すことすら事態に相応しくないと、彼自身述懐するにいたったことを、私たちはすでに見た——、〈それ〉が私たちの思考からつねに身を退ける動向にますます思いを潜めていったこともまた事実なのであり、この「現象せざるもの・現象しえないもの」の中に、抹消された「他なるもの」の痕跡を読み取る余地は、なお残っているかもしれないからである。

おそらく、私たちのこの現実において、「他なるもの」の抹消は、大なり小なり不可避であろう。ハイデガーの思考＝思索は、そのことを何よりも雄弁に物語っていると言ってよい。しかし、この不可避性に気づかない思考＝思索は、哲学の名のもとに、「他なるもの」の大量虐殺に知らず知らずの内に手を貸すことにならないと、誰が言えようか。ハイデガーの思考＝思索は、「存在」が私たちの思考の限界にかかわる抜き差しならないものであることを、身をもって示した。この意味で、彼の「存在の問い」は、いまでもきわめて重大な問題提起でありつづけている。しかし同時に、この問いは、私たちの生のこの現実に送り返されねばならない。私たちのこの現実は、「存在」のもとで二重に隠蔽された「他なるもの」の名の下に、新たに、そして「存在の問い」とは別の仕方で、問い直されることを要求しているのではないであろうか。このことは、決して「存在の問い」の無効を意味するものではない。むしろ逆であろう。「他なるもの」は、あくまでも、存在の「他なるもの」として垣間見られるにすぎないからである。にもかかわらず、この「他なるもの」は「無」ではないし、ましてや「存在」でもない。無でもなく、存在でもないこの「他なるもの」と「存在」との不可避の交錯こそが、私たちのこの現実を構成しているのではないであろうか。いま哲学は、ハイデガーを経由した現象学は、この交錯をこそ、問うべきではないであろうか。

第二章　相互主観性の現象学

前章で私たちは、ハイデガーにおいて他者が一個の「問題」として、その哲学のいわば「ネガ」のかたちで影を落としつつ、浮かび上がってくるさまを考察した。そして他者問題が、広く現象学一般の構想の中では、何よりもまず、世界内の一存在者としてこの「他者」あるいは「他なるもの」に向かい合う具体的・経験的自我、すなわちこの私とはいったい何者なのか、いかなる存在者なのかという、その「構成問題」の内に位置づけられると考える本書の基本的な立場からすれば、『存在と時間』でのハイデガーによる「死」の実存論的分析は、この私を、「死」という「他なるもの」に正面から向かい合うことで「固有の・本来的な自己」として現象するにいたる存在者と捉えたものとみなすことができる。

私（斎藤）はハイデガーのこの分析の卓抜さを疑わないが、はたして「他なるもの」が私たちの現実において、自己自身の「死」としてしか姿をあらわさないかどうかについては、なお検討の余地が残っていると考えている。前章末尾の言い方を借りて言い直せば、「存在」と「他なるもの」との交錯が私たちのこの現実を構成しているとする根本洞察を保持しつつも、この交錯の具体相はいまだ必ずしも十分に論究されているとは言えないと考えるのである。このことは、私たちがみずからの生きるこの現実に、すぐれてその「意味」の「理解」という仕方で関わっていることを考え合わせるとき、より明確になるだろう。すなわち、この「意味」の「理解」はいったいどこから私たちのもとに到来したのかという（すでに前章で一度触れた）問いである。

ハイデガーが『存在と時間』で行なった解明は、この問いに対する彼の応答であったと言いうる地点にまで、私たちは考察を進めてきた。すなわち、意味の理解はみずからに固有の「死」という「他なるもの」から到来したのである。意味理解の最終的な源泉は、固有の死に直面する本来的自己の内にこそ、探し求められるべきなのである。だが、意味の理解が私たちのもとでは「語り（Rede）」という形態を、すなわち「言語」という形象をまとっている以上――このことの内実とその構造をもハイデガーの分析は明らかにしてくれた――、私たちの現実に交錯する「他なるもの」が（みずからに固有の「死」としてではなく）他人としての他者として姿を現わしている可能性が、いまや私たちの前に開かれている。「語り」としての「意味の理解」は、基本的に、それを理解する当の私が何らかの仕方で誰かに向かってそれを（言語として）「語り出す」という構造をもっていると思われるからである。

この「誰かに向かって」という契機が、ハイデガーにおいては（言語をめぐる思索が中心となるその後期にいたるまで）欠落したままであることを確認したいま、私たちはもう一度フッサールに立ち戻って、この契機を検討し直すことにしよう。というのも、よく知られているように、現象学的還元が「私」という一個の閉じた主観的領域への還帰という外見をもつがゆえに、現象学は独我論であるとの批判を受けやすいことを憂慮したフッサールは、それが決して独我論に陥るものではないことを示すために、早くから他者問題を視野に入れつつ「相互主観性の現象学」を展開していたからである。この相互主観性の現象学において、他人としての他者は、そして「他なるもの」は、どのような相貌のもとに姿を現わしているだろうか。そしてその分析は、私たちの現実に交錯してくる「他なるもの」の問題系にどんな光を投げかけてくれるだろうか。

さらに言えば、実はフッサールの相互主観性の現象学を検討することは、少なくとも哲学における西欧「近代」の成立の端緒にまで遡る——いや、場合によってはそれは、そもそも「哲学」なる営みの始元にまで遡ることになるかもしれないのだが——一個の哲学史上の根本問題として、「他者」問題を位置づけることにもなるのである。したがって以下の本章の考察は、フッサール現象学における他者問題への取り組みが、どのようにして哲学における「近代」から「現代」への展開ないし転回に関わるものであったのかをも明らかにすることになるだろう。ここでまず、こうした歴史哲学的な観点をも含めて本章の全体を概観してみれば、およそ次のようになるだろう。

本章は、フッサールの相互主観性の現象学、ならびに（近代）哲学における「他者」問題を次のように位置づける。すなわち、フッサール現象学における超越論的動機は、近代の初頭にデカルト（一五九六—一六五〇）によってなされたコギトをめぐる思考の中で発見されたものを徹底して問い進めようとする姿勢をあらわしており、他方でその相互主観性理論は、早くは中世末期のクザーヌス（一四〇一—一四六四）から、近代の完成期にあるライプニッツ（一六四六—一七一六）を経て、現代哲学への扉を押し開けたニーチェ（一八四四—一九〇〇）にまでいたる「パースペクティヴ」の思想と「モナド」論の系譜を色濃く反映している。「他者」とは、近代のこの二つの系譜（すなわち「超越論的動機」と「パースペクティヴィズム」）が交差する地点で発生したひとつの「問題（アポリア）」のことなのである（以上第一節）。第二節は、フッサール現象学における超越論的思考が、その本来の発想に忠実であるかぎり、どのような問題構制を取り、その中で他者をどのように位置づけるはずであったかを検討する。そしてこの検討を通じて、近代におけるデカルト主義のもっとも尖鋭な姿を呈示する。これに対し第三節は、デカルトとは別の思考の系譜に属するパースペクティヴの思想のさらなる展開過程として、

Th・リップス（一八五一―一九一四）からフッサール（一八五九―一九三八）、シェーラー（一八七四―一九二八）、メルロ＝ポンティ（一九〇八―一九六一）、シュッツ（一八九九―一九五九）、サルトル（一九〇五―一九八〇）、ハイデガー（一八八九―一九七六）をへてレーヴィット（一八九七―一九七三）ならびに戦後ドイツ現象学派にいたる一連の相互主観性理論の展開を跡付ける。最後に（第四節）、以上二つの思考の系譜が合流する地点に成立したフッサールの超越論的現象学において、他者があらためて「問題」として現代の哲学的思考の中心に姿を現わしてくる過程を、主としてレヴィナス（一九〇六―一九九五）に焦点をあてて考察する。

1 「問題」の在りか

哲学の二十世紀をかえりみるとき、他者をめぐる一連の問題が長い哲学の歴史の中でこれほど切迫した「問題」として問われたことはなかったことに、あらためて気づかされる。それはあたかも、哲学史上のひとつの「スキャンダル」であるかのようですらある。なぜそれまでの哲学は、この問題を一個の問うに値する問題としてすら考えることがなかったのか。――私たちの世界がまさに「われわれ」の世界として私と他者たちから成り立っており、私も他者も同じ人間であることが自明であったから、という以外にないであろう。つまり、ここにはもともと語の厳密な意味での他者はいなかったのである。そして「われわれ」人間以外の他者たち（「野蛮人《バルバロイ》」とされた外敵たち、人間とはみなされなかった奴隷たち、動・植物、山や河や岩石…）は、人間＝「われわれ」による支配・統御の対象であるか――この場合には、それら他者たちのもつ他性ははじめから抹消さるべき／しうるものであった――、あるいは人間＝「われわれ」を包み、育んでくれる包括者であるか――この場合には、それらははじめから「われわれ」の側にあり、そこにはもともと他者はいない――、そのいずれかにほかならなかったからである。

ではなぜいま、あらためて他者が問われねばならないのか。この問いの萌芽がすでに近代の初頭に兆していたことは、確かであるように思われる。かのデカルトの「私は考える（コギト）」である。人口に膾炙したこの命題は、「私」なるもののもつ新たな次元、それまで誰の眼にも触れることのなかったある隠された次元の発見という意味をもっていたはずである。すなわち、あらゆる認識の究極の源泉であり、ほかの何者とも交換不可能な・絶対にして唯一のものが、「私」の名のもとに発見されたのである。だが、それが「私」という名をもっているかぎり、それはこれまでの自明の通念にしたがって、ただちに「誰にとっても」のもの（各人の私）へと一般化される。誰もが同じ「私」なのである。ここには、他者が問題として成立する余地はない。現にカントは、デカルトがコギト命題の直接の帰結として立てた「私」の「存在（スム）」を、個別的な私ではなく、あらゆる認識の可能性の条件であるア・プリオリな純粋形式（「純粋統覚＝Ich denke」）へと純化することによって、デカルト哲学に影のように忍び寄っていた独我論の嫌疑を払拭する。かくしてカントにおいても、他者が一個の問われるべき「問題」として姿を現わすことはなかった。

ところが、デカルトによるコギトの発見を、みずからの構想する超越論哲学の先駆形態として高く評価し、その批判的継承と徹底化をはかるフッサールにいたって、事情は一変する。デカルトの発見した「私」の中に、あらゆる認識の究極の源泉である「唯一のもの」が埋蔵されているのだとすれば、すべてはこの「私」の内に認識上の権原を有しているのでなければならない。そしてそれが唯一のものであるかぎり、原理上それは他の唯一のものを許容しない。「複数の」「唯一のもの」とは、そのそれぞれの語義に忠実であるかぎり形容矛盾以外の何ものでもないからである。だが、それが「私」の名で呼ばれるものであるかぎり、世界には複数の「私」たちがいることもまた明らかである。ここにいたってはじめて、〈誰もが同じ私である〉という自明の前提自体が、一個の「問題」として尖鋭な姿をあらわにする。ここで言われている「誰も」とは一人ひとりの「私」（各人）であるほかなく、こうした複数の「私」たちと、先の「唯一のもの」としての「私」とは、明白に齟齬をきたす。デカルトの発見した「私」がこの「唯一のもの」であるとすれば、複数の「私」たちなるものは、この「唯一のもの」にとってはそれ以外のものすなわち他者であらざるをえない。ところが先の自明の前提によれば、その他者が「唯一のもの」であるこの「私」と同じものであるというのであるから、これは逆説《パラドックス》とならざるをえない。こうして、フッサールにあって他者問題は、一個の逆説として姿を現わす。

だが、他者問題が逆説に付き纏われた一個の困難な問題として姿を現わしてくるのは、実はフッサールにおいてばかりではない。彼の超越論的現象学の構想においてこの問題がもっともラディカルなかたちで尖鋭化されてくるとはいえ、これが一個の困難な問題として自覚的に立てられた事例をすでにTh・リップスに見ることができる。[1] そしてフッサールの周辺のM・シェーラーのような人も、必ずしもフッサールと問題設定を共有していたわけではないにもかかわらず、やはりそこに一個の問題を見ている。[2] こうした事例のいずれもが、先の逆説に関わりつつそれを乗り越えようとしている点に鑑みれば、他者問題は近代初頭にデカルトによってなされた「私」の或る次元の発見と地下で水脈をともにしている問題であり、この意味で「近代」がその成立の当初より孕んだ問題がその最終段階にいたって、すなわち二十世紀という時代にいたってようやくその問題性をあらわにした、と見るべきであろう。

さらに言えば、近代が当初より孕んだこの問題系は、デカルトに先立つクザーヌスから、ライプニッツを経てニーチェにいたるパースペクティヴの思想とモナド論の系譜の中に別の現象形態をもっていたと見ることができる。[3] フッサールの現象学は、この問題のデカルト的起源とクザーヌス的起源の合流する地点でもあるのである。そしてこの問題にどう応ずるかは、おそらく「近代《モダン》」と「近代以後《ポスト・モダン》」をどう位置づけるかをも左右する大きな論点を形成するはずである。なぜなら他者問題の中には、哲学の「近代」から受け継ぐべき遺産と――「近代」の発見を通してはじめて明らかになった側面と――、乗り越えるべき遺物が――「近代」の誤った問題設定が――、ともに含まれているからである。

2　フッサール現象学と他者問題

ここでフッサール現象学の基本的な問題構制をいま一度確認しておこう。私たちの認識をその究極の権利源泉にまで立ち戻って基礎付け直し、その妥当性を明らかにしようとする動機を彼はデカルトの内に見出し、これを近代哲学を導く「超越論的動機」と呼んだ。この動機を完遂するための方法論的装置が、現象学的還元である。それは、私たちのあらゆる認識の妥当性の根拠を解明するために、いったんそれらすべての妥当性を停止（エポケー）し、それらがそのようなものとして現われ・受け取られているかぎりでの姿を保持する、という操作である。この操作がもつ認識論上の有効性は、よく知られたデカルトの方法的懐疑の歩みと重ね合わせてみることで、より明確となった。「いささかでも疑わしいもの」をすべて虚偽とみなして斥けてゆく徹底した懐疑の果てに見出されたのは、「私にはそのように考えられ（思われ）ている（videre videor）」ということ自体の不可疑性であった。庭に咲いている花の色が赤く見えること、一足す一は二であると考えられること、この世界が存在していることは確かだと思われること、このように見え・考えられ・思われていること自体は（その内容に関しては疑おうと思えば次から次へと疑念が湧いてくるのに対して）、ひとたびそれらがそのように見え・考えられ・思われたとすれば（その内容の真偽とは独立に）もはやまったく取り消しようもなく確かなのである。[4] あらゆる認識はこの場面以外に始まりの場をもたず、しかもこの場面でのそれらのそのようなものとしての現われ（現象）

そのものは、いかなる懐疑をも斥ける明証性をもっているのである。[5] 還元は、この場面を確保するための方法論的措置と考えてよい。以後、現象学のすべての分析はこの場面で行なわれることになるのだが、世界がかくかくのものとして現象しているこの場面こそ、現象学の領野《フィールド》である「超越論的領野」にほかならない。それは、あらゆる認識の究極の権利源泉の解明という「超越論的動機」――これは単にデカルトのみならず、カントの批判哲学全体を導く動機でもあった――を十全にみたすべく慎重な方法論的操作によって獲得された領野であるがゆえに、超越論的の名をもって呼ばれたのである。

さて、このようにして確保された超越論的領野における世界の現われ方は、どのような姿をしているであろうか。目の前には机があり、その向こうには窓があり、その外を人が通りすぎてゆく…。それらを私はこの机のところから、ぼんやりもの想いに耽りながら眺めている…。私たちの日常のごくありふれた一情景である。しかしここには、私たちの世界（経験）を構成するほとんどすべてのものがすでに姿を現わしていることを見逃してはならない。まず、机や窓といった事物《もの》がある。ついで、外を通りかかる人すなわち他者がいて、それを眺める私がいる。さらには、私がぼんやりとその中に没入している想念が存在している。これらはすべて、この超越論的領野においてそのようなものとして現象世界の内に存在している存在者である。現象学は、こうした存在者の存在の仕方を分析しようとする。つまり、世界がそのようなものとして多様な仕方で存在し＝構成されるにいたったのはどのようにしてなのかを問うのである（世界の構成分析）。したがってここで当然現象学にとっては、世界内の存在者としての私や他者の構成のされ方を問うという課題が生ずることになる。

ここで留意すべきは、こうした分析が行なわれる場《フィールド》である超越論的領野自体は私でも他者でもないし、さらには世界そのものでもないという点である。私や他者たちや、総じて世界のすべては、この超越論的領野において存在するものだからである。一見すると、現象学的還元ならびにそれを通じて獲得される超越論的領野は、すべてを〈私にとってかくかくに現象している〉という状態で保持するために、すべてが私の意識の中に保持されているかのように見える。だが、ここでの〈私にとって…〉の「私」もまた、世界内に現象している一個の存在者なのであり、そうした「私」やその私がもっているとされる意識と、そのような私や私の意識がそこにおいて現われてくる超越論的領野とは、次元をまったく異にしている。すなわち、超越論的領野は「私」の意識の領分のことではないのである。にもかかわらず、それを私の意識に結びつけようとする誤解はきわめて根強いものがあり、ほかならぬフッサール自身ですら、ある種の自己誤解から完全に脱却しているとは言い難いほどなのである。このことは、彼がその超越論的領野をほとんどの場合超越論的主観性ないし超越論的自我と等置していることからも窺える。(6)そして彼のこの自己誤解が、現象学における他者問題を混乱に巻き込むことになるのである。

確認しよう。還元を経て確保された超越論的領野は、「私」に属するものでも他者たちに属するものでもない。しかし、だからといってそれは私と他者たちに共通する遍（汎）人称的なものであるのでもない。もし超越論的領野がそのようなものであるとするならば、それは私や他者たちと同じ次元に、すなわち現象する世界の内部に位置するものでなければならないであろう。だが、世界がそこにおいて現象する超越論的領野が、ほかならぬその世界の内部にあるというのは、ありえない矛盾である（フッサール自身この矛盾をはっきり意識していたのだが、(7)先の自己誤解が災いして、彼はこの撞着がいわば一種の擬似問題であることを突き止めえなかった）。そうではなく、この領野は、そうした私や他者たちが姿を現わす次元とは異なる、いわばもうひとつ「手前」の次元に位置しているのである。この領野は、決して一個の存在者として現象することがない。現象するのは、私や他者たちを含む世界内の事物や事象（という存在者）だからである。またそれは、私や他者たちやさまざまな事物を取り囲む暈《かさ》のような仕方で付帯的に（非対象的に）現象する「地平」でもない。たとえ非主題的ないし地平的な仕方であるにせよ、現象するものはすべてこの超越論的領野において現象するのだから、そのようにして現象するものと超越論的領野自身はあくまで区別されねばならないのである。

デカルトが近代の初頭に徹底した懐疑の果てに見出したのも、この領野だったはずである。しかし彼は、この領野を「私」の名のもとに語ったために、たちまち自己誤解に陥らざるをえなかった。フッサール自身に関してもこの疑いが濃厚であることはすでに見た。では、決して現象することのない、だがあらゆる現象がそこにおいて可能となるはずのこの「超越論的領野」とはいったい何なのか。まるで無の深淵に沈み込んでいるかのようなこの領野の問題性は、その第一発見者として哲学史に名をとどめるデカルトのもとで、その発見とほとんど同時に隠蔽され、問題として気づかれることすらなかった。そして、この領野の孕む問題性が露わとなるきっかけとなったのが、ほかならぬ他者問題だったのである。(8)

現象学における他者問題が、世界内に存在する他人としての他者たちの構成の問題として（同じく世界内に存在する「私」の構成の問題と同じ次元で）まずもって問われるべきであることは、再三にわたって確認した。ところがフッサールにあっては、そこにもうひとつの他者問題が絡み込んでくる。それは、他の超越論的主観性という問題系である。(9) これは彼の自己誤解と密接に関連しているのだが、彼は最後まで超越論的領野を超越論的自我の領野と見る見方を放棄することはなかった。この領野が超越論的自我に属するとすれば、世界がこの意味での私だけによって構成されていると見るのは、明らかに独我論《ソリプシズム》の構図である。彼は超越論的自我を世界内に存在する経験的自我と明確に区別するが、それにしても超越論的自我が世界のすべてを構成するというのは紛れもない独我論（超越論的独我論）となる。こうして彼は、現象学は独我論であるという批判を斥けるためにも、他の超越論的主観性の構成の問題に取り組まざるをえないことになる。(10)

だが、彼がこの問題に取り組むにいたった経路は、こうした独我論の批判に応えるためだけではなかった。この世界が誰にとっても同一の、ひとつの世界であるという事態はいったいどのようにして構成されるのかという、世界の「客観性」の構成の問題もまた彼に、他の超越論的主観性の問題に正面から取り組むことを要請していたのである。[11] 世界は私にとってはかくかくの仕方で、また他人＝他者たちにとっては別様の仕方で現象しているわけだが（各人におけるパースペクティヴの多様性）、その多様な現われはその相違にもかかわらず、あるいはその相違を通して、同一の世界の現われである。世界の客観性とはこのことにほかならない。そうだとすれば、世界の現われの多様性を担う各人の構成を通じて、その各人において目ざされる同一の世界の構成が追求されねばならない。ここに各人（Jedermann）という仕方での他人＝他者たちの構成の問題が姿を現わすのである。[12]

フッサールは、この次元での他者の構成を次のような方向で論ずる。すなわち、世界構成の唯一の絶対的源泉である超越論的主観性における世界構成を分析してみると、世界が超越論的主観性に対してこのようなものとして現象するに際して、すでに他の超越論的主観性による世界構成がそこにともに居合わせ、ともに機能していることが突き止められる。つまり、世界が私にとってはかくかくのものとして現象してくるときには、すでに同時にそれは他者にとっては別様の仕方で現象している／現象しうるということ、そしてそれら別様の現象の仕方を通じて同一の世界が思念されているということ、こうしたことがともに織り込み済みの仕方で現象してくるのである。すなわち、現象ははじめから相互主観的なのである。この意味で超越論的主観性による世界構成の現場には、すでに他者がともに世界構成を行なう機能として含み込まれており、「超越論的主観性ははじめから超越論的相互主観性なのである」。[13] ここでの他者は、それが超越論的主観性による世界構成をともに行なうものであるかぎり、超越論的自我とともに世界の現象の超越論的制約をなしており、それ自身も超越論的な性格を有している。すなわちそれは超越論的他者、他の超越論的主観性だというわけである。ここからフッサールは、各々が独立した究極の認識源泉でありつつも互いに世界構成の場面でともに機能しあう複数の超越論的主観性の在り方を、窓をもって互いに交通しあうモナド同士の関係として捉える超越論的モナドロジーを構想するにいたる。

だがここでいったん立ち止まらなければならない。彼のここでの議論は、はたして超越論的主観性と他の超越論的主観性なるものとの相互共在を本当に論じているのだろうか。還元によって獲得された超越論的領野（彼の言う「超越論的自我」）は、そこにおいて世界のすべてが現象する絶対の認識源泉であった。あらゆる懐疑を斥ける確実な認識を云々しうるとすれば、それはこの領野以外にないことを私たちはすでにフッサールとデカルトとともに見た。[14] そこにはさまざまな事物とともに私や他者たち（可能的他者たちをも含む）も含まれていた。世界のすべては（私にとっては未知のものも、いや一生知らずに終わるものも含めて）そこにおいて現象へともたらされるのである。超越論的領野とはこの意味で認識の絶対的源泉であり、すなわちすべてなのであった。世界の絶対的〈いま・ここ（da）〉の経験と言ってもよい。このすべては、それが「唯一のもの」であることをも示している。クォークの飛び交う極微の世界から銀河系の彼方の遥かな世界にいたるまで、あるいはまたこの宇宙の創生の太古の時から地球や太陽系の消滅後の未来にいたるまで、すべてはこの領野以外に現象の場をもたないのであり、したがってそれには限界がない。つまりそれを一つ、二つと数えることすらできないのであり、それは数的な意味での「1」を超えた唯一のものなのである。

フッサールの言う現象学的還元を経て獲得された超越論的領野とは、その考え方と手続きに厳密に従うかぎり、このようなもののはずである。そうしたすべてであり唯一である超越論的領野に、はたしてもうひとつの、他の、あるいは複数のすべてにして唯一なるものを考えることが可能だろうか。そのようなものを考えることは、明白な矛盾ではなかろうか。矛盾でないとしたらそれは、まったく無意味ではないのか。ここでの彼の議論は、明らかに空回りをしているのではないか。すべてに別のすべてを付け足してもすべてであることに何ら変わりはなく、それは実際のところ何も付け足してはいないのである。何も付け足していないとは、すなわち他の超越論的主観性を云々する余地はここにはない、ということにほかならない。

それにもかかわらず彼が他の超越論的主観性について語りうる、あるいは語らねばならないと錯覚したのは、すべてにして唯一である超越論的領野が「私」に属すると考えたからにほかなるまい。それが「私」であるならば、当然他の「私」たち、すなわち「他の超越論的主観性」もまた存在しているのでなければならないというわけである。この段階ですでに、「他の超越論的主観性」の存在は前提ないし要請と化してしまうのである。だが、この超越論的主観性に「私」を帰属させる余地はないことを、私たちはすでに見てきた。「私」はあくまでこの超越論的領野において現象するものだからであり、それはみずからがそこにおいて現象する超越論的領野の全体をカヴァーすることはできないのである。彼があれほど正確に経験的主観性と超越論的主観性との区別を見ていたのであれば、彼は後者に対しては「私」の名を拒絶すべきだったのである。

事実、彼は後期時間論草稿のいくつかの個所でははっきりと、しかしいささか当惑しつつ、超越論的領野の根底にあると彼が考えた「流れること」の次元の「没自我性」を認めていたのである。[15] しかし、この認定が指し示している事態をこれ以上見つめることは、自我性のドグマにあまりに深く浸透された彼の眼には不可能であった。「他の超越論的主観性」をめぐるフッサールの先の議論は、はじめから他の超越論的主観性の存在を暗に要請したうえで、いかにしてそれが超越論的領野においてすでに機能しているかを解明するという構図になっており、少なくとも「他の超越論的主観性の構成」という論点に関しては、論点先取を犯してしまっていると言わざるをえないのである。

では、先の彼の分析で、この超越論的領野における世界構成の現場にともに居合わせ、ともに機能しているとされた他者とは、何ものであろうか。それが「他の超越論的主観性」ではありえないことは、いま見た。では、超越論的領野における世界構成に他者はまったく関与していないのであろうか。もちろんそうではない。では、その他者とはいかなるものか。この場面で他者に関して有意味に語りうるとすれば、それは世界内に存在する他人＝他者以外ではありえない。ただしその他者は、世界内に対象として存在する他者ではない。先の彼の分析が示していたように、この場面ではたらく他者とは、私（世界内の経験的主観としての）にとっての特定の（パースペクティヴ的な）世界現出にあたってすでにともに機能している（他のパースペクティヴとしての）他者なのである。だがこの「ともに機能する他者」が（たとえその機能において非対象的・匿名的であれ）他者と呼ばれうるのは、世界内の存在者であるかぎりでの他人＝他者以外にその由来をもちえない点が見落とされてはならない。「他のパースペクティヴ」というだけであれば、私がさまざまなパースペクティヴをとることで十分その意味をまっとうできるのだから、この「他のパースペクティヴ」に他人としての他者が重ね合わされうるためには、すでに世界内の存在者としての他人＝他者の経験の成立が不可欠なのである。

したがって、フッサールの先のテーゼ「超越論的主観性ははじめから超越論的相互主観性である」は、「超越論的領野における世界現出は、はじめから世界内の私と他人＝他者にとっての相互主観的なものとして構成されている」という意味に解釈し直されねばならない。つまり世界が現象するのは、いつもそのつどの特定のパースペクティヴにおいてのみなのであって、このことは同時に、それがさまざまな他の諸々のパースペクティヴの中のひとつであることをはじめから含みこんで成立する事態なのである。これは明らかに、世界内の存在者である私と他者たち（という或る存在者のカテゴリー）の構成分析という、最初にあげた課題領域に該当するものにほかならない。私と他者たちとは、いずれもこうした諸パースペクティヴの内のひとつのことだからである。(16) そして実はこの次元における他者構成論は、フッサールのように超越論的な問題設定を行なわないシェーラーやシュッツ、レーヴィットといった人たちの仕事と実質的には重なり合うものである。(17) なぜなら、彼らもまた世界内に私と他者たちとが存在することを基本的あるいは自然的事実とみなし、そうした他者や私がどのようにして認識にもたらされ、どのようにして互いに関わり合うのかを分析しようとしていたからである。彼らとフッサールの唯一の違いは、後者が私や他者の存在という自然的事実に対する存在妥当を停止しているという点だけであり、両者はちょうどフッサールが超越論的現象学と現象学的心理学との平行関係《パラレリズム》を述べていたのと同じ関係にあると言ってよい。(18) しかもこの次元での私や他者の構成の分析に関しては、すでにフッサールに先立って達成されていたもの（シェーラー）や、あるいはフッサールではいまだはっきり具体化されずに終わった領域での示唆に富む分析（シュッツ、レーヴィットら）が見られるのである。そこで、そうした彼らの分析の成果に次節で触れることにしよう。

他方、フッサールの相互主観性理論の帰結は、彼自身の意に反して、そしてまたおそらくはフッサール現象学を継承する多くの現象学者たちの意にも反して、（彼独自の意味での）超越論的場面で他者（すなわち「他の超越論的主観性」）を考える余地はないことを示していた。このことは実は、フッサール自身あるところではっきり認めていたことでもあった。彼はそこで「超越論的主観性の外部とは無意味である」と述べていたからである。(19) だがこのことは、別の新たな問題を引き起こす。これは超越論的領野の独在論ではないのか。フッサールはある種の独我論をついに免れえなかったのではないか。超越論的領野の外部が無意味であるとは、すなわちその外部が存在しないとは、いかなることなのか。こうした一連の問題をめぐっては第4節で検討することにしよう。

3　相互主観性理論としての他者論の展開

a　リップス

他者問題が一個の「問題」として立てられた早い例として、先にリップスの『他我についての知』（一九〇七年）に触れた。同書で彼が、いわゆる類推説(20)が他者認識の解明になっていない点を批判し、それに代えて投入説を提唱したことはよく知られていよう。類推説は、私の私自身の身体運動についての直接的体験と私の体験に与えられた他者の身体の運動との類比から、その他者の身体運動と連合さるべき他者の体験内容を類推することによって他者が認識されるとする。だが、私の怒りや喜びといった直接的体験内容が私の身体のどのような運動ないし変化に対応しているかは（特に顔の表情などの場合に顕著なように）、たえず鏡をのぞき込んでもいなければ知ることはできず、まして鏡を知らない乳児がすでに母親と交わす微笑の応答などをこの説は説明できない。つまり、私の体験内容と私の身体運動の間にそもそも類推に十分なだけの連合がいつでも成立しているとはかぎらないのである。また、かりにいま述べたような仕方で類推が行なわれたとしても、そこで推し量られているのはあくまで他者に投げかけられた私の怒りや喜び（の想像）であって、それが他者の体験内容と同じであることを保証するものはこの類推の中には何もない。

こうした類推説の不備からリップスは、私の他者認識は類推のような複雑な知的手続きを経てのものではなく、他者の身体運動をきっかけとしてじかに私の自己が他者の内に投入（Einfühlen）され、そこに他の自我の認識が成立するとする。だが、この投入説の場合、自己を投入すべき他者の身体があらかじめ他の物体と区別されていることになり（私は何に対しても自己を投入するわけではないのだから）、そこに他者の認識がすでに前提にされてしまっている。そこでリップスはこの投入を、一切の認識論的基礎付けが不可能な「本能」ないし「衝動」のレヴェルに位置するものと見ることになる。[21] しかしそれを本能と言ってしまえば、他者問題はすべて本能の次元に還元されてしまい、もはや問題の解明ではなく放棄に等しい。[22] しかもかりに他者の身体への投入が成立したとしても、やはりそれはあくまで自己の投入であり、そこに他者はいないと言わねばならない。

b　フッサール

フッサールが『デカルト的省察』（一九二九年）で行なった他者認識の解明は、その骨格において先の二説（類推説と投入説）を下敷きにしたものとなっている。彼の場合、まず私の身体と他者の身体とが「対化（Paarung）」という受動的連合作用によって結合される。この結合が意識の体験内容に先立って身体レヴェルで受動的に成立しているとみなされる点が、類推説とは異なることは注目されてよい。これは後にメルロ＝ポンティによって「間身体性（intercorporéité）」として展開されることになるモチーフであり、身体レヴェルでの自他の共存を示唆するものだからである。フッサールの場合、この「対化」が身体間の類比（類比化的統覚）の基礎となる。次いでこの類比に基づいて自己の他者への投入が行なわれるとされる。したがって彼のここでの議論は、リップスが投入を本能に還元してしまったのに対して、投入の機構を身体レヴェルでの受動的総合によって解明したといってよいであろう。しかし以上の枠組みにとどまるかぎり、それがあくまで私の投入にすぎない点は変わらない。もっとも彼は同時に、他者はあくまでも「間接的ないし付帯的に現前する（Appräsentation）」にすぎない点を確認してもいる。だが、直接的に現前しないものをすでに他者と認めている点で論点先取の嫌疑は免れえないことになる。(23)

c　シェーラー

こうした先行学説の失敗をうけて（フッサールの場合は時期的には後続だが）この問題を立て直すのがシェーラーである。彼は、自身の構想する「共感（Sympathie）」に基づく倫理学を基礎付けるにあたって、共感が他者の存立をその前提としていることを確認し、この前提となっている他者（他我）の存在とその認識を主題とする論考を『共感の本質と諸形式』第二版（一九二三年）に付け加える。ここで彼が見出すのは、私の感情は私にのみ属し他者のそれは他者にのみ属するという一般に自明とみなされている同語反復的な信念に反して、怒りや喜びといった感情は（それが後に私や他者に帰属させられることになるのとは独立に）直接に与えられており、このかぎりでこの体験は私と他者とに関して「無記的（indifferent）」であるという事実である。[24] たとえば、他者の怒りがそれとして認知されるためには、まずこの怒りが与えられていなければならないはずなのである。そうでなければ、決して他者の怒りが知られることはないであろう（類推や投入によっては他者の怒りに到達しえないことはさきに見た）。感情伝染といった事態が可能なのも、まず怒り等々の感情が直接的に与えられているからこそ、なのである。この直接性は、他者経験においては他者の身体に関する事物知覚よりも表情知覚の方が優先しているという事実をも示している。[25] つまり、他者の表情・感情は、類推に先立ってすでにそのようなものとしてじかに与えられているのである。シェーラーのこの見解は他者認識に関する「直接知覚説」と呼ばれるものであるが、とりわけ表情理解の事物知覚に対する先行性の発見は後にE・カッシーラーによって取り上げ直され、その『象徴形式の哲学』の中で豊かに展開されることになる。[26]

シェーラーの直接知覚説がそれまでの他者認識論と決定的に異なる点は、世界内における私と他者との共約不可能性、あるいは両者の実体的切断が一種のドグマとして斥けられたことである。私と他者とが、可視的物体であるかぎりでのその身体のレヴェルでの独立性にひきずられて分断されてしまう強固な日常的信念に、ここで風穴が開けられたのである。「私」や「あなた」といった人称的区別によって分断されないこの直接性は、感情ばかりでなく、思考（思想）や言語（意味）などにおいても同様であろう。私たちが意味を理解し、思想に共鳴することができるのは、まずそれらがそれ自体で他者の意識なるものの内部に秘匿されていて、ついでそれを記号の媒介によって推し量るという手続きを経てのことではない。もしそうであればそれらに到達することは原理的に不可能であることは、先の類推説批判によって明らかであろう。そうではなくて意味や思想——正確には意味内実や思想内容——もまた（言葉を介してではなく、言葉そのものにおいて）直接に与えられているからこそ、共鳴もされれば反発もされうるのである。この直接性の次元の発見は、フッサールの議論をその超越論的次元においてまで拘束していた主観性のドグマ（超越論的自我）を実質的に解体に導くはずのものであり、この意味でもシェーラーが他者問題に関してなした大きな寄与は十分認識されてしかるべきであろう。(27)

d　メルロ＝ポンティ

シェーラーが表情知覚のレヴェルで発見した感情の直接性を、表情を支える生きられた身体へとさらに遡って解明したのがメルロ＝ポンティである。彼が定位するのは、事物と同等の資格で対象的に認知される「物体的身体（corps corporel）」ではなく、私によって生きられ機能している「現象的身体（corps phénoménal）」である。それは、理性による認識作用が世界に関わるのに先立ってすでに世界の中を動いている。彼はこのモチーフをフッサールの運動感覚《キネステーゼ》意識の分析から受け継いだのだが、身体とは私の能為性「私はできる（Ich kann）」の体系にほかならないのであり、この能為性図式（身体図式）によって私は世界の内に根を下ろし、いわば受肉しているのである。たとえば先に引いた乳児と母親の間の微笑の交換は、微笑という仕方で表現された一方の他方に対するある種の好意・肯定的態度がまず最初に与えられ、それが共有されていることの表われにほかならないのだが、両者に共有されているこの生きられた意味は決して何の基盤ももたずに中空に浮かんでいるわけではない。この意味は、それが生きられているかぎり世界の内に受肉しているのであり、この受肉の場所が身体なのである。この身体による支えなしには、意味は実現の場をもたない。いわば身体がみずからの内にこの意味を育むのである。このとき乳児の身体と母親の身体とは、この意味によって縫い合わされている。あるいは両者の身体の縫い合わせの中からこの意味が生まれてくる、といっても同じことである。意味による身体の縫い合わせと身体の縫い合わせによる意味の懐胎とが同じ出来事であり、両者が区別できないようなレヴェルがあるのであり、それが生きられる身体の次元なのである。[28] 理性的認識作用に先だってすでに働きだしているこうした生きられる意味の生成の場面は、フッサールが受動的綜合の現象として解明しようとしていた次元に重なるものである。フットボールの試合を観戦する観客が、知らず知らずの内に選手の身体の動きを先取りし、ともに体を動かしているのも（それは決して模倣ではない）、身体レヴェルでの受動的綜合なのである。すなわち、競技場で展開されるゲームという「意味」を身体がすでに受肉しているのである。

メルロ＝ポンティの一連のこうした分析は、やがて彼の後期には「肉（chair）」という独特の存在論的概念にまで展開・拡大され、単に私と他者の身体レヴェルでの共存ばかりではなく、水や光や大気といった「元素（éléments）」（もちろんそれは単なる物質としてのそれではなく、きらきらと輝き・ゆったりとたゆたい・明るく伸びひろがってゆく——そしてその中に私自身をも溶解してゆく——媒体としてのそれである）をも包み込んだ、ある生きられる集塊（masse）へといたる。彼もまたシェーラーと同様、直接に与えられたものの人称的無記名性の次元へと下降し、その豊かな相貌を記述し明るみにもたらすかぎりで、主観性のドグマからすでに脱却しているといってよい。[29] ここであえてハイデガーの用語で言い直せば、後期のメルロ＝ポンティは「存在」の次元を、それが私たちによって生きられている具体相の豊富な記述を通して、生き生きと思考の前に蘇らせたのである。

e　シュッツ

シェーラーやメルロ＝ポンティが発見し・展開したある種の「直接性」の次元に着目した人物としてもうひとり、シュッツを取り上げよう。彼はウェーバーの理解社会学を哲学的に基礎付けるべく、とりわけ他者の行為の意味理解の構成をフッサール現象学の方法論的装置を導入して解明しようとする。[30] 彼は、師フッサールを最後まで悩ませることになる超越論的次元での他者の構成の問題に立ち入ることを避け、自然的態度においてすでに与えられている他者の存在を前提にした上で、その構成を問うという問題設定を行なう。すなわち「自然的態度の構成的現象学」である。[31] こうした彼の方法論的措置が、他者問題へのアプローチに関して一定の正当性をもつものであることは、前節の議論から明らかであろう。他者問題は何よりもまず、自然的に生きられている世界の内なる存在者である私や他者たち（フッサールの言う「経験的自我」）の構成の問題として捉えられるべきものだったからである。

シュッツはベルクソンによる体験流の分析（『持続と時間性』）に依拠しつつ、私と他者（ここでは二人称の「あなた」）の体験流（たえざる流動としての意識の体験）とが完全な同時性のもとで「ともに流れてゆく（Zusammenaltern——流れの経過をともにする）」場面に注目する。[32] ここで見て取られているのは、私の体験流と他者の体験流との区別に関しては「無記的な」流れである。つまり、私と他者とがその区別に関して無記なまま共在し、ともに流れてゆくような場面であり、そこでは他者の体験流が「絶対的な実在性として」[33]直接に与えられているというのである。彼のここでの議論は微妙である。彼は一方で二つの流れの人称上の区別に関する無記性を記述し、他方でそれはあくまで二つの流れの共在であるとする。つまり彼の分析は、実際には私と他者との人称的区別が暗黙の内に前提されてしまっている可能性があり——そこから「二つの流れ」という記述が可能となる——、それにもかかわらずその区別がもはや（あるいはいまだ）意味をもたない次元へと事象の上では踏み入ってしまっており——ここから「無記的」という記述が可能となった（だがなぜそれは「ひとつの流れ」ではないのか）——、しかもそうした次元が他者問題に対して占める認識論上の位置が曖昧なままなのである。彼の同書での基本的立場が私と他者の存在とその区別をすでに前提としているものであるかぎり、以上の事態は実際にはすべて私の意識（体験流）における出来事とならざるをえず、彼においては主観性のドグマが突破されるにはいたらないのであるが、彼がここで記述した事態そのものは、シェーラーやメルロ＝ポンティが着目した次元と事象的には重なるものであった。シュッツから私たちが読み取るべきは、彼の分析が指し示していたこの次元が社会哲学の存立の基盤に関わるものであるという認識であろう。

f サルトル

これに対してサルトルは、これまでの三人が見て取り・問い深めようとした次元をすでに前提としたうえで、彼らとはある意味で「逆の」方向へと議論を展開したということができる。彼はフッサールの志向性概念に学びつつ、私たちの意識を、それの向かう対象へとたえずみずからを超え出て行く純粋な外出の運動として捉えた。「対自」としての意識は、みずからを「超越する超越」にほかならないというのである。このような意識に対して、他者もまたその「まなざし」を介して、みずからを「超越する超越」として現われる。こうして、ともにみずからを「超越する超越」である二つの意識の出会いは、相剋の関係に入らざるをえないことになる。なぜなら、一方によって超越される意識はもはやみずからの意識としての純粋性を保持することができず――「超越する超越」たりえず――、「まなざし」によって見つめられる一個の対象へと凝固せざるをえないからである。「超越する超越」と「超越される超越」とが超越をめぐって繰り広げる関係は、両者の同時的存立を許さない過酷な相剋とならざるをえない。

こうしたサルトルの他者論は、他者（他の意識）が私（この意識）と同じく「超越するもの」であることがすでに前提的事実として成立してしまっている次元に立脚しており、この事実に基づく他者関係論の展開となっている（これはちょうどシュッツが他者の存在を前提的事実として認めつつその手前へと遡る次元を垣間見ていたのとは逆の方向への展開である）。だが他者問題とは、そもそもなぜ、あるいはいかにして、他者を私と同じ

「超越する超越」として認識しうるのかを問うことだったのであるから、彼の議論はこの基本的論点がすでに飛び越されてしまっているところから始まっていることになる。他者問題の観点からすれば、そもそもあの「まなざし」が私と同じ超越の運動であることが知られるのはどのようにしてかが、問われねばならないのである。彼の議論は結局のところ、この段階を前提とした上で、自・他のありうる関係のひとつを相剋の相のもとに詳細に分析したものとなっている。しかし相剋が相剋として現出するためには、すでに自・他が「われわれ」のもとで同質なもの（超越するもの）として成立していることが前提となる。たとえば私と事物との間には相剋という関係がそもそも成り立たないことを見てみれば、この間の事情は明らかであろう。相剋とは「われわれ」を基盤にしてはじめて可能となる一様相なのである。サルトルの他者論は、私と他者とがそのようなものとして成立した後に出現しうる問題状況のひとつに光をあてたものとして――それもきわめて具体性をもった分析として――、社会哲学の内に組み込まれるものとなろう(34)。

g　ハイデガー

以上で見てきたシェーラーをはじめとする一群に人々の具体性に富んだ分析における他者の姿と比べてみると き、ハイデガーの「共現存在（Mitdasein）」の分析は、相互主観性理論の展開という枠組みの中で見るかぎり、むしろ論の構造としては形式的なものという印象を与える(35)。みずからの存在の哲学の出発点を、「いま・ここに・現に」存在しているこのものとしての「現存在」に求め、それが「世界-内-存在」としてみずからを取り巻く世界との切り離しえない関係のもとに存在しているありさまを浮かび上がらせる彼の現存在分析は、その現存在がみずからの周囲に張りめぐらす有意味性連関（道具連関）のもとに、その有意味性連関をともに構成するものとして、すでに他の現存在が共現存在として居合わせているという構図をとる（SZ,118f.）。この構図そのものは、超越論的主観性による世界構成の現場にすでに他者が居合わせ、ともに機能していることを見出すフッサールの相互主観性理論[36]と基本的には同型である。そして、現存在と他の共現存在との「相互共在」（SZ,125）の日常性・「非本来性」における在り方が「ひと（das Man）」なのである[37]。「ひと」において現存在は、誰でもあり・誰でもない匿名的な在り方をしている。しかしこの匿名性は、先にシェーラーらが着目した人称的に無記の直接性の次元とは必ずしも重ならない。むしろ「ひと」においては、すでに人称性レヴェルでの私と他者の区別は暗黙裡に成立してしまっている。

ハイデガーは「共現存在」を論じた『存在と時間』のこの個所で自己移入（投入）論の批判を行なっているが、その趣旨は、自己移入が可能となるためにはすでに共同存在が成立しているのでなければならないというものである（SZ, ibid.）。つまり、私と他者とがともに同じものとして相互共在しているという事態が成立していてはじめて、その私から他者への移入が可能となるというわけである。もちろんこの指摘自体は正しいが、ではそうした相互共在がいったいいかにして成立したのかに関しては、彼は、「現存在は、そもそも存在しているかぎり、相互共在存在（Miteinandersein）である」（SZ, ibid.）と繰り返すにとどまっている。そうであるかぎり、彼の議論もまた、私と他者との区別ならびに他者の存在を前提的事実として認めているにすぎず、いかにして他者認識が可能か、さらにはどのような仕方で他者の存在とその認識は成立するのかという問題には、結局のところ答えていないと言わざるをえない[38]。

h　レーヴィット

だが、シェーラーらによる私と他者との区別に先立つ直接性の次元の発見のみでは、いまだ他者問題の解明にとって不十分であることもまた言うまでもない。他者が他者として知られうるためには、この直接的な所与が私や他者へと帰属させられる機構が明らかにされねばならないからである。[39] 直接的な所与からの私や他者への分化がいかにしてなされるのか（すなわち私や他者の成立）が解明されねばならない。この問題へとさらに一歩踏み込んだのは、ハイデガーの共存在の分析を不十分とするレーヴィット『共-人間的役割における個人』[40]（一九二八年）である。同書は、ハイデガーの道具連関の分析をさらに徹底し、道具連関に先立つ共-人間的な世界の分節化構造を明らかにする。レーヴィットは、ハイデガーにおいて世界の道具連関的構成に居合わせるものとしてとらえられた「共現存在」に着目し、それが単に「居合わせている」ということ以上に、世界構成にとって決定的な役割を果たしていること（「相互共在存在の本来的に積極的な可能性」(IM, 80/148)）を明らかにする。道具連関は、いつもすでに「誰かある人がそれに関わりうる」(IM, 62/118) ということをその本質として含む仕方で構成されているのである。彼はこうして本質的に共-人間的な仕方で構成されている私たちの世界における他者の具体相を、「役割（Rolle）」という概念のもとに分析する。

　他者は私に現われるに際して、いつも妻として、子として、学生として…といった何らかの有意味性（Bedeutsamkeit）を担った何者かとして出会われるのであり、決して何の有意味性ももたない、いわば裸の他者・端的な他者として出会われるのではない。役割とは、他者現出の有意味性を担うこの「として-構造」のことにほかならない。そしてこの私もまた、ある役割を担って現われる他者との区別と相互性において一定の役割の下にあるものとして――妻に対する夫として、子に対する親として、学生に対する教師として――成立している。役割を構成する「として-構造」は、私と他者とをそれぞれの「として」として規定するとともに、その規定において私と他者とを相互に区別しつつ結合する（「として」の二重の機能）。〈いつもすでに役割の下にある他者〉こそが他者現出の原様態的な事実なのである。

　これは、他者の存在を前提的事実として認めるという点ではハイデガーと同様であるにしても、いかなる仕方で他者が他者として、それも共同的人間として与えられるかに一歩踏み込んだ分析といえよう。彼の分析はそれにとどまらない。彼は、私と他者との関係を成立させている役割そのものの考察を進めることによって、役割を仲立ちにした私と他者との関係性こそが各々の役割の下にあるものとしての私や他者を成立させるということ、こうした〈関係性としての役割〉を離れた純粋な即自存在としての私や他者はいまだ何ものでもない（無である）ことを明らかにする。ここにいたってレーヴィットは、私と他者との人称的区別に先立つ次元に役割を媒介とした関係性を位置づけ、この関係性こそ私と他者を分化せしめつつ各々を互いに対して存在させる機能を果たしていることを突き止める[41]（IM, 84/154）。

役割を仲立ちにした関係性によってまず母と子といった「われわれ」関係が形成され、この関係性のもとで関係項の各々がそれぞれの役割に応じて分化することによって私と他者となるのであり、私と他者の相同性（私と他者とが「人間」として同じ存在であること）はこの次元で確立される。つまり、この関係性のもとではじめて私と他者とは同じ「人間」として成立したのである。人と人との間のこの「相互的関係（Verhältnis）」こそ、あらゆる世界構成の基底をなすものなのである。彼自身は必ずしもこの論点を明確にしていないが、彼の分析は事象に関して事実上この地点にまでいたっていると言ってよい。私と他者への分化と人称帰属の機構のより精緻で具体的な分析と論証はいまだ彼の中には見出されないにしても、世界内の存在者としての私と他者に関する他者問題ならびにそのアポリアは、レーヴィットにいたってようやく「解決」への途上に立ったのである[42]。

まとめよう。世界内の存在者としての私と他者の構成は、他者が何らかの「有意味性」のもとで直接に与えられることによってまず「人間＝われわれ」という有意味性の圏域が確立され、この圏域の確立が同時に、その他者との相互性における私をも一定の有意味性のもとに構成する、という仕方でなされる。だがこの「他者が何らかの有意味性のもとで直接に与えられる」という言い方はすでに不正確である。最初に与えられているのは実は他者ではなく、何らかの役割という有意味性なのである。そしてこの有意味性を構成しているのは――そしてまたそれは私と他者との相互的区別をも可能にしているのだが――、関係性にほかならない。世界を有意味性において構成する母胎である関係性が、同時に私と他者をも構成する。この関係性は、私たちのこの現実においては（広義の）言語というかたちで具体化されている。広義の言語とは、関係性によって繰り広げられる有意味性すなわち「意味」のネットワークにほかならない。[43] 世界内の存在者としての私と他者の構成をめぐる他者問題は、ここにいたって広義の言語哲学ないし関係論的思考に到達するのである。[44]

ｉ　戦後ドイツ現象学派

本節を閉じるにあたって、戦後ドイツ現象学における相互主観性理論の展開を一瞥しておこう。最初に取り上げるべきはM・トイニッセン『他者』[45]（一九六五年）であろう。『デカルト的省察』での自己移入論を乗り越えた（あるいはその暗黙の前提にまで遡った）フッサールの相互主観性理論の最終的到達地点を最初に、周到な論証と浩瀚な議論をもって呈示したのは、この著作だったからである。その到達地点とは、先にも触れたように〈世界の事物はすべて、それが現象するにあたってそもそものはじめから「誰（各人）にとっても」のものとして現出する〉というものであった。この結論をうけてトイニッセンは次のように論ずる。すなわち、この場合の「各人」は、世界のあらゆる事物の現出に際して、その世界事物を構成している超越論的主観性とともに機能・作動している他者でなければならない。この他者が、世界内の一存在者であることは原理上不可能である。世界内の一存在者としての他者は、あくまでこの超越論的主観性によって構成されるものだからである。ここから、世界の現出の超越論的制約としての超越論的主観性は、（世界内の存在者である経験的他者とは区別された）超越論的他者をはじめから含んだ「超越論的われわれ（超越論的相互主観性）」であることが明らかとなる。これが、トイニッセンがフッサールの相互主観性論から引き出す「積極的帰結」である。[46]

ところがフッサールにあっては、「超越論的われわれ」からの世界内の存在者としての私と他者たちへの分化は、結局のところ、超越論的主観性の「自己複数化」と「自己客観化」によるものとされる。[47] このフッサールの考えをトイニッセンは次のように批判する。すなわち、「超越論的われわれ」という仕方で超越論的主観性の内でともに機能しているはずの他性がこの場面で脱落してしまい、他者はあくまで世界や事物の経験に媒介されて間接的に与えられるにとどまってしまうのである。彼はここに超越論主義の限界を見、これに対して、ブーバー（M.Buber）に代表される対話主義の哲学による補完を試みる。超越論的主観性の内にすでに他性が働いているのだとすれば、この他性との関わりによってこそ私は自己として世界内の一存在者となるのであり、この他性との直接の関わりの原形として「対話」を位置づけるのである。対話においてはじめて自己は自己として生成し、他者は他者となる（他の私として生成する）のである。[48] こうしてトイニッセンは、一方で超越論哲学に哲学としての徹底性を承認し（「出発点の根源性」）、他方でその徹底性のゆえに生ずる欠陥（他者経験の間接性と自我の優位）を対話哲学における他者経験の直接性（「終着点の徹底性」）によって補う、相互補完の道を探るのである。

以上のような超越論的主観性の在り方を、超越論的主観性の最基底で働く「時間化」の次元に遡って徹底的に明らかにしたのがK・ヘルトである。[49] 超越論的主観性の底層にフッサールが発見したのは、「生き生きした現在」というそれ自体は決して意識の直接の対象となりえない絶対的匿名性における「流れること」の次元であり、それこそが意識を時間として構成する時間化の根源であった。[50] この次元は、そこから世界のすべてが現出してくる源泉点である以上、あらゆる人称的区別にすら先立っており、それゆえ、そこに（匿名的）他者がともに現在する可能性を原理的に許容する。ヘルトは、超越論的相互主観性の在りかをこの次元に見定めるのである。彼による相互主観性論ならびに時間論の検討はこの次元を出発点にして、時間問題と他者問題とが結びつく決定的地点へと向けてさらに展開されることになるのだが、この点についての詳論は次章にゆずる。この問題を考えるためには、本章第4節（次節）の問題次元をいったん視野に収めておく必要があるからである。

さて、こうした方向への問題の徹底化に対してB・ヴァルデンフェルスは、それは徹底的ではあるが、あるいは徹底的であるがゆえに、超越論的次元における他者の共在の可能性を示すにとどまり、いまだ具体的・現実的な他者経験にいたっていないと批判する。[51]現実の他者経験の本質構造は、私と他者を媒介する「間（Zwischen）」領域の先行性と独自性に求められるべきなのである――ここで私たちは、先のレーヴィットの議論を思い起こすことができる――。そこでヴァルデンフェルスは、基本的にはトイニッセンのとった道、すなわち他者との対話的関係をみずからの出発点にとる。しかしトイニッセンが超越論哲学と対話哲学を峻別した上で両者の相互補完の道を探ったのに対して、彼は、対話においてすでに超越論的相互主観性の受動的先構成が達せられているとして、対話の基本的三項構造〈私が誰かと何かについて対話する〉という自己関係・他者関係・事象関係）を基軸に、私たちの具体的現実の構成を、社会学や心理学などの諸科学、マルクス主義の哲学、英米系の言語哲学、倫理学、芸術といった多様な領域との積極的な対話を通じて跡付け、みずからの哲学を社会哲学としてより精緻化・具体化しようと試みる。

超越論的主観性がみずからの能動的構成作用によって世界のさまざまな対象を構成するに先立って、その地盤となる層がすでに受動的に構成されていることの発見はすでに後期のフッサールによってなされており（発生的現象学における受動的綜合の分析）、そこでは私たちがそれを生きている「身体」が重要な役割を演じている。この身体に定位して他者を「間身体性」の次元で捉えたメルロ＝ポンティの議論が、ヴァルデンフェルスの試みを導く糸となっていることは見やすい道理であろう。[52]

以上が戦後のドイツ現象学における他者問題の展開の概観であり、それは基本的には「超越論的われわれ」の次元と呼ぶことができるであろう。この次元では、超越論的主観性における世界の現出において、いつもすでに(受動性の層において)他者が、世界の現出をともに構成するものとして居合わせており、超越論的主観性ははじめから「超越論的相互主観性＝われわれ」であることが示されているからである。超越論的主観性は他の超越論的主観性に伴われており[53]、それが世界内の、身体を備えた具体的他人＝他者として現出するとき、それと相関的に私もまた世界内に身体を備えた一存在者として具体化されるのである。このかぎりで私と他者ははじめから、ともにある「われわれ」なのである。

4 もうひとりの他者——あるいは「他なるもの」

最後に私たちは、フッサール現象学と他者問題をめぐる議論に残されたもうひとつの問題次元を瞥見して次章以下での議論への橋渡しをし、これをもって本章を閉じることにしよう。それは、現象学の場《フィールド》である超越論的領野そのものをめぐる問題である。第二節で見たように、この領野がすべてにして唯一のものであるとすれば、それは超越論的領野の独在論を帰結するのではないか。——超越論的領野なるものが、そこにおいて世界と世界内の存在者たち(私も他者もそこに含まれる)のすべてが構成され、現象する場のことにほかならないとすれば、この反問に対する答えは当然「然り」でなければならない。フッサール現象学はその発想に忠実かつ厳密に従うかぎり、超越論的領野の独在論に到達する。これはむろん独我論ではない。超越論的領野自身は「自我」的なものでもなければ、「私」的なものでも(ありえ)ないことは、すでに見た。したがってそれは、私や他者たちに対して多様なパースペクティヴの下で現われるただひとつの世界があり、そしてそのような多様な世界現出が生ずるただひとつの場がある、という思想の表現にほかならない。

現象学が私たちに気づかせてくれたのは、自然的・日常的態度で世界に没入して生きるかぎり決して見えてくることのない、そのような最終的な「場」の存在なのである。この発見を何か回避すべき誤った独我論と見るのは、この「場」を何か私の意識の内部空間のごときものと考える主観性のドグマにいまだ囚われていることの証左でしかない。素粒子の次元から銀河の彼方にいたるまで実に多様な相貌の下に現われるただひとつの世界があるのであり、その世界がそのようなものとして存立する場もまた(その内に多様なパースペクティヴを含みつつ)[54]ただひとつ存在するのである。驚くべきことがあるとすれば、紛れもなくそのような「場」が現にいま・ここに存在するということ、そうした場がなければすべては無の闇に没し去り、またそうであっても何の不思議もないにもかかわらず、それは現にここにあるということ、そのことであろう。[55]

では、唯一にしてすべてであるこの超越論的領野に、その言葉の厳密な意味での「他者」を考える余地はもはやまったくないのか。他者がこの次元で問題として立てられることはありえないのか。決して「われわれ」の世界となることのない「何ものか」の経験の成立する余地はどこにもないのか。こう問いかけるのがレヴィナスである。世界内での私の他者経験において直接に与えられているのは、実はその厳密な意味での他者ではなく、すでに有意味性の下にある何ものか、すなわち役割性をになった誰かであることを、私たちは先にレーヴィットとともに見た。そこで与えられているのは、役割のもとですでに「われわれ」である誰か、すなわち同胞＝人間である。では、すべてはこの役割のもとなる誰か——さまざまな役割である誰か——に尽きてしまうのだろうか。私たちは、直接に現前する誰かの「顔」に、何か決して現前しないものの影を、もはやそこには現前しておらず、いまだ現前したことのない何ものかの痕跡を微かに見て取りはしないか。決して何ものとも名指しえない「何ものか」の微かな声を聴き取りはしないか。たしかに、私も他者もさまざまな役割のもとで姿を現わす。同じひとりの他者が、母親であったり、妻であったり、主婦であったり…と、さまざまな役割をまとって現象する。しかしその他者は、はたしてそうしたさまざまな役割の束に尽きるのだろうか。

だが注意しよう。もしここで、こうした役割の束の背後にその役割を担う誰かを、つまり役割を離れたそれ自体としての（いわば裸の）他者を想定したとすれば、それは他者なるものをあらかじめ実体化して前提する不当前提の誤謬でしかない。すでにレーヴィットも指摘していたように、役割を離れてはそれはいまだ何ものでもない（無である）。たしかに役割の背後には誰もいない。問題はこの先にある。役割の背後には誰もいないにもかかわらず、あるいは誰もいないがゆえに、私は私に向かい合っているこの役割＝他者の「顔」の上に、その誰もいないということの、すなわち不在のしるしを見はしないか。この不在はいったい何を示しているのか。それが端的な無であるなら、不在のしるしすら残さないはずである。すべてであるところのものは、そのどこにも不在の痕跡を残さない。すべては存在で充満している。つまり、すべてにとって無は存在しない。無とは存在しないことであり、これが無の定義なのだ。では、この不在の痕跡はいったい何を指し示しているのか。それが無でないことはいま見た。だがそれは、もちろん存在でもない。それは不在なのだから。もし私が役割として現象してくる誰かの顔にこの不在の痕跡を微かにでも認めることがあるとすれば、それは存在するものでもなければその否定としての無でもない「第三のもの」としての「外部」を、すなわち存在と無が否定を介して結合し織り上げる存在＝無の領野《テリトリー》の「外部」を指し示すことになろう。

もし私が他者の顔にこの不在の痕跡を見てしまっているとすれば、それは存在と無で織り上げられたこの領野、すなわち超越論的領野がその外部へと突き抜けてしまう事態を経験していることになる。その外部へと晒された超越論的領野、すべてであり、その意味で絶対であったこの領野は、ここでいわば一瞬にして宙に浮く。それはすべてであり唯一であることを保持しつつ（それはそうしたもの以外のものであることはできない）、その外部に直面する。それはいわば穴を穿たれ、すべてはこの穴から外部へと流出してゆくのである。この流出はやむことを知らない。この領野はすべてなのだから、その流出の量は増大するばかりなのだ。そしてその流出先は、どこでもない。それは存在でも無でもない彼方だからである。この外部、この彼方、この第三のもの、それを私たちはレヴィナスにならって「他者」＝「他なるもの」（l'autre）と呼んだ。[56]

フッサール現象学の問題設定を検討し終えたいま、私たちは、それは超越論的領野の外部、「超越論的主観性の他者」のことでもあったと言うことができる。ここで、超越論的領野にはその外部が存在する、と言ってはならない。背後は存在しないのである。だが、超越論的領野の外部は存在しない、と言うのも不十分である。私に現前する「顔」に不在のしるしを見てしまったかぎり、この領野はその外部へと突き抜けてしまうからである。この領野はその外部へと果てしない流出を始めてしまっているからである。外部とは、それへと向かって絶えず流出してゆく運動のことだ、と言うべきであろうか。彼の言う「他者」とは、すべてにして唯一であるこの超越論的領野が、ありえないはずのその外部へと晒され、その外部へと向かって果てしなく流出してゆく運動のことなのである。

このとき、この領野はその外部に完全に服するものとなる。なぜなら、この流出をこの領野自身が押しとどめることはできないからであり、その流出先をみずから決定することもできないからである。すべてであるこの領野は、その外部に向かって無限に流れ出してゆく。外部へ向かう運動すなわち他者は、無限である。レヴィナスがこうした事態から、他者への全面的服従の下に成立する主体（subjectum＝下に服する者）の他者への無限の自己贈与（流出）としての倫理と言語（言葉）を語り出す筋途（intrigue）については、章をあらためて論ずることにしよう。彼は、ここに倫理的カテゴリーの成立する根源的な場面を見定め、あらゆる「存在」の哲学（それは古代ギリシア以来ハイデガーにいたるまでの全西欧哲学のことにほかならないのだが）の手前に位置する「基礎倫理学（Fundamentalethik）」[57]を呈示する。もし私が、役割の下にある他者の顔の上に不在の痕跡を見てしまっているとすれば、すでに存在のその外部への流出は始まってしまっているからであり、すなわち倫理は存在の自己充足を許すものではないからである。「存在論には倫理（学）が先行する」(58)というわけである。

　だが、彼の問う「他なるもの」の痕跡を本当に私は見てしまっているのか。それは、ふたたび密かに実体化された「他者なるもの」に先導された錯覚にすぎないのではないか。おそらくこうした反問は避けられまい。そしてこの反問に、有効な論証をもって答えることはできないであろう。不在の痕跡が指し示す「他なるもの」はたしかに存在ではないのだから、存在しないものをめぐっての論証が成立しようはずがないのである。そのような「他者」について問う問いは困難な問いであり、おそらくはじめから挫折を約束された不可能な問いである。だがこの挫折の下で、不在のものの微かな声が聴き取られはしないか。その不可能性の下で、何かが語られはしなかったか。そのように問い続けることしか、この問いの存立する余地はないのであろう。

　そして、この問いがその問いかけの中で関わらんとしているもの、あるいはすでに関わってしまっているものが、決して「われわれ」となることのない何ものか、何ものかと名づけられることをすら拒否する「何ものか」、決して有意味性のネットワークの中に入ってこない「何ものか」、決して存在にいたることのない「何ものか」であるかぎり、この問いは必然的・不可避的に形而上学とならざるをえない。それは、存在と無が織りなすこの世界・この「自然《ピュシス》」の中には存在しない何ものか、それらとは別の《メタ》（それらを超えた）次元に関わる問いだからである。だが形而上学だから無意味だというのは独断であろう。正確に言おう。無意味となることによってしか、かろうじて何ごとかを語ることのできない語り（「はたしていったい何が語られたというのか」という反問とつねに背中合わせの語り）、あえて無意味であることを回避しない思考形態、「非・真理を欲望する形而上学」、それを斥けねばならない理由とは何であろうか。もしそれを斥けねばならない場合があるとすれば（たしかにそういう場合がある）、それはその形而上学が何事かを語ったとみずから僭称したとき、すなわちみずからを「真理」

の名の下に語り出したときであろう。

　まとめよう。超越論的領野の外部としての「他者」＝「他なるもの」との関係を問わんとするこのもうひとつの他者問題は、つねにそれが擬似問題ではないかとの疑義に晒されつづける（本章第4節）。これに対して、現出する世界の中での私と他者たちとの関係形成を分析する第一の他者論は、世界の構成分析の主要な部門として、関連諸科学の知見をも取り入れつつ論証可能な議論のレヴェルを形成する（本章第3節）。後者は「われわれ」の生きるこの世界に関わる社会哲学ないし「共同＝存在論」として、前者は存在しえない外部へと向かう「形而上学」として、互いに分岐する。だがこのいずれもが、近代の初頭にデカルトによって「私」の名の下に発見され、フッサールによって超越論的領野として画定されたこの「唯一のもの」に何らかの仕方で関わっていることは、おそらく間違いない。そして、この「唯一のもの」が私たちのこの現実の中核に位置するものであることも、おそらく間違いない。だが、この「唯一のもの」への気づきは、同時にそれがその外部・「他なるもの」に接してしまっていることへの気づきでもある。この気づきが、他者をめぐる一連の問題を誘発したのではないか。この意味で他者問題とは、近代哲学（あるいは存在論としての全西欧哲学）の隠れた試金石として、きわめて現代的なトピックス＝問いの在り処を指し示しているのではないか。

第三章　時間と他者

本章はあらためて次のような疑問から再出発する。前章の第3節における相互主観性理論の展開の中で捉えられた他者は、はたしてフッサールがみずからの超越論的現象学の基盤をも危うくしかねない困難を孕んだものとして取り組みつづけた他者なのであろうか。そこで問題になっていたのは、超越論的主観性において他の超越論的主観性はいかにして構成されるかという――それ自体二つの異なる問題次元を不分明なまま内包した――問題であった。相互主観性理論はこの問題を「超越論的われわれ」へと展開することによって、ふたたび超越論的主観性（超越論的自我）という同一者へと還帰してしまったのではないか。「他の超越論的主観性」ないし「超越論的他者」の問題が孕んでいた他性の問題は、「われわれ」に吸収されてしまったのではないか。フッサールの問題提起の根本性《ラディカリテート》は失われてしまったのではないか。――こうした疑問に呼応する新たな展開は、フッサールの時間論が提起した問題の掘り下げを突破口として、他者問題のもうひとつの次元を切り開くにいたった。すなわち、超越論的主観性にはいかにしても回収できないその「外部」、超越論的主観性の他者の次元である。

先に超越論的相互主観性の在りかを「生き生きした現在」における私と他者との前人称的・匿名的共現在に見

定めたヘルトは、ヴァルデンフェルスの批判に答えるかたちで問題をさらに一歩前進させた。[1] 他性こそ他者が他者であることの根本をなしているとすれば、いかなる他者論もこの他性を自己性に吸収することなく維持していなければならない。この他性が見失われないためには、「生き生きした現在」は匿名的他者との共現在に開かれているばかりでなく、「絶対に未知なるもの」としての不意打ち的な未来に対しても開かれているのでなければならない。他者の他性とは、私の現在をつねに凌駕するものだからである。フッサールが他者の現出の原様態として示した「間接的現前（Appräsentation）」とは、まさしく他者の「非現前（A-präsentation）」なのである。

こうして時間の本質に「絶対的に新たなもの」の到来を見て取るヘルトによって、フッサールの内に潜んでいた現在の絶対的優位（「現前の形而上学」）がふたたび突破される（最初の突破は、「生き生きした現在」の絶対的匿名性を見て取ったフッサール＝ヘルトによってすでに事象の上では遂行されていた）。そしてこの議論は一方で、知の本質を「生き生きした現在」への到達不可能性に、あるいは記号を介してのそれへの「遅れ」としてしかありえないことに見たデリダによって、「差延（différance）」と「脱構築（dé-construction）」の哲学へと展開された。[2] 彼は、フッサールの他者論こそ、決して現前することのない他者の他性を正確に捉えたものとして評価するのである。他方でこの議論は、他者の他性を「絶対的に新たなもの」の未知性によって定義し直すことから出発したレヴィナスによって、[3] この他者との関係こそ私たちの現実の根本的制約＝条件であるとする「第一哲学としての倫理学」へと展開される。[4]

すなわち、絶対に現前することのない他者の他性は、世界内の存在者である他人の「顔（visage）」の「彼方」なのであり、それが他人として現前したときにはすでにその他性は「顔」の内に痕跡を残して過ぎ去ってしまっているのである。つねに「未来」であるとともに、いつもすでに「過去」でもあるこの決して現前しない何者かに直面してはじめて、世界のすべてがそこにおいて現前する超越論的主観性（その意味ですべてであった超越論的主観性）は、その外部に晒された単一者としての「私」と何らかの関係をもつにいたる。この「私」は、先の「われわれ」の一員としての「私」とは異なる次元を内に孕んだ「私」である。この私は「私」であることを、他者という現前しない外部に全面的に負っており、「私」はその他者と決して現在を共にすること（「われわれ」であること）ができない。「私」と他者は「等根源的」ではなく、絶対の未知性としての「未来」であるとともに決して追いつくことのできない「過去」（痕跡を残して通り過ぎてしまった「絶対的過去」）でもある他者の下ではじめて、私は「私」なのである（他者の下なる者としての「主体＝私（subjectum）」）。「私」と他者との間のこの逆転不能な非対称性（他者という「高み」の下にある「私」）が、「他者に対して・のために・の代わりにある私（l'un pour l'autre）」という倫理性（私が「私」であることを全面的に他者に負っているという意味での、他者への「私」の全面的責任）の根源だというのである。[5] そして、この現実において私たちはいつもすでに他人の「顔」に接してしまっているのだから、哲学は必然的に倫理学なのである。

フッサールが提起した他者問題は、ここにいたって超越論的問題設定の次元を踏み越え、認識や知に先だって他者の下に服してしまっている「私」の、この他者に対する全面的責任を語るラディカルな倫理学に到達する。本章は、超越論的現象学が、唯一にしてすべてである超越論的領野の問題圏を経由して他者の倫理学へとこのような急転回をとげるにいたる途筋を、可能な限り厳密に検証することを目的とする。これはすなわち、超越論的現象学の徹底化の方向で他者問題を取り扱うことにほかならない。この方向で最初にもっとも徹底した議論を行なったのは、先にも触れたK・ヘルトである。しかし彼の議論は、他者問題が新たに位置すべき次元を指し示したにとどまっており、具体的に他者がいかなる問題であるかを展開するまでにはいたっていない。たしかに彼の議論によって、この新たな問題次元への扉が開かれたのだが、彼はその入り口で立ち止まっており、問題次元そのものの中に足を踏み入れてはいない。そして、その一歩を歩み抜いたのがレヴィナスである。

レヴィナスを超越論的現象学の徹底化と見るのは、いささか意外に思われるかもしれない。しかし私の考えでは、彼の言わんとするところは超越論的現象学の領野を歩み抜くことによってしか明らかにならない。そして事実彼はそれを行なっている。このことを示すことが本章のねらいでもある。彼はたしかに超越論的現象学にまったく新たな次元を切り開く。それはある意味では超越論的現象学の否定の上に——さらに言えばギリシア以来の全西欧哲学の否定の上に——、成り立っている。しかしそうしたレヴィナスの歩みが力強い響きをもちうるのは、まさにこの否定の力によっているのである。[6] 結論を先取りして言えば、原理的にその外部をもちえない超越論的領野が、それにもかかわらずその外部に晒されるという事態が成立してしまうとすればそれは具体的にはいかなる事態なのかを問うこと、このことこそが他者問題なのである。それは同時に、他者が決して解決されないひとつの「問題」でありつづけることであり、そしてそのような「問題」に私たちはどのように対応しうるのかを示すことでもある。これが新たな意味での他者「問題」なのである。

1 「われわれ」から「他なるもの」へ——他者と時間

ここではまず、他者問題が時間問題と接する地点を確認するために、もう一度フッサールの相互主観性理論、とりわけ『デカルト的省察』での自己移入論を精密に検討し直すことを通して、この考え方のどこに問題があるのか、そしてそれを乗り越えるための突破口はどこにあるのかを明らかにしよう。彼の相互主観性理論が一方でその発端から厳密に、客観的世界の構成という超越論哲学の問題系の内に設定されていたことは先に見た。[7] 客観的世界とは、単に私にとってのみならず、ほかの誰にとっても世界である以上、その他者たちの構成を通じてはじめて客観的世界もまた打ち立てられるというわけである。ところがこれもすでに触れたように、他者を私の主題化的意識において構成しようとするフッサールの試みは十分な成果を上げることができなかった。その失敗の原因は、ヘルトによれば次のようなものであった。

フッサールは、そこにある物体が私の身体＝物体と同種のものであるという知覚意識（「対化」）を梃子に、私と私の身体＝物体の間に成り立つ関係を、「私がそこにいるときのように」（wie wenn ich dort wäre）という意識を媒介にしてそこにある物体へと移入（Einfühlung）し、こうして「私のここから知覚されたそこにおいて、私の絶対的ここと同時に現存している第二の絶対的ここにおける機能」――すなわち他者――が構成される、と論じた。しかし問題は、「私がそこにいるときのように」という意識にこうした媒介機能があるかどうかである。この意識は一方で、「あたかも私がそこにいるかのように」（als ob ich dort wäre）という擬似定立を示している。この場合、私はあくまでここにおり、そこの物体は私の身体＝物体ではないことを前提とした上で、虚構《フィクション》意識の中で、そこにある物体の中に私を擬似的に置き入れているわけである（接続法第Ⅱ式の非現実話法）。他方でこの意識は、「私がそこにいるとき」（wenn ich dort bin あるいは wenn ich dort wäre）という可能的定立を示している。この場合、私は実際にそこに行くことができるのであり、その可能性の中でそこに私のここが定立されている（可能話法）。フッサールは先の「私がそこにいるときのように」という曖昧な定式化の中で、擬似定立と可能的定立とを混合し、「そこに、私のここと同じ第二の絶対的ここ、すなわち他者が構成される」と論じた。しかしこの議論では、第二の絶対的ここはあくまで私の虚構（擬似定立）でありつづけるか（これは、そこの樹木に私を虚構の上で置き入れるのと同じ操作である）、あるいは実際に私がそこに行く場合を想定（可能的定立）するか（この場合は、私は実際にそこに行くことができる）のいずれかでしかなく、どちらの場合もそこに他者は現われえないのである。[8]

還元によって確保された超越論的領野内の自我（私）の固有領域から、身体意識を媒介にした自己移入によって、他者の主題的意識を定立的に構成する方途は失敗した。そこでは他者は、あくまでも私の変容態にすぎないからである。それにもかかわらず私たちが他者についての主題的・定立的意識をもつことができるとすれば（現に私たちがそれをもっていることを疑うものはいないだろう）、その意識は、他者についての、定立的ではあるが主題的ではない（非主題的な）意識に基づいていると考えなければならない。フッサールが他者についての意識の原本的な様態は主題的意識であると信じていたことが、彼の構成分析をつまづかせたのである。ここで、基づけ関係が逆転されなければならない。他者についての主題的意識は、他者についての非主題的意識から派生する（非主題的意識に基づけられた）、二次的様態にすぎないのである。

他者についての非主題的・定立的意識とは、世界についての意識にすでに他者が共同主観（Mitsubjekt）として、主題となることなく居合わせていることの意識である。しかも、世界についての意識が、世界を意識している私についての意識をいつもすでに非主題的に伴っているのと同じ次元に、他者が居合わせていることを意味している。この次元は、受動性の次元と呼ばれる。この次元で他者は共同主観として、私とともに・匿名的に機能している。相互主観性は、この受動性の次元に位置づけられるのである。さて、他者がこの次元で私とともに世界についての意識を構成しているとすると、他者についての意識は、意識の受動的発生過程の中に位置づけられることになる。他者が主題的に意識されるときには、いつもすでに他者への非主題的意識が成立しているからである。こうして他者問題は、意識の発生的分析に送り戻されるとともに、時間意識の問題圏に接続する。(9)

「いつもすでに」という性格は、ある時間様態を表わすとともに、受動性を表わすメルクマールでもあるが、この次元はさらに二つの層からなっている。ひとつは、語の厳密な意味で受動性と呼ばれる層である。フッサールによれば、受動性という概念はすでに、何かを受け容れる者（の成立）を暗に含んでいる。つまり、時間意識の場面で言えば、何かをすでに受け取っているこの意識の流れが、ひとつの統一体としての私の意識であることを、非主題的な仕方であれ含意しているのである。受動性は自我の相関概念なのである。では、この意識の流れが私のそれであるという規定は、いったいどこでなされるのだろうか。

かりに、この狭義の受動性の次元に他者が居合わせていないとすれば、そこは世界のすべてが受け容れられ・現出へともたらされる場なのであるから、この意識の流れは世界のすべてと完全に重なり合い、世界のすべてを包含することになろう。その場合には、この意識の流れは世界のすべてであることになる。しかし私たちの現実においては、事態はそのようになっていない。この意識の流れは、ほかならぬ私の意識として主題化されるのである。そしていまや、この「私の」という人称性の規定が、受動性の次元でともに機能している共同主観としての他者たちとの相互規定によってもたらされたものであることは明らかである。私は、この世界が単に私にとってだけの世界ではなく、他者たちとともにある「われわれ」の世界であり、この世界に私は、他者たちとは別の、つまりこの私の視点《パースペクティヴ》から参加しているということを、すでに理解しているからである。つまり他者は、受動性の次元でこの意識に非主題的な仕方で居合わせつつ、ともにこの世界を構成している共同主観＝「われわれ」として位置づけられる。この次元の私と他者たちとは、ともに非主題的意識であるかぎりで匿名的なものであるが、いつでも主題化されて、私と他者についての主題的・定立的意識へと移行しうるものである。こうして主題化された際には、私も他者たちも、この世界内の存在者として姿を現わすことになる。フッサールは、意識の受動性の次元のこうした構造を「地平」構造として捉えている。

さて受動性のもうひとつの層とは、もはやいかなる意味でも何かを受け取る者（の存在）を含意しない、端的に没自我的（ichlos）な層である。フッサールは、すでに初期の時間論の中で次のように論じていた。[10] この意識の流れは、その受動性の中ですでにひとつの（統一をもった）流れとして構成されているのであって、決してバラバラで不連続なものではない。つまり、受動性の次元ですでにこの意識の流れは自己同一的なものとして構成されている。しかし、流れ自身の自己同一性を構成するもうひとつの構成者をさらに想定することはできない。なぜなら、（そうしたもうひとつの構成者を流れの背後に独断的に虚構することは論外として）かりにそうしたもうひとつの構成者を意識の流れの中に想定するとすれば、この構成者自身もひとつの流れなのであるから、ふたたびこのもうひとつの流れを構成する構成者を考えねばならなくなり、無限背進に陥ってしまうからである。したがって、意識の流れがひとつの流れとして自己同一的に構成されるのは、まさにこの流れの流れることの中で、この流れが流れるかぎりにおいて、でなければならない。これをフッサールは、意識の流れの中にはたらく「縦の志向性（Längsintentionalität）」として捉え、この構成の働きを「時間を構成する絶対的意識流」と呼んだ。この絶対的意識流それ自体は、流れることそのことの中で働く機能であるから、決して主題的意識の対象となることのない「絶対的匿名性」の内にある。この問題圏は、晩年のフッサールによって「生き生きした現在」の名のもとにふたたび繰り返し取り上げ直されるものであり、先の受動的次元における地平構造とは厳密に区別され、「原受動性（Urpassivität）」の次元とされる。それは、時間の発出と生成の地点（「源泉点」）を名指すものであり、もはやそれ自体は自我（私）性をいかなる意味でももたないのである[11]。そしてそれはもはや「誰のものでもない」のだから、それを「意識」と呼ぶことすら、いまや事象にふさわしくないことになろう。この地点は、先の受動性の次元[12]——そこではなお非主題的な「意識」について語る余地があった——とはまったく別の次元に属するのである。

　この地点にいたってフッサールの分析は、もはや誰のものでもない、世界の純然たる現出・現象の原場面としての「超越論的領野」——それを「超越論的主観性」と呼ぶことは事態にふさわしくないこともすでに明らかであろう——に達したのである。ここでもう一点注目すべきは、この没自我的な超越論的領野が、世界が時間的な様態のもとで現象してくるその「源泉点」という——時間的にも空間的にも広がりをもたない——ある種の比喩的形象のもとで捉えられている点である。超越論的領野とは、世界がそこにおいて時・空的な様態のもとで現象してくる最終的な場所のことなのだから、ここで「源泉点」として捉えられた事態は、世界がそうした場所において開示される出来事そのものを名指そうとしていると考えることができる。そしてこの意味での「源泉点」とは、もはや場所そのものではありえず、場所が場所として生起することそのこととして、「場所」と「場所ならざるもの」、すなわち「超越論的領野」と「超越論的領野ならざるもの」とが接触する地点を指し示していることになる。私たちのこれまでの議論の文脈で言えば、これは超越論的領野とその外部、超越論的領野の「他なるもの」の問題次元にほかならないのである。レヴィナスがその「他なるもの」をめぐる思索を展開する出発点が、まさにこの次元であることを以下で示そう。

2　時間の生成と主体の出現

原受動性の次元は、世界が時間として現象するその発出と生成の地点（「源泉点」）を指し示すものであった。この次元は、超越論的領野のもっとも底層に見出され、いかなる意識の働きもそれをそれ自体として捉えることのできない絶対的匿名性の内に沈み込んでいる次元でもあった。そして超越論的現象学が、世界のすべてをその現出・現象の場において解明しようとする企てであるかぎり、この絶対に現出しないものの次元は、超越論的現象学自体の限界に関わる地点でもあった。フッサール自身、晩年の時間論草稿においてこの問題圏に直面し、動揺の中で何とかこの問題圏を取り押さえようとし、かつまた意識の現象学を超え出る事象と格闘していたさまを、私たちはすでに見てきた。しかしこの原受動性の次元は、世界のすべてが存在へと現われ出るもっとも原初的な場面として、「存在」の生成、流出、あるいは「生（Leben）」ないし「自然《ピュシス》」として捉え直されることを示唆する次元でもあった。ハイデガーが哲学を「存在者の存在すること」の次元へと向き直らせ、西欧形而上学をギリシアの始元にまで立ち戻らせるべく一気に飛び越えたのも、この地点であったと言ってもよいのである。(13)

ところでこのたえざる生成・流出の次元は、それ自体としてみれば、あらゆるものがそこに呑み込まれてゆく一様で無差別な、いわば「のっぺらぼうな」ものである。かつてヘラクレイトスが「二度と同じ流れに足を踏み入れることができない」と述べ、クラテュロスが「いや一度たりとも同じ流れに足を踏み入れることはできない」と形容したと伝えられる、絶対的な流転の次元である。(14)ここでは、すべてが流れ去ってゆき、かつ、まったく何も流れ去らないことと区別がつかない。流れの中に立ち止まるものが何もないからである。レヴィナスもまた、この次元を存在の生起する次元と捉え、それをすべてが漆黒の闇に沈む夜にたとえている。(15)

「あたり一面に広がる避けようもない無名の存在（existence）のざわめきは、引き裂こうにも引き裂けない。そのことはとりわけ、眠りが私たちの求めを掠めて逃れ去るそんなときに明らかになる。もはや夜通し見張るべきものなど何もないときに、目醒めている理由など何もないのに夜通し眠らずにいる。すると、現前と言う裸の事実が押し迫ってくる。ひとには存在の義務がある、存在する義務があるのだ、と。ひとはあらゆる対象やあらゆる内容から離脱してはいるが、それでも現前がある。無の背後に浮かび上がるこの現前は、一個の存在でもなければ空を切る意識の作用のなせるわざでもなく、事物や意識をもろともに包み込む〈ある(il y a)〉という普遍の事実なのだ」(EE, 109/107. 強調レヴィナス)。「光を絶対に排除した状況にも経験という言葉が使えるとすれば、夜こそ〈ある〉の経験だということができるだろう」(EE, 94/93)。

原受動性の次元のもつ匿名性＝無名性は、次のようにも述べられる。

「夜の目醒めは無名である。不眠の内には、夜に対する私の警戒があるのではなく、目醒めているのは夜自身なのだ。〈それ〉が目醒めている。この無名の目醒めにおいて私はくまなく存在に曝されている」（EE, 111/109. 強調レヴィナス）。「〈ある〉は本質的無名性なのだ」（EE, 95/93）。

そしてたえざる存在の生成・流出は、「存在するという営みを倦むことなく続ける存在の確実性、〔…〕存在そのものの不眠」（EE, 110/108）として捉えられる。存在の生成は、何ものも見分けのつかない一様性であり、「暗闇にひしめく点の群れに遠近法《パースペクティヴ》がないように、〈ある〉にはリズムがない」（EE, 111/108）。そしてレヴィナスの存在把握の際立った特徴は、私たちが決してそこから逃れられない重荷として「存在」が捉えられている点である。「存在は〔…〕重苦しい気配のようなものとして在りつづける」（EE, 95/94）。

たしかに世界のすべては〈ある〉のであって、何ものもこの「存在」から逃れることはできない。その意味で、すべては在らざるをえない。ハイデガーの場合は、存在者から存在（すること）への還帰こそが思索の事柄であり、存在とは私たちの「故郷」にほかならないのであったが、レヴィナスにあっては存在は、すべてを呑み込み、何ものもそこから逃れることのできない桎梏と化す。存在は「恐るべきもの」、「おぞましきもの」（EE, 20/22）なのである。[16] したがって、レヴィナスにとっては、私たちが、いや正確にはこの私がこうした存在とどのように関わるのかは、ハイデガーとちょうど逆向きのヴェクトルの中で問題となる。ハイデガーの場合、私というこの「現に存在する者（Dasein）」を足がかりに存在への還帰の途筋を探ることが試みられたのに対して、レヴィナスの場合は逆に、この「恐るべき」存在の中でどうやって存在からの距離を確保することができるのかが問われねばならないのである。[17]

この「恐るべき」存在のただなかに、あるひとつの能力が到来する。それは、一様でのっぺらぼうな存在の生起の連続性に楔を打ち込み、時間を分節化する能力である。そもそも純粋な生成は時間の流れをひとつの自己同一的な流れとして構成する機能だったのであるから、それ自体は時間ですらなかった。時間が過去・現在・未来へと分節化された三つの位相をもち、一定の方向性をもつものだとすれば、純粋な生起としての存在の運動は、こうした時間にすら「先立つ」一様性なのである（この点はフッサールにおいても、「生き生きした現在」の「先時間性」として捉えられていた）。ところが、こうした一様な生成の中に、「現在」を分節化する能力が登場する。たえざる流れ去りの中で、流れ去りゆくものをこの「今」に繋ぎ止める能力、それが「瞬間（instant）」である。このとき、何かが（はじめて）「始まる」のである。

しかしこの「瞬間」は、「風のように自由自在に」（EE, 35/37）到来するのではない。そうではなくて、存在の中での存在することの重荷のゆえに、存在がみずからの重みで撓み、みずからへと折り重なり、みずからへのこの折り重なり・回帰の中で、存在がみずからを所有する「瞬間」があるのだ。「存在の運動は、撓み、それ自身の内でぬかるみにはまり、〈存在する〉という動詞の内にその再帰動詞としての性格を露呈させる」（EE, 38/40）。この「瞬間」は、みずからを所有したまさにその瞬間に、たえざる流れ去りの中に、所有された自己を失う。しかしこのときに、つまり何ものかが失われるというそのことの内に、はじめて時間が流れとして姿を現わすのである。

「始まりの瞬間の中には、すでに何かしら失うべきものがある。というのは、何ものか――たとえそれがこの瞬間それ自体でしかないとしても――がすでに所有されているからだ。始まりはただたんに〈存在する〉だけではない。それは自分自身への回帰の中で、みずからを所有する」（EE, 35sq./37）。「瞬間」とは、一様な存在の生成の中に（in）、一瞬立ち止まる（stance）能力である。[18] この「瞬間」に、時間は「今」へと分節化され、それがただちに「失われる」という仕方で、時間が「始まる」（時間が流れる）のである。この事態は、純粋で一様な生成である存在の運動が、みずからの重みで撓み、みずからへと折り重なるという仕方で、流れが現出し、同時に流れとしての自己同一性へと達するという事態である。フッサールが「時間を構成する絶対的意識流」として、流れ自身の自己同一性の構成を見て取っていたのは、こうした事態であったと言うこともできるかもしれない。しかしフッサールにあっては、この流れの自己同一性の構成は、存在の生成の一様な運動と区別されてはいない。むしろそれははじめから、「源泉」からの時間の流出として捉えられている。少なくとも初期時間論の時点でのフッサールが、いまだ存在問題を見るにいたっていないことの証左であると言ってもよいであろう。[19]

こうして時間の流れが構成されたとき、そこには、あるひとつの自己同一的な（すでにある統一をみずからの内に担った）流れという一種の自己性が登場していることに注意を払わねばならない。これは、先に受動性の次元に見た、非主題的なこの私の意識ではない。こうした人称的な意味での「私」の成立は、受動性の次元の中に求められねばならないのに対して、ここで問題になっている流れの自己同一性としての自己性は、原受動性の次元で成立しているからである。いや、より正確に言えば、この自己性の成立は、すでに原受動性の次元から受動性の次元への移行の途上にあるというべきなのである。受動性が、何ものかを受け容れる者としてすでに何らかの自己同一性をもつものを含意するとすれば、その自己同一性の成立へ向けての運動がここで記述されているのである。[20]この運動において何が生じているかを、もう少し詳しく見てみよう。

存在の生成のたえざる運動は、何ものもそこから逃れることのできない重荷として捉えられた。したがって、そこではすべてが疲労と怠惰の内に沈んでいる。「疲れるとは、〔何よりもまず〕存在するのに疲れることである」(EE, 50/51)。私たちが存在の運動に完全に身を委ね、なおかつ安らうことができるとすれば、それは眠りの状態であろう。しかし、眠りうるのは私たちが疲れているからだ、ということもまた確かである。永遠に眠りつづけることはできない。存在するかぎり、必ず覚醒が訪れるのだ。(逆に、永遠の眠りとしての「死」は存在からの解放であり、真の安らぎということになろう。死とは、存在に穿たれたひとつの断絶であり、死が可能であること自体、存在にとってはありえないこと、驚異なのである。私たちの知るかぎり、この世界は太古の昔から永劫の未来まで、存在しつづけているのである。存在に死が訪れることはないのだ。)

この意味で、疲労こそ存在との関わりの原様態なのであり、眠りはむしろ存在との関わりの「一時中断」であるにすぎない(cf. EE, 42sq./43, 115/111)。疲労とは、存在の生成と流動の中で、その流れに付いてゆくことができず、遅れをとっている状態である。存在の運動は、みずからの重みで自己自身に遅れをとり、撓む。「疲労は、自己と現在に対する遅延を印している」(EE, 44/45)。しかし、この「遅れをとること」の内に、すでに、純粋な存在の運動の中に新たな何ものかが現われ出でようとしている。この疲労の中から「努力」が身を起こすのである。「努力(effort)は、疲労から身を起こし(s'elancer)、〔ふたたび〕疲労の上に崩れ落ちる」(EE, ibid.)。努力とは、存在の運動への遅延である疲労の中にすでに現われ出ている「隔たり」——一様な存在生成の運動の中に生じた「遅れ」という「隔たり」——を媒介にして、現在という今を樹ち立てる能力である。何もしなければ失われていってしまうものを何らかの仕方で今に繋ぎ止めようとすることこそが、努力なのである。

したがって、疲労は努力にともなう一種の随伴現象ではなく、むしろ逆に、疲労の中でこそはじめて努力が生じうるのである。努力は存在の中に立ち止まり、現在を引き受ける。「存在の無名の流れの只中に、停止(arrêt)と定位(position)〔=現在という時間位置を占めること〕とが生ずる。努力とは、瞬間の成就そのものなのだ」(EE, 48/48)。こうして、一様な生成の運動の中に、現在という時間位置を占める何者か、一種の「主体」が登場する。ここに、時間が成立するのである。「現在とは、存在の無名のざわめきの中でこの存在と格闘し、それと結ばれ、それを引き受けるひとつの主体の出現」(EE, 48sq./49)なのである。この意味で、「現在とはひとつの主体の成就」(EE, 126/121) である。そして「同一化とは、あたり一面に広がる無名の存在の只中で生ずる、存在者の定位のことなのだ。したがって、主体を同一性によって定義することはできない。というのも、同一性は主体の同一化の出来事を包蔵しているからである」(EE, 149f./143)。

このようにして主体が出現してくる過程をレヴィナスは「基体化 (hypostase)」と呼び、さらに詳細な考察と記述を加える。基体化とは「存在と関わることそのこと」であり、「存在における存在者の出現」(EE, 52/52)にほかならない。一様な生成の運動の中に、現在を担いうる——たとえそれがたえずその現在を失うという仕方ででであれ——「基体=主体」が姿を現わすのであり、それがすなわち「存在者〈=存在する何者か〉の出現」なのである。この事態こそ、私たちの意識が受動的に構成されてくる次元への移行である。意識とは、存在の運動の中に生じた一種の遅れ、「ずれ (décalage)」、「隔たり (distance)」(EE, 51/51) の中で、存在との関係が生じ、存在が存在として引き受けられることなのであり、存在の存在への屈折——「意識は折り返した〈ひだ (repli)〉の次元をもっている」(EE, 115/111)——、存在の運動に生じた剰余、隙間なのである。「私は意識であるがゆえに、同一的なのだ」(EE, 149/142)。

だがそれは同時に、存在からの何ほどかの距離によって、存在から離脱するかすかな可能性——存在であるかぎりの存在は未来永劫にわたって存在しつづけるはずであるにもかかわらず——をも秘めていることに注意しておこう。しかしここでもう一度繰り返しておかなければならない。存在の一様な生成の運動の只中にわずかに姿を現わしたこの主体=自我は、みずからの存在することを自己の自己自身への折り返し・折り重なりの内で担うことによってはじめて主体=自我なのであって、けっしてそれ自体では存在から逃れることのできないもの、存在の重みに押しひしがれている者であることが忘れられてはならない。主体であることには、「自己自身への繋縛と、それを振りほどくことの不可能性が含まれている」(EE, 150/144)。主体がみずからの力で自己自身から、そして存在から離脱することは不可能なのである。[21]

3　「絶対的に他なるもの」としての未来

以上の論述は、原受動性の次元から受動性の次元への移行としての主体の成立を、時間の「現在」を定立する「瞬間」において考察した。主体は存在の自己自身への折り返しとして捉えられ、いわば単独者の相において考察された。しかし、こうした主体の捉え方は主体の一面を明らかにしたにすぎないのではないか。事実、主体は現在の主体として捉えられたにすぎず、時間の他の位相、すなわち過去や未来との関係はいまだほとんど考察されていない。しかし時間としての現在が意味をもちうるのは、すでにこれまでの論述からしても明らかなように、それが失われ、過ぎ去るからにほかならなかった。また、この自己同一的な流れが「主体」としてすでに受動性の次元に移行しているのであれば、そこには非主題的な仕方ではあれ、他人としての他者たちもすでに何らかの仕方で居合わせている可能性も開かれているはずである。このような「われわれ」としての他人＝他者たちと、時間の生成としての「主体」の誕生とは、どのような関係にあるのだろうか。これらの点に鑑みると、これまでの叙述は、いまだ主体の成立の一側面を「瞬間」としての現在に焦点を当てて描いたものにすぎないことが明らかになる。

先に私たちは「死」を、逃れがたい存在の運動からの脱出の唯一の可能性として記述した。存在の運動そのものはまったくその外部をもたず、永遠に存在でありつづける。すべては存在しつづけるのである。そして、永遠とは時間ではないもの、時間を超越したものの謂いである (cf., DEHH, 187/270)。こうした存在のたえざる生成の中に、死が断絶の楔を穿つ余地はない。世界は、たとえすべてが死に絶えたとしても、在りつづける。「〈在る〉

は死の不可能性〔…〕なのである」（EE, 100/98）。これに対して、存在の自己所有と自己喪失である主体＝自我のみが、存在の断絶としての死の可能性をもつ。死は主体にとって、みずからの存在を失う出来事にほかならないからである（逆から言えば、主体のいないところでは存在の自己展開があるのみなのである）。しかし死は主体にとって、主体としての権能を失う出来事であることもまた確かであり、それは主体のあらゆる可能性の不可能性である。[22] 死は、主体の自己同一性の中に決して吸収しえない「絶対的に他なるもの」（TA, 63/65）である。このようなものとしての死は、いったいどこから主体＝自我に到来するのであろうか。主体＝自我は、決して死を現在において経験することはできず（死は体験の対象ではありえない）、「死は決して現在ではない」（TA, 65/60. cf. TI, 211/361）以上、それは現在とは別のところで経験される（被られる）のでなければならない。死が主体に経験される場所、それが主体に到来するものとしての「未来（avenir）」である。主体によって「死が引き受けられることはない。死はやって来るのだ」（TA, 61/62）。死とは「未来との唯一の関係」（TA, 59/60）なのである。主体が「絶対に認識しえない何ものかが現われてくるような状況」（TA, 58/59）、それが未来である。

ここでレヴィナスが「未来」に与えている規定に注目しなければならない。彼にとって未来は、それが現在と共通するいかなる性質ももたないからこそ、その名に値するのである。みずからの重荷にあえぐ主体＝自我にとっての外部を指し示すもの、それのみが「未来」の名に値するのである。だからこそ、それは主体＝自我にとって「絶対的に他なるもの」、「絶対的に新たなるもの」（TA, 71/78）なのである。未来の本質的な規定は、それが「他なるもの」であることであって、その逆ではない。つまり彼は、「未来によって他者を定義するのではなく、他者によって未来を定義しているのである。死の未来そのものが、その全面的な他者性から成り立っていたからである」（TA, 74/81）。こうして「死との関係に到達した存在〔すなわち主体＝自我〕だけが、他者との関係が可能となるような場に身を置くことになる」（TA, 64/66）。「どうやっても捉えられることのないもの、それが未来である。未来の外在性は、未来がまったく不意打ち的に訪れるものであるという事実」(TA, 64/71) に由来する。「未来とは、捉えられないもの、私たちに不意に襲いかかるもの、私たちを捉えるものである。未来とは他者＝他なるものなのだ。未来との関係、それは他者＝他なるものとの関係そのものである」(TA, ibid.)。

主体が自己への繋縛から解放されうる唯一の方向は、未来からやってくる。この未来は、予期によって先取りされうるような未来ではない。予期はすでに現在の一部にすぎない。そうではなく、「先取りされえず、現在に入り込むことのできないものとして現在に入り込む」不意打ちする未来、これこそが主体の外部を指し示す (cf. TI, 235/397, 237/400, 242/408, 260/438)。死は、そうした外部の極限形態である。死そのものにおいては、主体はもはや主体たりえないからである。しかし、主体が主体としてその外部に向かい合うもうひとつの可能性が存在する。それが、他人であるかぎりでの他者なのである。先に私たちがフッサールとともに受動性の次元に定位させた他者たちは、果たしてこうした他者性をよく捉えうるものであろうか。

ここで私たちはふたたび、超越論的現象学における他者問題に立ち戻ることにしよう。受動性の次元で私に非主題的に居合わせる他者たちは、主題的意識の中に、「いつもすでに」という性格をもって現象するにいたる。その意味でこの他者たちは、主題的意識にとっての「過去」に位置づけられる。この他者たちは、主体＝自我の自己同一的な現在にかつてともに居合わせ、その現在に繋ぎ止められているからこそ（把持）、過ぎ去った現在として、想起によって私とともに「現前化（Vergegenwärtigung）」[23] されうるのである。こうした他者たちは、私とともにある「われわれ」であって、決して主体＝自我の外部を指し示すものではない。この他者たちは、いわば主体＝私と同類である「仲間・同胞（Mitmenschen）」であり、私と同様、世界内の一個の存在者である。つまり、あくまでも存在の内部にあるものである。私たちは確かにこうした他者たちとともに世界の内に存在している。その意味でこの他者たちは、世界内の存在者として対象化可能な他者であり、私たちの日常の他者経験のひとつの側面を示している。しかし他者とは、こうした対象化可能な存在に尽きるものなのだろうか。還元によって獲得された超越論的領野の中に、すっぽり収まってしまうものなのだろうか。他者とは、超越論的領野をともに構成している「相互共同存在（Miteinandersein）」にすぎないのだろうか。これが、そもそも本章のはじめに私たちがあらためて掲げた問いであった。

フッサールの時間分析は、たえず流れ去ってゆくものを現在へと繋ぎ止める「把持（Retention）」の働きを中心に展開されており（その意味でレヴィナスの「瞬間」概念と密接に結びついている）、未来は、裏返された把持としての「予持（Protention）」をもとにしてその延長上に捉えられているにすぎない。つまり、未来はあくまでも現在において何らかの予期可能なものとして（どんなに不確かであってもやはりひとつの可能性として）捉えられているにすぎない。[24] この構造はハイデガーにおいても基本的には維持されており（「投企」と「将来」としての未来、「不可能性の可能性」としての死）、このことがフッサールならびにハイデガーの他者把握を限定しているように思われる。つまり、他者はあくまでも共同主観として、主体＝自我と同じ「われわれ」なのであり、自我の可能態にすぎないのである（cf., TI, 39/89sq.）。そこでは、まったくの未知なるものとしての他者、不意を襲う未来が射程に入っていない。[25]

だがこのことは、超越論的現象学の問題設定の不備を示すものではなく、フッサールの時間把握の不徹底によるものであることが、すでにヘルトによって指摘されている。[26] フッサールは、現在がたえず流れ去ってゆくというその「退去性格」に目を奪われ、まったく新たなものが到来するという、未来の本質的性格を見失ってしまった。そこで、過ぎ去りゆくものを現在に繋ぎ止める把持を裏返しにした「予持」と、それに基づく未来の「予期（Erwartung）」とに、未来を限定してしまったのである。たしかに、到来するものを待ちうける「予期」という意識の様態が存在する。しかし、それがすでに現在の意識の一部であることは先に触れた。ところで、「不意打ち」という性格が未来の本質を形成しているのだとすれば、到来するこの「厳密に新たなるもの」は、フッサールによって捉えられた自己同一的な意識の時間流とは「いかなる連続性も形成しない[27]」ものでなければならない。連続性を構成しうるのは、あくまでもすでに現在へと到来したものからなのであり、あるいは予期によってすでに現在へと取り込まれていたものからなのである。

ヘルトによる未来の「不連続性」の指摘は重要である[28]。つまり、原受動性から受動性への移行において「時間」としてみずからの同一性を構成する「絶対的意識流」は、たえざる存在の生成の一様性としてばかりではなく、すでに未知性としての「未来」への通路を開いているものとして捉え直されねばならないのである。この意味で、フッサールの言う「絶対的意識流」は、原受動性というまったくの匿名性の次元から、「時間」としての流れの自己同一性が構成される受動性の次元への移行地点に位置づけ直され、かつ、「絶対的に他なるもの」としての「未来」へと開かれた時間形式を備えたものと解釈し直されねばならない。そしてこの「純粋な到来性」は、受動的意識の次元にともに居合わせている「匿名的な共同現在〈＝他人としての他者〉の時間形式として」、共同主観である他者たちが単に自己同一的な流れの共同構成者であるばかりでなく、まったく未知な「他なるもの」への通路ともなりうる可能性を開くものでもある。「相互主観性もまた到来性〔としての未来〕から規定された時間性において基礎付けられる[29]」と言うべきなのである。この「純粋な到来性」は、「予期（としての未来）」という仕方で現在との連続性を構成するものではなく、先にも指摘されたように、あくまでも現在とは「非連続」なものとして、時間の流れの連続性の内で世界が現象する超越論的主観性の外部を指し示すものである点が看過されてはならない。

ただしこの「純粋な到来性」はフッサールにあっては、あくまでも時間の発生の根本的「形式」であり、具体的な他者意識は受動的に他者を経験する「間接的現前」の内ではじめて生ずる。こうしてヘルトは、超越論的現象学における他者問題の成立すべき位置を（絶対に未知なるものとしての他者の到来の可能性をも含めて）正確に指し示しつつ、分析を終える。しかしそれは、超越論的現象学において未来性と他者性とが結びつく地点を時間形式として示したにとどまり、この問題にこれ以上踏み込むことはない。他者が一個の「問題」となるとはいかなる事態なのかを問う私たちは、最後にもう一度レヴィナスに戻らなければならない。

4　未来と他者

「絶対的に他なるもの」、「未来」として新たに捉え直された他者は、還元によって確保され、この私もそこで構成されてくることになる超越論的領野（その最底層が絶対的匿名性の内に沈む存在の次元であった）の外部の可能性を指し示すものであり、それは、時間を構成する絶対的意識流の時間形式が純粋な到来性としての未来へと開かれていることによって可能となった。超越論的領野は、そこにおいてすべての存在が構成される場であり、そのかぎりで原理的にその外部をもちえないものであった——すべては、それが「何ものか」であるかぎり、すでに何らかの存在者なのであった——にもかかわらず、ここにそうした領野の外部の可能性が到来したわけである。したがって、この外部は、同時に、存在の彼方をも指し示すものである。

こうした外部性としての他者＝他なるものは、主体＝自我とは何の共通性ももたず（何らかの共通性をもつのであれば、それはすでに自我と現在を共にするものとして、その部分と化してしまうのだから）、自我から完全に分離されたもの（ab-solu、「絶対他者」、cf. TI, 75sq./148sq.）である。したがってこうした他者は、私の仲間・同胞として私と対等な関係に入ることが原理上ありえないものである。他者＝他なるものと私との関係は、その本性からして、非対称的なのである。[30] そもそも、この他者と私とは絶対的に分離されたものなのだから、何らかの共通性を媒介にした関係をもつことすら不可能であろう——それをレヴィナスはしばしば「関係なき関係」(TI, 52/110, 271/452, cf., 155sq./275sq.) と表現する——。それにもかかわらず、私がこの「他なるもの」とかろうじて関係をもちうるのは、身体＝言語という媒体を通じてである——もちろんこの場合の身体＝言語は私と他者を媒介する何らかの共通項ではありえないのだから、その「媒体」性はきわめて「謎めいた」ものたらざるをえないのだが——。身体は、私が存在の世界に一個の存在者として、主体として存立するための重要な契機をなしているが (cf., TI, 101/188)、同時に、存在の秩序の外部である「他なるもの」に通じた一筋の隘路でもある。レヴィナスが他者を「顔 (visage)」として捉えるのは、まずもってこうした文脈においてである。

「顔」とは、存在の彼方の次元としての「他なるもの」への通路であるとともに、それ自身は何らかの仕方で存在の内に姿を現わす存在者でもある「両義的な＝曖昧な現象」——存在の「彼方」でもあれば「内部」でもあるなどということがいったいどうして可能なのか——である。私たちは、生身の肉体を備えた一個の存在者である他人の顔の上に、決して私の現在の内に回収できない「絶対に他なるもの」の影を、現在を無限に凌駕する「絶対の到来性」としての「未来」の「痕跡」を、見て取ってしまってはいないかと、彼は問うのである。(31) 繰り返せば、「他なるもの」そのものは存在の次元には定位されえない。存在の次元に定位された他者は、「われわれ」という共同主観として、私と同じ、世界内の一存在者、すなわち他人たちであるかぎりでの他者であらざるをえない。受動性の次元で私とともに非主題的な仕方で働き・機能する「われわれ」＝他者とは、こうした他者たちであった。それはあくまでも「他なるもの」のひとつの形象、存在の内に姿を現わしたかぎりでの「他なるもの」——したがって、語の厳密な意味ではもはや「他なるもの」ではないもの——にすぎなかったのである。こうした他人＝他者たちは、現在の主体である自我によって対象化可能な存在として、「いつもすでに」という存在性格を帯びたものとして、主体の時間の中に、主体の想起しうる「過去」として位置づけられた。しかし、こうして他人＝他者たちをもみずからの権能の支配下に置いた主体は、存在の重荷に押し潰されながらも自己自身を所有し、たえざる自己喪失の中で自己を回復しようとする「努力」の主体であった。(32) 近代哲学の「主体」とは、まさにこうしたものだといってもよいであろう。

しかし、いまやこうした主体に、その外部が開けている。この外部は、主体にまったく新たな次元を垣間見させるものである。このとき主体は、他人としての他者の「顔」を介して絶対に未知なる未来としての「他なるもの」と向かい合うことによって、主体性の新たな段階へと歩み入る。みずからに出会ってくるすべてを自己の権能の下に置き、みずからの存在を確保する主体＝自我に代わって、自己の外部に曝された「唯一者」（「単独者」ではない）としての「私」が登場する。(33) しかし、こうした「唯一者」としての「私」が現われ出るためには、その「私」は、絶対的未来としての他者のもとにすでにあるのでなければならない。「私」は、みずからの外部に曝され・直面してはじめて「私」だからである。未来へと開かれた「私」は、すでにして「他なるもの」の下に、ある。この「他なるもの」は「私」の権能の外部であるがゆえに、私の方からそれに出会うことはできない。ここには私の能動性の発動する余地はないのである。あくまでそれはあちらから「私」へと向かって到来する（「絶対的未来」）。この意味でこそ、「私」は言葉の本来の意味で「主体」（sujet すなわち「下に置かれた者」、あるいは sujetion すなわち「隷属する者」AA, 70/113）なのである。

「他なるもの」そのものはまったくの外部性として、不意を襲う未知性として、「未来」に位置しているが、それが他人の「顔」を介して私に姿を現わしたときには（そのときはじめて自我は主体＝「私」となる）、すでに「私」には手の届かない者、「私」が想起しうるどんな過去よりも遠くの「過去」へと過ぎ去ってしまっている。私が想起しうる他者は、すでに私の現在へと繋ぎ止められ・私の一部と化した、世界内存在者としての他人＝他者にすぎないからである。ここで示された他者の「過去」性は、「絶対的未来」と同じ意味で「絶対的過去」とでも呼ばれるべきものである。それは、通常の意味での過去と違って、一度も現在であったことのない（私と現在を共有したことのない）「過去」だからである。この「過去」の絶対性を、レヴィナスは次のようなさまざまな言い方で表現しようとしている。すなわち、「過去に先立つ過去」（TI, 145/258）、「遠い昔、限りなく遠い昔（ヴァレリー）」（TI, ibid., AA, 11/31, 134/197）、「現前化＝現在化しえない過去」（AA, 60/99, 99/152）、「取り戻しえない過去」（AA, ibid.）、「始元に先立つ過去」（AA, 11/31, 12/32）、「無始元的過去」（AA, 11/31, 12/32, 66/107）、「最大の、極度の受動性」（AA, 61/99）、「どんな受動性よりも受動的な受動性」（AA, 18/41, 64/104, 70/113, 73/116, 91/141）、「あらゆる受動性の手前にある受動性」（AA, 128/189）、「絶対的受動性」（AA, 133/194, 140/205）。かくしてこの他者は、「絶対的未来」であると同時に「絶対的過去」でもあるという、ふたたび「両義的な現象」として姿を現わすのである。[34]

自己同一的な主体の統一をすでにして逃れ、その逃れるという仕方でのみ「私」に対して姿を現わす「他なるもの」、主体の自己同一性を撹乱し・動揺させ、かつその撹乱ゆえに「私」にとって救いともなりうる他者、それは、主体の時間の中で予期と想起の対象として現われる対象他者（主題化可能な他人＝他者）のはるか彼方に、主体の時間とは完全に絶縁された「隔時性（diachronie, AA, 11/31, 14/35, 18/41, 48sq./82, 60/99, 73/117, 87/136, etc.）」の内に垣間見られるにすぎない。ヘルトもまた指摘していた「時間の断絶」、「不連続性」である。「他なるもの」は、「顔」の上にしるされた「痕跡（trace, DEHH, 198/289, 200/291sq., AA, 15/36, 123sq./184, 127/188）」の彼方でしかないのである。こうした他者は、「私」を無限に凌駕するものであり（『全体性と無限』では、他者との関係は「無限」との関係として記述された）、存在の次元の「彼方（au-delà）」を指し示すものなのである。こうした他者との「関係なき関係」、それは「他なるもの」とのこの新たな関係としての「倫理」の次元を指示している。他者が「問題」として立てられる状況、他者が解決しえない「謎」として立ち現われる次元、それは「倫理」の次元にほかならないというのである。他者問題は、存在の彼方を思考する哲学、存在と自然を超越《メタ》するものとの「関係なき関係」を思考する思索、新たな「形而上学（meta-physica）」を要請する。「形而上学的超越とは、〈絶対的に他なるもの〉あるいは真理との関係が確立される場であり、この超越の王道が倫理なのである」（TI, xvii/27）。

5　他者と倫理

最後に検討すべきは次の二点である。すなわち、第一に、ここで新たな次元に立つことになった主体＝「私」と、これまで論じてきた超越論的領野との関係はいかなるものとなったのかという問題、そして第二に、絶対の外部としての「未来」に他人＝他者の「顔」を介して向かい合う「私」がこの「他なるもの」と取り結ぶ関係の本質は「倫理」であるというレヴィナスの主張をどう解すべきか、という問題である。

第一点から始めよう。超越論的領野とは、そこにおいて（私や他者たちをも含めた）世界のすべてが現象へともたらされる最終的な場のことであった。このときの私や他者たちは、主題化可能な人間的存在者として世界の内部に位置しており、したがってまた、当然のことながら超越論的領野の内に・超越論的領野において、ある（存在している）。ところが、いまや「私」が直面している絶対に「他なるもの」としての「未来」は、あらゆる存在が生成する超越論的領野の外部にほかならない。そして、この外部が「私」に何らかの仕方で顕現するのは、何を措いても他人としての他者の「顔」においてなのであるから――もっともこの外部・他なるものは「私」の「死」においても顕現しうる事態であることもすでに考察した――、それは、世界のすべてが（正確には、すべてである超越論的領野が）他者の「顔」において――あるいは「私」がみずからに固有の「死」に直面することにおいて——、その外部へと突き抜けてしまう事態であることになる。

別の言い方をすれば、すべてであるはずの世界が、その世界の「向こう側（彼方《かなた》）」へと透けてしまうことによって、いわば宙に浮いてしまうのである。もちろん、存在そのものであり、すべてである世界の「彼方」に何かが「ある」わけではないのだから、それは（存在のカテゴリーの下で語るならば）すべてが「無」（存在の否定であるかぎりでの「無」）の内に宙吊りになる事態であると言うこともできよう。かつてハイデガーが形而上学的思考を極限まで追いつめたとき、目の当たりにしたのは、この光景であったはずである。[35] また、フッサールの超越論的還元の手法は、世界の存在定立を中止することで、世界のすべてを一気にこの「宙吊り」の状態へともってゆく操作であったと言ってもよいのである。

さてそうだとすると、この外部・他なるものに直面した「私」は、いわばその内に、現象する／しうる世界のすべてを担っていることにならないだろうか。なぜなら、この外部に直面しうるのは「私」を措いてほかにはなかったはずなのであり——これが、「私」が「唯一者」であるということであった——、正確に言い直せば、外部に直面してはじめて、その者は「私」となったはずだからである。「私」においてしか、外部という（存在の観点から見れば）ありえないものが、すなわち（存在の）「他なるもの」が、姿を現わすことはないのだとすれば、その「私」においてはじめて、そして「私」においてのみ、世界は、すべては、存在は、その全貌をあらわにするのである。いまやあらわとなった存在の全貌を担っているのは、この意味で紛れもなくこの「私」なのである。

繰り返せば、この「私」は世界内の一存在者としての私、他人としての他者たちとともにある私（「われわれ」の内のひとりである私）ではない。前にも触れたように、世界の内なる者が、当該の世界のすべてをみずからの内に蔵するというのは、背理以外の何ものでもない。しかしここで姿を現わした「私」は、他人としての他者の

「顔」を介して、あるいは固有の「死」に直面して、世界の「彼方」を垣間見てしまったのだから、文字どおりの意味で「彼方」に対峙し、「無」に曝され、虚空に宙吊りとなった世界の全体を、みずからの内に蔵し・担っていると言わねばならないのである。たしかにこれは異様な思考である。「私」が世界の、存在の、すべてであるとは、まるで誇大妄想者の妄言のようではないか。しかし、先にも確認したように、ここでいう「私」が通常の意味でのそれ——すなわち世界内の一個の存在者としての私——ではもはやないことに鑑みれば、この結論を一貫した思考の帰結として、ひとまずここで受け容れておくことにしたい。

第二点に移ろう。こうした「私」と、その直面する「他なるもの」との関係が、倫理的関係であるとは、いかなることか。レヴィナスは、「私」の「他なるもの」に対する関係の実質を、「語ること」すなわち「応答すること」としての言語の内に見る。言語は何よりもまず、世界内部に存在し・現象する他人としての他者の「顔」へと向けて、「私」から発せられる。ということは、それは「顔」を介してその「彼方」へも、すなわち「他なるもの」へも向けられている、ということである。ところで、ここでレヴィナスのいう言語は、必ずしもいわゆる「発語（パロール）」や「書字（エクリチュール）」に尽きるものではない。むしろそれは、「発語」や「書字」へと「私」を促すもののことなのである。

他人としての他者の「顔」が顕現するとき、「私」はその「顔」にいつもすでに「応答」してしまっている。それが正面からその「顔」に応ずるという仕方であれ、あるいは無視するという仕方であれ、それらはいずれもすでに「応答」であること・「応答」となってしまっていることを、私たちは先に見た。(36)「私」を見つめる「顔」に対して「応答」をしないということは不可能であり、どんな仕方であれ、いつもすでに「応答」はなされてしまっているのであった。(37)「顔」は、世界内部の身体という物体の一部分ではない。私たちは、「足」や「胴」に対して「応答」はしない。「顔」は、見開かれたその眼の彼方に、決して現象に尽くされない未知なる何者かを宿しており、この「何者か」がすなわち「他なるもの」としての「他者」なのである。そして「顔」の彼方なるこの「他者」が、回避不可能な仕方で「応答」を要求するのである。このときの応答の主体が「私」なのである。

この「私」は、経験的主観性ではない。先にも見たように、経験的主観性は、世界内に現象する諸存在者の中の一存在者として、そうした現象するものとしか向き合うことがないからである。これに対して、応答する「私」は、決して世界内に現象しないもの、すなわちこの世界の「外部」に応ずるものであるかぎりにおいて、この世界のすべてをみずからの内に蔵するものなのである。もっとも、この応答が世界の外部に向けられているかぎり、それは「彼方」へとかぎりなく流出してゆくのであり、決して応答として成就されることはない。この外部は、もはや何ものによっても限定されることのない「無限」だからである。だがいずれにせよ、超越論的領野において現象する「顔」のその「彼方」へといつもすでになされてしまっている応答において、この領野はもはや決して何ものでもないものではなく——誰でもないもの（「没自我的なもの」）ではなく——、紛れもなく「私」に担われたものなのである。

そして「言語」とは、他者の「顔」の顕現に促されるようにして「私」から他者へと向けてなされる不可避の「応答」という仕方で、この世界にはじめて「意味」が到来するという（「意味生成（signifiance）」）、すぐれて「人間的」な事態のことなのである。[38] 換言すれば、「言語」とは、現象する世界に属するとともにその「外部」をも指し示す「顔」という両義的事態を通して達成される、「他なるもの」との絶対の断絶を介したかかわりのことであり、このかかわりにおいてはじめて世界に「意味」という「人間的なるもの」が到来するのである。「他なるもの」は、応答を促すものとしての「言語」において、このような仕方でいつもすでに「私」に到来してしまっており（「未来」）、かつまた、すでに現象に到来したかぎりのものはもはや「他なるもの」ではない以上、すでにそこにはないものとして過ぎ去ってしまっている（「絶対的過去」、「一度も現在であったことのない過去」）。
　このような仕方で超越論的領野は、フッサールにおいては決して受け取ることのなかった「私」という規定を、いまや受け取ることになる。この「私」は、「顔」として現象する他人＝他者（厳密には、現象する他人＝他者の「顔」を介しての「彼方」なる他者）への応答を他の誰にも代わってもらうことができない以上（他人へのいわゆる「責任転嫁」もまたすでに「私」の応答である）、この他者への「応答可能性＝応答の能力（responsabilité）」としての「責任（responsabilité）」を負う「唯一の者」であった。かくして「私」は、「顔」への応答において、他人としての他者と「他なるもの」としての他者の双方に対して、代替不可能な仕方で全面的に「責任」を負うているのである。
　だが、この場合の「責任」とはいったいいかなる事態なのであろうか。これが第二の問題点であった。レヴィナスはこの「責任」の内に、「倫理」の成立する根源的次元を見たのだが、それはどのような仕方でであろうか。他者の「顔」から「倫理」へは、いかなる途筋がかよっているのであろうか。[39]
　「責任」とは、第一には、「私」が「私」であることを全面的に「他者」[40]に依存しているという事態である。つまりそれは、「私」が「私」であることのすべてを「他者」に負うているという意味での「責任」である。「顔」が「私」に到来するのはあくまで「向こう側から」であって、それは「私」の方から近づきうるものではないからである。「顔」がその「彼方」に、私ならびに存在には決して回収しえない「他なるもの」を垣間見させることによって、私は「私」となるのであるが、この「他なるもの」はあくまで「彼方」から、すなわち「向こう側から」到来するのである。この意味で「私」は、「私」であることを全面的にこの他者に負うているのである。したがって「責任」とは、それを私が引き受けたり・引き受けなかったりすることができる以前に、すでに「私」が負ってしまっているもののことである。

第二に、この「責任」は、「私」が他者に「応答する」という仕方で、すなわち〈「私」が他者へと向かう〉という仕方で果たされる。しかし、この不可避の「応答」はいつもすでになされてしまっているのだから、この「責任」もまた、いつもすでに果たされてしまっているのだろうか。そうではない。「他なるもの」とは、超越論的領野の絶対の外部であって、存在によるいかなる規定をも凌駕する「無限」なのであるから、「私」から他者へ向かうこの運動は無限の彼方へと流失してゆくのであり、決して成就されるということがない。すなわちこの「責任」とは、〈たえず他者へと向かう〉という終わりのない運動のことなのである。この運動は、「私」の意志によってなされるものですらない。それは、「他なるもの」が「顔」を通じて「私」に到来するかぎり、いつもすでにその他者へと向かって動き始めてしまっている運動である。

第三に、「私」から他者へと向かうこの運動は、〈「私」が他者へと差し出される〉ことである。つまり〈「私」が他者へ向かう〉とは、より正確には、「私」が他者にそのすべてを曝し、そのすべてを他者の面前に差し出すこと、すなわち贈与することである。応答としての「語ること」は、「私」が「言葉」となってそのすべてを他者のもとに送り届けることなのである。ひとたび他者に向かって発せられ、他者のもとに送り届けられた「言葉」は、もはやいかにしても回収不可能である。すなわちそれは、他者に贈与されたのである。「言語」とは、このような〈あるものが他のものへと差し向けられること〉、〈一者が他者へと贈与されること（l'un pour l'autre)〉に基づいて機能する〈意味の生成〉である。[41]

第四に、この〈「私」の他者への贈与〉は、〈「私」は他者のために〉という根本的な事態の開示である。「私」が「私」であることが、他者への「私」の贈与という仕方で遂行されるのだとすれば、〈「私」である〉とは〈他者へと贈与されるためにある〉こと、すなわち〈「私」は他者のために〉なのである。そして「よさ」とは、この〈他者のために〉のことにほかならない。〈よく生きる〉とは、〈他者のためにある〉ことなのである。ここでも注意しなければならないのは、「よさ」をもって〈他者のために〉が規定されているのではなく、〈他者のために〉をもって「よさ」が規定されているという点である。すなわち、〈他者のためにある〉ことが「よい」ことなのではなく、「よい」こととは〈他者のためにある〉ことなのである。ここでは、「よさ」と〈他者のために〉との関係がまったく逆転されているのである。したがって、「私」が「私」であるかぎり、「私」はこの「よさ」のもとにすでにあり、「よさ」の光線をすでに浴びてしまっている。すなわち、いかなる「私」もみずからの意志で〈よくある〉ことはできないのであり、かつまた、「よさ」とは他者へ向けてなされる〈他者のために〉の無限の運動である以上、それは決して成就されることがないのである。かくして、他者との関係はその根本において「倫理」的関係にほかならないことが示されるにいたる。[42]

「私」が「私」であることを全面的に他者に負っているということ、この意味で「私」は〈他者によって〉「私」であることから出発して、「私」は〈他者のために〉ある「よきもの」（たえずよさへの途上にあるもの――よさという他者へと向かう運動の途上にあるもの――）であることへといたる一連の途筋の中に、飛躍はなかったであろうか。〈他者によって〉と〈他者のために〉の間に横たわるかに見える深淵は、その間に「応答」としての「語ること」すなわち「言語」を置くことによって、架橋されえたであろうか。あるいは、「言語」がこの飛躍と逆転を可能にしたと言うべきであろうか。レヴィナスが語るこうした「倫理」は、超越論的領野のさらに一歩「手前」で生じている事態である。すなわち、具体的・経験的次元で私が他人に対して何をなすべきかを示すものではない。また、具体的・経験的次元で私が他人のために何をなそうとも、この根本的責任は決して果たされるということがない。いったいこの次元で倫理を語ることにいかなる意味があるだろうか。

このような疑問に対しては、おそらく次のように答えるべきだろう。この事態にいかなる意味があるかと問うても無駄である。それは――〈「私」は他者のために〉は――、厳然たる「事実」なのだ。そして、この「事実」

としての「倫理」からこそ、あらゆる「意味」は生ずるのだ、と。たしかに、「私」はいつもすでに他者に応じてしまっている。どんな仕方であれこの〈応ずること〉は、「私」が他者へと向かうこと、みずからを他者に曝すこと、他者へとみずからを差し向け・差し出すことである。もし、このことがすでに〈他者のために〉であるとすれば、そしてこの〈他者のために〉が「よさ」にほかならないのだとすれば、「倫理」とは、もはや決して「私」に現前することのない＝想起の対象となることのない〈「私」の始元〉、忘却と隠蔽の彼方に遺棄された「無始源的始源（anarchie）」へのたえざる「覚醒（vigilance）」のことなのだろうか。

おそらく事態は、こうした一連の問いに最終的な答えを与えることのできるものではないであろう。答えは、いつも「然り」であり、かつ「否」であろう。しかし、最終的な答えが存在しないからといって、これらの問いを問うことが必ずしも無意味なことになるとはかぎらない。おそらく「倫理」とは、答えを必要とする認識の営為の遥か「手前」に存する事柄なのであり、かつそれが厳然たる「事実」であることは、それを問い続けることの中からしか浮かび上がってこないのだろうからである。現象学の内に端を発した他者問題は、決して現象しない「他なるもの」に直面しつつ、遠く現象学を離れてゆくかに見えるラディカルな倫理に到達した。だが、おそらくこの「倫理」は現象学とともにありつづけるだろう。いかなる意味においても絶対に現象しないものについて語ることは背理だからであり、絶対に現象しないものの秘密をこの背理を通して、すなわち「顔」という「両義的現象」を介して漏洩することこそ、「語ること」としての「言語」の、そして哲学としての現象学の営みそのものだからである。

第四章　倫理・政治・哲学

私たちはこれまでの考察で、ハイデガーに由来する「存在」問題と、フッサールに淵源する「時間」問題が、いずれも「他なるもの」の問題と交差するさまを見てきた。本章では、この「他なるもの」の問題系がレヴィナスによって「倫理」と、「政治」と、そして「哲学」そのものをめぐる問題として展開されていった筋途を検討することで、現象学における「他者」問題のもっともラディカルな形態の全貌を見届けておこう。この作業をもって本書は、現象学の根本問題が時間・存在・他者という三つの問題系に収斂するさまを呈示するという当初の目論見をひとまず達成し、新たな問題地平の前に立つことになるはずである。

1　レヴィナスと「存在の問い」

すでにこれまでの考察の中で私たちは、レヴィナスの思考がハイデガーの「存在の思考」と、フッサール現象学の極北ともいうべきその「時間論」の、もっとも奥深い部分に切り込み、それらとの鋭い緊張関係の中でみずからの思考を鍛え上げてきたさまを見てきた。本章でそうしたレヴィナスの思考の全貌に目を転ずるにあたって、まず導入的に彼の哲学上のキャリアに簡単に触れることから始め、その思考の基本的なスタンスをいま一度確認しておくことにしたい。この確認をうけて次節以下で彼の思考の骨格を浮かび上がらせるにあたっては、本書第Ⅲ部のこれまでの考察が彼の前期にあたる著作群に主として依拠してきたのに対して[(1)]、その後期の中核に位置する『存在するとは別の仕方で…』を主な検討材料とする[(2)]。

さて、その若き日にフッサールのもとに学び、ハイデガーの『存在と時間』の直接の洗礼を受け、現象学徒として出発したレヴィナスは、もっとも早い時期にフランス思想界に現象学を紹介するとともに、フッサールならびにハイデガーの優れた解釈者であり、かつ批判者でもあった。しかし、サルトル、メルロ＝ポンティ、レヴィ＝ストロースら彼と同世代のフランスの哲学者たちの盛名に隠れて、ながらく彼の名が一般に知られることはなかった。サルトルが現象学に出会ったのも、レヴィナスの最初期の著作『フッサール現象学における直観の理論』(一九三〇年) においてであったが、そのサルトル自身、自分を現象学に導いた本の著者の名をながらく失念していたというエピソードは、この間の状況を端的に示している。

もちろん彼の名は、現象学者や、キリスト教・ユダヤ教関係者の間では (オランダ、ベルギーを含む主としてフランス語圏で)、早くから知られていた。彼は現象学者であるとともに、すぐれたタルムード解釈者 (ラビ) でもあり、先の大戦で捕らわれの身となったユダヤ人捕虜収容所から生還して以来、戦後ながらくパリの東方イスラエル師範学校の校長の職にあった。しかし彼の哲学者としての本領は、単に一現象学者としてのものでもなければ、ユダヤ思想家としてのそれでもない。彼の思考は、二千五百年になんなんとする西欧哲学の伝統の中で決定的に忘れ去られてしまった問題 (より正確には、その当初から排除されてしまった問題) を、当の西欧哲学という普遍的ロゴスの支配する場で告発しようとする根本モチーフに貫かれたものなのである。その批判の矛先は、遠く古代ギリシャの自然哲学者たち（フォア・ゾクラティカー）からハイデガーにまで及ぶ。そしてまた、かつて「哲学」が人間のあらゆる知的営為を包括する名称であったことの当然の帰結として、彼の批判は、その「哲学」の内に含まれていた西欧「倫理学《エチカ》」や「政治学《ポリティカ》」にまで及ぶ。こうした、西欧＝哲学の根本的批判者としての位置を、彼の思考は占めているのである。

　しかしこうした批判ないし告発が、単にその外部から一方的になされているとしたら、それは違うものを違うというだけで何の内実もない、皮相で浅薄な言説に堕してしまうであろう（単なる東方回帰《オリエンタリズム》はせいぜいエキゾチシズムでしかない）。レヴィナスがこれらの外面的批判と決定的に異なるのは、西欧＝哲学の根底的批判を（その意味では西欧＝哲学の外を）、あくまで西欧＝ロゴスという普遍者のもとで行なおうとするところにある。だが、なぜロゴスなのか。それは、何ごとかを思索し・語ろうとする際に、ロゴスという西欧が産み出した普遍者の普遍性を回避することは、「人間」の大いなる可能性のひとつを放棄するにも等しい蛮行と背中合わせの危険を冒すことになるからであり、にもかかわらずこの普遍性に異議を申し立てねばならないからである。この異議申立ての声が聴き取られるためには、思索の言葉は不可避的に——あるいは進んで——普遍的ロゴスに身を委ねねばならず、みずからこの普遍的ロゴスを口にしつつそれを裏切るという仕方でしか、思考は不可能だからである。

　それでは、レヴィナスが西欧＝哲学を告発するのは何の名のもとにであろうか。西欧＝哲学を「存在の忘却」のかどで告発したのは、ハイデガーであった。すでに見たようにハイデガーは、ソクラテス、プラトン以来の西欧＝哲学の歩みを、存在するかぎりの存在をその「存在者性」（へとすり替え、そこ）において規定しようとする「存在忘却」の歴史として捉え、この「形而上学」の克服を試みた。そのときハイデガーが目指したのは、「存在の存在すること」、「存在の生起＝性起」が思考の内になお垣間見られていたいわゆる「自然哲学者たち」

への、すなわち「哲学」の始源《アルケー》への還帰であった。これに対してレヴィナスは、このように「存在（すること）」と「存在するもの（存在者）」との差異（「存在論的差異」）とその忘却をめぐって展開される「存在の歴史」それ自体が西欧＝哲学の一貫した歩みであり、西欧＝哲学を最終的には「形而上学」として批判するにいたるハイデガーの思索もまた、紛れもなくこの西欧＝哲学の正嫡であると考える。それどころか、西欧哲学の全体を存在忘却の歴史として断罪するハイデガーその人の内にこそ、西欧＝哲学の根本動向がもっともラディカルなかたちで集約されていると見るのである。すなわち、西欧＝哲学の根本動向とは、「存在（すること）」へとすべてが集約されてゆく知の歩みなのである。

レヴィナスが異議申立てをするのは、こうした「存在の思考」としての西欧哲学において、その当初《アルケー》より排除され、その排除によって「哲学」という知が成立したところのものの名のもとにである。それは、知の成立の当初から排除されたがゆえに一度も現前したことがないのであるから、もはや忘却の対象ですらなく、「哲学」という存在の思考の始源《アルケー》にすら先立つ「何ものか」、すなわち「無‐始源（an-archie）」であり、この存在の思考の「他なるもの」すなわち「存在の他なるもの」、「他者（l'autre）」である。もちろん、それが「他者」として哲学の知の面前に捉えられたときには、もはやそれは「他者」ではなく、他者という知られたもの、存在へと転化してしまった何ものかである。それは何ものかとして知られ・捉えられることをも拒否する「何ものか」、それについて思考し・語ることがすでにそれを裏切ってしまう「何ものか」、それを何ものかとして呈示する以外の方途を知らない私たちのロゴスをたちまちにして自己矛盾に引き込む「何ものか」である。

だが、この「他者」なしには私たちの現実はありえない。なぜなら、この「他者」は、「他人（autrui）」のまなざしの彼方から、いつもすでに私たちに到来してしまっているからである。「他者」とは、あれこれの属性や性格をもった存在者ではない。しかし私は、このような「他者」をも、名前をもち、あれこれの性格をもった

「他人」として認識する。こうして認識の対象となった他人は、その他者性を剝奪され、一個の存在者と化す。にもかかわらずこの他人は、その「顔」の上に、剝奪された他性の痕跡を遺しているというのである。私が私であるとは、こうした「他人」としての「他者」のもとに私があるということである。西欧哲学は、第一哲学として存在論を立てることによって、存在の「他者」を存在へと回収することから出発した。すなわち、すべては存在する。そして、存在するかぎりの存在を哲学（形而上学）は問う――このことの端的な表現を私たちはアリストテレス[4]のもとに見出す――、というわけである。西欧＝哲学は、その始源において「他者」を抹消してしまった可能性があるのである。[5]この、失われた「他者」の「無始源性」、これこそが私たちの現実の根本であることを示すこと、すなわち「他者」問題の根本性を呈示すること、これがレヴィナスの思考の根本動機である。「哲学が存在に付与した特権を問い質し、存在の彼方ないし手前について問わなければならない」（AA, 22/48）のである。

　ここでレヴィナスは、存在問題に対する他者問題の優位を主張しているのであろうか。彼のハイデガー批判の激しさ、鋭さからして、一見そのように見える。しかし、レヴィナスが問題にしている事態をよく見てみれば、それは〈私たちの現実において存在が存在として意味をもつこと〉、〈存在が存在として現出すること〉を徹底して問うているのである。存在そのものは意味にすら先立つ（少なくともハイデガーはそう考えた）。だが、その存在が現われるのは、存在が問われるのは、あくまでも存在が何らかの意味をもつ（たとえ無意味という意味であっても）場面においてでしかない。つまり、私たちの現実においてでしかない（もちろん、この私たちとは何者であるかが問題である。これについては、レヴィナスのいう「人間」という概念をめぐって後に触れる）。

　存在が私たちに先立つものであるにしても、それが意味をもつのは（存在という意味をもつのは）私たちの現実においてでしかないというこの事態は、存在の問いを存在へと吸収することを不可能にするのではないか。哲学が私たちの現実（それ以外に現実があるだろうか）を理解せんとする営みであるとするならば、存在を問うとは、存在が意味をもつという事態そのものについて問うことなのではないか。かつてハイデガーが存在問題を「存在の意味への問い」（SZ, 1）と定式化したことを私たちはすでに見たが[6]、ここでレヴィナスは、〈存在が意味をもつということとそのことへの問い〉を提起しているのである。「意味は、存在によっても非存在によっても、測られることがない。存在が意味を規定するのではなく、逆に、意味を起点として存在が規定されるのである」（AA, 166/238）。

こうして見てくると、レヴィナスが存在問題に対する他者問題の優位を主張していると見ることは、彼の主張をあまりにも単純に図式化した誤解であると言ってよかろう。存在問題を他者問題に還元することが主張されているのではない。かつてのレヴィナス自身の中に、ハイデガー批判に急なあまり、そうした自己理解が見られないわけではないとしても、それは一種の自己誤認と言うべきである。そして、以下で主として検討する『存在するとは別の仕方で…』は、この自己誤認の根本的な修正ともなっている[7]。ここで問われているのは、私たちの現実を構成している、「存在」と「存在の他なるもの」すなわち「存在するとは別の仕方で[8]」との不可分の関係そのものなのである。

レヴィナスは、第一の主著と目される『全体性と無限』では、他者を「無限者」として考察した。他者は、私のいかなる把捉と限定をも凌駕する「無限なるもの」である。他者は、すべての覆いを剝ぎ取られたむき出しの「顔」――みずからの死（それは必ずやってくる――「未来」――のだ）を前になすすべもなく、無一物でおびえる「顔」――を私に曝し、その貧しさと悲惨さの無限の彼方から「汝、殺すなかれ」の声を私に送り届ける。そこでは、この私に他者が到来し／過ぎ越す――決して私と現在を共にすることのない――その仕方に焦点があてられていた。しかし、そこへと他者が到来するところのこの私は、他者の到来／過ぎ越しに先立って、それ自身で存在しているものではない。私とは、「他者の下にあるもの（sub-jectum）」のことなのであり、この〈「他者によって」・「他者に対して」・「他者のために」（pour l'autre）ある私〉という「自己」（soi）」なるものの「在り方」へと、思考はさらに遡って問わねばならないのである。

『存在するとは別の仕方で…』の視座は、この「自己」＝「私」に向けられている。これは、「他者に対する・のための・の代わりの一者（l'un pour l'autre）」という同一の事態が幾重にも語り直されねばならないことを示している。『全体性と無限』と『存在するとは別の仕方で…』との関係については、すでにレヴィナスの「転回《ケーレ》」をめぐって議論がかまびすしい。(9) しかしここで直接この議論に立ち入る必要はない。以下で主として『存在するとは別の仕方で…』を検討することを通して、彼の思考の骨格を明らかにすることを試みよう。

2　存在するとは別の仕方で——あるいは「倫理」

『存在するとは別の仕方で…』でレヴィナスが呈示しようとしているのは、西欧＝哲学の根幹をなす「存在」の問いと同じくらい重要で、かつ同じくらい脆い、「存在の彼方」すなわち「他者＝他なるもの」の問題を、「人間」のひとつの可能性として示すことである（AA, x/14, cf., AA, 178/255）。可能性といっても、それは可能なひとつの選択肢を提供することではない。そうではなく、私たちの現実を構成していながらも、哲学のまなざしに対して現前しないがゆえに隠蔽されたままになっているある根本的（「無始源的」）事実を何とか語り出そうとすること、この可能性を追求することである。それは、「存在の努力」（存在の自己保存の欲求 conatus essendi）(10) を人間の揺るがしがたい本性として規定し、その上に「契約」と「利害（inter-esse＝存在の只中に在ること）」に基づいて人間共同体を構成してきた西欧近代政治哲学への異議申立てでもある。

すべてがおのれの存在の自己保持を貫徹しようとすれば、それは不可避的に存在するもの同士の「戦争」を引き起こす。「存在することとは、戦争という極度の共時性」(AA, 5/20) である。いわゆる「平和」は、この「存在への執着＝利害 (intéressement)」に基づき、それを「理性」によって調停することによってかろうじて成り立つ。つまり、ここでの「理性」は「計略、単なる仲裁手段、政治」(AA, ibid.) なのであり、そうした「理性」による一種の「交換ないし交易」(AA, ibid.) の結果として「平和」がもたらされる。したがって、そこでは「存在への執着」は決して解消されず、「何者も〈存在の内に在り続けようとすること〉すなわち〈利害関係〉を免れえない」(AA, 5/21)。「平和は諸存在者の利害の言いなり」(AA, ibid.) であり、平和とは本質的に「不安定な」(AA, ibid.) ものたらざるをえない。「存在すること」に基づくかぎり、「戦争は不可避の事態」(AA, 6/22) なのである。(11)

これに対してレヴィナスは、この「存在すること」の「彼方」ないし「手前」を思考する可能性はないのか、プラトン以来「存在すること」を超越したがゆえに「息切れ (essoufflement)」した「精神 (esprit)」(AA, 5/21, cf., AA, 229/325) こそ、人間の稀有の可能性ではなかったか、と反問する。この反問は、「存在すること」の単純な否定ではなく、私たち人間の「存在すること」の手前に遡って、「存在すること」の可能性の条件を探ろうとする試みでもある。それは、「存在すること」というあらゆる条件の内でも究極の条件のさらに手前に遡ろうとする試みであるかぎり、「条件ですらないもの (無条件 in-condition)」(AA, 6/23)、存在ですらないものを思考しようとする、困難でほとんど無謀な企てである。「私たちは、始源としての位格を有することなき無条件・無制約としての主体を語ろうと努めている。この無条件・無制約は、存在そのものに意味を付与し、存在の重さを迎え入れる条件でもある」(AA, 147/214)。その無謀さと大胆さゆえに、この思考・この精神は「喘ぎ」、「息切れ」をきたさざるをえない。それにもかかわらずあえてこの問いを問うのは、レヴィナスにとって「他者」は存在ではないからであり、私はいつもすでにこの他者のもとにいるからである。そしてこの事態こそが、私たちの「現実」を構成していると考えるからである。

私たちの日常の意識にとっては、たしかに他者は存在者として存在している。しかし、存在者として知の対象・主題となった他者は、すでにその他性を剝奪され、何らかの属性をもった存在として知に把捉され、同一化される。ところが「他者」は、こうして知の対象となった存在者の同一性に汲み尽くされず、それを無限に凌駕するものであること、それこそが「他者」の「他なるもの」たるゆえんであること、こうしたことをレヴィナスは『全体性と無限』で語ろうとした。

そのかぎりで、「他者」は「存在」ではない。すなわち、存在という同一者ではない。では「他者」は、端的に「存在しない」のであろうか。そうではない。「他者」が端的な「非存在」すなわち「無」であって何の痕跡をものこさないのであれば、そもそも「他者」への問いは成立しえない。「他者」への問いが何らかの「意味」をもって問われうるとすれば、ここで問われているのは、「存在」か「非存在（無）」かの二者択一ではない。ここでは、「存在するかしないか（生か死か to be or not to be?）という二者択一とは別の問題」(AA, 4/18) が問われているのである。実は、この二者択一と見えるものは二者択一ですらない。なぜなら、「非存在（無）」とは、存在の否定としてしか考えられないものである以上、そこではあくまで「存在」が支配しているからである。「存在と存在しないことが相互に照明しあって紡ぎ出す思弁的弁証法でさえ、あくまで存在を規定するものにとどまる」(AA, 3/18) のである。[12]

レヴィナスが問おうとしている「他者」は、この「存在」の「彼方」ないし「手前」、すなわち「存在の他者」である。「他者」は、存在でもなく非存在でもない「存在するとは別の仕方で」なのである。だが、私たちの思考が、私たちの論理《ロゴス》が、存在と非存在、真と偽の二項図式の中を動くものであるかぎり、この二項のいずれでもない「彼方」ないし「手前」を思考しようとすることは、不可避的に矛盾に陥る。「存在するとは別の仕方で」は、それが語られたとたんに「別の仕方で存在すること」へと転落する。にもかかわらず、「他者」は存在ではない。私たちはこのディレンマから抜け出すことはできない。この循環は端的な無意味であろうか。そう言い切ることは易しい。だが、この循環と自己矛盾の中で何かが聴き届けられようとしてはいないか。それこそが、存在の彼方なる「他者」の声なき声ではないのか。レヴィナスは、このかすかな声を聴き取り・語り出すことに、みずからの思考の全重量を委ねる。

突破口は、ごく身近にある。「他者」が私たちの現実を構成するに不可欠のものだとすれば、私たちは日々この「他者」と何らかの仕方で接触しているはずである。「他者」との接点、それは私たちが他人に向かって何事かを「語る」ということの内にある。「語ること（le dire）」とは、それによって何事かを「語られたこと（le dit）」として存在にもたらすことである。しかしこの「語ること」は、何よりも誰かに向けてなされるものである。たとえそれが、目の前にはいない他人に向けて、すなわち不在の他者に向けてであれ、いやまさに「他者」という〈存在ではないもの〉に向けてこそ、それはなされるのである。かつてソクラテスは、「これは何であるか」を哲学の根本の問いとして立てた。「勇気とは何であるか」、「善さとは何であるか」と。この問いは、まさに何ものかの「存在＝本質」を問う問いにほかならない[13]。しかしそれは同時に、誰かに向かって発せられた問いでもあったはずである。この問いがそれへと向けて発せられたその当のもの、すなわち他者は、私たちが何事かを問い・それを語り出し・言葉へともたらすとき、すなわち思考するとき、不可欠な仕方で居合わせている者ではないのか。かりにそれが自問することであっても、その問いが誰かに向けられていること、このことが、その「誰か」がこの私やあれこれの他人といった存在者として具体化されるに先立っているのではないか。あれこれの存在者として固定され・具体化されるに先立つこの「誰か」、この「何者か」、それが「他者」なのである。

「語ること」は、必ずや誰か他人に対して語ることであり、すでにして他人への「応答（response）」である。そして、この「語ること」において、語る者はその語り（応答）が向けられた当の他人に対する「責任（responsabilité）」を免れえない。私が他人としての「他者」の「近く」にいるとき、すでにこの「近さ（proximité）」は、他者に対する私の「応答」を要求している。この他者に普通の意味で応答しないこと、無視することもすでに、そうした仕方で他者へと応答してしまっていることであり、そこにすでに「責任」が生じてしまっているのであった。(14)「〈語ること〉の内で確実に成就される隣人〔＝私の近みにいる人〕との関係は、この隣人に対する責任であり、〈語ること〉、それは他人に対して責任を負うことである」（AA, 60/99. 強調レヴィナス）。他者とは、この「近さ」において私と接触する者のことである。

もうひとつ引用しよう。「〈近さ〉という直接性は、他人との接触である。〔…〕接触の只中において、触れるものと触れられるものとは分離される。そのつどすでに〈他なるもの〉と化して遠ざかるこの触れられるものは、私とは何の共通点ももたない〈特異なるもの〉（singularité）なのである」（AA, 108-9/165）。この「近さ」は、時間的・空間的な近さや遠さに先立っている。どんなに遠方にあろうとも、どんなに昔のことであろうとも、他者が他者であるかぎり、他者は私の「近み」にいるのである。他者という「近さ」は、他者に「無関心でいることの不可能性」であり、私が他者のもとにいるということがすでに、他者に対する私の「責任」を担ってしまっているということなのである。「〈近さ〉とは、〈無関心でいることの不可能性（non-indifférence）〉としての〈差異（différence）〉であり、このような差異は〈責任〉である。責任、それは〈問いなき応答〉であり、私によっていますぐ築かれるべき〈平和〉であり、〈徴《しるし》としての意味作用（signification de signe）〉であり、人間の〈人間性《ユマニテ》〉である」（AA, 177/254, cf., 180/257）。

したがって「責任」とは、私がそれを引き受けたり・引き受けなかったりすること（すなわち私の意志）に先立つものである。一見、私の能動的な営みに見える「語ること」も、私のどんな能動的な働きかけにも先立って、すでに他者に「取り憑かれ（obsédé）」[15]、その他者への応答が不可避的になされてしまっていることなのである。「〈語ること〉は、一見すると能動性であるかに見える。しかるに、〈語ること〉は忍耐（patience）という極度の受動性（passivité）を増幅するのだ」（AA, 195/279）。他者に対する私の何らかの責任が他者への応答を私に要求するのですらなく、私が不可避的に他者に応答する中ですでに他者への責任が担われてしまっており、この担うことによって私は、ほかの誰でもないこのもの、一者、唯一者、自己となるのである。「他人に対する責任においては、私は代替不能な一者である。責任を転嫁しえないかぎりにおいて、私は一者である」（AA, 131/192）。〈私である〉とは、他者への責任から逃れえないこと、他者へのこの責任を担うものは私以外にありえないことにほかならないのである。「主体を自己同一的なものたらしめているのは、責任を回避することの不可能性にほかならない。他者という重荷を担うことが、主体の自己同一性の源泉なのである」（AA, 17/39）。他者に対する代替不可能な責任へと私を召喚する他者は、私の近みにあって、その私に不可避の応答をいわば「命ずる」のであるが、この「命令」は、それに服さないことが不可能な命令なのである。しかもそれは、命令が発せられるに先立って私がそれに服従することの中で聴き届けられるような命令でもある。「責任の最初の運動は、命令を待つことでも命令を迎えることでもありえない（もしそうなら、責任の最初の運動は依然として単なる能動性と大同小異のものであろう）。言うなれば、責任の最初の運動は、命令が表明されるより前に命令に従うことなのである」（AA, 16/38）。「〈彼らが呼びかけるより前に、私の方が答えるであろう〉（イザヤ書65・24）、この一節は文字どおりに理解されなければならない。〈他人〉に接近する際、私はいつも〈約束〉の時間に遅れている」（AA, 192/274）。

私と他者とは、こうした「逆時間的な構造」[16]（アナクロニズム）の内にある。私のどんな能動性、どんな受動性にも先立って、私を私たらしめているこの責任、すなわち〈他者の下にあること（subjectum）〉は、私がみずからの始源として想起によって私の現在の意識へと呼び戻すことのできないもの、一度たりとも現在であったことのないもの、現在の意識において主体として引き受けることのできないもの、すなわち「無始源性」であり、主体のいかなる時間からも切り離されたこの「隔時性（diachronie）」において、すでに私は他者に責任を負うもの、他者への責任を担うもの、「他者のための一者」なのである。

私が他者に向かって「語る」ということ、すなわち他者に対する責任は、「存在よりも重く、かつ存在に先行している」（AA, 6/23）。なぜなら、「語ること」は存在に先立って他者のもとに服することであり、「語ること」がはじめて「語られたこと」という存在の秩序に属するものを存在者として存在せしめるのである以上、その「語ること」は、存在にすら先立つに違いないからである。[17] 語ることに必然的に伴うこの「責任」の「重さ」、それが私をして一者たらしめるのであり、したがって一者であるとは、存在することに先立って他者の下にあることなのである。[18] 私の「自己」とは、このように「語ること」によって他者に身を曝すこと、何ものにも保護されずむき出しのまま他者に委ねられること、「傷つきやすさ（vulnérabilité）」、「感受性（sensibilité）」[19]、他者に身を差し出すこと、「他者の身代わりになること（substitution）」、主格に先立つ対格としての〈私はここにいます（*me* voici）〉であり[20]、こうした「自己」が誕生すること、それが「意味作用の生成（signifiance de la signification）」なのである。

意味作用とは、あるものが他のものに差し出されること、捧げられること、あるものの他のものへの贈与、「他者のための一者（l'un pour l'autre）」であり、他者へ向けてのこの「語ること」の中ではじめて、他者へと曝され・他者へと贈られる「自己」（逆説的な主体＝自己）が「徴し（signe）」として「受肉」[21]するのである。「語ることは、〔…〕徴しとしての私の意味生成なのである」（AA, 17/39）。他者に贈られる「徴し」として「受肉」

した「自己」の身体は、物体としての身体・存在としての身体に先立っている。存在は意味作用を行なわない。すなわち存在においては、あるものが他のものに「贈与」されることはない。一者の他者への責任の中で、存在ではない「意味作用」が生じ、意味作用を担う「自己」が身体として「受肉」するのである。[22]

そして、「存在することの破壊としてのこの意味作用、それが倫理なのである」(AA, 17/40)。なぜなら、それはもはや(あるいはいまだ)存在することの秩序に属さない「存在するとは別の仕方で」であり、この次元で私が他者に差し出されていること、それが「善さ (bonté)」だからである。「善さ」とは、他者のためにあることにほかならないのである。「〈自己〉とは善さである。自己に属するものを、自己のためにあるものすべてを、一切の財産を放棄せよという要請のもとに〈自己〉はあり、この要請はついには身代わりにまで行き着く」(AA, 151/218)。したがって、誰もみずからの意志で善き人であることはできない (cf., AA, 13/34)。すでに他者のもとにあること、「善 (le Bien)」に選ばれてしまっていること、それが「倫理」なのである。「私が〈善〉を選び取るよりも先に、〈善〉の方が私を選ぶのである」(AA, 13/34, cf., 157/226)。「自己＝私」ははじめから、善き者たるべく召命されてしまっているのである。

このようにして生まれた「自己＝私」をレヴィナスは、他者に息を吹き込まれること (inspiration) によって呼吸し始める「心 (psychisme)」とも呼ぶ。「〈同〉は〈他〉によって息を吹き込まれる。このような吸気ないし霊感(インスピレーション)が心である」(AA, 146/212, cf., 85/133, 228/323)。「自己」は、そのすべてを他者という外へと曝すこと (exposition) によってはじめて息をすることのできる「肺」のごときものなのである (cf., AA, 227/322)。こうして記述された「自己」は、その意識、あるいは意識による主題化に先立って、他者に服し、他者のためにあるものである。「倫理」とは、こうして存在の「手前」で、あるいは存在の「彼方」で、私と他者の間に結ばれてしまっている「存在するとは別の仕方で」の関わりのことだというのである。[23]

3　存在すること――あるいは「政治」

では「意識」は、どのようにして「自己＝私」に到来するのであろうか。「自己」が他者へのまったき服従と贈与であるとすれば、「意識」という能動性の働き出す余地はないように見える。ところがそうではないのだ。前節で記述された「自己」の在り方自体、意識から意識に先立つ無始源へ向けてなされた「還元」の中で、「語られたもの」として主題化されたものであった。そのかぎりですでにこの記述は、「自己」と他者との「存在するとは別の仕方で」を裏切ってしまっている。これほどまでに不可避な意識化と主題化は、いかにして生ずるのか。

意識の登場は、実はすでに、意識に先立つ他者との接触の内に胚胎している。というのは、私（自己）の他者に対する全面的な責任が、私とあなたの二人だけの関係に終わることはありえないからである。私とあなたとの関係は、対等な対話的関係ではありえないとともに（cf., AA, 184/264）、私とあなただけの関係でもありえない。私がその下に服し、全身を曝している他者の傍らには、その他者の他者、他者にとっての他者、すなわち「第三者（le tiers）」の姿があるからである。そして、この他者の他者、第三者もまた、私にとっての他者である。ここで次のような状況が避け難く生ずる。

私の隣人たるこの他者と、この他者の他者（第三者）が衝突したとき、私の責任はどうなるのか。たしかに私は、両者が私にとっての他者であるかぎりで、どちらにも全面的に責任を負っている。しかしこの両者が衝突したとき、私はこの両者に対して何らかの態度を取らざるをえない。私は、私の隣人たるこの他者と、この他者の他者との関係に対しても、無関心（無関与）ではありえないのである。繰り返せば、私は他者に対する全面的な責任の下にある。したがって、そうした他者同士を私は互いに比較することができない。いずれの他者も、それが私にとっての他者であるかぎり、比較することのできない者、比類のない者である。それにもかかわらず、この両者に対して何らかの態度を取らざるをえないとしたら、ここで私は「比較不可能なものの比較」をなさねばならないのである。「第三者の介入、それは比較しえないものの比較なのである」(AA, 201/287)。

では、この「比較」はどのようにしてなされるのか。比較がなされるためには、比較される両項（ないし諸項）は、いずれも同じ資格と権利をもった同等な存在者として、ひとつの均等な空間の内にある（存在する）のでなければならない。つまり、ここではもはや「存在するとは別の仕方で」は不可能なのである。他者に対する責任に服する私は、他者との「近さ」においていわばじかに他者と接しつつ、その他者と切り離されていた。この「近さ」は、あらゆる空間に先立つ他者との〈絶対的接触にして絶対的分離（ab-solu ＝ 切り離されて接すること）〉であり、〈他者という「高み」の下に服する私〉という、いわば偏差をもち、広がりを欠いた、垂直的で非対称な関係であった。この「近さ」においては、他者同士を比較することはできない。しかし、いまやこの比較しえない他者同士を比較せねばならないとすると、その他者たちが同等の資格をもった存在者として存在する・均等で歪みのない空間を設定しなければならない。そこでは、すべての者たちが〈人間〉[24]という同じ資格で存在するのである。

そしてこのとき、この私（「自己」）も、やはり他者の他者として、先の均等な公共空間の中に存在する一個の存在者となる。私を含めたすべての者が、〈人間〉という資格で同等の存在者として「共時化」されるのである。「隔時性（diachronie）」から「共時性（synchronie）」への移行である。こうした等質空間が設定されてはじめて、その中にある〈人間〉同士を比較し、「裁く」ことが可能となる。ここに到ってはじめて、「正しい者」と「間違った者」が存在しうることになるのである（cf., AA, 20/44, 165/236, 200/286sq.）。レヴィナスは、こうした公共空間を設定する能力として私たちの「理性」を捉え直す（AA, 20/45、210/300）。この「理性」の尺度が「正義（justice）」である。「意識」とは、この「理性」が開いた空間にその活動の場をもつもののことであり、この「意識」においてすべては存在者として現象する。したがって、「意識」、「理性」、「正義」は、それらに先立つ私の他者への責任に根ざしつつ、その責任から派生したものなのである。

この「派生性」を彼は次のように表現する。「正義は、自分自身よりも古きもの、正義が含意する平等よりも古きものである。それゆえ正義は、他者に対する私の責任において、私をその人質たらしめる者と私との不平等性において、正義を、つまりは自分自身を凌駕する」（AA, 201/287）。「正義は、〈近さ〉の内に〔すでに〕みずからを示している。つまり正義は、意味作用の生成から、他者のために身代わりになる一者としての意味作用から、生まれたのだ。〔…〕正義をもたらす者自身が〈近さ〉に捲き込まれているのでなければ、正義は不可能である」（AA, 202/289）。

レヴィナスは「理性」を、存在への執着を前提とした「利害」の調停の能力としてではなく――ホッブスにおいて理性はまさにこうした能力であった――、何よりもまず、他者とともに、そして第三者とともに（すなわち他者たちとともに）存在するための「正義」の能力として捉え直そうと試みている。これは「平和」を、「存在すること」に基づけるのではなく――この場合には平和とは「一時的な休戦状態」（カント）にすぎなかった――、「存在することへの執着からの解放（désintéressement）」すなわち「倫理」に基づけようとするのである[25]。彼は、他人との「契約」による平和共存という社会契約説の手前に遡り、契約に先立つ（「一度も契約されたことのない」）「責任」の次元を明らかにしようとする。この次元は、存在と意識に先立つ「無条件」的な「倫理」の次元であり（「倫理的なもの（l'éthique）」）、その尺度（絶対的基準）が「責任＝応答の能力（responsabilité）」なのである。そしてこの次元は、その内的必然性に基づいて、すべてが存在し・現前する存在者の次元へと転回する。この次元は、すべての〈人間〉が同等の資格で存在し・現象する公共的「空間」の開かれる次元、すなわち「政治的なるもの（le politique）」の次元である。この「空間」を開く能力が「理性」であり、その尺度が「正義」なのである。

ここからレヴィナスは、かつて次のような発言を同時にすることができた。「私は、私がこうむる迫害に対して責任を負っています(26)」。私（レヴィナス）は、ユダヤ人である私と同胞を迫害するナチスの親衛隊員に対しても責任を負っている、というのである。と同時に、「あなたの隣人がいまひとりの隣人を攻撃し、いまひとりの隣人に対して不正であったとすれば、あなたにできることは何でしょうか。〔…〕少なくともここにおいて、誰が正しく誰が間違っているのか、誰の手に正義があり誰が不正を犯しているのかを知るという問題が、提起されるのです(27)」。正義の名のもとに裁かれねばならない「間違った者」がいるのである。つまり、私が全面的に責任を負う他者が、同時に「間違った者」、「不正なる者」であることがありうるのであり、正義の名のもとに裁かれるこの他者に対して、なおかつ私は全面的に責任を負いつづけるのである。このように、「政治的なるもの」は「倫理的なるもの」と次元を異にしつつも、後者に基づけられ・派生したものでありつづける。

たしかにレヴィナスのこの声は、私たちの現実の状況を前にしたとき、あまりに非現実的であり、あまりに弱々しく響く。ときによっては、それは一種の「きれいごと」にすら聞こえる。この声は、それが「語られた」とき、すでにその「語ること」を裏切ってしまっているのだ。彼自身、特に前者の言葉は、「あまり語りたくない言葉だ」と留保を付しつつ、語るしかなかった。「語られたこと」に先立つ「語ること」は、かくも困難なのである(28)。「この応答の法外さは、存在の存在することにあらかじめ通じた私の耳に、つまり存在がその営みをなす仕方にあらかじめ通じた私自身の耳に、この応答が入るや否や、偽善によって緩和されてしまう。だが、この偽善はただちに告発される」（AA, 233/330）。これは、ひとつのユートピアニズムであり、ヒューマニズムである。つまり、存在の内に場所をもたず（非‐場所 u-topie）、現象することのない何事かについて語ることであり、それを「人間」の稀有の可能性（「人間性」）として語ることである。

しかし、レヴィナスの言う「人間（homme）」、「人間性（humanité）」という語には注意が必要である。彼にとって「人間」とは、存在することに先立って他者の下に服し、他者のためにある一者、他者のために身代わりとなるこの「私」のことである。すなわち倫理的「主体」、いかなる受動性よりも受動的な「主体」のことである（cf., AA, 9/28）。したがって、彼のヒューマニズムとは、この主体が他者に対して負っている責任に「人間」の新たな可能性を見ようとする「人間主義《ヒューマニズム》」なのである。

さてそうすると、他者は彼の言う意味での「人間」ではないのだろうか。レヴィナスが問題提起した勝義の他者が、通常の意味での〈人間〉、すなわち世界内の一存在者としての〈人間〉でないことは明らかである。他者とは、そうした〈人間〉の「顔」の「彼方」であり、それは『存在するとは別の仕方で…』では、「彼性（illéité）」とも呼ばれる（AA, 15/37sqq., 191/273, 201/288, etc.）。〈人間〉という一般者に包摂される個体は存在の秩序に属するものであり、主題化の対象であった。他者は、そうした〈人間〉ではない。しかしまた、レヴィナスがここで言う勝義の「人間」（「人間性」を担う「人間」）が、他者によって息を吹き込まれ、呼吸する「精神（esprit）」として受肉した主体「自己」のことであるとすれば、他者それ自身は、この意味での「人間」でもないことになろう。

ところが、レヴィナスが他者を、通常の意味での〈人間〉としての他者の「彼方」にしか見ていないこともまた確かなのである。もちろん彼は、他の〈人間〉によって「他者」を定義しているのではない。「他者」が存在者と化し、主題化されたとき、他の〈人間〉になるのだ。だがなぜ、他者は世界内の一存在者としての〈人間〉の「彼方」にしか顕現＝非現前[29]しないのだろうか。他者の他性は、〈人間〉とも「人間」とも別のものだとすれば（それが「人間」を「人間」たらしめているとしても）、なぜそれが〈人間〉の「彼方」でしかありえないのだろうか。ここでレヴィナスは、彼が試みようとしている新たな（そしてまたいかなる始源よりも「古い」）ヒューマニズムとは別の、旧来の「人間主義」――西欧哲学の始源とともに誕生した「人間主義」、あるいはユダヤ教の中にすでにある「神の似姿」としての「人間主義」――の影をひきずってはいないだろうか。

別の言い方をすれば、「人間」であるこの「私」が責任を負っているのは、「他者（他なるもの）」に対してであって、必ずしも他の〈人間〉の彼方なる他者に対してだけではないのではないか。私が、他の動物、他の植物、他の物…の内に「顔」という「彼方」への途なき途を認めることはありえないのだろうか。動物にせよ植物にせよ物体にせよ、それらはたしかに世界内の存在者である。しかし、それらの存在者の「彼方」に、私が他性を認めることはありえないであろうか。それらはいつでも「意識」の所有物であり、〈同〉の側にしかありえないのであろうか。〈人間〉という存在者の「彼方」あるいは「手前」にだけ他性が開けているというのは、本当だろうか。〈人間〉の顔の「彼方」が私を「主体」たらしめ、「人間」たらしめることに疑義を呈しているのではない。〈人間〉の顔の「彼方」を通り過ぎる「彼性」の痕跡なしには、私は「私」たりえないであろう。だが、そうだとしても、「人間」たるこの「私」は、私に「近さ」において接するあらゆる存在者に、それが他性の痕跡を残しているかぎりで――それに他性の痕跡を認めてしまったかぎりで――、責任を負ってしまっているのではなかろうか。そして、この「近き」にあるものが、〈人間〉として現われる他者だけでしかないと、言い切れるであろうか。

かつてサルトルは、ロカンタンの口を通して、マロニエの木のむき出しの根を前にしての「吐き気」を語った(30)。あれは果たして、あらゆる属性をはぎとられ、むき出しになった「存在そのもの」が、吐き気を催させたのだったろうか(31)。意識の奥底からこみ上げてくるこの吐き気は、すでにして意識の始源なき始源としての他性に媒介されており、単に「存在そのもの」に由来するものではなかったのではないか。みずからのもとにやすらう「存在そのもの」は、吐き気を催させるものですらなく、（逆説的にも）何ものでもないのではないか。かつてレヴィナスが行なったように存在そのものを「重荷」、「おぞましきもの」、「匿名のつぶやき」…として捉えることは、事柄の単純化以上のものではなかったのではないか。「他者」もまた「重荷」、「おぞましきもの」でありえないと誰が言えるだろうか。レヴィナスが、「存在の思考」に決定的に欠けていた「他者」問題の根本性を確立したことの意味は極めて重い。にもかかわらず、二千五百年の伝統を担う「存在」の重圧に抵抗するために彼が「存在」に与えた規定は、やはり過度に単純化されたものにすぎなかったのではないか。「他者」という「存在の彼方」は、たしかに「存在」ではない。またそれは、存在の否定としての「無」でもない。しかし、レヴィナス自身『存在するとは別の仕方で…』ではっきり認めるにいたったように、それはやはり「存在の彼方」としてしか顕現＝非現前しないものなのである。

いまや私たちは次のように言うべきではなかろうか。マロニエの木の根がロカンタンに催させた吐き気は、「存在」と「存在の彼方」との交錯する地点からこみ上げてきたものだったのである。このように言うことは、「存在の彼方」をふたたび「存在」へと回収してしまうことだろうか。私の「意識」は、「存在」と「存在の他なるもの」との接触する地点に芽生えたのであり、「意識」が開く空間（「現象野」）は、「存在」と「存在の他なるもの」という決して重なり合うことのない二つの次元が〈分離において接すること（ab-solu＝絶-対）〉によって開かれたというのが本書の主張である。そしてレヴィナス自身も、次のように語っていたのではなかったか。「主体性は、〈存在すること〉と〈存在することの他なるもの〉とが結び合わされる地点であると同時に、互いに他方から解き放たれる地点でもある」（AA, 11-12/32）。この二つの次元は互いに還元不可能であり（無理やり一方に還元してしまえば、意識という拡がりをもった空間は消滅してしまう）、かつそれ自体では決して現象しないものである。このように言うことは、「存在」と「存在の他なるもの」との等根源性と相互への還元不可能性を主張することであり、この二つの次元の接触が開く空間が私たちの「現実」なのである。

この空間は「存在者」の空間であると言ってもよい。そして存在者は、存在でもなく、他者でもない。そうではなく、存在者は、いってみれば存在と他者の「関数」なのである。そうだとすれば、他者によって息を吹き込まれた私の「心」、すなわち「人間」の「精神《エスプリ》」は、みずからをみずからたらしめているこの他性が、必ずしも〈人間〉の「彼方」なる他者においてばかりでなく、私に出会われるあらゆる存在者の「彼方」にもはたらいていることに気づかないだろうか。「人間」とは、みずからをみずからたらしめているすべての「他なるもの」に対して（それに対してすでに責任を負ってしまっているという仕方で）責任を負いうる稀有の可能性のことではないであろうか。レヴィナスが語ろうとする「人間」というこの稀有の可能性は、他の〈人間〉に対する責任ばかりでなく、それが他者の痕跡を有するかぎりで、私に顕現＝非現前するすべての存在者に対する責任――もちろんそれは、原理的に〈果たされるということのありえない責任〉ではあるのだが――にまで、行き着くのではなかろうか。

4　語ること――あるいは「哲学」

すでに何度も触れたように、「存在の他なるもの」としての他者（「存在するとは別の仕方で」）を語り出そうとする「語ること」は、それが語られたとたんに存在に転落し（あるいは上昇し）、「別の仕方で存在するもの」と化す。存在の「他なるもの」を語る言説は、明白な自己矛盾に陥らざるをえないのである。それにもかかわらず、存在論の支配に異議を唱えるこうした言説は、西欧哲学の歴史の中で繰り返し蘇生してきた。すなわち懐疑論（scepticisme）である。

懐疑論は、他者という〈存在とは異なるもの〉を語ることの不可能性を、大胆にも肯定する。しかし、まさにそう語ることによって、懐疑論はみずからの主張との間に明白な矛盾をきたしてしまう。語ることの不可能性をよりにもよって語ってしまうとは――語りえないと語る、とは――、何たる自家撞着であろうか。論理的思考は、このようにして懐疑論に「反駁不能な」反論を突きつける。懐疑論論駁である。しかし、この反駁不能な論駁にもかかわらず、懐疑論は哲学の歴史の中で繰り返し蘇生してきた。「懐疑論は、哲学の嫡子としてつねに蘇生する」（AA, 9/27）。それはなぜか。

論理学は、懐疑論の中に共時的矛盾を聴き取る。論理的思考は、すべてを「語られたこと」の次元で共時化して捉えるからである。しかし懐疑論の孕むこの矛盾は、実は、共時的なそれではなく、隔時的なそれなのである。「語ること」と「語られたこと」との間には、乗り越え不能な隔時性が横たわっている。ここに懐疑論の秘密が隠されている。言表され、語られると同時に共時化され、明白な矛盾に陥るにもかかわらず、この矛盾の中には、共時化しえないもの、「語ること」と「語られたこと」との隔時性の、かすかな残響が響いているのである。

懐疑論は、自己矛盾を冒すことによって何事かを語る。しかしそれは、懐疑論が自家撞着に陥るまさにそのときに、わずかに聴き取られうるものにすぎない。「語ること」は、それが「語られたこと」の中で凝固したとき、もはや何事も語らない。したがって「語ること」は、みずからの「語ること」によって言表され存在へともたらされた「語られたこと」を、絶えず「取り消し（dédire）」、前言撤回しなければならない。そしてふたたび別の仕方で、「語り直さ（redire）」ねばならないのである。語っては自己矛盾に陥り、前言を撤回し、ふたたび語り直し、またまた自己矛盾に陥る。この過程には終わりがない。この過程が停止したとき、語られた「存在の他なるもの」は単なる「無」意味と化し、存在の勝利のもとにすべては沈黙する。

だが、哲学は、つねにこのようにして「語り」続けてきたのではなかったか。レヴィナスはこのようにして、みずからも「語ろう」とする。しかし、「語ること」の孕む矛盾を明確に意識したこの「語ること」は、かつての懐疑論のように無邪気に自己矛盾を冒すことはできない。かつての懐疑論と同じことを語ることは、それこそ「無」意味である。なぜなら、それらは論理的思考によって、すでに反駁不能な仕方で論駁されているからである。かつての懐疑論とは「別の仕方で」語らねばならない。それにもかかわらず、やはりこの「語ること」は自己矛盾に陥る。ここから、レヴィナスの「語ること」すなわち彼の言説は、異様な様相を呈してくる。極端な誇張表現、述語動詞の省略あるいは不在、少しずつ語義をずらして延々と続く同格表現、つまりたえざる「言い直し」…。彼自身から私たちに向けられた「語ること」、彼から私たちへの「応答」、彼の私たちに対する「責任」、その重さの中で絞り出された声のはるかな残響がそのまま凝固してしまったかのような、切れ切れの文章、レヴィナス自身「息切れ」(AA, x/14) と呼び、それに耳を傾ける私たちの思考を窒息させ、この息苦しさの中から私たち自身の「応答」への命令と、私たちの「責任」の糾弾が鳴り響いてくるような、苛酷な文体。「砂嵐のような書物」(32)。

こうしたレヴィナスの言説は、それが「理論」として（哲学あるいは倫理学の中のひとつの「理説」として）正当であるか否かを問いうる次元には、もはやない。いや正確には、い、ま、だ、ない、と言うべきであろうか。彼の「語ること」は、理論を「超えてしまっている」のではなく、理論「以前」の部分（「隔時性」、「アナクロニスム（逆時間性）」）に関わるものだからである。したがってそれは、いわゆる「宗教」の語りでもない(33)。少なくとも、「宗教」なるものが、「神」の名のもとに何事かを語っていると自負するものであるかぎりで——すなわち「語られたもの」に自足しているかぎりで（それをレヴィナスは「神学」と呼ぶ(34)）——、彼の語りは「宗教」ですらない。

だが、レヴィナスの語る、他者に対する無限の責任に果たして私は耐えうるであろうか。このあまりに重く厳しい責任のもとで、私は圧し潰されてしまうのではなかろうか。この責任のあまりの重さは、その重さのゆえにかえって、あらゆる責任を無意味なものにしてしまうのではないか。こう、自問したくなる。しかし、すでに見てきたとおり、他者に対する無限の責任は、私がそれに耐えうるか否かを問題にする以前に、すでに私に課せられてしまっているのであり、私が「私」であるのはこの責任の下において以外にはありえないのであった。この責任に圧し潰されること、それがすなわち「私」なのだ、と言っても過言ではないのである。「私という受動性が、私の容量を凌駕する重みに圧しひしがれて、堰を切って〈語り〉始める」(AA, 187/267)。

先にも触れたとおり、このレヴィナスの「語り《ディスクール》」は、それが理論として正当であるか否かと問う次元にはない。それに反論することは、あまりに容易であり、かつ不可能である。「語られたこと」すなわち「理論」のレヴェルでそれに相対するとき、それはもはやそこにはないし、いまだ到来していないからである。私たちにできることは、この「語り」の中にかすかに響いている（かもしれない）レヴィナスという名の「他者」の声に、ひたすら聴き入ることだけなのであろう。それは「みずからの谺の中でのみ聴取しうる声」(AA, 134/197)であり、そこには遥かな他者の声がこだましているかもしれないのである。それも、私たちのごく身近にいる他者たちの「顔」の彼方なる他者の。

レヴィナスはこの「語り」を、あくまで「哲学」として語ろうとしている。しかし「哲学」もまた「理論」ではないのか。たしかにそうでありうる。しかし哲学は、一個の理論である前に、私たちのこの現実そのものを何とか「理解」しようとする試みであったはずである。果たしてそれが「理解」しうるものであるかどうかの何の保証もないままに、すでに哲学はそれに捉えられ、それへと向かってしまっているのである。もし哲学がそうしたものであるとすれば、それははじめから挫折を約束された不可能な試みであると言ってよい。なぜなら、哲学を捉え、私たちの思考をそれへと向き直らせるこの現実の動向そのものは、哲学と私たちの思考にそもそも先立ってしまっており、それを出し抜いてしまっているからである。まさしく哲学は、「遅れて」やってくるのであり、それが追いつこうとするものにはじめから凌駕されてしまっているのである。

　ここにははじめから、いかんともしがたい次元の落差があると言ってもよい。この意味で、哲学として語ろうとするレヴィナスの「語り」も挫折を免れえない。しかし、この挫折において何事かが語られなかったであろうか。この可能性に賭けること、それが「哲学」ではなかろうか。「〈語ること〉の自己背信を代償として、すべては顕現する (se monstre)。語りえないものさえもが、顕現する。だからこそ、語りえないものの秘密を漏らすことも可能となるのだが、この〈語りえないものの秘密を漏洩すること〉、おそらくはそれが哲学の使命にほかならないのだ」[35] (AA, 8/26)。だが、反問は避けられない。語られたとたんにみずからを裏切ってしまうあの次元——私たちの現実の根幹をなすとレヴィナスが考える「他なるもの」の次元——について語ることは、結局のところまったく無意味な営みに帰してしまうのではないか。「語ること」は失敗せざるをえないのだから。この問いに答えることはできない。然りと答えても、否と答えても、あの次元とはすれ違ってしまうからだ。

　ということは、この「語り」はきわめて危険な「語り」でもある。このことを看過することはできない。その「語り」が何事かをまがりなりにも語っていたのか、それともまったくの空虚な言説であったのかを判定することはできないからである。そして、理性による判定を免れたこの言説が、すなわち他者に対する全面的責任と服従を語るこの言説が強弁され、私たちに課されたとき、そこからの出口は容易には見出せないからである。倫理的語りが強弁され、教説《ドグマ》と化したときの「出口なし」の状況を、私たちは幾度も歴史の中で経験してきたのではなかったか。私たちの現実は、この種の「語り」で満ち溢れているのではないか。

　レヴィナスの言説もまた、語られることによって明白な自己矛盾と無意味に曝されることによってしか、この危険を回避することはできない。いや現に、彼の言説は自己矛盾であり、無意味である。「存在の彼方」すなわち「倫理」を語ることは、それが語られることによって凝結し、変質し、もはやそこにはないのであるから、それは何度でも「語り直され」ねばならない。「語られたこと」は「取り消され」、いつでも、何度でも、「語り直され」ねばならないのである。「この物語《レシ》それ自体には、終わりも連続性もない」(AA, 215/307)。「この、果てなき批判ないし懐疑論の螺旋運動が、哲学の大胆さを可能ならしめる」(AA, 57/93) と言うべきなのである。

ここで話をレヴィナスにかぎれば、『存在するとは別の仕方で…』(一九七四年) は、直接には『全体性と無限』(一九六一年) で彼が語ったことの「前言撤回」であり、「語り直し」である。両著で語られる基本的な語彙の大幅な変更が、このことをはっきりと示している。彼の死 (一九九五年) にいたるまで、さらにこの語り直しは続く。『観念に到来する神について』(一九八二年) では、大胆にもついに「神」がこの「語ること」の中核に踊り出で、そしてみずからを裏切る。そして、この「語り」に耳を傾ける私たちは、もしそこに何事かが語られるのを聴き取ったのだとしたら――それをいったい誰が確証することができよう――、私たち自身の言葉で、新たにそして別の仕方で、「語り直さ」ねばならないはずである。

『存在するとは別の仕方で…』は、長い西欧哲学の歴史の中でも、きわめて重要な書物のひとつになると私は見ている。ハイデガーを批判しつつも、なおその『存在と時間』を、ヘーゲルの『精神現象学』以後もっとも重要な書物と評したレヴィナス(36)に倣って言えば、『存在するとは別の仕方で…』はハイデガーの『存在と時間』以後もっとも重要な書物となるであろう (これは『存在するとは別の仕方で…』が、『存在と時間』がもつ危険性をも、『存在と時間』とはまったく違った仕方でではあれ、あわせもつことでもある)。重大な書物に「なるであろう」と述べたのは、『存在するとは別の仕方で…』の語りを聴く一人ひとりの「私」が、そこに何事かを聴き取り、それぞれの言葉で「語り直す」ことによってしか、この書物と、そしてレヴィナスの語りの重大さは、証しされないからである――だがそれは、そもそも「証し」されうることなのか――。そして言うまでもなく、同じことが『精神現象学』にも『存在と時間』にも、そして他のあらゆる「重大な書物」にも、あてはまるのである。私が「私」であることの可能性に思い到ったすべての私にとって（すべての人が「私」であるかもしれないのだが――これは驚くべきことなのだ）、およそ誰かが・何者かが「語ること」に、そして固有名をもつひとりの〈人間〉の「彼方」なる「他者」に、無関心＝無関係でいることはもはやできないのである。

終章　動き・場所・他なるもの——ふたたび「時間」によせて

フッサールの超越論的現象学の企てを徹底的に、かつ厳密に展開することを通じて、そこにいかなる問題領野が開けてくるのかを見届けようとする本書の歩みは、以上をもって一応の終結に達した。はたして当初の目論見通りにその全道程を首尾よく歩みおおせたかどうかは、はなはだ心許ないと言わざるをえない。いずれにしても、私としては、以上の歩みを踏み台として、みずからの思考のさらなる展開の途を探るほかはない。ここ終章で試みるのは、フッサール、ハイデガー、メルロ゠ポンティ、レヴィナス、デリダといった人たちの思考を手がかりに歩んできた以上の全道程を、あらためて私自身の思考の言葉で捉え直し・語り直すことを通して、新たな出発に備えることである。それをここでは、本書がそれを以って始まった「時間」への問いを反復する仕方で、行なってみたい。いささか長きにわたった本書の歩みの全体を振り返り、その基本的なスタンスと見通しを再確認する作業でもある。

1　問い

まずは問いについて、あるいは問うということそのことについて、いま一度考えておこう。何かある事象について考えようとするとき、「問い」そのものに十分注意を払う必要があるからである。問いは事象へと私たちを導くアプローチにほかならず、もしこのアプローチが、問われている事象にふさわしくない仕方で立てられてしまえば、思考は事象に決してとどくことなく、むなしく空を切るに終わってしまうだろう。ひとたび問いが適切な仕方で立てられたなら、もう答えは半分以上出たも同然だと言われるのも、この間の事情を勘案すれば納得がいこう。

もうひとつ重要なことがある。いま述べたことが〈いかに問うか〉にかかわる点であったとするならば、もうひとつ考えておかなければならないのは、そもそもいったい〈何を問うのか〉ということである。問いは、出来上がったかたちで私たちの前に転がっているわけではない。そもそも何が問うに値する問題であるのか、いったい何が問われねばならないのか、何が問うてみてもよい問題であるのかは、決して自明ではない。極端なことを言えば、そもそも何も問うべき問題などないのだと言いきる境地があっても、おかしくはないのである。哲学の歴史を振り返ってみれば、哲学とは新たな問いの歴史であったと言ってもよいことに気づかされる。

紀元前六世紀頃、哲学が古代ギリシアの地で開始されたとき、哲学は「万物＝世界の根源＝原理《アルケー》は何か」という問いを掲げて出発したとされる。ということは、それ以前にこの問いがこのようなかたちで問われたことはなかったのである。問われることがなかったのは、それを問うことができなかったからなのか、あるいは問うまでもなかったからなのか、おそらく、そのいずれでもあったのだろう。かりに哲学以前の思考を神話的思考と考えるとすれば、その神話的思考にとっては、この問いの答えとは「神」にほかならず、それはあらためて問うまでもなく誰の眼にも明らかなことであったに違いない。しかしそれは同時に、「神」がこの思考にとって、それに基づいてはじめてあらゆることが思考可能となる土台をなしていたことをも示しており、そのかぎりでもはやそれについて問うことはできなかったとも、言いうるはずである。思考のこの土台そのものを問うことは、当の思考自身の大幅なシフト（配置替え）を——すなわち何らかの仕方での神話的思考からの脱却を——要請せずにはおかないからである。

もうひとつだけ、哲学史から例を引こう。古代ギリシア自然哲学につづいて哲学に新たな時代を画したソクラテスを導いていた問いは、先の問いとはまったく異なる問い、すなわち「よさとは何か」という問いであった。先の「〈万物＝世界〉の〈根源＝原理〉は何か」という問いに対して、すでにレウキッポスやデモクリトスらが「それは原子《アトム》である」というきわめて説明能力の高い解答を出していたにもかかわらず、ソクラテスにとってこの解答は決して満足のゆくものではなかった。それは、必ずしもこの解答が誤っていると考えたからではなく、かりにそれが正しいとしてもなお、十分な答えではなかったのである。とすれば、それは答えの責任ではなく、問いそのものが、哲学が考えるべき問題に対して適切に立てられていないからにほかならない。かくしてソクラテスは、哲学が問うべき問いとして、まったく新たな問いを呈示するにいたる。すなわち「よさとは何か」。そしてこの新たな問いとともに、哲学は新しい時代（エポック）へと移行したのである。

さて、本書の出発点をなした問いは「時間」であった。しかしいきなり「時間とは何か」という問いを掲げたとしても、おそらくそれはまだ何も問うたことにはなるまい。第一に、なぜことさらに「時間」が問われねばならないのかが明らかではない。「時間とは何か」は古来、哲学上の難問のひとつとされている。周知のようにアリストテレスもアウグスティヌスもライプニッツもカントもベルクソンも…この問題に挑んでいるが、誰をも納得させる十分な解答が得られたとは思われない。だが、だからと言って、未解決のこの問題をそのまま引き継げばよいというほど事情は単純ではない。それは下手をすれば、いたずらに問題を混乱させるだけに終わってしまうかもしれないのだ。たしかに私は、この問題がいまあらためて問い直されてよいと考えている。そしてそれは、なるほど先に名前を挙げた哲学者たちの解答が、少なくとも私にとっては不十分に思われるからである。しかしそれは必ずしも彼らの解答が誤っているから、ではない。彼らの答えは、私の眼には、いずれも「時間」ということで名指されている事象のある側面を捉えているように見える。だが、それらはいずれも、「時間」の名のもとに問われるべき／問うに値する事象そのものには達していないように思われるのである。そして、「時間」ということで何があらためて考えてみてもよい問題であるかは、こうした多くの哲学者たちの思考の歩みを通して——本書においてはとりわけフッサール以後の何人かの哲学者たちの思考の歩みを通して——、いまようやく明らかになりつつあるように思われるのである。

ところが（第二に）、「時間とは何か」というこの問いは、「時間」ということでいったい何が考えられるべき事柄であるのかを見えなくさせてしまうものとしても機能してしまっているように見える。というのも、この問いはともすれば次のような仕方で機能してしまうからである。すなわちこの問いは、「時間」なるものが世界の中にひとつの独立した事象としてすでに存立していることを暗に前提し、その上で問いをあらかじめその「時間」と呼ばれる特定の事象に限定してしまうのである。そのような特定の事象など存在しないかもしれないのに。「時間」とは、もしかしたら世界の内にそれ自体で独立に存立する事象ではなく、何かほかの出来事の一部分をなしており、そうした出来事との関連なしには決して見えてこないものであるかもしれないのである。「時間」を、世界の内に生じている他の事象との密接な関連のもとに置き直す必要があるかもしれないのである。「時間」

とは、すでに高度に抽象化された思考の産物であるかもしれず、もしそうだとすれば「時間とは何か」というこの問いは、事象そのものへの通路を失っていたずらに思考の中を空回りしつづけるだけに終わってしまうことになろう。「時間」ということで考えてみるに値する何かとは、通常漠然と「時間」と考えられているものとは別の何か、あるいはそのような「時間」をもその内に含みこんだ何か別の事態である可能性を、ここで私は追求してみたかったのである。

何を問うべきかについての一定の目安が立てられたいま、最後に（第三に）問題にすべきは、それをいかに問うかである。すでに見たように、「時間とは何か」という仕方で問うことが、その問いによって問われるべき何ごとかを隠蔽してしまうおそれがあるのであれば、事象へのアプローチは別様の仕方で探られねばならない。それは、通常「時間」ということで漠然と考えられているものへと問いを限定してゆくのとは逆の方向へと問いを反転させること、問いを「時間」をも含む多様な世界の現象へと解放することを措いてほかにはない。「時間」という、考えてみれば相当に抽象的なこの概念を、それがそこから抽象されてきたはずの多様な世界の事象の中へといったん解体し、そうした多様な事象のもとに置き直すのである。一見逆説的に響くかもしれないが、「時間」について考えるためには、いったん「時間とは何か」というこの問いを破壊して、私たちに世界の多様な事象が現われてくるがままに任せ、委ねる必要があるのである[1]。

まとめよう。いま、あらためて「時間」の名のもとに考えてみてもよい問題がある。しかしそれは、「時間とは何か」という問いを前面に押し出すことによってではなく、むしろこの問いの中核にある「時間」という概念を、それが生まれてきたはずの多様な世界の現象のもとへと解体し、その多様な現象において何が見て取られうるかを問うことの中で、はじめて姿を現わしてくるのではないか。それこそが現象学的還元であり、この還元のもとで姿をあらわしてくる世界の相貌の分析――フッサールの言う「世界の構成分析」――にほかならないはずである。

2　動きと場所

世界はどのような相貌のもとに、私たちに対して姿を現わしているであろうか。世界のもっとも基本的な在り方とは、いかなるものであろうか。――それは、さまざまなところでさまざまな出来事が生じては消え去ってゆく、という仕方ではないであろうか。世界はいつもそのような仕方で私たちに対して姿を現わしている、と言ってよいのではなかろうか。あるいは、世界とはさまざまなところでさまざまな出来事が生じては消えてゆくことそのことなのだ、と言ってもよいのではないか。ここでヴィトゲンシュタインの次のテーゼを思い起こしてもよい。「1、世界とは、実際に生ずること（der Fall）のすべてである。2、実際に生ずること、すなわち事実とは、さまざまな事態（出来事 Sachverhalt）の存立である[2]」。

こうしたことのすべては、さしあたって私たちの誰かに対して姿を現わしている。部屋の中に冬の午後の淡い光が斜めに差し込み、遠方から微かに列車の走り去る音が聞こえてくるのは、仕事部屋の中で机に向かっているこの私に対してである。「時間」について、「存在」について、あるいは「他者」について、あれこれ考えをめぐらせながら本書を読んでくださっているのはあなたである。時ならぬ大地震に、私たちの日常が――これだけ科学技術が発達した現代においても――いかに脆いものであるかを身を以って体験させられたのは、阪神・淡路の人々である。制裁と称する米軍のミサイル攻撃にさらされて不安と恐怖の一夜を過ごしたのは、バグダットのイラク人たちである。宇宙船の中で無重力を体験し、暗闇に浮かぶ青く輝く天体を見つめたのは、毛利さんや向井さんら宇宙飛行士たちである。銀河系の彼方にあるブラック・ホールに吸い込まれてゆく星屑が観測されるのは、電波望遠鏡のデータを解析する天文学者に対してである。いま、この地球上のどこかで、あるいは広大な宇宙の彼方で、さらにはあまりに身近で微細な素粒子のレヴェルで、私たちの誰一人としてそれに立ち会うことなく生じては消え去ってゆく無数の出来事があると考えているのも、その私たちである。そして、こうしたさまざまな「私たち」もまた、世界において生じては消え去ってゆくさまざまな出来事を体験する者として、その出来事とともに世界の内にある。「私たち」もまた、世界において生じては消え去ってゆくさまざまな出来事の一部、あるいは出来事そのものなのである。このような仕方で世界は現に・いま・ここで姿を現わしている。世界があるのは、そして世界の中のさまざまな事物が存在し、さまざまな人間たち（私たち）が存在するのは、このような仕方においてである。

〈さまざまなところで、さまざまな出来事が、さまざまな者たちに対して、生じては消え去ってゆく〉という世界のもっとも基本的な在り方を貫いているものは、何であろうか。――それは、世界を貫くひとつの「動き」とでも言うべきものではないであろうか。ここで「動き」という言葉で表現したいのは、いわゆる「運動」のことではない。かりに「運動」を近代物理学の祖ガリレオにならって「物体の位置の変化」のことだと考えるとすれば、それは世界の内に――世界において――生ずるさまざまな出来事の内のひとつであるにすぎない。世界の多様な出来事の内には〈果物が腐る〉〈のどが渇く〉〈空が青い〉といった、さしあたり「物体の位置の変化」とは直接関係のない出来事がたくさんある。いわゆる「運動」をも含む世界のそうした多様な出来事が生じては消え去ってゆくというそのことの内に含まれているある動性のごときものを、かりに「動き」と呼んでみたいのである。少なくとも、私たちがいま・現に・ここで経験している世界のもっとも基本的な在り方が「出来事」と不可分であり、世界は多様な出来事で満ち満ちているのであれば、その出来事とは〈何かが生じ、消え去る〉ということにほかなるまい。その〈生じ、消え去ること〉そのことを「動き」と呼びたいのである。〈世界がある〉とは、この意味での「動き」においてあること以外の何ものでもないのではなかろうか。

世界とは出来事であり、出来事とは〈何かが生じ、消え去る〉ことであるとすれば、この〈何かが生じ、消え去る〉ことの内に孕まれている「動き」とは、どのような事態であろうか。この点をさらに立ち入って考えてみよう。出来事は「生ずる」。「生ずる」とは、それまで存在しなかった何ごとかが姿を現わすことである。これは、いってみれば「無（非存在）」から「有（存在）」が生ずることであるのだから、この「変化」に孕まれている「動き」は誰の眼にもつきやすい。しかし、何かが生ずる際のその「何か」が何であるかは、その出来事が誰に対して生じているのか、いかなる存在者に対して生じているのかによって、おおいに異なる。たとえば、大地震が人間にとっては紛れもなく一個の出来事――私たちの日常からは際立つ一個の出来事（一大事）――であるとしても、人間の体内に住む多くの微生物にとっては、それは普段人間が走ったり自転車に乗ったりしているのと大差あるまい。それらの間に区別はないのである。つまり、大地震という出来事は彼らにとって存在しないのである。

人間どうしの間でも、何が出来事であるかは、それが誰に対してのものであるかによって異なる。或る彼にとってはいつもと同じ退屈な大学の講義にすぎないものが、別の彼にとっては彼女との最初の出会いの時という大きな出来事《ビッグ・イヴェント》でありもする。そしてこのことは、その出来事がいつ「消え去る」か、すなわち「終わる」かについても同様である。その出来事の何であるかが、それが誰に対してであるかによって異なるのであれば、それがいつ始まっていつ終わるかも、その「誰」によって異なってこよう。しかも、その「誰」の成立も（そしてその消滅も）、この世界におけるひとつの出来事なのである。いずれの場合においても、多種多様な出来事が、自然界と人間界を貫いて、世界の中で、世界において、絶えず生じては消え去ってゆく。このたえざる流動を「動き」と呼んだのである。

ところで出来事とは、それが生じた時にはもうすでにいつも進行中であり、そしてそれが消え去るとは、それが終了したこと、完了したことを意味する(3)。そして、世界のもっとも基本的な在り方の中核にこの「出来事」があるのだとすれば、世界が姿を現わす基本的な様態はこの「進行中」と「完了」の二様態であることになる。そこで今度は、この二様態をそれぞれ分析してみることにしよう(4)。

a　進行中

或る出来事が「進行中」であるとは、その出来事が絶えず生じつづけていることである。〈私はいま読書中である〉とは、読書をするという私の行為――これも私に生じたひとつの出来事、ないし私を構成するひとつの出来事とみなすことができる――が絶えず生じつづけていることにほかならないであろう。私たちの認識は、このような「動き」を孕んだ出来事をも何らかの一定の「状態」に帰着させてしまい、〈読書中〉というのは或る一定で不同の「状態」の「継続」（読書をしているという状態の継続）であるかのような外見が生ずる。しかし、よくよくこの一定の状態の継続とされたものの中身を眺めてみれば、そこには絶えず〈読書をする〉という行為が産み出されつづけていることが明らかになるだろう。そうでなければ、たちどころにその進行中の出来事は終了し・失われてしまうに違いないからである。デカルトのいわゆる「連続創造説」とは、この間の事情の的確な解明にほかならない(5)。

　ところが私たちの認識は、いつでもこの「動き」を、動きのない一定の「状態」に還元してしまう。あるいは「動き」すらをも、「動き」という一定の状態に還元してしまうのである。認識というものは、世界の中に絶えず孕まれているこの「動き」を捉えるのに不向きであるらしいのである。あるいは、この「動き」を動きのないもの――一定の状態――に変換してはじめて、私たちの認識というものはようやく成り立つと言ってもよいのかもしれない。認識なるものの本性がこのようなものであるとすれば、そのことの示唆する問題は決して小さくないと思われるが、ここではこの点にこれ以上立ち入らないことにする。ここで確認しておきたいのは、「進行中」という出来事の様態は、（認識がともすれば私たちにそう思いこませるような）一定の「状態」ないし「状態」の「継続」のことではなく、〈たえず出来事が生じていること〉にほかならないという点である。

では、この〈たえず出来事が生じている〉とはどのような事態のことなのか。或るひとつの出来事が進行中であるとき、その出来事とは、のっぺらぼうな一定の「状態」のことではなく、その中で絶えず新たな出来事が生じては次の新たなる出来事が生じてくるという事態であった。〈読書中である〉という進行中の出来事は、絶えず新たに〈読書をする〉という行為（出来事）が更新されてゆくことにほかならないのである。認識の眼には、それは同じこと（一定の状態）に見えるとしても、その一見「同じこと」が保持されるためにすら、絶えず新たな出来事が生ずるのでなければならない。先にも見たように、この「動き」が失われれば、たちどころにその出来事は消滅してしまうに違いないからである。この新たな出来事の生成は、その内に、〈みずから自身を破棄し・絶えず新たな生成へと赴く〉という自己差異化の動きを孕んでいる。出来事の絶えざる更新としての「進行中」とは、絶えずみずからをみずからの外へと押し出し、同時にそのような仕方で、外へと押し出されたものならびに押し出す動き自身を破棄し、新たにみずからを押し出す動きへと赴く、という構造を内包している。「進行中」という出来事の様態に絶えず孕まれているこの「新たに」という動性を、「差異化」と名付けよう。ひとつの出来事は、それ自身の内に、絶えずみずからを「新たに」産み出すという「差異化」の動きを内包しているのである。[6]

この「差異化」を、いま〈みずからを外へと押し出し、同時にそのような仕方で、外へと押し出されたものならびに押し出す動き自身を破棄し、新たにみずからを外へと押し出す動きへと赴く〉と表現した。ここで、いまかりに〈みずからを外へと押し出す〉と表現した事態に注目してみよう。ここでいう「みずから」とは、差異化の出来事それ自身のことである。差異化の動きそれ自身は、それが何らかの出来事として発現することによってしか、姿を現わすことはない。換言すれば、それは出来事が出来事として生ずることの中で見て取られうるにすぎない。だが、私たちの認識は、たいていは出来事として生じた「何か」の方に気を取られてしまうので、出来事そのものがもっているこの動性はそれと気づかれないままである。しかし、この差異化の「動き」なしには出来事が出来事として生ずることすらありえないことは、いまや明らかであろう。ただし、ここで注意しなければならないことがある。それは、差異化の動きそのものが出来事とは別に、どこかに生じているわけではまったくないということである。差異化の動きとは、あくまで出来事が出来事として生ずることそのことなのであるから、それは「何か」が生ずること以外のどこにも場をもたないのである。

では、差異化の動きがみずからを〈外へと押し出す〉というときの〈外へ〉とは、いったいどこへなのだろうか。いったいこの差異化の動きのほかに、その動きが向かうべき場所が世界の中のどこかにあるのだろうか。そもそも世界とは、この出来事のことにほかならないのではなかったか。そうであるとすれば、この出来事とは別に、この出来事が向かうべき場所が世界の中にはじめから存在しているということはありえない。そうではなくて、この差異化の動き自身が、出来事が出来事として存立するみずからの「場所」をも開くのである。〈外へ〉とは、出来事が出来事として存立するみずからの「場所」へ向かって、ということ以外ではありえない。差異化の動きは、出来事が出来事として世界の中に、世界において、存立する「場所」を、出来事とともに、いわば〈押し開く〉のである。知覚世界を例にとろう。庭に水仙が咲いている。ここに机がある。あるいは、〈水仙が咲く〉も〈机がある〉も、それぞれひとつの出来事である。しかも、いずれも「進行中」の出来事である。それらが「進行中」の出来事であるからには、そこでは絶えず〈水仙が咲く〉〈机がある〉という出来事が、差異化の動きの中で更新されていかなければならない。これはどのような事態であろうか。それは、水仙の花が水仙の花として、机が机として、みずからの存立する「場所」を絶えず〈押し開き〉つつ、みずからが存立している、という事態である。出来事は、みずからをその存立する「場所」という或る「拡がり」の中へと展開するのである。

この動きは、私たちの知覚世界に存立する出来事の場合、絶えず自己自身を時空化するはたらきとなって現われる。「時空化」と言ったのは、出来事が次のような四つの方向（次元）に向かってみずからの存立する「場所」を〈押し開く〉動きのことである。すなわち知覚的出来事は、(1)たえず(2)上と下へ(3)右と左へ(4)手前と向こう側へ向かって、みずからを〈押し開く〉。これは、私たちの日常の言い方で言えば、(1)現在から現在への移行としての「時間」の次元（たえず）と、(2)縦(3)横(4)奥行きの「空間」の三次元とに相当する。知覚世界に存立する進行中の出来事の自己差異化の動きを、既成の概念枠にしたがって記述すれば[7]、それは出来事が絶えずみずからを時間化・空間化する動きとなって現われるのである。ここで重要なことは、出来事を出来事として存立させる「動き」、すなわち出来事自身の自己差異化の絶えざる更新は、出来事が、あるいは出来事の自己差異化が（両者は同じものであるが）、〈みずからを押し開く拡がり〉として捉えられるということであり、それが出来事が生ずるという事態のもっとも基本的な姿であるということである。この〈みずからを押し開く拡がり〉が出来事の存立する「場所」を開き、そこにみずからを樹ち立てるのである。そして、こうした「動き」が私たちの知覚世界にあってひとつの出来事として実現されるに際して、先に述べたような四つの次元がこの「拡がり」を構成する契機として分節化されることになるのである[8]。

この観点から言えることは、通常言われる「空間」の三次元と「時間」の一次元とは、決して互いに独立した座標系ではなく、互いに共属しあって「拡がり」というひとつの事態を私たちの知覚世界において実現しているということ、この意味でそれらは「時間」と「空間」ではなく「時空」と呼ばれるべきものであるということである。[9] 四つの次元は互いにまったく等しい資格で、「拡がり」のこの知覚世界における実現に参与しているのである。さらに付け加えるならば、このことは、出来事の根本をなすこの「拡がり」が私たちの知覚世界においてはたまたまこの四つの次元をもっているということであって、より多くの次元あるいはより少ない次元で（ないしは次元の分節化が不明瞭な仕方で）この「拡がり」が実現される可能性を排除しない、という点があげられよう（この点については次節でふたたび触れる）。

以上の分析は、出来事における「進行中」という様態の分析である。「進行中」とは、出来事が絶えずみずからを差異化しつつ更新してゆく「動き」に基づいており、この「動き」において出来事は、みずからとみずからの存立する「場所」とを押し開く「拡がり」としてみずからを実現する。そして、この動性においてこそ出来事は出来事として姿を現わす、すなわち出来事が出来事として現前することになるのであるから、「現在（する）」ということのもっとも基本的な意味はこの場面に根差しているということになろう。[10] 出来事が「進行中」であるということが、「現在（する）」ということのもっとも基本的・根本的な意味なのである。この場面で言われる「現在（する）」ということが、単に通常の意味での時間的な規定ではなく、通常の意味での時間規定と空間規定の両方をともに含んでいることを見逃してはならない。「現在（する）」とは、或る出来事が〈現に・いま・ここ（そこ）にある〉ということ、〈現に・いま・ここ（そこ）で〉「進行中」であることにほかならないのである。この〈現に・いま・ここ（そこ）で〉を押し開く「動き」が、出来事の根本をなしているのである。[11]

b　完了

つづいて、出来事のもうひとつの様態である「完了」の分析に移ろう。〈世界がある〉とは、さまざまな出来事が絶えず生じては消え去ってゆくことにほかならなかった。そして、ひとたび生じた出来事はいつか「終わる」、すなわち「完了する」。〈庭に水仙が咲いている〉という出来事も、〈机がある〉という出来事も、それが一個の出来事であるかぎりで、やがて「終わり」「完了する」。これはどのような事態であろうか。

〈水仙が咲いている〉〈机がある〉という出来事が「進行中」であるかぎり、そこでは絶えず出来事がみずからを差異化し・更新してゆくという動きが生じていた。この「動き」がその出来事の「何」に関して止んだとき、それがその出来事の「終了」すなわち「完了」なのではないか。進行中の出来事を支えていた自己差異化の動きとしての更新が、その出来事の「何」に関して失われたならば、そのときその出来事は終わるのである。すなわち、水仙の花が水仙の花として、机が机として存立することを止める。これは、たとえば〈花が散る〉ことであったり、〈机が壊れる〉ことであったりする。こうしたことが、（その「何」にとって）外からの力によってなされることもあろう。人が花を踏みにじったり、地震が机を破壊したり、というように。この場合には、〈水仙が咲いている〉〈机がある〉という出来事を生じさせていた自己差異化の動きは、外からの別の出来事の動き——人の歩行、地震——によって停止させられたことになる。しかし、必ずしもそうした外からの力によらなくても、出来事は終了する。花はいずれみずから差異化と自己更新の動きを止めて散ってゆくし、机も長い目で見れば（単に放置されているだけでも）壊れてゆく。こうして〈水仙が咲いている〉〈机がある〉という出来事はその存立の「場所」を失い、一個の出来事としては無に帰するのである。

だが、ここで注目すべきことがある。出来事とは、必ず何ものかに対してのものであった。何が出来事であるかは、その出来事に立ち会う何ものかなしには決して定まることがないことを、私たちはすでに見た。進行中の出来事は、その出来事に立ち会うものを巻き込んで進行してゆく（〈私は読書中である〉のように、読書という出来事に立ち会うものがその出来事の当事者であることもある）。したがって、或る出来事が「完了」するのもまた、その出来事に立ち会うものに対してであることになる。では、この出来事に立ち会うものは、「完了」という出来事の様態にどのような仕方で関与しているのであろうか。もし「完了」が、出来事の自己差異化の動きが単に止まることにすぎないとすれば、その出来事はそのときもはやそこにないのであるから、何らかの出来事が「完了」したという経験の成り立つ余地はないはずである。出来事の端的な「無（ない）」の経験などというものは不可能であろう。つまり、出来事の「ない」ということと、それが「完了」したということとは、別のことなのである。前者は経験として成立することすらないのに対して、「完了」は明らかにひとつの経験の様態である。そして経験であるからにはそれは、それを経験する何ものかの経験である。すなわち、出来事にたちあうもの——場合によっては出来事の当事者——の経験である。[12]

ところが、この「完了」という経験はかなり複雑な構造をもっている。先に触れたように、何らかの出来事がその自己差異化の動きを停止することによって単に存在しないのであれば、そのこと自体は経験として成り立たない（端的な「無（ない）」は経験の対象となりえない）。それが何らかの出来事の「完了」として経験にもたらされることがあるとすれば、そのためにはその「完了」した出来事が何らかの仕方で存在しているのでなければならない。「完了」は何らかの出来事の「完了」なのであるから、その何らかの出来事が何らかの仕方で存在しているのでなければならないのである。そしてその〈何らかの仕方で〉とは、〈存在しないという仕方で存在する〉ということ以外ではありえまい。これは端的な矛盾である。

しかし、この矛盾を可能にする途がないわけではない。それは、当の出来事を、それが生じたのとは別の場所に保持することである。〈水仙が咲いている〉といった知覚世界の出来事であれ、〈私はものを考えている最中である〉といった必ずしも知覚世界に限定されない出来事であれ、そうした「進行中」の世界とは「別の場所」を創出する能力によって、この矛盾は可能となる（矛盾は矛盾でなくなる）。そしてこの能力こそ、通常私たちの

「意識」ないし「認識」と呼ばれているものにほかならない。あるいは、私たちの「意識」ないし「認識」とは、この能力によって開かれた新たな「別の場所」のことであると言ってもよいかもしれない。もはや存在しない何ものかを存在しないものとして保持するというのは、先の「進行中」とは構造を異にする、明らかに別の経験の様態である。それは、或る出来事がその「進行中」に占めていた場所から、「別の場所」へとその存立の場所を移すことによって、その出来事がもはやないことが、すなわち「終了」ないし「完了」したことが経験へともたらされるのである。

このように、「進行中」と「完了」とは、決して同じ場所で連続して起こる同種の経験ではない。むしろ、このふたつはまったく別の次元で（別の場所で）生ずる事態だと言うべきなのである。そしてこの「完了」は、通常私たちが「過去」――何かが過ぎ去った――と呼んでいる経験の様態にほぼ相当する（同じ構造をもっている）ことも明らかである。「過去」経験は、「進行中」すなわち「現在（する）」とは構造と次元を異にする経験であり、「現在（する）」の再生ではないのである[13]。私たちの「意識」は、「過去」経験（「完了」経験）を可能にする「別の場所」をもっている、いや正確には「別の場所」である。何らかの出来事が過ぎ去った（「完了」した）という経験――これはすでに「想起」である――は、この次元において（はじめて）成立するのである。そしてこの「完了」経験は、何らかの出来事が〈存在しないという仕方で存在する〉という一見矛盾と見える事態を可能にする能力――私たちはそれをかつて〈或るものがそれ自身とは別のものをその不在において指し示す〉「記号」という事態として考察した[14]――に基づいているのである。

したがって、「現在」が絶えず「過去」になるという言い方は、両者の何らかの連続性を強く予想させる点で、ミスリーディングであることになる。「進行中」という意味での「現在（する）」とは絶えずいまでありつづける動きのことであり、「過去」とはそうした「現在（する）」とは別の場所に生じた別の経験の様態なのである。

「完了」経験は（通常「現在完了」といった仕方で理解されているように）「現在」に属するものではなく、「過去」に属している（これが、「完了」はすでに「想起」であるということの意味である）。知覚ばかりでなく空想も思考も、それが生じていたのとは「別の場所」に移されることによって「完了」し、想起の対象となるのである。

「意識」をこのように「別の場所」を開きうる能力と定義すれば、「進行中」とは、たしかに何ものかがそれに立ち会うかぎりでひとつの経験の様態ではあろうが、しかしいまだ「意識」ではないということになろう。何ごとかを為すのに、或る出来事に立ち会うのに、それを必ずしも意識している必要はないのである。もっとも、この場合の「意識」は「認識」と言い換えたほうがより分かりやすいかもしれない。私たちの「認識」は、この「別の場所」の成立とその本質において深く関わっているのである。したがって、私たちが通常用いる「現在」は（もはや「進行中」のそれのことではなく）「完了」の相のもとに見られた「現在」であり、構造上すでに「過去」（すなわち「認識」）なのである。にもかかわらずそれが「現在」とみなされるのは、単に出来事との（時空的）距離が相対的に小さいことと、その出来事に立ち会うものの「関心」の在りかによるもののように思われる。たとえば〈私はいま読書中である〉という認識がなされているとき、実際には読書は停止ないし中断されており、それはすでに「完了」の相のもとに見て取られている。にもかかわらずそれが「現在」とみなされるのは、この出来事がふたたび開始されること——それが単に一時的中断にすぎないこと——を私がすでに想定しているからにほかならない。(15)

整理しよう。出来事の「完了」という様態が成立するためには、少なくとも次のふたつの要件がみたされていなければならないように思われる。ひとつは、或る進行中の出来事がその出来事の「何」に関して自己差異化と自己更新の動きを停止すること、すなわちその出来事の存立する場所を失って存在しなくなることである。だがこの場合の動きの停止は絶対的な意味での停止ではなく、当該の出来事に立ち会い、その「何」を規定するものの観点に依存するものであることが看過されてはならない。もうひとつは、その「何」に関してもはや非存在となった出来事が先の進行中に存立していたのとは別の次元に保持されていること、別の場所に存立することである。そしておそらく、この第二の、すなわち別の「場所」の創設もまた、ひとつの出来事であるはずである。それは、ひとつの出来事が生じている場所から距離をとる能力によって、その出来事とは次元を異にする「別の場所」を創設する（「押し開く」）という出来事なのである。この新たな出来事によって、世界の中に新たな「場所」が出現する。あるいは、新たな世界が出現する。それは、進行中の出来事から距離をとり、それを「完了」の相のもとに見る新たな「場所」の創設である。[16] だが、この創設自身もまた一個の出来事であり、世界の中に、世界において、「場所」を占める一個の「進行中」の出来事なのである。世界とは、このような多様な出来事なのである。

或る出来事がその出来事の「何」に関して自己差異化の動きを停止したとしても、それは「動き」そのものの完全な停止を意味しているわけではまったくないことは、先にも見た。動きそのものに着目してみれば、それは別の「何」に移行したにすぎないのである。それは、その出来事に立ち会うものが孕む別の次元への移行という新たな出来事でもあろうし、同じ次元においてすらそれは別の出来事へと絶えず移行してゆく。〈水仙が咲いている〉という出来事は〈花が散る〉という出来事へ、〈花が散る〉という出来事は〈花が土に還る〉という出来事へ…と絶えず移行してゆく。出来事はさまざまなところで、そしてさまざまな次元で、その「何」の姿を変えつつ、絶えず移行してゆく。

こうして私たちは、出来事がそのふたつの基本様態である「進行中」と「完了」とを貫いて、絶えず「動き」を孕みつづけているという事態をふたたび目の当たりにすることになる。この「動き」なくしては、たとえ「別の次元」すなわち私たちの「意識」ないし「認識」の存立する「別の場所」が創設されたとしても——つまり〈存在しないという仕方で存在する〉ことが可能になったとしても——、「完了」の経験もまた成立しえなかったに違いない。何らかの出来事が「完了」するためには、その出来事自身がその「何」に関して別の出来事（別の「何」）へと移行してゆくという「動き」の中にあること、そして新たに開かれた「完了」の成立する場所自身が絶えずみずからを産出しつづける——押し開きつづける——「動き」の中にあることが不可欠だからである。世界はほかならぬこの「動き」において存立しているのである。「時間」や「空間」といったものが分節化され、取り出されてくる根本には、たえずみずからを外へと押し出し、みずからの存立する場所を開くこの「動き」、この「動き」に支えられた出来事がある。「時間」や「空間」の中に出来事が生ずるのではない。出来事が、その内に「時間」や「空間」を孕むのである。世界の中に出来事が生ずるのではない。出来事が世界なのである。「時間」なるものの分節化に関して、一言述べておこう。私たちの知覚世界における出来事の生起は、「時間」と「空間」を含む四次元の「拡がり」として捉えられた。この出来事における四つの次元は、互いに「拡がり」を構成する不可分の契機をなしていた。この中から「時間」軸だけが、「空間」を構成する他の三つの次元（三軸）から独立に分節化されるのはなぜなのか。どのような仕方でなのか。なぜこの軸だけが他の三軸とは異質なのか。

　おそらくそれは、先に触れた「完了」経験の成立に不可欠の「別の次元」、すなわち進行中の世界とは「別の場所」の存立と関わりがあるに違いない。私たちの「意識」ないし「認識」がこの「別の場所」を創設する能力をもっていること——あるいはこの「場所」の創設そのものであること——は、事実として認めてよいと思われる。この「別の場所」は、「進行中」の出来事のもつ〈現に・いま・ここ（そこ）で〉という時空の連続性とは異なり、何ものかが「完了」する、すなわち〈もはや…ない〉（という仕方で存在する）というすぐれて「時間」

的な要素をその本質としていた。つまり、このあらたに成立した「別の場所」――それは、いまや私たちの経験のすべてを（「進行中」をも含めて）覆っているのだが――こそ、その本質において「時間」的なのであり、それこそがはじめて「完了」や「到来」[17]といった経験を可能にし、この経験に基づいて〈過去－現在－未来〉という「時制《テンス》（時系列）」の創出を可能にしたのである。こうして「時間」なるものが独立の系をなすものとして成立ないし抽出されるにいたったのである。この意味で、「時間」は私たちの「意識」（という場所）と本質的なつながりをもっている。[18]しかし私たちのこの世界とは、こうしたさまざまな場所と次元にわたって多様な出来事が絶えず生じているということそのことにほかならなかったのであり、この多様な出来事を貫く「動き」こそ、「時間」の／そして「空間」[19]の、母胎なのである。

　したがって、もし世界（宇宙）の中に何ひとつ「動き」がなくなったとしても、そのときにも「時間」だけは流れていると考えるのは、一種の錯覚であると言わねばならない。それは「時間」を、いついかなるときにも一様に流れてゆくものとしてあらかじめ構築したために、そう考えることができるにすぎない。世界（宇宙）の中に孕まれている一切の「動き」が失われたのであれば、それは一切の出来事の不在を意味する。これはすなわち、世界（宇宙）の不在である。そして、いかなる「動き」すなわち出来事も不在である以上、世界（宇宙）の不在の間を測ることはいかなる仕方でもできない。その「間」を測りうる何ものも存在しないからである。これはすなわち、「時間」が止まったのと同じことに帰着する（正確には、「時間」の不在と言うべきであるが）。すべてが静止し・消滅してもなお「時間」が流れているかのように考えうるのは、そこに私たちが想像上の時計を持ち込んでいるからにすぎないのである。同様の理由で、いかなる出来事も存在しないまったくの空虚な「空間」もまた存在しない。「真空」の宇宙空間もまた宇宙の膨張の「動き」（「拡がり」）に貫かれ、その「動き」の内に孕まれたものなのである。「空虚」や「無」と見えるものも、（それが私たちの経験に与えられているかぎり）よくよく見れば決して全面的な空虚や無ではなく、出来事の内に孕まれ、「動き」に貫かれているのである。

3　他なるもの

前節で私たちは、出来事の基礎的な二様態である「進行中」と「完了」とを分析した。私たちのこの世界において出来事は、それが生じたときにはいつもすでにもう「進行中」であり、そして出来事として生じた「何ごとか」はいずれ「完了」せずにはいないのである。そして「完了」とは〈かつて進行中であった何らかの出来事がもはや存在しない〉という経験にほかならないのであるから、それは紛れもなく「過去」の経験であり、それはすでに〈もはや存在しないものを存在しないものとして存在させる〉「想起」＝「記憶」なのである。[20]そして実は、何かが「到来する」という経験も、この「完了」と同様の構造をもっている。「到来」経験もまた、進行中の出来事が占めている場所とは「別の場所」を必要とするのである。何らかの出来事が「到来」するためには、それが（いまだ）存在しないにもかかわらず（すでに）存在しているのでなければならない。この〈存在しないという仕方で存在する〉という矛盾を可能にするのは、私たちの「意識」がもつあの「別の場所」を措いてほかにはなかった。「未来」の経験もまた、あの「別の場所」に座をもっているのである。

私たちはこれまでたびたび、出来事が「生ずる」という言い方をしてきた。しかし正確に言えば、「生ずる」とはいつもすでに「生じてしまっている」ことであり、すなわち「進行中」なのである。したがって、「生ずる」（＝進行中）と「到来する」とはもともと別の種類の経験である。ちょうど「進行中」と「完了」が別の構造をもった経験であるのと同じ意味で、別の経験なのである。そして「到来」はその構造上、むしろ「完了」経験に近い、ないし「完了」経験と同じレヴェルにあると言ってよいこともいまや明らかであろう。「到来」と「完了」、

「未来」と「過去」は、いずれも私たちの「意識」がもつあの「別の場所」において成立する。[21] これに対して「進行中」としての「現在（する）」は、前二者とは構造上異質の経験である。それは、出来事に立ち会うものないし当事者が、その出来事にいわば「巻き込まれる」仕方で同じ場所を占めているからである。[22]

したがって、「時間」を〈過去－現在－未来〉という仕方で直列させることは、私たちの経験の実相に即してみれば、あまり適切なやり方ではないことが分かる。にもかかわらずそのように表象されるのは、明らかに「時間」を一方向に流れる一本の直線のごときものと考える根強い見方に由来するものであろう。おそらくこうした「時間」の捉え方は、あの「別の場所」に座をもつ「完了」と「到来」の経験が成立した後に、すなわち「過ぎ去る」と「やって来る」という経験が成立した後に、それを「進行中」の経験の中に（思考の中で）持ち込み、「進行中」の経験もまた、絶えず「過ぎ去り」「やって来る」のだと考えるようになったとき、可能となったのである。逆の言い方をすれば、「過ぎ去る」と「やって来る」の間に、そのどちらでもない「進行中」を（なかば無理やりに）はめ込むことによって、可能となったのである。こうして、「すべては到来し、過ぎ去る」という一元化（一本の直線という表象）が成立する。しかしこのとき、「進行中」の出来事は「到来」と「完了」に両方向から侵食されて、もはやどこにも存立の場所をもたなくなってしまっている。「進行中」がもともと「到来」と「完了」の次元の上にはない以上、これはむしろ当然の成り行きと言ってよい。このようにして、いかなる「拡がり」をももたない「点」としての「現在」の表象が成立したのである。

だがよく見てみよう。「進行中」の出来事は決して「過ぎ去って」（完了して）はいないし、「到来」してもいないのではないか。「進行中」の出来事は、まさに〈いま・ここ〉に〈現在している〉のではないか。絶えずみずからを、その自己差異化と更新の「動き」の中で存立させているのではないか。本節で問題としたいのは、ふたたびこの「進行中」の出来事に注目し、この「動き」の中に孕まれているものを見届けることである。

「到来」であるかぎりでの「未来」と、「完了」としての「過去」においては、出来事はいずれにしてもすでに存在している。それがもはや存在しないという仕方で「存在している」のか、それともいまだ存在しないという仕方で「存在している」のかの違いはあるにせよ、いずれもすでに「存在している」。これに対して、「進行中」の出来事を支えている自己差異化と更新の「動き」の中には、いかなる意味でも存在していないものが孕まれてはいないだろうか。出来事を支える差異化とは、〈みずからを外へと押し出し、同時にそのような仕方で、外へと押し出されたものならびに外へと押し出す動き自身を破棄し、新たにみずからを外へと押し出す動きへと赴く〉という事態のことであった。してみれば、この「動き」の核になっているのは、絶えず「新たに」というという動向にほかならない。この「新たに」は、それがいったん外へと押し出され出来事として場を占めてしまえば、もはや「新たに」ではない。それはただちにみずからを破棄し、「新たに」みずからを外へと押し出す動きへと赴くのである。この「新たに」へと向かう動向の中には、いかなる意味でもすでに存在するものは含まれていない。たとえそれがいまだ存在しないものとしてであれ、何らかの仕方で存在するもの――「到来」としての「未来」――は、「進行中」の中には存在していないのである。「新たに」とは、〈いかなる意味でも存在しないもの〉にみずからが開かれていることによってしか可能とならない（これは「現在」が「未来」に開かれているということではない）。すなわち「進行中」の出来事は、自身を支える「動き」の内に、この〈いかなる意味でも存在しないもの〉を孕んではじめて、存立しえているのである。

　繰り返せば、この〈いかなる意味でも存在しないもの〉は、「到来」すべき何ものか（「未来」）のことではない。「未来」とは、やがて存在することになる何ものかとしてすでに存在しているからである。これに対してこの「新たに」は、いかなる意味でも存在するものとなることはない。存在するものとなるのは、「新たに」へと向かう動きによって産み出されたもの――外へと押し出されたもの――の方であって、この動向自身はそれをただちに破棄する動きにほかならないのである。——では、それを何と呼べばよいだろうか。

進行中の出来事は、紛れもなく現に・いま・そこに在る。これに対して、この出来事を支えている自己差異化の動きの中核にある「新たに」は、いかなる意味でもそこにあるのではないものへと開かれている。しかしこの「ない」は、存在——現に・いま・そこにある——の否定としての「無」ではない。それは何かが「ない」ことでもなければ、（その「何か」をすべてに及ぼして）存在するものがまったく何も「ない」という意味でもない。あえて言えば、それは、「新たに」へ向かうその「動き」によって出来事を存立へともたらすポジティヴな「無」とでも言うべきものなのだが、「無」の概念はあまりに強くその反対概念である「存在」と（否定を介して）結びついてしまっている。[23] それは出来事を存在（「現在（する）」）へともたらすものでありながら、その存在とは完全に次元を異にしているものなのである。

そこでここでは、この「新たに」がそれへと開かれている〈いかなる意味でも存在しないもの〉のもつ〈存在とは次元を異にするもの〉という性格を際立たせるために——存在と無は、互いに同じ次元にあって相互に否定しあう関係である——、それを「他なるもの」とかりに呼んでおくことにしよう。「他なるもの」とは、〈存在の（にとっての）他なるもの〉の意である。この呼称はレヴィナスから借りたものであることは言うまでもない。この「他なるもの」に「動き」が「絶えず」「新たに」開かれていることによって、出来事は存立している。すなわち、絶えざる自己更新が可能となる。これは、「進行中」であるかぎりでの「現在（する）」の中に、「絶えず」「新たに」という仕方で、おそらく「時間性」のもっとも根本をなすものが潜んでいることを示唆している。それは〈過去－現在－未来〉という私たちの体験の時間性（「時制」）とは別のものであり、むしろそれの前提をなすものである。[24]

進行中の出来事は、〈現に・いま・ここにある〉すなわち「存在＝現在する」。そして、「到来」としての「未来」と「完了」としての「過去」は、「存在しないという仕方で存在する」。こうして（存在を媒介にして）「未来」から「現在」を経て「過去」へと水平化された一様な流れとしての「時間」表象が作り上げられる。これに対して、進行中の出来事を支える自己差異化の「動き」の中に孕まれた「他なるもの」は、「いかなる意味でも存在しない」。それは、進行中の出来事すなわち「存在＝現在（する）」に、まったく別の次元から、いわば垂直に交差する――もっとも、それは「存在＝現在」とは次元を異にするものなのだから、厳密には決して交わることはないのだが――。世界とは出来事のことであり、その出来事を支えるものが「新たに」へと向けられた自己差異化の「動き」にほかならないとすれば、世界はこの「動き」が「存在＝現在（する）」とは次元を異にする「他なるもの」に垂直に開かれているかぎりで存立しているのである。言ってみれば、世界は「動き」の中に孕まれた「他なるもの」に養われているのである。出来事を、すなわち世界を支えているこの「動き」の中に「他なるもの」が孕まれることがなくなったとき、「動き」が「他なるもの」に養われることがなくなったとき、「動き」は失われ、（おそらく）世界は存在することを止める――それがいかなる事態であるかは、もはや私たちには想像を絶しているのだが――。世界を根底で支えている「動き」とは、このような「他なるもの」――繰り返せば、それはいかなる意味でも存在する何ものでもない――との関わりであるように思われる。

「時間」の名のもとでいったい何があらためて問われうるのか、問うてみてもよいのか、問うに値するのか、をめぐって考えることから再出発した本章の試みは、「時間」を出来事へ、出来事をその存立の「場所」を押し開く「動き」へ、「動き」をその内に孕まれた「他なるもの」へと、遡ってゆくことになった。このことは、「時間」ということで問われるべきものとは「他なるもの」である、という結論を導く。しかし、ここで暫定的に「他なるもの」と呼ばれた問題は、ようやく問題として姿を現わしたにすぎない。ここでふたたび私たちは問わなければならないはずである。——「時間」の内に孕まれた「他なるもの」とはいったい何なのか。「他なるもの」の名のもとにいったい何を私たちは問おうとしているのか。「他なるもの」との、次元を絶したこの関わりとはいったいいかなる関わりなのか。

注

序章

（1）超越論的現象学をめぐるフッサールとハイデガーの対立については、本書第Ⅱ部第一章で立ち入った考察を行なう。

（2）もっとも、この「デカルト的途」ですら、その後何度もフッサール自身によって取り上げ直され、再考され、場合によっては変更されることになるのだが、本書はこの途こそがもっとも簡潔にフッサールの、そして超越論哲学の本質を明らかにしてくれるものだと考えている。

（3）さらに言えば、神話もまた、世界を、自然を、万物を、すなわち私たちのこの現実を、よりよく知ろうとする（理解しようとする）営みの産物にほかならなかったはずである。この意味で、神話もまた、すでに一個の哲学（の営みの産物）なのである。

（4）I. Kant, KrV, B25.

（5）もっともカントの場合、「超越論的」と「超越的」の区別は、必ずしもここで述べられたような意味で厳密に使い分けられておらず、両者の区別に関して曖昧な部分を残している。たとえば、Vgl., KrV, B 352-3.

（6）デカルトの懐疑の歩みを、ここでの論旨に即して綿密に検討する作業は、次の論考で行なった。斎藤慶典［1997a］、参照。

（7）ここで、「場」もまた、そのようなものとして現象するものではないのか、という問いが頭をもたげるかもしれない。的確な問いである。だが、もし「場」もまたそのように現象するものだとすると、そこでふたたびそのような「場」の現象する「場」が姿を現わしていることになりはしないか。もしそうだとすれば、以下、「場」の無限後退が生ずることになる。この事態はいったい何を示しているのだろうか。この点には、超越論的現象学の帰趨を私たちなりに見定めた上で最後にもう一度立ち戻ることになるが、超越論的領野を「場」として捉えることもまた、当該の事象を十分に汲み尽くしてはいないということは、留意されておいてよい。現時点では、「場」とは現象するもの・存在するもの（存在者）ではない何らかの別の事態を言い表わすために導入されたものであることの確認をもって、よしとしよう。

(8)「思考されている」、「現象している」という表現ですら、そこにすでに「いる」という仕方で「ある（存在）」を含んでしまっているために、厳密には適当でない。「思える」＝「見える」（Es scheint,「現われる」）の方が、より正確というべきであろうか。

(9) 後にハイデガーが、フッサールは超越論的領野＝主観性の「存在」について問うことを怠ったとフッサールを批判したとき、ハイデガーもまたこの背理に足を踏み入れたように思われる。しかし彼の場合、単純に背理に陥ったというのではなく、完全にこの背理に自覚的であったであろう。ハイデガーが問題としたのも、通常の意味での「存在」の手前へと遡り、忘却の彼方にあるその隠蔽された意味（ないし事態）を掘り起こすことだったからである。しかしそのハイデガー自身、十分に自覚的であったはずのこの語の陥穽から最終的に自由であったかどうかは、慎重な検討を要する。これらの点については、本書第Ⅱ部（特にその第一章）で立ち入って検討する。

(10) マッハを中心とする一九世紀末から今世紀初頭にかけてのウィーンの哲学的傾向が——もちろんその中にはフッサールの直接の師と言ってよいフランツ・ブレンターノも含まれる——フッサールに与えた刺激と影響については、谷徹［1998］、第Ⅰ部第一章〜第三章が詳しい。

(11) フッサールにおける「感覚」の重要性に注目したものとして、たとえば次のものを参照。E. Levinas, “Intentionalité et sensation”, in:DEHH 2. Éd.

(12) こうした方向での分析がヒュームに欠けているわけでは、必ずしもない。彼は、それを「習慣」に求める興味深い考察を展開している。後論参照。

(13) 本書第Ⅱ部を参照。フッサールとハイデガーの「真理」についての考え方に関しては、いまや古典的とも言うべき次の著作を参照。E. Tugendhat ［1970］. ただし本書はフッサールとハイデガーの「真理」観が根底において同じものに帰着することを強調する点で、同書（トゥーゲントハット）とはかならずしも見解を同じくしない。

(14) I. Kant, KrV, B XVI.

(15) I. Kant, KrV, B 136.

(16) I. Kant, KrV, B 131-2.

(17) I. Kant, KrV, B 423 Anm., B 278.

(18) I. Kant, KrV, A 382.

(19) カントにおいては、「私」という「知性的表象」と「世界」との間にはいまだ間隙が残されていたのに対して（カントにとってこのふたつは結局別の問題である）、フッサールの場合は、「超越論的自我（主観性）」と呼ばれた「私」と世界そのものとは、前者が後者を構成するという形で、ほとんど重なり合うことになる。もっともフッサールの場合も、両者の間には何ほどか不透明な、なお解明を要する部分が残っているのだが。

(20) この「あろう」は推測ではなく、未来を意味する。私たちの能力は限界があるゆえに推測が入り込まざるをえず、それが誤っていることは大いにありうるが、いずれにしても未来が——それが未来として姿を現わすかぎり——何らかの状態であることは誤りようがないのである。「あった」(過去)、「ある」(現在) に関しても事情は同様である。

(21) もっとも「匿名的」という語が「名を匿《かく》す」ことを意味するとすれば、ここでの事態は正確には「無名的」と言うべきであろう。そこには、そもそも隠すべき「名」がないのである。後論参照。

(22) この場合の「同一」性は、通常の意味でのそれである。私たちの世界はたまたまかくしかじかの仕方で現象しているが (過去・現在・未来の多様な現象仕方を含めて)、現にある私たちの世界が「別様である」可能性を考えることは十分可能であるし、有意味でもあるからである。

(23) この〈いま〉〈ここ〉は、「世紀の境目の日本」という意味ではない。そうした時間的・空間的規定は、超越論的領野において構成されるものだからである。ここで問題にしているのは、そうした規定がそこにおいて可能になる「場」の〈いま〉〈ここ〉である。それは、「世紀の境目の日本」という時間的・空間的規定に「先立って」いると言ってもよい。

(24) こうした言葉の指し示す事態については、つづく第一章であらためて、時間論の枠組みの中で検討する。

(25) Vgl., Hua I, 117/269.

(26) 「自由変更」については、たとえば Hua I, 104f. /253 f. 参照。

(27) Aristoteles, Met., 1010a10f.

(28) Vgl., Hua I, 104/253.

(29) もし「意味」が本当に「非現実的なもの」であるとすれば、それと対になってはじめて姿をあらわす「現実」の方もまた、実はその根本において「非現実的なもの」である可能性を示唆するが、この点にはここではこれ以上立ち入らない。第I部第二章参照。

I 時間

第一章

(1) Vgl., Hua XII, 32. Hua X の訳者、立松弘孝による同書「あとがき」二三三―二三四頁をも参照。

(2) Vgl., Hua X, 137. Anm. 2.

（3） 以下の四段階の区分は、Edmund Husserl, *Texte zur Phänomenologie des inneren Zeitbewusstseins* (*1893-1917*). Felix Meiner (PhB. 362), 1985. に付せられた同書の編者 Rudolf Bernet の長大な Einleitung（S. XI-LXVII）に準拠している。

（4） 以上は、先のBernet［1985］によれば一八九三年から一九〇一年にかけての段階であり、現行のフッセリアーナ第X巻に補論（Ergänzende Texte）として収録された草稿のNr. 1からNr. 17にあたる（Hua X, 137-178）。

（5） ちなみに「還元」という語の初出は一九〇五年夏の休暇中に避暑地ゼーフェルトにおいて起草された草稿（ゼーフェルト草稿）においてである。

（6） A. Meinong [1899], S. 182-272. Ders. [1893], S. 340-385, S. 417-455.

（7） 一九〇四年から〇五年にかけての草稿 Nr. 18からNr. 35（Hua X, 178-253）がこの段階に相当する。

（8） 一九〇六／七年冬学期から一九〇九年夏にかけての草稿 Nr. 39からNr. 47（Hua X, 269-318）ならびに草稿 Nr. 51, 52（Hua X, 335-359）がこの段階に相当する。

（9） この論点については、つづく第二節で詳しく検討する。

（10） 理念的対象の非時間性は、やがて正確には「遍時間性（Allzeitlichkeit）」として捉え直されるべきものであることが明らかにされる。

（11） 第四段階は一九〇九年九月から一九一一年にかけてであり、草稿 Nr. 48からNr. 50（Hua X, 318-334）ならびにNr. 53とNr. 54（Hua X, 359-382）がこの段階に属する。

（12） 『内的時間意識の現象学』（E. Husserl, *Vorlesungen zur Phänomenologie des inneren Zeitbewusstseins*. M. Niemeyer）というタイトルで一九二八年に公刊された著作は、当時フッサールの助手であったE・シュタインを実質的な編集者として、M・ハイデガーを名目上の編者として、一九〇五年の講義を中心に前後ほぼ二十年にわたる草稿をつぎはぎして成ったものであり、内容の一貫性に多くの問題を残している。また、この「著作」の公刊には、前年（一九二七年）に出版されたハイデガーの『存在と時間』がフッサールに引き起こしたインパクトが影を落としているのだが、この時期の両者の関係についての立ち入った分析は本書第Ⅱ部第一章で行なう。

（13） 以上から明らかなように、「把持」と「予持」はいずれも、過去や未来についての対象化的意識ではないし、過去や未来についての非対象化的意識でもない。それらはいずれも、過去や未来に関わる意識ではなく、過ぎ去りゆくもの・来るべきものを現在に繋ぎ止め・迎え入れる機能なのである。したがって、両者を（しばしばなされるように）「過去把持」「未来予持」と訳すことは、誤解をうむ不適切な対応である。あたかも過去を把持したり、未来を予持するはたらきに聞こえるからである。こうした誤解を避けるため、本書では一貫して「把持」「予持」と訳す。

(14)「横の志向性(Querintentionalität)」という場合の「横(quer)」とは、絶えざる時間的変転の中にあって、その変転を「横切って(quer)」対象をつねに同一のものとして構成しつづける、というほどの意味であろう。

(15)「縦の志向性(Längsintentionalität)」という場合の「縦(längs)」とは、絶えざる時間的変転の中にあって、その変転に「沿って(lang)」変転してゆくみずから自身をつねに自己同一的なものとして構成しつづける、というほどの意味であろう。

(16) ここで後の議論(後期時間論)を先取りして言えば、議論のこの次元においては、「流れ(der Fluss, der Strom)」ではなく「流れることそのこと(das Fliessen, das Strömen)」が問題化されるべきであり、両者は厳密に区別されなければならないのである。

(17) Vgl. E. Husserl, Ideen I, 162-3(現行のHua版には、ビーメル版とシューマン版の二種類の版があるので、検索の弁を考慮して、Hua版ではなく原著の頁数を記す。Huaの二種の版ならびに邦訳のいずれにも原著の頁数が併記されている)。

(18) 時間問題に関わるその成果は、『経験と判断』、『現象学的心理学』(Hua IX)『受動的綜合の分析』(Hua XI)、『第一哲学』(Hua VII, VIII)などに部分的に収録されている。

(19) そのわずかな例外は、『第一哲学』第二巻(Hua VIII)における言及であろう。一九二四―五年に執筆・講義されたこれらの草稿は、二〇年代後半に始まるC草稿(後論参照)の問題圏の先駆けとみなすことができる。しかしそこでの分析も、超越論的自我の同一性が「後からなされる高次反省」によって確保されるとする、対象化可能な次元に最終的に落ち着く傾向が強い。

(20) 以下の「生き生きした現在」についての論述は、現在いまだそのほとんどが公刊されていないC草稿を縦横に駆使し、豊富な引用に裏付けられつつこの問題の核心を鮮やかに呈示したK・ヘルト『生き生きした現在』(K. Held [1966])に基づき、本書の問題関心に沿って再構成されたものである。

(21) Ms. C21, S. 14 (1931). Zitiert nach Held [1966], S. 113.

(22)「われわれは次の二つの事柄を区別する。[一方で]根源現象的な、立ちどまりつづける〈流れること〉と、[他方で]この〈流れること〉の内で時間化された〈流れ〉とを。〈流れ〉は、本来の意味では、連続的な時間継起、すなわち〈たった今あったこと(Soeben-Gewesenheit)〉という時間様態をもつ、みずから流れつつ拡がる延長のことである」(Ms. BIII9, S. 12 (1931). Zitiert nach Held [1966], S. 116.)。

(23) Vgl., Ms. C10, S. 28 (1931). Held [1966], S. 118.

(24) Ms. C71, S. 30 (1932). Zitiert nach Held [1966], S. 116.

(25) 彼はこの「何ものか」を一個の「理念」として捉えようと試みたことがある。「生き生きした現在」をその機能する現場で捉えることはできないとしても、「理念」としてであれば捉えることが可能だ、というわけである。だが、この「カント的な」方途はフッサールを最終的に満足させるものではありえない。「理念」として捉えられたそれが、「徹底された還元」が捉えるべく目指した当のものではないことは明らかであるし、かりにそれが「理念」として捉えられたとしても、問題はそもそもいかにしてそのような「理念」が可能となったかにあるからである。Vgl., Held [1966], S. 176ff.

第二章

(1) J. Derrida [1967]. また、J. Derrida [1962] をも参照。

(2) なお、「差異」にあたる通常のフランス語は différence である。Différence と différ*a*nce との「差異」は、耳には聴こえない。つまり、それらが「声」であるかぎり——「声」はデリダにとって、生の「直接性」すなわち「根源」なるものの象徴である——すべてを現象へともたらすこの「差異」は聴こえないのであり、「記号」として書き記されたとき——「書記 (écriture)」の本質はみずからの内に「不在」すなわち「死」を孕むことである——はじめてこの「差異」は見えるものとなるのである。これらの点については本文でもあらためて触れる。

(3) デリダとサールの間で交わされた論争の争点はこの点にある。サールが、すでに意味が意味として成立した地点から本来の「まじめな」意味作用に対して、それからの派生形態として地口や嘘を区別したのに対して、デリダは、意味が意味として成立するための条件を問うレヴェル（超越論的レヴェル）から発言したのである。Cf., J. Derrida [1990]. また、高橋哲哉 [1998]、一四一頁以下、二九六頁以下をも参照。

なお、「生き生きした現在」が孕む虚構性については、すでに J. Derrida [1962], 148-150 が指摘している。

(4) なぜ、「別様でありうる」ことを呈示することはよいことなのか。この問いに、ここではさしあたり次のように応えておこう。そのことによって「理解」が深まるからである。もうひとつの対応が考えられる。すなわち、それは「他なるもの」に開かれているからである。このふたつの対応は、ひょっとして同じことに帰着するのではあるまいか（なぜ「理解」が深まることがよいことなのか、なぜ「他なるもの」に開かれていることがよいことなのかについては、もはや答えがない点も含めて）。この点をめぐる思考が、本書第Ⅲ部の思考圏を形成する。

（5）これ以上遡ることが無意味な次元にあえて一歩足を踏み入れる「無意味な」試みについては、これもまた本書第Ⅲ部があらためて考察することになろう。この「無意味な」企ての可能性に、『声と現象』の時点でのデリダがどの程度自覚的であったかは分からない。だが、いずれにせよこの企ての可能性は、それが「無意味」な企てであることを明示する本章の議論の次元を経由することなくしては成り立たないことだけは、確かなのである。

（6）このことは、ここで問題となっている「今」は「時刻」のことではないことをあらためて示していると言ってよい。

（7）この場合の「誰か」を必ずしも私たち人間主観に限定する必要はないであろう。動物や植物に対しても世界は何らかの仕方で現象していると考える方が自然だからである——もちろん、それがいかなる現象であるかは私たちには言うことができないのではあるが——。また、数学的理念などは〈誰にとっても〉をさらに超えて、もはやその「誰」が存在しないとしても妥当するものとして立てられようが、これとても決して〈誰にとっても現象しえない〉という意味で〈誰のものでもない〉のではない。理念もまた、現象する／しうるものだからである。つまり理念においても、現象可能性という仕方でそこに「誰」が居合わせていることに変わりはないのである。

（8）本書第Ⅰ部第一章第3節参照。

（9）かつてカントが、「純粋統覚（reine Apperzeption）」としての「私は考える（Ich denke）」を「空虚な形式」と呼んだのは、こうした事態の彼なりの表現であったのではないであろうか。しかし、それを「形式」と呼ぶことは、ここで問題になっている事態に対する別の誤解を呼び寄せる。あたかも「形式」には、それに「内容」を与える別の事態が対応しているかのようだからである。後論参照。

（10）哲学の歴史を、その格好のサンプルとして読み直すことも可能であろう。だが、繰り返せば、この「限界」は決して容易には思考に対して姿を現わすことがない。徹底した思考のみが、みずからがそれに直面したことを「示す」のである。

第三章

（1）Vgl., Hua X, 137. Anm. d. Hrsg.

（2）フッサール時間論とレヴィナスとの接点と離反点をめぐる立ち入った考察は、本書第Ⅲ部第三章で行なう。

（3）"Note de travail", in:VI, 217-328.

（4）Ms. C3I, S. 3. zitiert nach Held [1966], S. 66.

（5）Vgl., Ms. C13II, zitiert nach Held [1966], S. 103.

(6) Vgl., Hua VI, 171, 175, u.s.w.

(7) Vgl., Ms. BIII9, zitiert nach Held [1966], S. 116. この区別については、本書第I部第一章をも参照。

(8) Ms. AV5, S. 3, zitiert nach Held [1966], S. 121.

(9) Ms. C21, S. 2f., zitiert nach Brand [1955], S. 65.

(10) Ms. AV5′ S. 5, zitiert nach Brand [1955], S.70f. この「自己同一性」が二義性を孕んだものであることについては、本書第I部第二章参照。

(11) Vgl., Hua VI, 171. Hua XV, 670, u.s.w.

(12) Ms. AV5, S. 3, zitiert nach Brand [1955], S. 70.

(13) Ms. C161, S. 9, zitiert nach Brand [1955], S. 79.

(14) Ms. C21, S. 14, zitiert nach Held [1966], S. 113.

(15) 念のため付言すれば、デリダの「差延」という概念装置も、決してそれが何らかの仕方で「現象」するものではないという点で、やはり〈「現象」を「超えた」もの〉であることに変わりはない。「差延」とは、いつでも私たちはすでに生じてしまった「差異」に基づいてのみ現象するものに遭遇するという事態の謂いであって、差異の成立自体はいかなる意味でも現象するものではないのである。「差延」という事態そのものは決して現象しない。したがってそれは厳密には、一個の「概念」ですらなく、それを思考しようとする私たちの試みを不断に先送りしてゆく一個の「装置」なのである。

(16) ここでわたしたちは、メルロ＝ポンティの言う「根本的矛盾」とデリダの言う「差延」が同じ問題次元に位置するものであることを見て取る。「根本的矛盾」もまた、それが厳密に「矛盾」であるかぎりで、本来思考不可能な事態であり、そこからしか思考が始まりえない・思考の臨界に関わるものなのであり、「差延」同様、もはやそれは一個の「概念」ですらないというべきなのである。

(17) なお、ここでメルロ＝ポンティが展開している「基づけ」関係は、フッサールが『論理学研究』で詳論した「基づけ」関係の内の、「一方的基づけ」に該当する。フッサール『論理学研究』第二巻・第三研究・第二章14節以下（LU II/1, 261f.）参照。

(18) 「基づけ」という考え方をいわゆる「心—脳問題」——あるいは古典的には心—身関係の問題——に適用して、さらに展開する余地があると私は考えている。この場合、「心」は「反省」同様〈基づけられるもの〉であり、「脳」ないし「身体」は「非反省的なもの」同様〈基づけるもの〉ということになる。斎藤慶典 [1998 b]、参照。

(19) この点を彼は後に、自分が『知覚の現象学』において陥ってしまった「悪しき両義性」として自己批判している。Cf., IN, 409.

(20) いわゆる中期のメルロ＝ポンティ——『知覚の現象学』から遺著『見えるものと見えないもの』への移行期

——において前景に出てくる「言語」の現象学の問題は、彼がソシュールから学んだ「差異」の考え方と、彼の最初期——『行動の構造』——以来の重要な発想である「構造」概念と結合しつつ、その「構造」の生成の場面に立ち会おうとする意欲的な試みとして、十分な検討に値する。H・ロムバッハの「構造存在論」の着想（H. Romhach [1971]）なども、メルロ＝ポンティのこの議論の延長上であらためて検討されるべきものをもっていると私は考えている。後注で触れる丸山圭三郎の仕事もこの文脈での重要な貢献の一つである。だがここでは、これらの業績を含めて中期のメルロ＝ポンティを検討する作業を割愛し、「時間」問題が「存在」問題と結びつくひとつの筋途を確認すべく、後期のメルロ＝ポンティへと議論を急ぐことにしたい。

（21）前注（3）参照。

（22）「可視性」に関わる徹底した考察は、すでにフィヒテが晩年の知識学において展開している（Vgl., J. G. Fichte, *Wissenschaftslehre*, 1804, 1810, 1812, 1813）。この系譜はさらには、N・クザーヌスにまで遡ることができよう。こうしたドイツ概念論や否定神学の遺産と、現象学が提起した問題とを事象において突き合わせ批判的に検討する作業も、現代の現象学に課せられた仕事のひとつであろう（新田義弘 [1986]、参照）。

（23）「生き生きした現在」が反省に対してもっていることの根本的な過去性について、E・レヴィナスもその第二の主著『存在するとは別の仕方で…』で論じている（Cf., AA, 11-14/31-35, 18/41, 39/69sqq.）。彼はフッサールの時間論を批判・検討する中で、この過去性に独自の解釈を加え、それを「再現在化可能なあらゆる起源よりもさらに古い過去」、「起源に先立つ過去（passé pré-originel）」、「起源《アルケー》をもたない過去（passé anarchique）」、「一度も現在であったことのない過去」、「隔‐時（dia-chronie）」として捉え返し、「絶対的に他なるもの」の思考へと展開してゆく。この点に関して詳しくは、本書第Ⅲ部、とりわけその第三章で立ち入って検討する。

（24）ここでの「担われている」という表現はさしあたりベルクソンの時間の円錐を想起させるが、ハイデガーの「存在」が念頭に置かれていることも間違いない（「集塊的存在」）。さらには、「存在」の捉え方によってはこの「絶対的過去」を他者性の紛れもないしるしと受け止めるレヴィナスの議論との接点ともなりうる。この最後の論点に関しては、本書第Ⅲ部第一章参照。

（25）「超弁証法（hyperdialectique）」という表現も見られる。Cf., VI, 129.

（26）F. de Saussure [1949], p.172.

（27）この点をめぐって、ソシュールの原資料から新たに彼の全体像を構築し直そうとする丸山圭三郎の試みは、本書にとっても極めて興味深いものであるが、ソシュールに立ち入ってこの点を論ずることはここでは割愛せざるをえない。丸山圭三郎［1981］、参照。

(28) この〈不在における現前〉、すなわち〈或るものがみずから自身ではないものを、その不在において指し示す〉という構造こそ、デリダが「記号」という事態、「意味」という事態の根本に見て取った構造であることを、私たちは前章で示した。メルロ＝ポンティとデリダが、事象の上で同じ次元に立っていることはいまや明らかである。

(29) フッサール時間論とデリダとの関連については、R. ベルネも言及しているが（R. Bernet［1983］、ならびに［1985］, S. LXVf. 参照）、彼の所論は、この一連の問題系がメルロ＝ポンティやハイデガーをも巻き込んだ「存在」問題に直結しており、さらには遠くレヴィナスにまで連なるものであることを十分に示し得ているとは思われない。本文では直接触れなかったレヴィナスとの関連については、「自己でないものへの自己超越の運動」という表現における「自己でないものへ」を「他なるものへ」と読み替えることで、より明確となるはずである。この論点については本書第Ⅲ部が詳述する。

(30) Vgl., M. Heidegger, US, 13.

(31) 本書のつづく第Ⅱ部もまた——とりわけその第四章において——、ハイデガーの『言葉への途上で』をあらためて取り上げ直すであろう。

Ⅱ 存在

第一章

(1) H.-G. Gadamer［1986/87］, S. 18. Cf. D. Cairns［1976］, p. 9.「あなた〔ハイデガー〕と私がすなわち現象学（*die* Phänomenologie）なのです」。

(2) Vgl., P. Hühnerfeld［1959］, S. 45. 渡邊二郎［1974］、三五三頁より引用した。

(3) Vgl., SZ 27ff.

(4) このエピソードについては、本書第Ⅲ部第一章であらためて触れる。

(5)『論理学研究』執筆時には「純粋自我」なるものを観念論的虚構として斥けていたフッサールが、『イデーンⅠ』において「純粋自我」の存在を認めるにいたる思考のプロセスについては、以下が詳しい。Eduard Marbach［1974］. だが本書は、すでに序章において論じたように、フッサールの「純粋自我」の想定を、現象学的還元の構想からの逸脱ないし不徹底と見ている。この点については、「経験的自我」と「超越論的自我」との「区別」と「同一性」の問題をめぐって、本章以下でもふたたび触れられるであろう。

(6)『第六省察』本文はフィンクによって起草され、この草案にフッサールが目を通して詳細なメモを作成し、それをもとにさらに検討を重ねるという、両者の共同作業によって完成されるはずであった。だがこの作業はフッサールの死によって永遠に中断された。残されたフィンクの草案と、それに対するフッサールのメモは、現在フッセリアーナの別巻として公刊されている。Vgl., Hua, Dok II/1, 2. なお、同書の第一部の主要部分が邦訳されている（「凡例」参照）。

（7）むしろフィンク独自の「世界論」ないしコスモロギーへと発展することで、「非存在者論」としては姿を消した、と言ってもよい。フッサールの場合と同様フィンクにおいても、「現象学を遂行する自我」の占める位置の不安定さが、その「非存在者論」の構想の維持を不可能にしたと私は見ているが、彼の世界論についての詳細な検討は別の機会に譲らざるをえない。フッサールとの共同作業の時期のフィンクの「非存在者論」の構想、ならびにハイデガーとの関係については以下が詳しい。R. Bruzina [1989], [1990], [1994].

（8）Vgl., E. Marbach [1974], §22-§25. とりわけ§25。これに対してフッサールには、世界の多様な諸現出（現象）が、その多様さにもかかわらず、自己同一的な「ひとつの流れ」を構成していることから、この同一化の原理として「自我性」を導出ないし要請するもうひとつの論点がある（Vgl., Marbach [1974], §16-§18.）。だがこの「同一性」は、いわゆる「個体（個人）」の「同一性」とは異なる特異な「同一性」（同一であることがほとんど意味を失う同一性）であることを私たちはすでに本書の序章において示した。したがって、この特異な「同一性」を個体としての自我（事実的・自然的・経験的自我）のそれと混同した上ではじめて成り立つこの論点を、私たちは有効とは認めない。

（9）この場合の他者を超越論的他者と言ってみても、同じことである。視点としての超越論的自我は、その超越論的他者によって構成された世界の内部に存在するしかないのである。そしてそのとき――世界の内部に存在するとき――、それはもはや超越論的自我ではないのである。

（10）本書第I部第一章第3節参照。

（11）本書第I部最終章参照。

（12）この点については次章以下で立ち入って検討する。

（13）この点に関しては、とりわけ次章第三節以下を参照。

（14）フッサールは彼の所持する『存在と時間』の欄外に次のような書き込みをしていたという。「ハイデガーは存在者と普遍者のすべての領域、世界という全体領域の構成的・現象学的解明を、人間学的なものへと置き換え、交差させる。すべての問題構制は書き換えである。自我には現存在が対応する、など。その際すべては深遠で不明瞭（tiefsinnig unklar）になり、哲学的にはその価値を失う」（A. Diemer [1965], S. 19f. より引用した）。

(15) 本章第一節、一〇九頁ならびに注(2)参照。

(16) 事実的・個体的自我の具体相(この「私」)こそ、本書第Ⅲ部・他者が全体として明らかにしようと試みる「問題」である。

第二章

(1) 具体的には、『存在と時間』が刊行された一九二七年から一九三六年に執筆が開始される『哲学へ寄与――性起について』(GA 65)の直前までの期間である。

(2) Vgl., N/II, 403, GA 6/2, 404, GA 65, 175.

(3) たとえば、G. Martin [1957], 邦訳一六八頁以下。

(4) Vgl., GA 3, 220, GA 42, 88, 113.

(5) ハイデガーは、ὄν を明確に「存在者」と訳す。アリストテレス以降「形而上学」において、ハイデガーの問う(存在者から区別された)「存在」が問われたことはなく、すでにアリストテレスにおいて「存在」は現前する「存在者」へと変質しつつあり、そのようなものとしてしか問われることはなかった、と考えるからである。

(6) 同じΓ巻の一文も、この方向を示すものと解釈できよう。「〈存在する〉といわれる諸々の存在者を存在者として探究すること」(Aristoteles, Met. Γ2, 1003b 15f.)。

(7) 「神学(Theologie)」と区別して「神的なものの学(Theiologie)」という表現が試みられたこともある(GA 5, 195)。

(8) もちろん厳密には、単に「自然の事実的な事物的存在者」ばかりでなく、理念的な存在者や想像上の存在者などもそこに含まれねばならない。「全体としての存在者」とは、文学どおり存在者のすべてを含むはずだからである。

(9) Cf., Aristoteles, Met. E1, 1026a, 8ff., Λ7, 1072b, 5ff., *De Anima*, 第三巻第五章。

(10) 同書第五版(一九四九年)への書き込みでは、「存在者としての存在者の前へ」の部分に次のような書き込みがある。「とりわけ存在者の存在の前へ、この〔存在論的〕区別の前へ」(GA 9, ibid.)。

(11) 前章で触れたフィンクの「非存在者論(Meontik)」の構想が、ハイデガーのこの「メタ存在論」の影響下にあることは、想像に難しくない。

(12) 前章第3節参照。

(13) Vgl., SZ 265f.

(14) 第Ⅱ部第一章第1節参照。

(15) O. Pöggeler [1974], S. 106.

(16) 以下、原則としてこの「追想」としての Denken を、普通の意味での「思考」(「問うこと」を含む)と区別して、「思索」と訳す。

(17) 『根拠の本質について』の中でもすでに「深淵(Abgrund)」ということは語られていた。「自由は根拠の根拠である。〔…〕こうした根拠として、自由は現存在の深淵（Ab-grund）である」（GA 9, 174）。だがそれは、いまだあくまで「根拠として」捉えられている。いまや存在は深淵＝無‐根拠として、根拠の思考の圏外で捉えられるにいたるのである。先に引用した「基づけつつ自由は、根拠を与えるとともに、根拠を受けとる」という『根拠の本質について』の中の文章に、後年ハイデガーが次のような書き込みをしていることも興味深い。すなわち「無‐根拠（das Grund-lose）（深淵　Ab-grund）、無‐底（Un-grund）の内へと立てる」（Vgl., GA 9, 165）。

(18)　この点については本書第Ⅲ部が立ち入って論ずる。

第三章

(1)　「この転回は『存在と時間』の立場の変更などということではなく、この転回においてはじめて、試みられた思考が、そこから『存在と時間』が経験されているところの、しかも存在忘却の根本経験から経験されているところの、その次元の場所性へと（in die Ortschaft der Dimension）達するのである」（GA 9, 328）。

(2)　「存在の問い」や「根拠づける」という表現は、厳密にはいまやふさわしくない、と言うべきだろう。

(3)　同上。

(4)　また「存在（へ）の思索」の性格からして、それらの言語的形象の一つひとつの響きに耳を傾ける中から、それに応ずる新たな言葉を私たち自身が紡ぎ出してゆくのでなければならない。この間の事情については次章「言葉と人間」で触れることになろう。いずれにせよ、ここはいまだそうした場所ではない。

(5)　この「必要とする」「用いる」という論点については後述する。

(6)　「拡がり＝会域」とは、互いに拮抗する二つのものが出会い・遭遇することによって開かれる「空間」「場所」を表現する言葉である。

(7)　Wesung という表現もある。たとえば「存在そのものの Wesung〔存在が存在としてみずからを生じさせること〕」（GA 40, 219. GA 65, 261）。

(8)　『存在と時間』においては、現存在の時間性が「既在性」と「到来」と「現在」の「脱自的統一」として解明された（「既在し‐現在する‐到来（gewesend-gegenwärtigende Zukunft）」SZ, 432）。

(9)　Vgl., GA 9, 316. Anm.

(10)　本書では Ereignis を、現行の日本語版ハイデガー全集に倣って、かりに「性起」と訳しておく事にする。この訳語が言わんとする基本的な事態は、ハイデガー固有の概念となった「真理＝非被覆性（Unverborgenheit）」を（通常の意味での「真理」と区別して）「真性」と訳し分けた上で、その「真性」の「生起すること」である。

（11） 全集版によれば、前者すなわち「生起（性起）」が一九五〇年版への挿入、後者すなわち「根源の争い（性起）」が一九六〇年版への挿入である（GA 5, 41, 42. Anm.）。

（12） この文言自体は、『寄与』の編者であるフォン・ヘルマンのものである。

（13） 次のような発言もある。「私は〔「存在」という〕この語を、もはや好んでは用いないのですが…」（GA 15, 20）。また、『「ヒューマニズム」について』（渡邊二郎訳・ちくま学芸文庫）の訳注（62）（二四一頁以下）をも参照。

（14） この個所の原文は以下のとおりである。"Das Sein》ist《aber gerade nicht》das Seiende《." 直訳すれば「しかし存在は、まさしく『存在者』で『ある』のではない」となる。だが、原文で強調されている ist を文字通り強く読むと、次のように訳すこともできる。すなわち「しかし存在は、まさに『存在者』ではない仕方で『ある』」。ちなみに『「ヒューマニズム」について』の渡邊二郎訳は、後者の方向で訳出している（同書六七頁参照）。

（15） この個所の原文は次のとおり。"Das Sein》ist《so wenig wie das Nichts."

（16） この点に関しては、渡邊二郎『ハイデガーの存在思想』、六四四頁も参照。

（17） Vgl.,SG,159. "das andenkend-vordenkende Denken". 『「ヒューマニズム」について』（邦訳）の渡邊二郎氏による訳注（166）、二八〇頁をも参照。

（18） 本書第Ⅱ部第四章末尾を参照。

第四章

（1） この解明は「言葉の本質（Das Wesen der Sprache）」と題された一九五七／五八年の講演においてなされた。この講演でハイデガーは、「言葉の本質」とは「本質＝存在の言葉（die Sprache des Wesens）」すなわち「存在の言葉」にほかならないことを示す（Vgl., GA 12, 204）。言葉と存在の本質的なつながりである。

（2） 諸訳を参考に、私訳を試みた。ちなみにハイデガーは、二行の詩節七つからなるこの詩を、最初の三つの詩節と次の三つの詩節とに対峙させ、さらにこの対峙が全体として最後の詩節に対峙している、と読む（Vgl., GA 12, 152）。

（3） ゲオルゲは詩行の冒頭のみを大文字で表記し、後はすべて小文字で書いている。

（4） この命題は、ゲオルゲを解釈する「言葉の本質」（一九五七／五八年）に先立って、『ヒューマニズム書簡』（一九四七年刊）においてすでに表明されていた（Vgl., GA 9, 361）。

（5）「言」について詳しくは、次節参照。

（6）ハイデガーは、思索の「適切さ（Schicklichkeit）」の法則として、「省察の厳密さ（die Strenge der Besinnung）」、「発語の慎重綿密さ(die Sorgfalt des Sagens)」、「語の慎ましさ（die Sparsamkeit des Wortes）」を挙げている（Vgl. GA 9, 364）。

（7）「思索者は存在を言う（sagen）、詩人は聖なるものを名づける（nennen）」（GA 9, 312）という言い方もなされるが、これも過渡的な言いまわしとみなされうる。実際この直後で、結局のところ両者の異同は「ここでは未決定のままにとどまらざるをえない」（ibid.）と言われているのである。

（8）次のように両者を対比させている文章もある。「詩においては、驚くべきものとは、十分に歌い上げるという形での〈言うこと（Sagen）〉の中に潜んでおり、思索においては、思索の努力に値するものとは、限定することができず、歌うのでもない〈言うこと〉の内にある」(GA 12, 184)。

（9）「言」と「性起」とが重ね合わされた表現として、次のようなものがある。「性起は〔…〕言を語り出すこと（Sprechen）へと到達せしめる。言葉（Sprache）への道は、性起によって規定された言に属する」。「〔…〕性起とは、言から言葉への〈途行き＝運動(Be-wëgung)〉である」（GA 12, 249）。

（10）ここでの「一個の」という表現は、「一人の」という意味で用いられているのではない。「或る独特な種類の」というほどの意味である。

（11）「死すべきもの」はその本質の内に「死」をはらんでいる。そしてすでに『存在と時間』以来のハイデガーの思考が明らかにしたように、「死」とは「無」が私たち人間に出会われるひとつの様態のことであった。「死すべきもの」はみずからの内に「無」をはらみ、その「無」の内に充満する静寂の響きを聴くのである。

（12）「過ぎ去ったものを追想することは、思索されないままにとどまっている思索さるべきものへと先駆けて思索することなのである（An-denken das Gewesene ist Vor-denken in das zu-denkende Ungedachte.）」（GA 10, 140）。

（13）この点に関して、詳しくは本書第Ⅱ部第二章第4節を参照。なおハイデガーは、『根拠律』（一九五七年）においては、「理由（ratio）」と「根拠（Grund）」を区別し、いまだ形而上学的思考の圏内にある前者に対し、後者を〈存在者を存在せしめる存在の動向〉と解している。「存在が存在者ではなく、存在が存在であり、すなわち根拠であること、それも理由、原因（Ursache）、論拠（Vernunftgrund）、理性ではなく、集めつつ在らしめること（versammelndes Vorliegenlassen）」（SG, 184）。「存在は、根拠づける動向として現成する（Sein west in sich als gründenlassen)」(SG, 90)。だがこの意味での「根拠」は、もはや通常の意味での根拠ではない。本文でも確認したように、この「根拠づける動向」そのものの「無底＝無根拠性（Ab-grund）」こそがここでの眼目だからである。

(14) 前注で示した意味での「根拠」という言葉を使って、この事態は次のように表現される。「weil とは根拠をさす。しかしその根拠とは、薔薇が単に咲いているということであり、薔薇であること＝薔薇があること（Rose-sein）である」(SG, 172. Vgl. SG, 207)。だがここでハイデガーがなおも「根拠」という言葉を手放さないことは、それなりの問題を残す。思索が根拠への「還帰」「帰郷」であるという態勢を保持しつづけることになるからである。

(15) ハイデガーにとって「完成された形而上学」とは「技術（的思考）」のことであり、「最後から二番目のそれ（die *vorletzte* Stufe）」はニーチェであった（Vgl. VA, 80f. 強調ハイデガー）。

(16) 「帰郷」としての思索をハイデガーは「途《みち》（ゆき）(Weg)」とも表現する。その上で次のように述べる。「途はもっぱら、われわれがすでに居るところへと、われわれを導く」(GA 12, 188)。「途は、われわれに関わっているもの（be-langt）・われわれがすでにそこに滞在している（sich aufhalten）領域に、われわれを到達させる」(ibid.)。そして、なぜあらためて私たちはこの「途」を歩まねばならないのかという問いに、次のように答えている。「われわれがすでに存在しているその場において、われわれはわれわれの本質に関わっているもの（be-langt）に未だことさらに（eigens）到達していないかぎりで、われわれのすでに存在しているその場に同時にまた存在していないという仕方で存在しているからである」(ibid.)。

(17) 「起源」、「根源」、「故郷」の虚構性については、本章第I部第二章を参照。なお、これはニーチェの洞察でもあった。「虚構」という言い方はたしかにネガティヴな響きをなお保持している。だが、それはたんなる虚構（Dichtung）ではなく、「詩（Dichtung）」であり、「思索」なのだ。ハイデガーの詩作＝思索をめぐる思索は、そのことをも示したはずである。

III 他者

第一章

(1) 「超越論的自我」とは、実は存在者のことではないのだから——構成された者ではないのだから——、その構成分析という問題設定は（フッサールの意に反して）

成り立ちえないものであることについては、すでに第Ⅱ部第一章で詳論した。

(2)『存在と時間』第26節「他者の共現存在と日常的な共存在」(SZ, 117ff.)参照。

(3)「言葉は独白(Monolog)である。〔…〕言葉だけが本来的に語るのであり、そして言葉は孤独裡に(einsam)語る」(GA 12, 254. 強調ハイデガー)。もっともすぐ後に続けて「孤独でありうるのは、ひとりきりでない人にかぎられる」(ibid.)と述べられるのではあるが。

(4) Vgl., GA 12, 88. SD, 81. W. Richardson [1967], p. xi.

(5)『形而上学』Z巻第一章冒頭。"to on legetai pollaxos" (Aristoteles, Met., Z, 1028 a9).

(6) "Das Seiende wird (hinsichtlich seines Seins) in vielfacher Weise offenkundig". Vgl., W. Richardson [1967], ibid.

(7) 一九二〇年冬学期講義『宗教現象学序論』。E. Tugenthat [1967], S. 265より引用した。初期ハイデガーにおける「事実性(Faktizität)」概念の成立については、Th. Kisiel [1986/87] に詳しい。

(8) この論文は大正一五(一九二六)年一二月に『思想』第六五号(岩波書店)誌上で発表された。

(9)『三木清著作集』第五巻、五三頁。

(10) 私はこの用語をE・レヴィナスから借りてきている。レヴィナスについては、この第Ⅲ部の後半(第三章、第四章)でふたたび触れることになろう。

(11)『存在と時間』第32節「理解と解釈」参照。Vgl., SZ, §32. Verstehen und Auslegung (148ff.).

(12)『存在と時間』序論・第二章第7節「探求の現象学的方法」(SZ, 27ff.)参照。

(13)『存在と時間』第I部第一編第四章第27節「日常的な自己存在と〈ひと〉」(SZ, 126ff.)参照。

第二章

(1) Theodor Lipps [1907].

(2) Max Scheler [1973], 1. Aufl. 1913, 2. Aufl. 1923.

(3) この点については、新田義弘 [1982]、を参照。

(4) この論点についての立ち入った検討は、次の論考で行なった。斎藤慶典 [1997a]。また、本書序章第1節・第2節をも参照。

(5) この明証性については、後注参照。

(6) フッサール自身、当初は超越論的自我(「純粋自我」)の存在を認めていなかった。その存在がはっきり肯定され、前面に押し出されてきたのは『イデーンI』においてであるが、この時期においてすら「純粋自我」をどう取り扱うべきなのかは彼にとって困惑の対象であったことが、当時の関連草稿を詳細に分析したマールバッハによって報告されている。Vgl., E. Marbach [1974]. 同書にも明らかとおり、フッサールの「超越論的自我」の概念の内にはさまざまな互いに異なる思考の筋道が流れ込んでいるのだが、彼がこの概念のもとに発見した事象の中核をなす事態は「自我」概念を用いて語るべきものではなかったと私は考えている。本書はそれをかりに、(いまだ十分熟していない言い方ではあるが)「世界の現実性《リアリティー》」「この現実」——通常の現実(夢や幻覚と区別されるかぎりでのそれ)の手前にあるそれ、夢や錯覚をも含んだ「現実」、あるいは世界が現象することそのこと——と呼んでいる。

(7) 彼がこの矛盾を超越論的主観性の「自己客観化」による世界への内在化という考えで回避しようとしたことについては、すでに論じた。本書第Ⅱ部第一章ならびにHua VI, §53-54 参照。

(8) 本書では直接取り上げることはできないが、L・ヴィトゲンシュタインもこうした問題に気づいた人の一人である。ちなみに、彼の初期(『論理哲学論考』)の問題意識は本章第4節の問題圏に、言語ゲーム論に向かう後期の関心は主として第3節の問題圏に属する。

(9) この問題系が「超越論的主観性の他者」の問題系と似て非なるものである点に留意されたい。この点については後論する。

(10) これは、フッサール現象学におけるデカルト的問題系——フッサールの自己誤解によって不適切な問題設定のもとにあるのだが——に属する。

(11) 新田義弘 [1978]、第五章を参照。

(12) これは、フッサール現象学におけるクザーヌス以来の問題系(パースペクティヴィズム)に属する。

(13) M. Merleau-Ponty, PP, p. vii/I-11、415/Ⅱ-231. B. Waldenfels [1971], S. 135. Hua XV, 587f., 366, 391.

(14) だがこのことは、あらゆる懐疑を斥ける確実な認識をもはや云々しえない地点がありうることを、必ずしも排除しない。しかしその地点は、そもそも思考がもはや不可能となる地点でもある。この点については以下で論じた。斎藤慶典 [1998a]。

(15) Vgl., Hua XV, 598. 本書第Ⅰ部第一章第3節参照。この点については、次章であらためてもう一度、別の角度から検討を加えることになろう。

(16) しかもこうした私や他者たちは、可能的なすべての私や他者たちをも含んでいる。世界内の具体的な存在者としての私や他人たちは、いわばこの可能性の現実態なのである。したがってフッサールがこうした他者に、それが世界の現出の可能性の条件をなしているという意味で「超越論的」という性格を付与したこと自体は、一定の筋の通った論の運びであることはもちろんである。だがこの意味での「超越論的他者」と、彼の還元の構想に厳密に従った先に姿を現わした「唯一」にしてすべてである（したがってその外部＝他者をもたない）超越論的領野」とは、その超越論性の内実において決定的に異なるのである。かりに前者をカント的な意味での超越論性とすれば、後者はフッサール現象学が発見した特有の意味でのそれなのである。そしてみずからが発見したこの超越論性の特異性と問題性をフッサール自身が必ずしも十分に追いきれていないことが、彼の他者論に独特の難解さをもたらすと同時に、その射程の（おそらくは彼の意図に反しての）広さをもたらしているのである。換言すれば、この混乱の原因は、「超越論的他者」ということの中に、「超越論的われわれ」すなわち「超越論的相互主観性」と、「他の超越論的主観性」、より正確には「超越論的主観性の他者＝外部」という、二つの問題次元が混在している点にあるのである。

(17)　シェーラーは他者の存在とその認識に関して、単なる事実問題としてではなく権利問題としてそれを追求する旨宣言しているが（M. Scheler [1973], S. 212f.）、この「権利問題」という言葉を前注のカント的意味での「超越論性」と解することができるのであれば、それは世界内の存在者としての私と他者たちの構成分析というフッサール現象学の課題領域と正確に重なり合うといってよい。

(18)　両者の間のこの「唯一の違い」が決定的な意味をもってくるのは、世界内の存在者であるかぎりでの私と他者たちの構成分析の次元（本章第3節）においてではなく、世界ないし超越論的領野とその外部（「他の超越論的主観性」ではなく「超越論的主観性（領野）の他者」）との関係が問題化される次元（本章第4節）においてである。後論参照。

(19)　Hua I, 117/269.

(20)　他者認識の構図が類推説にのっとって明示的に論じられた例として、ミル（J. S. Mill [1865]）をあげることができる（浜渦辰二 [1991]、七二頁参照）。

(21)　村田純一 [1992]、一二〇頁以下参照。

(22)　もっとも他者問題の根を認識論的問題設定の次元を突き抜けたところに見て取った点は、本章第4節の議論展開と照らし合わせても、リップスの卓見とみなすことは可能である。

(23)　しかしこの「現前しない」というモチーフをもって「他者」を定義する場合には、事情はいささか変わってくる。この方向でフッサールの議論を解釈し直すのがデリダとレヴィナスである。後論参照。

(24)　Scheler [1973], S. 240.

(25)　Scheler [1973], S. 254.

(26)　E. Cassirer [1988・1990・1987]. 初出は Bd. 1 (1923), Bd. 2 (1925), Bd. 3 (1929)。他者問題においてカッシーラーの占める位置については以下の論考をも参照。忽那敬三・熊野純彦 [1982]。

(27) だが、意味内実や思想内容が「言葉そのものにおいて」直接に与えられているといった場合の、その「言葉そのもの」がいったいどこから、どのようにして私たちの現実へと到来したのかという（本書第Ⅲ部全体を貫く）問いは、シェーラーのこうしたアプローチの中ではそもそも問いとして立てられえないということも、ここで確認しておかねばならない。彼のアプローチが示唆しているのは、「意味（内実）」ははじめから「共同的」なものとして「直接に」与えられているという事実であり、それ以上のことを「意味」に関して問うことはできないという立場である。この立場に立つかぎり、いかにしてそのような「意味」なる事態が私たちの現実において可能となったのかを問う問いの立つ余地は、どこにもない。この事情は、本節の以下で取り上げる論者たちにおいても基本的に変わらない。そしてこの方向は「言語ゲーム論」のヴィトゲンシュタインが歩んだ途とも（少なくとも議論の表に現われた主張に関するかぎり）重なる。これは「問題」としての他者問題の解決の途であり、あえて言えば、この途においては「問題」であるかぎりでの「他者」は最終的には解消されるにいたる。これに対して、そもそもそのような「意味」（なる事態）がいかにして可能になったのか、いかにして私たちのもとに到来したのかと問うことがなお可能であるとすれば、それはもはやこれらの論者たちの立脚する次元とは別の次元においてでしかないことになろう。この「別の次元」を、その存立の可能／不可能をも含めて考察するのが、本章の第4節での議論である。

(28) だがこの事態が、いずれにせよすでに二つのものの「縫い合わせ」である点が看過されてはならない。両者が最初から一体である時には、いかなる意味でもこの「意味」が姿を現わすことはないはずである。つまり、ここにはすでに自と他を分け隔てる亀裂が走っているのである。これはすでに微笑の「交換」なのであり、ある肯定的感情の「共有」なのである。「意味内実」は直接的に与えられているにしても、それははじめから私と他者によって（母親と乳児によって）「共有」されている／されうるものとして与えられているのである。自と他を分離する亀裂は、その亀裂の出現と同時に架橋されるといってもよい。意味をみずからの内に孕む「言葉」の出現にとって「他性」が果たすこうした決定的な役割がはたしてメルロ＝ポンティによって十分に見て取られていたかどうかは、定かでないと言わねばならない。ここで言う「言葉」は決して発語や言語記号のみを意味しない。微笑の交換もまた意味を孕んだ「言葉」たりうるのは、そこにすでに一方の他方への「応答」が成立しているからである。この「応答」こそが最初の「言葉」であり、そして根本的な意味で言葉の本質をなすものではないか。これが本章第4節以下の問いである。

(29) この脱却が彼の哲学全体にとってどれだけの意味をもちえたかは、また別の問題である。この点については廣松渉・港道隆［1983］の厳しい批判がある。

(30) A. Schütz [1974]. 1. Aufl., 1932, 2. Aufl., 1960, 3. Aufl., 1974. 同書での彼の必ずしも明快とは言い難い議論を読み解くにあたっては、廣松渉［1991］が大変参考になる。

(31) Schütz [1974], S.56.

(32) Schütz [1974], S.144.

(33) Schütz [1974], ibid.

(34) ホッブスのいう「万人の万人に対する戦争」という「自然状態」もまた、この次元に立脚した分析というべきである。

(35) ハイデガーの議論をこうした相互主観性理論とは別の次元から眺め直したときに見えてくる示唆に富んだ側面については、すでに前章で考察した。

(36) これは『デカルト的省察』での自己移入論の前提となる次元にフッサールが見て取った、彼の相互主観性理論の根本となる論点である。

(37) 彼の他者論の中でこの「ひと」の分析が、「異様な」と言ってもよいほどの精彩を放っているのは、論全体の構成からいえばむしろ「逸脱」というべきであろう。はなはだ興味深い「逸脱」ではあるが。

(38) ハイデガーは、現存在と共現存在とが「ひと」という在り方において、そもそもはじめから同じものとして成立しているという事態を、たしかに見て取っている。だが、そこから日常的な主体の人称性の成立（私と他者の分化）の過程が論じられることはなく、論は一挙に「ひと」から（固有の死を前にした）「本来性における現存在」の次元へと飛躍してしまう。これはむろん彼の哲学がそもそも他者問題とは別の次元で成立していることの当然の帰結でもある。つまり彼の議論は、相互主観性理論の観点から見るかぎり、論点先取であるか、あるいはそこにそもそも問題が存在しないか（問題の解消）のいずれかとならざるをえないのである。私たちは前章で、むしろこの点にハイデガーの思考の徹底性と、他者「問題」にとっての興味深い示唆を見て取ったのである。

(39) たとえば先のシュッツの分析は、この点が明確に論じられることなくすでに自・他の分離が暗黙の内に前提となっていた疑いが濃いのである。

(40) K. Löwith, IM. 1. Aufl., 1928.

(41) この点については、熊野純彦［1985］、一六七頁をも参照。

(42) この問題はその後、トイニッセンやヴァルデンフェルスらによって受け継がれたが（本節のiを参照）、隣接諸科学の成果をも統合した包括的かつ精密な議論としては、廣松渉の一連の論考（とりわけ本節の議論と関連するものとしては廣松渉［1986-1988］）を第一にあげるべきであろう。なお、本文での「解決」という表現については、前注（27）参照。

(43) ここで私たちは、「関係項に先立つ差異（すなわち関係性）」というソシュール言語学の根本洞察を想起してもよいであろう。また、この次元に踏み込んだ考察として、小林敏明［1987］をも参照。

(44) このことと、現代哲学の際立った特徴である言語への関心あるいは構造論的発想とは無縁ではない。そして問題は、この関係性の成立そのものを問う場面へと移行してゆくことになる（いわゆる「構造主義」は、構造を静態的なものと捉えるかぎりでは、こうした新たな問題関心の一端を示すものにすぎない）。

(45) M. Theunissen［1965・1977］.

(46) トイニッセンのここでの議論の運びの内で「超越論的他者」に与えられた位置が、本書のそれと相容れないものであることは言うまでもない。少なくともフッサールにおいては、超越論性をこうしたいわばカント的な意味にのみとることは、超越論性の新たな次元の発見に基づく超越論的主観性ないし領野の「唯一性」や「外部を言うことの無意味さ」の主張と明白な齟齬を来たすと本書は考えるからである。この点については、本章第2節（特にその後半）ならびに本章の注（16）（18）を参照。

(47) これが、フッサールの自己誤認に基づく擬似問題への解答でしかないことは先に触れた。本章第2節（前半）ならびに本章の注（7）参照。

(48) 「対話」という、私が他者と（広義の）「言語」を介して直面する場面に注目した点で、トイニッセンのこの議論は本章第4節以下の議論と一定の仕方で重なり合う。しかし本書がこの場面において考察しようとするのは、「対話」という相互的な関係が成立する次元のさらにもうひとつ「手前」に関わる事態であり（カント的な表現を用いれば、「対話」の「可能性の条件」をなす次元への遡行であり）、この点で決定的に異なることになる。この相違は、本書とブーバーとの間にも横たわっている。

(49) K. Held［1966］. 同書第Ⅲ部「匿名的な〈とどまる今〉への遡行の試み」が他者問題と密接な関連をもつ部分である。

(50) 詳しくは、本書第Ⅰ部第一章第3節を参照。

(51) B. Waldenfels［1971］. この批判は、それがいま述べた『生き生きした現在』でのヘルトに議論に対するものであるかぎりで、正当なものであると言ってよい。

(52) 近年のヴァルデンフェルスは、先の「対話の三項構造」の一斑をなす「他者関係」に関して集中的で独自の考察を展開したE・レヴィナスの強い影響下にあるが、レヴィナスについては本書も次節以下をその考察と検討にあてる。

(53) この言い方がミス・リーディングなものであることについては、すでに本章第2節で触れた。

（54）私もこのパースペクティヴのひとつである。そして、パースペクティヴなしにすべてが一挙に見えてしまうような（いわばのっぺらぼうの）世界現出など、現出の本質からして原理的にありえないのである。かつてフッサールが、神ですら世界を見るためには世界の中の一パースペクティヴの内へと下降しなければならない、という趣旨の発言をしたことを思い起こすべきであろう。

（55）「なぜ無ではなく、存在なのか」というライプニッツの問いを反復しつつハイデガーがあらためて問おうとしたのも、この次元でのこの問題においてであった。本書第Ⅱ部、とりわけその第二章を参照。

（56）前章第2節参照。

（57）もちろんこの言い方は、ハイデガーが『存在と時間』で呈示した「基礎存在論（Fundamentalontologie）」へのアンチ・テーゼとして意図的に用いられたものであり、レヴィナスがそのような「学」を呈示しようとしているわけではない。この呼称に仮託されているのは、私たちの現実はその根本においてこうした「他者」＝「他なるもの」との分離における／という仕方での接触（すなわち「倫理」）である、という事態にほかならない。

（58）TI, 175/304, 281/468. Cf., TI, 12-18/45-55.

第三章

（1）K.Held [1972].

（2）本書第Ⅰ部第二章参照。

（3）E.Levinas, TA, 1. éd. 1948, 2. éd. 1979.

（4）E.Levinas, TI, 1961.

（5）E.Levinas, AA, 1974.

（6）もっともレヴィナス自身は「否定」という語を好まない。西欧哲学においては、この語は否定と揚棄の弁証法に掬い取られてしまうからである。「否定性には超越を受け容れる度量がない」（TI, 12/44）のである。彼の言葉に従って言い直せば、他者へと思考を向かわせるのは、みずからを無限に超えたものへの「欲望（désir）」である（cf., TI, 3/31）。

（7）第Ⅲ部第二章第2節参照。

（8）Vgl., Held [1972], 33-42/177-187.

（9）Vgl., Held [1972], 42-54/187-202.

（10）詳しくはすでに第Ⅰ部第一章で論じた。以下では要点のみを再確認する。

（11）レヴィナスもこの没自我性に注目していることは、彼の他者論の出発点を確認する上でも、記憶されておいてよい（cf., DEHH, 222sq. /326sq.）。詳しくは後論参照。

（12）受動性と原受動性の区別は、後年のC草稿の段階になってはじめてなされる。初期時間論の段階では「縦の志向性」自体は、なお意識の一種の能力として、受動性の次元に位置づけられている。この点についても詳しくは先の第Ⅰ部第一章で論じた。

(13) 本書第Ⅰ部第三章並びに第Ⅱ部「存在」を参照。

(14) Cf., Aristoteles, Met., 1010a 7-14. レヴィナスもこの二人の発言に言及している (cf., TI, 32/75sq.)。

(15) 以下で検討するレヴィナスの思索は、こうした一種の「比喩」で彩られている。これを、厳密な哲学的思索からの逸脱と考える人がいるかもしれない。しかし、彼の思索が関わろうとしている事態が、私たちの理性的ないし悟性的な認識と意識の及ぶ事象の「手前」に位置するものであることを考え合わせるなら——すでに見たようにフッサールもこの事態が「絶対的匿名性」の内にあることを指摘していた——、むしろひとつの可能な対応の仕方と言うべきであろう。ここでたとえばプラトンにおいて、私たちの認識の彼方にあるとされた「善」のイデアが、「太陽」のような比喩的形象の下で語り出されていたことを思い起こしてもよい。あるいはハイデガーが、哲学的思考よりも「厳密な」思索があるのだ、と語ったことを思い出すこともできよう。思索の事柄が「他なるもの」や「存在」のように、理性的思考の限界と起源に関わるものとなる場合、そもそもそれらをいかにして語るのかという「語り方」の問題を避けて通ることができなくなるのである。この問題に関してハイデガーが著しく「詩作」に接近した経緯はすでに見たとおりであるが、彼とは別の「語り方」の可能性を、後に本書は、レヴィナスにおいて検討することになろう。第Ⅲ部第四章参照。

(16) ここでハイデガーとレヴィナスのいずれの存在把握が正当であるかを論ずるつもりはない。ギリシアの穏やかで晴朗な自然と、砂漠の過酷な自然とを思い浮かべてもよい。いずれもが、紛れもなく存在なのである。しかしレヴィナスが存在のハイデガー的側面を無視しているというわけではない。それは彼にあっては「享受 (jouissance)」、「元基 (éléments)」というかたちで光をあてられ、私たちの現実を支える重要な側面として集中的な考察の対象となっている (cf., TI, 116/212, 133/241)。

(17) レヴィナスには、みずからの存在把握と存在への関わり方をアブラハムに、(ハイデガーを含む) 西欧形而上学のそれをオデュッセウスになぞらえた記述がある。「イタカに帰ってくるオデュッセウスに対して〔…〕われわれは〔…〕未知の土地を求めて永久に祖国を去ったアブラハムを対置する」(DEHH, 191/276)。なおレヴィナスは、存在のこの「おぞましさ」をサルトルに先立って、すでに一九三五年に「吐き気 (la nausée)」と形容している (cf., Levinas, DE, 89sq./73sq.)。

(18) 「瞬間」概念については、邦訳書『実存から実存者へ』の一七三頁以下に、訳者の西谷修氏の詳細な訳注がある。参照されたい。

(19) レヴィナスはフッサール時間論の中の「原印象(Urimpression)」をめぐる議論に着目して、それを存在の生成と時間流としての意識との接点を示すものとして解釈しようとしている(cf. DEHH 所収の「志向性と感覚」。特にその第3、4、6節)。また彼は、絶対的意識流を「主体」の出現として位置づけている(cf. DEHH, 154/243)。これらは、彼にとって「存在」からの「主体(自己同一的なもの)」の成立こそが問題であったことを示していると言ってよかろう。

(20) これに対して、原受動性の原場面とも言うべき、存在の一様な生成の場面においては、その「自己同一性」を言うことは、もはや/あるいはいまだ意味をもたない。というのも、存在のこの「漆黒の闇夜」は文字通りすべてなのであって、すべてがこの闇に沈みつつ、端的に(全体として)「ある」状態は、その状態の解体がありえない(その中に「無」が入り込む余地がない)という意味で、自己同一的でないことがありえないからである。「自己同一」ということが意味をもつのは、それが自己同一的でありえない状態と対比されうる場合、つまり自己同一的でない可能性がある場合にかぎられるのである。この状態は、いわば「永遠の現在=現前(nunc stans)」であり、現在でしかありえない以上、それは何ものかが到来し・何ものかが去りゆくたえざる流動としての「時間」ではなく、すなわちそれは「現在」ですらないのである。フッサールが「生き生きした現在」の先時間性を捉えたとき、彼が眼前にしていたのもこの次元でのこの事態だったはずである。

(21) レヴィナスは『実存から実存者へ』の「基体化」の章で、このようにして主体としての自我が登場するにいたる過程を詳細に分析している。この章に限らず同書全体の分析は、ハイデガーの『存在と時間』での現存在の分析にも比肩しうる密度と思考の強靱さをもって遂行されており、かつ『存在と時間』ではほとんど欠落していた主題(疲労、怠惰、眠り、身体…といった、私たちの日常の身近な事象)に光をあてた重要な論考である。しかしここではそれらの分析にこれ以上立ち入ることは控え、先を急ぐことにしよう。

(22) ハイデガーが、死を現存在の「不可能性の可能性」として、主体の権能の極限形態として捉えたのに対し、レヴィナスにとって死は「可能性の不可能性」として、主体の権能の外部を指し示す事態である。Cf. TA, 57sq./58sq., 92/105.

(23) Vergegenwärtigung は、正確には「準-現在化」と訳されるべきであるが——そして本書もこれまでそう訳してきたが——、ここでは他者が何らかの仕方で私の現在へともたらされうることに眼目があるので、分かりやすさのために「現前化」とした。

(24) 詳しくは、本書第Ⅰ部第一章を参照。

(25) レヴィナスは、こうした視点から、未来（将来）を時間の「脱自（extase）」（すなわち自我からの外出）として捉えるハイデガーを批判している（cf., DEHH, 189/274）。

(26) Vgl., K.Held [1972], 58-60/207-210.

(27) K.Held [1972], ibid.

(28) レヴィナスもこの意味での「時間の不連続性」を主張している。つまり彼の言う「未来」は、通常の時間様態のひとつとして過去―現在―未来というひとつの連続態を形作るそれとは別の次元に位置しているのである。彼の言う「絶対に新たなるもの」として「未来」が、存在の「他なるもの」の問題系に関わるものであるゆえんである（cf., TI, 260sq./439）。

(29) Vgl., K.Held [1972], 60/219. レヴィナスもフッサール時間論における「原印象」を解釈して、それは「自発的発生（genesis spontanea）であると同時に〔…〕〈他なるもの〉を受容するまったき受動性である」（DEHH, 156/245. cf., DEHH, 162/254）と述べている。

(30) Cf., TI, 23sq./64sq., 190sq./327sq., 229/386.

(31) Cf., TI, 22sq./61sq., 161sqq./282sqq., 206/353. 他者との関係が成就される場面をレヴィナスは、「顔」を介した「意味生成（signifiance）」としての「言語」において捉える。「受肉」ということが本来の意味で語られるのは、この次元においてである。Cf., DEHH, 194/282. AA, 87/136, 97/149sq., 100/153, 139/203.

(32) Cf., TI, 214sq./366. ここで私たちは、ハイデガーが呈示してみせた主体、すなわち「現存在」の在りようを、もう一度思い起こしておくべきかもしれない。それは、たえずみずからの存在を気遣うことの中で（「気遣い（Sorge）」）他者の他性を抹消し、みずからの権能の支配下に置こうとする動向をその「本質」とする存在者のことであった。本書第Ⅲ部第一章参照。

(33) ここで、これまでの主体＝自我と区別して、この新たな段階に立つ主体をかりに「私」と表記しておくことにしよう。また、ここで主体に与えられた「唯一者」という性格も超越論的領野に対して言われる場合のそれとはまったく別物である。ここでの「唯一性」とは、「顔」を介して絶対に未知なる他性に直面しているのはほかならぬこの「私」であって、誰もそれを私に代わって引き受けることはできない、という事態の表現である。この意味での「唯一性」に私たちはすでに第Ⅲ部第一章で出会っていた。みずからの外部としての「他なるもの」に向かい合う「私」の「唯一性」について、レヴィナスは次のようにも言う。「同一性なき唯一性（unicité sans identité）」（AA, 73/117. cf., AA, 133/194, 136sq./200sq.）。

(34) レヴィナスは他者を『全体性と無限』にいたるまでは主としてその「未来」性において考察してきたが、

『存在するとは別の仕方で』ではその「過去」性に考察の重点を移している。この点をシュトラッサーは、レヴィナスの「転回（Kehre）」と呼んでいる（S.Strasser [1978], S. 219f.）。クレワニもこの見解を踏襲している（W. Krewani [1983], S. 18f.）。だがこれは、「転回」というよりはむしろ、他者が私に出会われる二つの「様態」（それも厳密に同時的な二つの「様態」）と解すべきであろう。他者はつねに絶対的に新たなるものとして「未来」から到来する。同時に、他者が「私」に到達したとき、それはすでに過ぎ去ってしまっている。現在へと対象を取り集める「瞬間」のもとには、対象他者すなわち主題化可能な他人＝他者しか残されていない。「顔」の上にしるされているのは、あくまで「他なるもの」の痕跡にすぎない。現在へと対象を取り集める私の能力をいつもすでに超出しているもの、それが他なるものとしての他者なのである（cf. DEHH, 211/307sq.）。

(35) 本書第Ⅱ部第二章参照。

(36) 本書第Ⅲ部第一章参照。

(37) 「手」はどうであろうか。「差し出された手」は、「応答」を要求するものとして、おそらくすでに「顔」の一部分であろう。すなわち、「顔」とは身体の特定の部位のことではないのだ。

(38) ここで言う「人間」は、世界内部の存在者としてのそれのことではなく、「顔」に応じて「語る」者のことである。またここで言う「意味」は、先に本書第Ⅰ部第三章で検討した「記号」という事態において成立する「意味」とも単純に同じではない。ここでの「意味」は、それを語る者——ここで言う「人間」——の応答＝責任をすでにして担った「意味」なのである。後論参照。

(39) レヴィナスはこの途筋を必ずしも明示してはいない。以下の議論は、私（斎藤）によるこの途筋の再構成の試みに基づく。

(40) 以下では、「他者」という表記で、他人としての他者と「他なるもの」としての他者の双方を同時に表わす。

(41) 前注（38）においても触れたように、これは、〈或るものがみずからでないもの（＝他者）をその不在において指し示す〉「記号」という事態に、新たな次元——応答＝責任——が重ね合わされたことを意味する。

(42) こうした議論の展開からも明らかなように、「よさ」や「倫理」という概念自体は、極端な言い方をすれば、もはやあってもなくても同じことだと言ってもよいのである。「私」と「他なるもの」との関係の根本をなしているのは、〈「私」は他者のために〉として「私」が他者に服しているという事態そのものなのであって、この事態の方こそが「よさ」や「倫理」を定義しているからである。

第四章

（1）具体的には、以下の諸著作である。
・EE, 1. éd., 1947. 2. éd., 1978.
・TA, 1. éd., 1948. 2. éd., 1979.
・DEHH, 1. éd., 1949. 2. éd., 1967.（本書第二版は大幅な増補改訂版であり、増補部分には一九五九—一九六七年までに書かれた九編の論考が収められている。この中には『全体性と無限』から『存在するとは別の仕方で』への移行期の重要な論考数編が含まれている。）
・TI, 1961.

（2）・AA, 1974. なお本章では扱わないが、次の著作もレヴィナスの後期の重要な著作である。
・DI, 1. éd., 1982. 2. éd., 1986.

（3）J.P.Sartre [1961].
F. Poirié [1987], 87-88. *L'express*, 13. 7. 1990.（合田正人訳「他者の名において」『みすず』一九九〇年九月号、五四頁。）

（4）Aristoteles, Met. 1003a20-a30.

（5）この論点を私たちは、先に第Ⅲ部第一章において、ハイデガーに即して確認した。

（6）本書第Ⅲ部第一章をも参照。

（7）レヴィナスにこの修正を行なわせるにいたった最も重要な批判は、デリダが「暴力と形而上学」（J.Derrida [1964], 117-228）で行なった批判である。Cf., E.Levinas, AS, 70. その後、J.Derrida［1997］にいたるまで、すなわちレヴィナスの死に至るまで、両者の間の好意的な、とはいえ緊張に満ちたやりとりは続くことになる。

（8）私たちのロゴスにおいては、「存在の他なるもの」も「他なるもの」という何らかの存在者として現出せざるをえない。それを「他なるもの」と表現すること自体が、すでに「他なるもの」を裏切ってしまうのである。事態をより適切に表現するためには、「存在するとは別の仕方で」という未完の・ぶざまな表記の方が、まだましなのである。後論参照。

（9）「転回」という語はシュトラッサー（S.Strasser [1978], S. 223）による。この点については、『存在するとは別の仕方で…』の訳者による解説に詳しい（三八二頁以下）。この点についての私自身の見解は、前章の注（34）で述べておいた。

（10）「存在するとは、存在に只中に在ること、すなわち利害である（Esse est interesse.）」（AA, 4/19）。

（11）レヴィナスに先立って、カントもすでに次のように述べていた。「自然状態はむしろ戦争状態である。言い換えれば、それはたとえ敵対行為がつねに生じている状態ではないにしても、敵対行為によってたえず脅かされている状態である」（I.Kant, EF, 158/26）。「これまで誤ってそう呼ばれてきた平和条約、それは実は〔一時的な〕休戦にすぎない」(I.Kant, EF, 205/111)。

(12) これは、レヴィナスのヘーゲル批判の骨子でもある。Cf., AA, 100/153.

(13) ソクラテスが、みずからの立てた問いに答えることができなかったのは、彼の問うた「善さ」とは「存在」ではなかったからだ、と言うこともできよう。彼の問うた「善さ」とは、「存在するとは別の仕方で」を支配する基準のことだったかもしれないのである。Cf., AA, 30/57.

(14) この間の事情については、本書第Ⅲ部第三章の最終節で立ち入って論じた。

(15) 「他者ないし私の隣人による強迫(付き纏われること)は、私が自由意志に基づいて犯したものならざる過ちに関して、私を告発する。私の自己同一性の手前に存する自己へと、一切の自己意識に先立つ自己へと〈自我〉を遡らせ、私を絶対的に裸にするのも、かかる強迫にほかならない」(AA, 117/175)。

(16) 「近さの関係は、すでにして召喚であり、極度の火急事であり、責務である。近さの関係は、アナクロニックな仕方で一切の関与に先立っている。超越論性〈よりも古い〉先行性」(AA, 127/188)。

(17) 「〈語られたこと〉においてはじめて、存在することは存在することとして響く。〔…〕言葉としての〈語られたこと〉が、存在することを存在することたらしめる。存在すること、それは主題、顕示、臆見、ロゴス、ひいては〈真理がある〉という事態そのものである」(AA, 51/85)。

(18) 「責任は積極的・定立的なものであり、果たされれば果たされるほど増大してゆくこと、それが責任の積極性・定立性である。責任は、ある理念を無限に追求するように命ずる当為ではない。無限の無限性は、このような追求とは逆の方向を向いている。清算されることに応じて、借財が増えてゆくのである。いや増すこの未済額、それを栄光(gloire)と呼ぶこともできるかもしれない」(AA, 14/36)。

(19) 「みずからの覆いを剝ぎ取りつつ語ること、言い換えるなら、みずからの皮膚さえも剝ぎ取って語ること、それが〈語ること〉である。皮膚を、さらには神経を剝き出しにして、苦しみにさえも自分を供する感受性、この自己供与ゆえに全身これ徴しと化して自己を表現する感受性、それが〈語ること〉である」(AA, 18/42, cf., 70/112)。

(20) 「〈私はここにいます〉(創世記22、イザヤ書6など)に含まれた〈私(me)〉という代名詞は、対格の代名詞である。どんな変化にも先だって屈曲し、他者に取り憑かれ、病に罹りつつも自己同一的な代名詞、それが〈私はここにいます〉に含まれた〈私〉なのだ。〈私はここにいます〉、それは息を吹き込まれつつ語ることである」（AA, 180-1/258）。「主体は、そもそものはじめから対格である自己として（あるいは告発された自己として）記述される」（AA, 69/111）。「主体性は、一種の対格として、そもそものはじめから責任を負わされ、この責任を回避することができない」（AA, 107/163）。

(21) 主体は「受肉」したものであることによってはじめて、他者にみずからを贈与するものたりうるのである。「主体の受肉とは、贈与することの可能性、意味を譲り渡すことの可能性にほかならない」（AA, 100/153）。

(22) この段階には、さらに「享受（jouissance）」というレヴェルが先立っている。「享受」は、生の自己満足の可能性である。この自己満足によって個別化される何ものか、それが他者へと曝されることによって、意味作用する「自己」が誕生するのである。「享受」は、あらゆる質料性の第一の段階、「第一質料」の次元を形作る質料化の過程である（cf. AA, 91/142sq.）。この「享受」に関しては、『全体性と無限』の「内部性と経済」の章（の特に前半部分）が集中的な考察を行なっている。

(23) 他者を、主題化に先立つこうした次元、「いかなる受動性よりも受動的な」次元に見るレヴィナスの議論は、フッサール時間論の文脈で言う「原受動性」のレヴェルに他者問題の成立を見るものであることを、私たちは前章で検討した。レヴィナス自身、『存在するとは別の仕方で』の第二章第3節「時間と言説」で、フッサール時間論を念頭に思考を展開している。

(24) ここでの〈人間〉という語は、レヴィナスがこの語に付している意味とは違って、ごく一般的な意味で使っている。すなわち、世界内の存在者としての人間一般である。以下、この一般的意味で用いるときには〈 〉を用いる。レヴィナスはこの意味での〈人間〉を「市民（citoyen）」と呼ぶことがある。たとえば、「正義の生誕の地、それは私と他者たちに共通の領野であって、この領野において私は他者たちの一員とみなされる。言い換えるなら、正義の生誕の地では、主体性は計量可能でかつすでに計量された諸々の義務と権利一切をそなえた市民なのだ」（AA, 204/291-2）。これに対して、レヴィナスの言う「人間」は、倫理的主体すなわち「私」、「自己」、「精神」とほぼ同義である（後論参照）。この意味で用いるときは「 」で示す。そして両者の間には次のような関係がある。すなわち、「人間」たる「私」の責任が、他者たちを〈人間〉として遇することを要求するのである（この点も後論参照）。

(25) ここで姿を現わした「平和」――私たちのもとにある平和とは別の「平和」――の可能性については、あらためて考察する必要がある。斎藤慶典［1999］参照。

(26) E.Levinas, EI, 95/140.

(27) E.Levinas, "Israël: éthique et politique", in:

Les nouveaux chaiers, n° 71, 1983.（『存在するとは別の仕方で…』訳者解説四七〇頁参照。）

（28）レヴィナスの現実の政治上の態度決定、とりわけシオニズムに関わる彼の態度は、彼の「語ること」（哲学）と現実との関わりを測る上で、慎重な検討を要する。以下の論考は、この問題を考える上で導入の役割を果たしてくれる。合田正人［1988］、三七七頁―四〇〇頁。港道隆［1989］、二〇一頁―二一七頁。

（29）顕現（manifestation）と非現前（apprésentation, non-présence）を等号で結ぶのはいかにも奇妙だが、こと「他者」に関するかぎり、むしろ事象に即していると言わざるをえない。「顔」に痕跡のみを残す「彼方」なる「他者」は、存在の中のどこにおいても「不在」でありながら、痕跡が痕跡として機能するかぎり、何らかの仕方でみずからを「告げ知らせ」てもいるからである。

（30）J.-P. Sartre, [1938].

（31）レヴィナスもまた、サルトルに先立ってすでに一九三五年にこの「吐き気」について語っていたことはすでに見た。Cf., E. Levinas, DE, 89sqq./73sqq. 本書第Ⅲ部第三章注（17）参照。

（32）G.Petidemange [1976], 60.

（33）レヴィナス自身は、みずからの語りを、通常の意味とは異なる意を含ませて、「宗教」に関連づけて語ることがある。たとえば「彼性との関係（relation）としての宗教（religion）」（AA, 214/305）。

（34）レヴィナスの「神学」批判としては、例えばAA, 155/223, 120/179などを参照。

（35）レヴィナスのこの考えを、ヴィトゲンシュタインの「倫理」についての考えと突き合わせてみることは、興味深い課題である。おそらく両者は、同じ事柄を、まったく逆の方向から語っているのだ。私はこの課題を、西欧哲学の歴史の光のもとで考察してみたことがある。斎藤慶典［1997 b］

（36）実は、もう一冊ある。それは、ベルクソンの『意識に直接与えられたものについての試論』である。Cf., E.Levinas, EI, 28/41.

終章

（1）私はここで「時間」の「実在性」を否定し、それを「主観的現象」へと還元しようとしているのではない。そもそも「時間」や「実在」、「主観性」といった概念自体が相当に高度な抽象の産物である疑いが濃厚であるのだから、そうした概念を用いて「時間」は「実在」するか否かを論ずることは、抽象に抽象を重ねた思考のアクロバットになりかねず、不毛な議論に陥る危険が大であると言わねばならない。こうした議論は、「時間」の名のもとに、私たちが接しているはずの事象からますます私たちを遠ざけてしまいかねないのである。ここで私が試みたのは、こうした議論とは逆の方向に眼を転じてみようということなのである。

（2） L.Wittgenstein [1979], S. 11. なお、“der Fall”を「実際に生ずること」と訳したのは、黒田亘訳（黒田亘[1978]、四二頁）を参考にした。

（3） 出来事のなかには、人の死や交通事故のように、それが生じた時にはすでに（私たちの経験としては）「完了」の相のもとにあるものもある。だが、人生を「つねに死につつある」と捉えることもできるし、事故もどんなに短くとも――タイヤがスリップし、車が横転し、火災を起こし、車中の人が火に包まれ…と――その「進行中」を取り出すことはできる。

（4） この二様態は、言語学でいう「アスペクト（相）」に相当する。ここで私は世界の基本的な在り方を、「時制（テンス）」にではなく、「アスペクト」に見ているのである。なお、ここでいう「進行中」は、大森荘蔵[1992]の言う「今最中」にさしあたり相当するが、そこに何を見て取るかは大森とは異なる。

（5） Cf. R.Descartes, M. 48-49/162-163.「少し前に〔一瞬前に〕私が存在したというそのことからは、何らかの原因が私をいわばふたたびこの瞬間に創造する、つまり私を保持するというのでないかぎり、私がいま存在しなければならないということは帰結しない…」「どんなものをも、それが時間的に持続するそのひとつひとつの瞬間において保持するためには、このものがまだ存在しないとした場合にそれを新たに創造するために必要であるのとまったく同じだけの力と活動が必要である…」。

（6） ここでは「読書」という「行為」を進行中の出来事の例としてあげたが、事情はたとえば「ここに机がある」といった知覚場面でも同様である。「机がある」という出来事もまた、その内に絶えずみずからを更新する「動き」を孕むことなしには、出来事として存立しえない。それはたとえば、物理学の言語で描写された次のような事態と対応させることができるかもしれない。すなわち、机という「物質」を構成している（現在の私たちが知りうる）最終的なレヴェルである「素粒子」が、私たちには知覚できないほどの短い間にも絶えず生成消滅を繰り返すことの内で、はじめて机は机として存立しているのである。

（7） 「既成の概念枠に従って記述すれば」ということは、実はここでの記述はすでに、次に述べる「完了」体験を要件とする「認識」のレヴェルでなされていることを意味する。この事態が不可避である事情についても後論する。

（8） 知覚世界におけるこの四次元の分節化は、必ずしもいつも明瞭であるとはかぎらない。たとえば「痛み」の場合などを考えてみると、それが知覚世界の中に場を占めている出来事であるにしても、必ずしもそこに縦／横／奥行きの三次元を明瞭に分節化することはできないであろう。だが、それがある種の「拡がり」をもって存立していることもまた確かなのである。また、進行中の出来事には知覚以外のさまざまな出来事があることも言うまでもない。それらは、たいていの場合、明瞭な四つの次元への分節化を欠いているが、それにもかかわらずある種の「拡がり」を有していることが、ここでの論点である。

(9) ここで私たちは、ハイデガーが述べた「時－空の－遊動（Zeit-Spiel-Raum）」を思い起こすべきであろう。本書第Ⅱ部第三章参照。

(10) もっとも、この場合の「現在（する）」が過去や未来とならぶ通常の意味での現在であるかどうかは、あらためて検討する。

(11) ドイツ語の da が時間・空間両者のニュアンスをあわせもった語であることはよく知られていよう。ハイデガーが「私たち」という出来事をこの da を用いて Dasein（現存在）と表現したとき、彼が見て取っていたのは、このような事態ではなかったであろうか。

(12) いかにこの「立ち会う」ことが間接的になっても——たとえば巨大な加速器での実験の測定結果のスーパー・コンピューターを使っての解析を通してはじめて垣間見ることのできる素粒子の世界——、原理的にこの点は動かないであろう。

(13) この点は大森［1992］が強調する論点のひとつであるが、私もこの意味でこの見解に賛成である。

(14) 本書第Ⅰ部第二章ならびに第三章参照。

(15) なお、「過去」こそ客観的世界の「認識」を構成するものであることは、すでに中島義道［1991］が指摘している。

(16) 私たちの「意識」とりわけ認識活動を行なう「意識」とは、このようなものであろう。そして、この新たな場所ないし「別の場所」こそ、私たち一人ひとり（すなわち「私」）の存立の場所にほかならないはずである。後注をも参照。また、この新たな場所（「完了」経験のもたらされる場所）と先の「進行中」の出来事の占める場所との関係は、ちょうど前者が後者の上に覆い被さるようなかたちになっているように思われる。そのかぎりで、新たな場所は「進行中」をその内に内包しているのである。私たちの位置する場所は、通常の場合この「新たな場所」であり、フッサールが「超越論的主観性」という言葉で指し示したのは（そしてハイデガーが「現存在」という言葉で指し示したのは）この「場所」のことであった。

(17) 「到来」については、次節で述べる。

(18) 仮に、出来事の「進行中」にしか関わらず、「完了」経験をもたない「意識」があったとすれば（多くの動物の「意識」をこのようなものとして捉えることもできるかもしれない)、その「意識」にとっては〈現に・いま・ここ(そこ)〉しかないということになろう。そしてそうした〈現に・いま・ここ(そこ)〉のみの「意識」に、「時間」という経験の成立を見ることは困難であろう。もっとも、これはむしろ「時間」ということでいかなる事態を思考しようとするのかに関わる問題であると言った方がよい。というのも、たとえばベルクソンが「純粋持続」ということで考えようとしていた「時間」はおそらくこの〈現に・いま・ここ(そこ)〉のみの意識——たえず〈現に・いま・ここ(そこ)〉でのみありつづける意識——に近いものであったと思われるからである。また、「時間」を出来事の「進行中」と「完了」というふたつの様態の相のもとで捉えれば、それは出来事の「何」において「時間」を捉えることであるのだから、「時間」は決して一様・均一な連続体ではなく、その内に次元の切断線を含んだ——さまざまな場所とさまざまな進行の度合いとさまざまな拡がりの度合いをもった——多様体であるはずである。

(19) 「空間」の三次元の分節化が、私たちの「身体」の能力(身体の「動き」)と不可分(ないし相関的)であることは、容易に見て取れよう。「空間」は、何よりもこうした「身体」の「動き」によって開かれるのである。

(20) 想起と記憶、このふたつは別のものではない。したがって、想起されずに記憶されているということはありえない。何らかの過ぎ去った(完了した)出来事が想起されるということがすなわち記憶なのであって、想起なしに記憶がどこかに保存されているわけではない。想起がなされないとき、過去は端的に「忘却」されているのであり(「記憶」されているのではない)、過去は想起のたびに新たに経験にもたらされるのである。過去の世界(世界の過去)は実在(存在)しない。それは想起においてその実在(存在)を別の仕方で付与される——〈存在しないという仕方で存在する〉——のである。すなわち過去の世界(世界の過去)は、実在(存在)したのである。また、乳幼児期の記憶の多くが残らないのはなぜかという問題についても、この観点から次のように答えることができるはずである。すなわちそれは、それらが「完了」の相で経験されていないからなのである(あるいは、「完了」の経験をもたらすあの「別の場所」の創設がいまだ十分ではないからである)。換言すれば、それらが「進行中」の「現在(する)」でしかなかったからなのである。

(21) 「未来」と「過去」を成立させるこの「別の場所」においてはじめて、過去から未来にわたって一定期間存続しつづける同一の主体としての「私」(という出来事)の成立も可能となる。なお、「未来」と「過去」の相違についての立ち入った検討はここでは差し控える。一言だけ付言すれば、私たちのような「意識」をもった存在者にとっては、その実践的世界（行為）における「予期」としての「未来」意識が極めて重要な役割を演じているはずである。そしてその「予期」が可能となるためには、出来事をすでに「到来」した相（「完了」）において捉えることができなければならないのである。ここでの議論は、「過去」と「未来」のこうした構造的同質性に焦点があてられている。

また、念のため付言すれば、ここで私が言う「到来」としての「未来」は、レヴィナスが「他なるもの」と重ねて語る「未来」とは次元を異にする通常の意味でのそれである。彼の言う「未来」を私はむしろ「進行中」（としての「現在」）の内に孕まれた「何ものか」と考えている。後論参照。

(22) 先にも触れたように、通常私たちは「進行中」の出来事の経験をそれとしてはっきり認識しているわけではない。認識するためにはその出来事から何ほどか距離をとる必要があり、それは出来事とは「別の場所」を必要とするからである。しかし進行中の出来事に立ち会うこと、ないし進行中の出来事の当事者であることのために、必ずしも認識が必要なわけではない。私たちは、認識することなしに実に多くのことに立ち会い、多くのことを行なっているはずである。たとえば音楽のような時間芸術とは、何よりもこの「進行中」という様態ならびにその経験（認識ではない）に定位した創造行為であるように思われる。

(23) かつてハイデガーが、彼の問うた「存在」を「無」と表記したり、「存在」と表記したりしながらも、結局はそれらをも破棄していった事情をここで思い起こしてもよい。本章第Ⅱ部、とりわけ第二章、第三章参照。

(24) ここで本論の立場を明確にするために、現代の分析系の時間論との関係について一言しておこう。〈過去—現在—未来〉という時系列は、マクダガート（J. M. E. McTaggert）のいうA系列にあたる。周知のように彼は「時間」の成立をこのA系列に求め、かつこの系列が矛盾を孕むものであることを立証することによって、「時間」の「実在性」を否定した。これに対して本論は、A系列の成立の構造を問うことの中で「現在（する）」（「進行中」）という様態のもつ特異な性格に着目し、その中に「絶えず」「新たに」という動向を見出した。そしてこれは、私見によれば、マクダガートのいうB系列（時間のもつ「より前」と「より後」という性格）の原型をなすものである（ただし決してB系列そのものではない）。A系列の中にB系列（の原型）が潜んでいることをあきらかにするこの方向は、たとえばビーリ（P. Bieri）のマクダガート批判と軌を一つにするものであるが、もちろんその内実はビーリとは大きく異なる。もし「時間」の「実在性」を言うとすれば、それは本論で論じた「他なるもの」との関わりにおいてほかにはないであろうというのが私の見解である。マクダガートの所論については中村秀吉［1980］、滝浦静雄［1976］の両者に、またビーリについては後著に、それぞれ簡潔な要約と批判がある。

あとがき

本書は、これまで私が現象学の領域であれこれ考えてきたことに、とにもかくにもいったんまとまった形を与え、その作業を通じてさらに先へと私自身の思考を促すために書かれた。振り返ってみれば、大学院に進学して現象学の勉強に腰を据えて取り掛かって以来、すでに二十年がすぎようとしている。本書は私自身の著作としては最初のものなので、みずからの思考にひとつのまとまった形を与えるのに二十年を要したことになる。我ながらその遅々とした歩みに呆れないではないが、これればかりは本人の器量の問題なのでいたしかたない。

私にとって現象学とは、単に哲学の中の一分野というのではなく、哲学そのものであった（そして本書を書き上げた今でも、そうである）。これは何も特別のことを言っているのではなく、哲学という私たちの思考の営みが立ち上がる原場面はいつでも――いやそもそも私たちのあらゆる営みがそうなのだが――、何ものかが私に対して何らかの仕方で姿を現わす、すなわち「現象する」ことを以ってでしかない、ということにすぎない。つまり私は、世界が現象しなければならない理由は必ずしもないように思われるにもかかわらず、現にそれはここに紛れもなく現象しているということ、そして私以外の他の人々にとってもそうであるらしいこと、このことに驚いているのである。この驚きが私を哲学へと向かわせたのである。したがって、私にとって哲学とは必然的に現象学なのである。

すでにお分かりいただけたと思うが、私の言っている現象学は必ずしもフッサール現象学にかぎられるものではない。私にとっては、それが哲学であるかぎりは――すなわち思考の事柄を共有しうるかぎりは――、デカルトもカントもヴィトゲンシュタインも大森荘蔵も…みな現象学なのである。

しかし、私がみずからの思考を哲学として鍛え上げるにあたって、何よりもフッサール現象学ならびにその流れを汲む哲学に多くを学んだことは言うまでもない。本書はそのことのささやかな証しであると言ってもよい。そして、そのような私の哲学の歩みの中で、第一にお名前を挙げさせていただかねばならないのが、新田義弘先生である。私が現象学の何たるかを学んだのは、先生のいくつもの御著書と、出稽古のように毎週出かけていったゼミナール、数々の研究会――その最たるものは、今でも続いている毎年一回晩秋に八王子の大学セミナー・ハウスで全国から熱心な研究者を集めて開かれる現象学・解釈学研究会である――においてである。そして先生からは今でも、私がものを考えるにあたっての貴重な刺激をいただいている。その一つが、西田幾多郎を現象学として読み直すことなのだが、これについては後でもう一度簡単に触れる。

本書は、一九九九年九月に慶応義塾大学に提出された学位請求論文「時間・存在・他者――現象学の根本問題」をもとに成ったものなのだが、そこでも先生に審査員の一人をお引き受けいただいた。言ってみれば本書は、先生に恐る恐る差し出す卒業論文のようなものなのである。日頃あらためてお礼を申し上げる機会もないので、この場を借りてお礼の言葉を述べさせていただきます。

その論文審査には、私の日頃の哲学の営みにとって欠かすことのできないさらにお二人の方に加わっていただくことができた。お一人は石黒ひで先生である。ご存知のように先生は長く英国と米国にあってライプニッツとヴィトゲンシュタインの研究で世界的に知られた方であり、現在も国際的なご活躍を続けておられるが、御帰国後、親しくさせていただく機会を得た。哲学の中でのいわゆる専門は分析系の言語哲学・数学の哲学ということになり、私とは畑違いであるが、哲学にとってこうした専門なるものがまったく瑣末な区別にすぎないことを身を以って示してくださる方でもある。先生との議論の中で、いわゆる専門のジャーゴンに逃げ込むことは許されない。哲学の言語はあくまで明晰でなければならないのである。かってそのような先生と一緒に、西田（！）をテキストにして大学院のセミナーを持つことができたのは、本当に刺激的で、忘れられない経験である。

もうおひとかたは、アウグスティヌスを中心とした中世哲学の碩学、中川純男先生である。先生には日頃同僚として、いくつもの研究会で、その豊かな学識に支えられた御発言に啓発されている。また先生も、いわゆる専門を超えた広い問題関心と見識をお持ちで、私のやっているようなことにも関心をお寄せくださり、数々の貴重なご意見と刺激を日頃からいただいている。また、本書が成るにあたっては一九九四年四月から一九九五年九月にかけて、フンボルト財団研究員（Alexander von Humboldt-Stiftung, Research Fellow）として、ドイツ・ヴッパータール大学クラウス・ヘルト教授（Bergische Universität Wuppertal, Prof. Klaus Held）のもとで現象学研究に従事できたことを欠かすことはできない。滞独中の研究を手厚くサポートしてくださった同財団と、多忙を極める中で私との議論に貴重な時間を割いてくださった上に、後に触れる拙論のドイツ語原稿に細部にわたってみずから手を入れてくださったヘルト教授に厚く御礼申し上げます。

ほかにも、曲がりなりにも今日にいたるまで私が哲学を続けることができたのには、実に多くの方々からの刺激と啓発があった。そのお一人おひとりのお名前を挙げ出したらきりがなくなってしまうので、ここでは本書に関係の深い以上の方々にとどめさせていただかざるをえない。それらの方々にも、本書を読んでくださった読者の方々に対してと同様、お名前を挙げないまま、心からの感謝の意を表させていただきます。

本書は基本的に、一貫した問題意識のもとに書かれた書き下ろしであるが、一部に旧稿を——大幅に手を加えた上で——利用した。発表の機会を与えてくださった方々への感謝の意をこめて、以下に初出の場を記させていただく。

序　章　書き下ろし

第Ⅰ部

第一章　一部に（第二節）、「フッサール初期時間論における絶対的意識流をめぐって」（日本哲学会編『哲学』、三七号、一九八七年）を利用。

第二章　書き下ろし

第三章「時間と存在をめぐって――生き生きした現在の謎と内存在論の試み」（新田・常俊・水野編『現象学の現在』、世界思想社、一九八九年）を利用。

第Ⅱ部

第一章　書き下ろし

第二章　書き下ろし

第三章　書き下ろし

第四章　書き下ろし

第Ⅲ部

第一章　書き下ろし（本章の元になった原稿はドイツ語で、先にお名前を挙げたヘルト教授の主宰されるゼミナールで発表され、討議に付された）

第二章「他者の現象学の展開」（岩波講座・現代思想、第Ⅵ巻、『現象学運動』、岩波書店、一九九三年）と「他者と倫理――現象学における他者問題の諸相」（日本倫理学会編『現象学と倫理学』、慶応通信、一九九二年）の一部を利用。

第三章　「他者と時間性――超越論的現象学とE・レヴィナス」（日本現象学会編『現象学年報』五号、一九九〇年）と前掲の「他者と倫理」の一部を利用。

第四章　「倫理・政治・哲学――E・レヴィナス『存在するとは別の仕方で　あるいは存在の彼方へ』」（『思想』七九八号、岩波書店、一九九〇年）を利用。

終　章　「動き・場所・他なるもの――〈時間〉によせて」（『現代思想』Vol.21-3、青土社、一九九三年）を利用。

本書を書き終えた今、私には、私がフッサール現象学から思考の事柄として受け取った「超越論的なるもの」を新たに語り直すという課題が立ちはだかっている。さしあたりは、終章でも述べたように、レヴィナスが提起した「他なるもの」の問題系の可能性を、可能なかぎり徹底的に追求する課題に取り組みたいと思っている。この問題系の可能性と射程は、いまだ十分測られていないと思われるからである。それと同時に、本書ですでに何度か触れたように、超越論的領野を一個の「場所」として捉え直したときに、「超越論的なるもの」をめぐる思考に新たな次元が開けてくる可能性を追求してみたいとも考えている。そのときの最初の手がかりが、先に名を挙げた西田幾多郎である。彼が追求した「場所の論理」を、「超越論的なるもの」を新たに思考し直すにあたっての作業場にしてみたいのである。この作業は、いまその緒についたばかりである。

ここで最後に、勁草書房の富岡勝さんのお名前を挙げることができるのは、私にとって大変嬉しいことである。私は、現代日本の哲学界の水準が、いまや世界に伍して決して引けを取らないものであることを確信しているが、それには富岡さんの存在が欠かせないからである。ご存知の方も多いと思うが、富岡さんの手で世に出た水準の高い哲学書——日本の比較的若い哲学者たちの刺激的な力作や重要な邦訳を多数含む——の一群は、眺め渡すだけでも壮観である。この蓄積が日本の哲学界の水準の基盤を支えているのである。私自身、それらの書物から実に多くのことを学び、かつ刺激を受けてきた。

私がこれまであれこれ考えてきたことをそろそろ一書にまとめてみようとしていた矢先に、その富岡さんから声をかけていただいたことは幸いだった。本書のタイトルも富岡さんに付けていただいた。タイトルの大きさに本書の内容が釣り合っていないことを恐れもしたが、ここはその道の達人に下駄を預けることにした。もともと筆が遅い上に身辺の雑事が重なって、富岡さんにはずいぶん迷惑をおかけしてしまったが、今その富岡さんの手で本書が世間に送り出されることを、私は誇らしくさえ思っている。本書も、あの一群の書物たちの仲間に入れてもらえるのだから。

哲学書（者）にとって最大の賞賛の言葉は、批判である。本書が皆さんからの手厳しい批判を浴びることを願って、筆を擱く。

一九九九年十月

斎藤慶典

著者	書名	サブタイトル	訳者	判型	価格
水野和久	現象学の変貌	秩序の他者		四六判	二六〇〇円
谷 徹	意識の自然	現象学の可能性を拓く		A5判	九五〇〇円
土屋賢二	猫とロボットとモーツァルト	哲学論集		四六判	二二〇〇円
清水哲郎	医療現場に臨む哲学			A5判	二四〇〇円
奥野満里子	シジウィックと現代功利主義			A5判	五五〇〇円
菅野盾樹	恣意性の神話	記号論を新たに構想する		四六判	三二〇〇円
信原幸弘	心の現代哲学			四六判	二七〇〇円
橋本 努	社会科学の人間学	自由主義のプロジェクト		A5判	五五〇〇円
Ch・フックウェイ	クワイン	言語・経験・実在	浜野研三訳		四〇〇〇円
D・パーフィット	理由と人格	非人格性の倫理へ	森村進訳		九五〇〇円
P・グライス	論理と会話		清塚邦彦訳		四七〇〇円
M・ダメット	分析哲学の起源	言語への転回	野本和幸他訳		四五〇〇円
S・プリースト	心と身体の哲学		河野哲也他訳		三七〇〇円

＊表示価格は二〇〇〇年一月現在。消費税は含まれておりません。

著者略歴

1957年　横浜に生まれる
1987年　慶応義塾大学大学院文学研究科博士課程単位取得退学
1994－95年　ドイツ・フンボルト研究員（ヴッパータール大学）
現　在　慶応義塾大学文学部助教授
著　書　『岩波講座・現代思想 6　現象学運動』（共著）、岩波書店
『岩波講座・新哲学講義 4「わたし」とは誰か』（共著）、岩波書店
『他者の現象学 II』（共著）、北斗出版
『理性と暴力』（共著）、世界書院　ほか
訳　書　K. ヘルト『生き生きした現在』（共訳）、北斗出版
E. フーフナーゲル『解釈学の展開』（共訳）、以文社
K. ヘルト『現象学の最前線』（共訳）、晃洋書房

思考の臨界　超越論的現象学の徹底

2000年 1 月10日　第 1 版第 1 刷発行

著　者　斎《さい》藤《とう》慶《よし》典《みち》

発行者　井村寿人

発行所　株式会社　勁《けい》草《そう》書房

112-0004 東京都文京区後楽2-23-15　振替　00150-2-175253
電話（編集）03-3815-5277（営業）03-3814-6861
FAX 03-3814-6854

印刷／日本フィニッシュ・牧製本

ISBN　4-326-10128-8

http://www.keisoshobo.co.jp

索　引

本索引は，事項索引と人名索引をかねている。別掲の項目へ送る場合は⇒の記号で，参照項目は→の記号で表した。

あ　行

間(Zwischen)　267 (→相互主観性)
明け透き ⇒ 開けた明るみ
集め立て(Ge-stell)　205 (→技術)
与える(贈与する)　180-182, 185 (→存在, 贈与)
圧倒するもの(Übermächtiges)　135-136 (→神学)
争い　172-173 (→戦争)
アナクロニスム　318, 389 (→隔時性, 共時性)
アブラハム　384 (→オデュッセウス)
アリストテレス　135- (→形而上学)
ある＝存在する(il y a)　284-285, 286, 290 (→存在)
アレーテイア(非被覆態＝真理)
　152, 164, 171, 178 (→真理)
生き生きした現在(lebendige Gegenwart)
　53-, 69-70, 71-, 275-276, 282, 385
いぶかしさ(Befremdlichkeit)　147 (→根本気分)
意味　64-, 311-312
意味作用(signification)　317, 319-320, 323
意味生成(signifiance)　302, 304, 319, 323, 386
動き　341-, 352-353, 354-355, 356-, 392
運命(Geschick)　205-206
永遠の現在＝現前(nunc stans)　385
応答(Entsprechen)　194, 204, 208 (→言《こと》, 言葉)
応答(Verantwortung, responsabilité)
　234-235, 301- (→責任)
覆い隠す(被覆する)　177-179, 181 (→アレーテイア, 非真理)
遅れ(遅延)　288-289 (→差延)
オデュッセウス　384 (→アブラハム)
驚き(Verwunderung)　147-148 (→根本気分)

か　行

会域 ⇒ 拡がり
懐疑論　328-330, 323 (→語ること)
解釈(Auslegung)　228 (→として構造)
外部(存在の)　159, 253, 270-271, 275, 277, 283, 295, 299-300, 302, 379
顔(visage)　276, 296-, 299, 301-, 312-313, 387
関わり(Verhältnis)　189, 199-200 (→関連)
カッシーラー　256
隔時性(diachronie)　298, 319, 329 (→共時性)
各人(Jedermann)　249, 265 (→相互主観性)
語られたこと(le dit)　324, 329, 389
語りえないもの　332
語り直し(redire)　329-330, 333
語ること(dire)　234, 316-, 324, 328-330, 332, 389
彼方＝彼岸　116, 295, 298, 300, 314, 315-316, 320, 325-328
神の死　146 (→ニヒリズム)
彼性(illéité)　325-326, 391
還元　109-110, 112-113, 143-144, 245, 300, 339
　形相的 ──　28- (→自由変項)
　超越論的 ──　6
　より徹底した ──　53

間主観性　⇒ 相互主観性
感受性(sensibilité)　319，389
間接的現前(Appräsentation＝非現前)　255，276，294，391
カント　15-16，243，246，323，379，388-389
完了　347-，393，393-394，394
関連(Bezug)　199 (→関わり)
帰郷　209-，376 (→故郷)
記号　64-，102，350，370
記述(Deskription)　41 (→見守ること)
技術　205-206 (→集め立て)
偽善　324
基礎存在論(Fundamentalontologie)　138
基礎倫理学(Fundamentalethik)　271，383
基体化(hypostase)　289，385
来るべき思索　⇒ 思索
気遣い(Sorge)　228-，232-233，236，386
傷つきやすさ(vulnerabilité)　319
共感(Sympathie)　256 (→シェーラー)
共現存在　261，263
共時性(synchronie)　322，329 (→隔時性)
享受(jouissance)　390
強迫(obsession 取りつかれること)　318，389
極(Pol)　79
虚構(＝詩)(Dichtung)　68，214-215，376，384 (→思索)
空間　394 (→拡がり)
クザーヌス　244，369，378
クラテュロス　284 (→ヘラクレイトス)
クレワニ　387
グレーバー　220
形而上学　134-，153，157，159-161，212-，214-215，272-273，299，300，309-310，376
形相的還元(eidetische Reduktion)　⇒ 還元
ゲオルゲ　186
原印象(Urimpression)　45，385，386
原－エクリチュール　67 (→記号)
原－距離(Ur-distanz)　55-56
言語　265，301-，304
現在化(Gegenwärtigung)　47，65 (→準現在化)
現在野(Präsenzfeld)　45
原－自我　87
原事実　72 (→絶対的事実性)
原受動性(Urpassivität)　54-55，71-72，282-，287，294，383-384，385，390 (→受動性)
現象学の現象学　140 (→『第六省察』)
現象学を遂行する自我(私)　⇒ 自我
現成(する)(Wesen)　175
現前の形而上学　64，102
原存在(Ur-sein)　62
現存在(Dasein)　118-，166，168，261，393
神々しきもの　172-174 (→四方界)
高次反省　⇒ 反省
構成分析　8，246，252，339
故郷　212，213，285 (→帰郷)
コギト　243
心(psychisme)　320，328
言《こと》(die Sage)　185，190-，375
言葉　183-，374，380
固有性＝本来性(Eigentlichkeit)　235-237
顧慮(Fürsorge)　237
根拠　102-103，375-376
根拠への問い　149-
根源　336-337
根源的現前(Urpräsenz)　90，94-95，100-101
根源的に現前不可能なもの(Nichturpräsentierbar)　94-95，97，100-101
痕跡(trace)　65，298
根本気分(根本情態性)　142，147-148，189
根本的矛盾　90，91，97，368

さ　行

差異　97-98，101，102 (→差延)
再想起(Wiedererinnerung)　42，47-48

た　行

な 行

は 行

ま　行

や　行

ら　行

わ　行

参考文献

以下に参考文献として掲げるものは、原則として本書で直接に言及されたものにかぎった。本書中に頻出するものについては、各々の文献の末尾に付された略号を用いて表示した。それ以外のものは、著者名と公刊年から検索できるよう表示してある。外国語文献に関しては、邦訳のあるものは可能なかぎりそれを参照し多くの示唆を得たが、第一次文献においてと同様の理由から、必ずしもそれらにしたがっていない場合が多いことをお断りしておく。

Aristoteles: *Metaphysica*. [Met]

Bernet, Rudolf: "Die ungegenwärtige Gegenwart——Anwesenheit und Abwesenheit in Husserls Analyse des Zeitbewusstseins". in: *Phänomenologische Forschungen*. Bd.14. K.Alber. 1983.

——— : Einleitung zu "*Edmund Husserl, Texte zur Phänomenologie des inneren Zeitbewusstseins (1893-1917)*". Felix Meiner (PhB.362). 1985.

Brand, Gerd: *Welt, Ich und Zeit —— nach unveröffentlichten Manuskripten Edmund Husserls.* M.Nijhoff. 1955.
(新田義弘・小池稔訳『世界・自我・時間』、国文社、1976年。)

Bruzina, Ronald: "Die Notizen Eugen Finks zur Umarbeitung von Edmund Husserls 'Cartesianischen Meditationen'". in: *Husserl Studies*. No.6. 1989.

——— : "Gegensätzlicher Einfluss: Die Stellung Heideggers in der Entwicklung der Phänomenologie". in: D. Papenhuss, O. Pöggeler (Hrsg.), *Zur philosophischen Aktualität Heideggers*. Frankfurt a. M. 1990.

——— : "Die Bestimmung des Menschen und die phänomenologische Metaphysik".
(酒井潔訳「現象学的形而上学への問い——オイゲン・フィンク『第六デカルト的省察』によせて——」、『思想』841号、1994年。)

Cairns, Dorion: *Conversations with Husserl and Fink*. M. Nijhoff. 1976.

Cassirer, Ernst: *Die Philosophie der Symbolischen Formen*. Bd.1 (1923), Bd.2 (1925), Bd.3 (1929). Wissenschaftliche Gessellschaft. 1988・1990・1987.
(生松敬三・木田元訳『シンボル形式の哲学』、全三巻、岩波文庫、1989・1991・1994年。)

Derrida, Jacques: Traduction et Introduction de *Edmund Husserl, L'Origine de la Géométrie*. P.U.F. 1962.

（田島節夫ほか訳、エドムント・フッサール著、ジャック・デリダ序説『幾何学の起源』、青土社、1976年。）
——— : "Violance et métaphysique". 1964. in: *L'écriture et la différence*. Seuil. 1967.
——— : *La voix et le phénomène, Introduction au problème du signe dans la phénoménologie de Husserl*. P.U.F. 1967.
（高橋允昭訳『声と現象』、理想社、1970年。）
——— : "En ce moment même dans cet ouvrage me voici". in: *Texts pour Emmanuel Levinas*, éd., par François Laruelle, Jean-Michel Place. 1980.
——— : *Limited Inc*. Galilée. 1990.
（高橋哲哉・増田一夫訳「有限責任会社」、『現代思想』、1988年5月臨時増刊号所収。）
——— : *Adieu, à Emmanuel Levinas*. Galilée. 1997.
Descartes, René: *Meditationes de prima philosophia*. A.T.VII. [M]
（所雄章訳『省察』、白水社イデー選書、1991年。）
Diemer, Alwin: *Edmund Husserl. Versuch einer systematischen Darstellung seiner Phänomenologie*. 2. verbesserte Aufl. Anton Hain. 1965.
Duval, Raymond: "La durée et l'absence —— pour une autre phénoménologie de la conscience du temps". *in: Revue des Sciences Philosophiques et Théologiques*. 65, 4（octobre, 1981). pp.521-572.
Gadamer, Hans-Georg: "Erinnerungen an Heideggers Anfänge". in: *Dilthey Jahrbuch für Philosophie und Geschichte der Geisteswissenschaften*. Bd.4. 1986/87.
Goda, M.（合田正人）:『レヴィナスの思想』、弘文堂、1988年。
Hamauzu, S.（浜渦辰二）:「他者」（柏田康史ほか編『哲学するために——近代の再検討』、北樹出版、所収）、1991年。
Held, Klaus: *Lebendige Gegenwart. Die Frage nach der Seinsweise des transzendentalen Ich bei Edmund Husserl, entwickelt am Leitfaden der Zeitproblematik*. phaenomenologica 23. M. Nijhoff. 1966.
（新田義弘ほか訳『生き生きした現在』、北斗出版、1988年。）
——— : "Das Problem der Intersubjektivität und die Idee einer phänomenologischen Transzendentalphilosophie". in: *Perspektiven transzendental-phänomenologischer Forschung*. M.Nijhoff. 1972.
（坂本満訳「相互主観性の問題と現象学的超越論哲学の理念」（部分訳）、新田・村田編『現象学の展望』、国文社、所収、1986年。）
Hiromatsu, W.（廣松渉）:「役割理論の再構築のために」、『思想』743号-765号、1986年 - 1988年。
——— :『現象学的社会学の祖型』、青土社、1991年。
Hiromatsu, W.（廣松渉）・Minatomichi, T.（港道隆）:『メルロ＝ポンティ』、岩波書店、

1983年。
Hosokawa, R.（細川亮一）:『意味・真理・場所——ハイデガーの思惟の道』、創文社、1992年。
Hühnerfeld,P.: *In Sachen Heideggers*. 1959.
Kant, Immanuel: *Kritik der reinen Vernunft*. A 1781, B 1787. [KrV]
——— : "Zum ewigen Frieden". 1.Aufl., 1795. 2.Aufl., 1796. in: *Kleinere Schriften*. Leipzig. Ph.B.,Bd.47. 1902. [EF]
（宇都宮芳明訳『永遠平和のために』、岩波文庫、1985年。）
Kawahara, E.（川原栄峰）:『ハイデッガーの思惟』、理想社、1981年。
——— : ハイデッガー『形而上学入門 付・シュピーゲル対談』、平凡社ライブラリー、1994年。
Kayano, Y.（茅野良男）:『中期ハイデガーの思索と転回』、創文社、1985年。
Kettering, Emil: *Nähe. Das Denken Martin Heideggers*. Neske. 1987.
（川原栄峰監訳『近さ——ハイデッガーの思惟』、理想社、1989年。）
Kisiel, Theodore: "Das Entstehen des Begriffsfeldes 'Faktizität' im Frühwerk Heideggers". in: *Dilthey Jahrbuch für Philosophie und Geschichte der Geisteswissenschaften*. Bd.4. 1986/87.
Kobayashi, T.（小林敏明）:『〈ことなり〉の現象学』、弘文堂、1987年。
Koto, T.（古東哲明）:『〈在る〉ことの不思議』、勁草書房、1992年。
Krewani, Wolfgang: Einleitung zu *Emmanuel Levinas. Die Spur des Anderen. ——— Untersuchungen zur Phänomenologie und Sozialphilosiphie*. K. Alber. 1983.
Kumano, S.（熊野純彦）:「間人格的世界の存在構造」（日本倫理学会編『倫理学年報』第34集、以文社、所収）、1985年。
Kuroda, W.（黒田亘）:『ウィトゲンシュタイン』、世界の思想家23、平凡社、1978年。
Kutsuna, K.（忽那敬三）・Kumano, S.（熊野純彦）:「他我論の問題構制と〈象徴形式の哲学〉」、『思想』698号、1982年。
Lipps, Theodor: "Das Wissen vom fremden Ichen". in: *Psychologische Untersuchungen*. 1.Bd. Wilhelm Engelmann. 1907.
Löwith, Karl: *Das Individuum in der Rolle des Mitmenschen*. Drei Masken Verlag.1928. [IM]
（佐々木義一訳『人間存在の倫理』、理想社、1967年。）
Marbach, Eduard: *Das Problem des Ich in der Phänomenologie Husserls*. Phaenomenologica 59, M. Nijhoff. 1974.
Martin, Gottfried: *Einleitung in die allgemeine Metaphysik*. Kölner Universitätsverlag. 1957.
（田中加夫訳『形而上学の源流』、みすず書房、1978年。）
Maruyama, K.（丸山圭三郎）:『ソシュールの思想』、岩波書店、1981年。

Meinong, Alexius: "Beiträge zur Theorie der psychischen Analyse". in: *Zeitschrift für Psychologie und Physiologie der Sinnesorgane.* VI. S.340-385. S.417-455. 1893.

――― : "Über Gegenstände höherer Ordnung und deren Verhältnis zur inneren Wahrnehmung". in: *Zeitschrift für Psychologie und Physiologie der Sinnesorgane.* XXI. S.182-272. 1899.

Miki, K.（三木清）:「解釈学的現象学の基礎概念」、『思想』第65号、1926年（『三木清著作集』第五巻、岩波書店、所収）。

Mill, John Stuart: *An Examination of Sir William Hamilton's Philosophy: and of The Principal Philosophical Questions Discussed in his Writings.* Longmans, Green, Reader, and Dyer. 1865. Jetzt in: *Collected Works of John Stuart Mill.* University of Toronto Press (1963-1991). Vol., IX.

Minatomichi, T.（港道隆）:「ouiとouiのアフォリズム」、『現代思想』、1989年8月号。

Murata, J.（村田純一）:「他者と表現」（新田・宇野編『他者の現象学』、増補新版、北斗出版、所収）、1992年。

Nagai, H.（永井均）:『〈私〉のメタフィジックス』、勁草書房、1986年。

――― :『〈魂〉に対する態度』、勁草書房、1991年。

――― :『〈私〉の存在の比類なさ』、勁草書房、1998年。

Nakajima, Y.（中島義道）:「時間における自由 時間からの自由」、『現代哲学の冒険⑬ 制度と自由』、岩波書店、所収）、1991年。

Nakamura, H.（中村秀吉）:『時間のパラドックス』、中公新書、1980年。

Nitta, Y.（新田義弘）:『現象学』、岩波全書、1978年。

――― :「自己性と他者性――視点のアポリアをめぐって」（新田義弘・宇野昌人編『他者の現象学』増補新版、北斗出版、所収）、1982年。

――― :「深さの現象学――フィヒテ後期知識学における〈生ける通徹〉の論理」、『思想』749号、1986年。

――― :『現象学と近代哲学』、岩波書店、1995年。

――― :『現代哲学――現象学と解釈学』、白菁社、1997年。

Omori, S.（大森荘蔵）:『時間と自我』、青土社、1992年。

Petidemange, Guy: "Éthique et transcendance sur les chemins d'Emmanuel Levinas". in: *Recherches de Science religieuse.* 64. n°1. 1976.

Poirié, François: *Emmanuel Levinas: Qui êtes-vous?* La Manufacture. 1987.

Pöggeler, Otto: *Philosophie und Politik bei Heidegger.* 2.Aufl., K. Alber. 1974.

Richardson, William: *Heidegger. Through Phenomenology to Thought.* 2. Ed. M.Nijhoff. 1963.

Rombach, Heinrich: *Strukturontologie. Eine Phänomenologie der Freiheit.* K. Alber. 1971.

（中岡成文訳『存在論の根本問題――構造存在論』、晃洋書房、1983年。）

Saito, Y.（斎藤慶典）:「コギトと超越論的主観性――〈自我〉をめぐって」（日本哲学会編『哲学』、第48号、法政大学出版局）、1997年。［1997a］

――― :「責任と正義　あるいは〈語りえぬもの〉をめぐって――西欧＝哲学の光のもとで」、『思想』874号、1997年。［1997b］

――― :「失われた始元へ／から――私・現象・他者」（村田純一編『「私」とは誰か』、『新・哲学講義』第四巻、岩波書店、所収）、1998年。［1998a］

――― :「心という場所《トポス》――〈快〉の哲学のために」（中尾弘之・田代信維編『快の行動科学』、朝倉書店、所収）、1998年。［1998b］

――― :「戦争と平和　――その〈起源〉をめぐって」（鷲見誠一編『現代意識の諸相』、慶応義塾大学出版会、所収）、1999年。

Sartre, Jean-Paul: *La Nausée.* Gallimard. 1938.
（白井浩司訳『嘔吐』、人文書院、1976年改訂版。）

――― : *L'Être et le Néant. Essai d'Ontologie phénoménologique.* Gallimard. 1943.
（松浪信三郎訳『存在と無1.2.3.』、人文書院、1956•1958•1960年。）

――― : "Merleau-Ponty vivant". in: *Les temps modernes,* n°.184-5, 1961.
（平井啓介訳、サルトル全集『シチュアシオンⅣ』、人文書院、1964年。）

Saussure, Ferdinand de: *Cours de linguistique général.* publié par C. Bally et A. Sechehaye. Payot. 1949.
（小林英夫訳『一般言語学講義』、岩波書店、1972年〈改訂版〉。）

Scheler, Max: *Wesen und Formen der Sympathie.* 1.Aufl., 1913, 2.Aufl., 1923. Jetzt in: *Gesammelte Werke*. Bd.7. Francke. 1973.
（青木•小林訳『同情の本質と諸形式』、白水社、1977年。）

Schütz, Alfred: *Der sinnhafte Aufbau der sozialen Welt.* Suhrkamp. 1.Aufl.,1932, 2.Aufl.,1960, 3.Aufl., 1974（本書での引用はこの第三版による）.
（佐藤嘉一訳『社会的世界の意味構成』、木鐸社、1982年。）

Strasser, Stephan: *Jenseits von Sein und Zeit. Eine Einführung in Emmanuel Levinas' Philosophie.* M.Nijhoff. 1978.

Takahashi, T.（高橋哲哉）:『デリダ』（現代思想の冒険者たち 28）、講談社、1998年。

Takiura, S.（滝浦静雄）:『時間』、岩波新書、1976年。

Tani, T.（谷徹）:『意識の自然』、勁草書房、1998年。

Theunissen, Michael: *Der Andere. Studien zur Sozialontologie der Gegenwart.* W. de Gruyter. 1.Aufl.,1965, 2. um eine Vorrede vermehrte Aufl.,1977.
（鷲田清一訳「他者」（部分訳）、新田・小川編『現象学の根本問題』、晃洋書房、所収、1978年。）

Tsujimura, K.（辻村公一）:『ハイデッガーの思索』、創文社、1991年。

Tugendhat, Ernst: *Der Wahrheitsbegriff bei Husserl und Heidegger.* W. de Gruyter. 1967.

参考文献

Waldenfels, Bernhard: *Das Zwischenreich des Dialogos. Sozialphilosophische Untersuchungen in Anschluss an Edmund Husserl.* M.Nijhoff. 1971.
（山口一郎訳「対話の中間領域」（部分訳）、新田・村田編『現象学の展望』、国文社、所収、1986年。）

Wsahida, K.（鷲田清一）：『分散する理性――現象学の視線』、勁草書房、1989年。

―――：『人称と行為』、昭和堂、1995年。

Watanabe, J.（渡邊二郎）：『ハイデッガーの実存思想』、勁草書房、1974年。

―――：『ハイデッガーの存在思想』、勁草書房、1985年。

―――：ハイデッガー『「ヒューマニズム」について』、ちくま学芸文庫、1997年。

Wittgenstein, Ludwig: *Tractatus logico-philosophicus.*（1.Aufl.,1921. 2.Aufl.,1922）edition suhrkamp 12. 1979.